中国之道

信仰、人生与制度

姚中秋 著

华龄出版社

HUALING PRESS

图书在版编目（CIP）数据

中国之道：信仰、人生与制度/姚中秋著. —北
京：华龄出版社，2022.4

ISBN 978-7-5169-2198-2

Ⅰ.①中… Ⅱ.①姚… Ⅲ.①中华文化—研究 Ⅳ.
①K203

中国版本图书馆CIP数据核字（2022）第038075号

| 策划编辑 | 董 巍 | 责任印刷 | 李末圻 |
| 责任编辑 | 董 巍 | 装帧设计 | 华彩瑞视 |

书　　名	中国之道：信仰、人生与制度	作　者	姚中秋
出　　版	华龄出版社 HUALING PRESS		
发　　行			
社　　址	北京市东城区安定门外大街甲 57 号	邮　编	100011
发　　行	（010）58122255	传　真	（010）84049572
承　　印	北京市大宝装潢印刷有限公司		
版　　次	2022 年 1 月第 1 版	印　次	2022 年 1 月第 1 次印刷
规　　格	700mm×1000mm	开　本	1/16
印　　张	24.25	字　数	320 千字
书　　号	ISBN 978-7-5169-2198-2		
定　　价	98.00 元		

自　序

本书系以我在北京航空航天大学最后一次上《中国文明探秘》课的课堂录音，经修订、增补而成。

2012年秋，我进入北京航空航天大学人文与社会科学高等研究院。没有博士学位，此前没有在学术机构工作过，学校就直接给我教授岗位，自然心存感激，入校之后，尽心工作，努力开设课程，每学期至少两门课，经常是三门课，最后一个学期，一天连续三门课，讲6个小时！朋友听了，都觉得不可思议，但我做到了，很自豪。

所开设课程，以经典研读和中国文明史为主：对文科生，开设《中国文明史》课程，据此撰写出版了《国史纲目》一书，最近经过大幅度修订，更名为《可大可久：中国政治文明史》出版；开设《论语》研读课程，讲授过程中颇有心得，撰写出版了《论语大义浅说》一书；对知行文科实验班开设过《尚书》研读课程，据此撰写出版了《尧舜之道——中国文明的诞生》一书。圣人谓"教学相长"，信夫！

但北航毕竟以工科为主，因而也一直努力尝试对工科学生讲述中国文化，故开设"中国文明探秘"课，连开四年。说来，这门课在我常年开设的课程中是调整变化最大的，因为一直在试探怎么讲最适合工科学生。最初所讲内容就是对文科生讲的《中国文明史》，以历史演变为主。但这就需要学生大体熟悉中国历史，工科生则缺乏这样的知识准备，听课中一脸困惑。于是进行调整，淡化历史叙述，转而重点讲述中国文明之特征。到

2016 年春季学期，课程基本成型，学生似乎也能接受。2017 年再作修改，自认较为满意，乃于上课时自行录音（只有一次前半节忘记）。暑期，请速记整理，是为本书之底本。俗事繁杂，拖拖拉拉，到十月底才完成修订、补充工作。

修订补充的内容还是比较多的，毕竟上课只有提示性质的课件，而后信口而说，有时超常发挥，颇为精彩；有时情绪不好，比较生硬，以至于拖沓散漫。为对读者负责，不能不做大幅度修订、增补。尤其是最后两讲，全面进行了结构性调整。但还是尽可能保留课堂实录样态，文字倒是活泼、跳动，阅读起来或许更为轻松、摇曳、有趣味。

费这么多事记录、整理、出版这本书，乃是觉得本书所讲内容，还是比较完整地刻画了中国文明的全貌。这些年来，讲解中国文明的书很多，比较而言，本书有一个优长之处，那就是以敬天、孝亲的中国式信仰为中心，解释中国人的人生、家庭、社会、经济、政治等方方面面，提供了一个理解中国文明的内在连贯的结构性叙事。百余年来，一直有人说中国人没有信仰或者中国文化没有宗教，本书在这方面讲得最多，自认为有一定价值，在讲授过程中，我时时进行中西对比。对于自身的文化，我们常处在"日用而不知"的状态，经由对比，可以更为清楚地看出中国文化是什么，中国人是什么。但本书的对比，颠倒了此前一百多年的陈词滥调，我一次又一次说明中国文化优越于西方文化之处何在。有没有道理，任由读者评断。

同样是探讨、梳理中国文明，同样是基于北航课堂讲义整理撰述，《可大可久：中国政治文明史》建立了一个历史叙事框架，本书则建立了一个结构叙事框架。一经一纬，或许有助于读者比较全面地认识中国文明，在新的时代完成一次自我文化生命的再认识。

感谢当年引荐我进北航的高全喜教授，感谢接纳我的怀进鹏校长，如无他们的破格之举，我不可能进入高校，也就难完成过去几年出版的几本小书。感谢选修过这门课的北航工科生们，学生的刺激让我不断改进，从而进入中国人的心灵和生活世界，而在以前的研究中我对此是较少关注的。

　　在修订书稿之际，我已离开北航，转入山东大学；本书的出版又经历了诸多波折，面世之际，我已回母校中国人民大学任教两年多了——20 世纪 80 年代中后期，我曾在此学习中国历史七年，由此才对中国历史有了一定了解。本书算是为北航五年教学生涯留下的一份纪念物，也算是献给母校的一份见面礼吧。

　　　　　　　　　　　　　　　　　　蒲城姚中秋于辛丑初秋

目 录

✤◦ 卷三　家国天下 ◦✤

第九讲　　**自主**

第十讲　　**治理之道**

开场白

　　大家好，欢迎来上这门课。选课的同学还真不少啊，大家选课的理由可能多种多样，我自己对本课设定的目标是，我们共同进行自我理解。

　　生在今日，我们身为中国人，深入地了解自己所在的中国之文明，具有非常重要的意义，或者说具有决定性意义。你们未来的人生能不能成功，就看你们是否认真地上好这门课？大家别笑，我是很认真的。为什么？因为，这门课有助于你认清你自己、认清天下大势。

　　你是谁？你是张三，你是李四，然而一般地说，你是个中国人。这个世界上每个人都是由自己的文化所塑造的，除非你是野人。你的父母是中国人，你的祖父母是中国人，你家祖上都是中国人，因此你是在中国文化的氛围中长大成人的，你的思维就是中国式的，你的一举一动就是中国式的。你是谁，我当然无法具体告诉你，但我可以一般地告诉你，作为中国人，你大概会是什么样子的。

　　认清天下大势，也很重要。你愿不愿意成功？当然愿意，你肯定希望自己像孔子所说的那样"达"。但一个人要想成功，必须要顺势而为。当年孙中山先生曾经说过，世界潮流，浩浩荡荡，顺之者昌，逆之者亡。那么请问各位，今日世界的最大潮流是什么？或者说今日人类文明发展之大势是什么？那就是中国文明的复兴。想必你们听说"中华民族的伟大复兴"这几个字。各位，这不是空话、套话，而是实话，至关重要的话，很好地描述了我们所处的这个时代的基本事实。今日世界最重要的事情就是中国的复兴，这就是世界之大势。

在座各位想必都能感受到，并接受这个事实，因为你们生而就在这个事实中，你们成长于中国三四十年来所经历的人类历史上最长、最成功的经济发展历程中。但我这代人中间，却有不少人不愿接受这个事实，不愿肯定中国文明复兴的大势，为什么？因为我们这一代人中的很多已在精神上垮掉了，已经对中国文化失去了信心；而之所以如此，乃是因为我们成长的那个时代是中国最为积弱的时代。我上大学的那会儿，中国的GDP——不管它有多重要或者不重要，总之它是一个可供我们参考的指标，那个时候，大概在全世界排在第十一、十二位，而中国是世界上人口最多的国家。那还是 20 世纪 80 年代，我们已经初步吃饱饭了。再往前，70 年代，像我所生活的关中地区，也算是全国的一个重要产粮区，也只能勉强吃饱饭，但营养不良。因为这样的人生经历，我们这代人，也即 80 年代上大学的一代人，以及再往前在"文革"中成长起来的那代人，普遍对中国文化丧失了信心。他们相信中国文明已经死了，他们不相信中国可以自己走上康庄大道，他们期待中国完全变成西方。那个时代有一部电视政论片曾经轰动一时，其中就说，我们要告别中国的"黄色文明"，走向西方的"蓝色文明"。因为有这样的心结，所以当中国真的成功之后，这些人也就选择了不信；他们说，这完全是偶然的，因为你中国赶上了好运气，你中国如果不赶紧变成西方，迟早会崩溃。"中国崩溃论"想必各位有所耳闻吧？

其实，不独这一代人如此，再往上，甲午战争之后的中国精英，普遍对自己的文明丧失了信心。因此，20 世纪几代读书人思考的唯一问题是：中国为什么失败了？我们为什么被西方人打败了、被小日本打败了？于是，过去一百多年中国思想学术界所做的主要事情就是做检讨、写检查。这样的自我反省当然是非常重要的，体现了夫子之教"见贤思齐焉，见不贤而内自省也"。但是，时移世易，变化者宜也。《中庸》说："君子之中庸也，君子而时中"，小人则反是。"时"至关重要。我们必须清楚自己生活在什么时代，我们生活在 2017 年，这个时代的中国与 20 世纪 80 年代的中国已经完全不一样了，当然更不同于 1915 年的中国。最直观的不一样是，20 世纪 80 年代初，我们的 GDP 是全球第十一名，现在我们是全世界第二名，按照购买力平价计算已经是世界第一。再给大家举一个例子，印象中我考大学那年，全国录取五十来万人，你们考大学的时候呢？录取七百多万。自我毕业以后，中国大概已有七八千万人接受了高等教育，这是人类历史上的教育奇观。加上此前接受高等教育的人口，大约有一亿多接受过高等教育的劳动力，再过几年，就可以赶上日本的总人口了。有了这个基础，有什么事情是中国干不成的？当年日本打败了中国，甚至要侵吞中国，今天你们能想象这样的事儿吗？至于说中国的科技落后，就有这么多接受过高等教育的人口，我相信，中国的科技水平很快就是全世界第一。

这就是大变化。过去几十年，或者说过去一百年来，经过艰苦努力，中国人取得了巨大的成功。我们复兴了，甚至在某些方面已经超过了发达国家，至少经济总量已经远远超过现代史上曾经横行霸道的欧洲各国列强以及日本。所以，我们的成功是引人注目的。那么今天，中国人，尤其是学者，尤其是像我这样研究历史文化的学者，就不能不承担起一个基本责任，那就是：第一，告诉大家，通过纵向和横向的对比，我们可以确定，中国的现代化进程是成功的；第二，我们需要向大家解释，中国为什么成功了。是的，你们没有听错，我们今天就是需要这种论述和解释中国发展成功的理论。过去一百年，知识分子总在反思我们何以失败，但今天知识界面临的最重要任务是解释中国为什么成功了。我们不需要再做检讨，而需要总结成功的经验。

事实上，拉长视野，超越过去一二百年，我们更有理由这么做，我们需要向全世界解释：过去五千年中，中国为什么从一个成功走向了另一个成功，不仅没有死，反而日益成长？横向对比，中国文明确实是非常成功的。咱们就来看最显著的事实：今日中国是世界上最大，且最稳定的单一的文明与政治共同体。可能也就是因为这一点，让中国人总是拿自己和整个"外国"来对比。那么问题就来了：中国是怎么维持这个超大规模共同体的？我们如何在过去几千年中保持自己文明的连续性？ 20 世纪二三十年代柳诒徵先生在《中国文化史》一开篇就提出了下面这些问题：

> 第一，中国幅员之广袤，世罕其匹也；试问前人所以开拓此天下，抟结此天下者，果何术乎？
>
> 第二，中国种族之复杂，至可惊异也；试问吾国所以容纳此诸族，沟通此诸族者，果何道乎？
>
> 第三，中国年祀之久远，相承勿替也；试问吾国所以开化甚早、历久犹存者，果何故乎？

柳诒徵先生通过叙述历史给出了很好的回答。后来的学者则忙着写检讨，今天，我们需要重新回到柳诒徵先生出的题目上。

结合以上两点，我开设这门课的目的只有一个：解释中国文明何以可大可久？中国何以在过去一百多年中取得了现代化的成功。后者是以前者为基础的，我们就是因为有深厚的文明底蕴，所以才能在近世遭遇西方猛烈冲击之后，跌倒但又爬起来，艰苦奋斗，最终仍然顶天立地。我们今天的成功是流，我们的课程将循流溯源，对几千年来累积的中国文明进行一次结构性剖析，阐明其中之大道。

实际上，这样的努力有助于大家的自我体认，体认自己的文化生命，从而认识自我，认识我是什么样的人？为什么是这个样子？为什么这么想事儿、这么做事儿？为什么这么与人相处？我们的国家为什么是这么治理的并且很管用？由此我们才能知道，今天自己可以做什么，应该做什么，怎么做好。总之，我们的课程不是光讲宏大的道理，还会讲做人的小道理。

我们就是中国人，理解了中国是什么，我们就知道怎么做一个中国人，从而知道怎么做一个人。

今天，有太多的人，比如我这一代人以及再往上一两代中的相当数量的人，不知道怎么做中国人，因而也不知道怎么做人。这当然不能全怪他们，因为他们是反传统狂潮的牺牲品；真正可怕的是缺乏内自省意识，对自己的无知反而很自豪。我相信在座各位不会如此，但理解中国人的宗教、人生，毕竟有助于我们做一个真正的中国人。

这门课旨在向大家简要，但又比较全面地介绍中国文明，所以会讲到历史，但历史不是重点，重点是我们所在的文明的基本样态，我们的信仰是什么？我们怎么解决生死问题？我们怎么认识世界？我们怎么对待他人？我们的社会是如何组织的？我们的国家是如何治理的？我们与外部世界是如何发生关系的？如此等等。因此，这门课程将以信仰为中心，对中国文明进行一个比较全面的结构性描述。

课上会援引一些经典。有些同学知道，我主要是研究儒家的，或者更准确地说是研究经学的。研究《诗》《书》《礼》《乐》《易》《春秋》。但其实，六经不只是儒家的经典，而是中国的经典，诸子百家都是从六经发展出来的。六经就是中国人的精神家园，六经告诉我们中国是什么样子的、中国人是什么样子的。所以，课程中间会援引一些经文。但因为时间限制，我们无法详尽解释。我另外列出书目，大家如有兴趣，可以自行找来参考。

课上我会频繁地展开中西文明对比。但下面课程中进行的中西文明对比，用苏格拉底的话说，会有一次"灵魂的转向"，请各位心理上有个准备。大家或许知道，自中西文化深度交流之后，大约从19世纪后期开始，人们就热衷于进行中西文化对比，但基本取向是证明西方文明很伟大，中国文明太低劣，这种书、文章、段子很多。我们的课程将反其道而行之，我会向大家说明，中国文明为什么比西方更为优良。当然，我不是随便乱说的，我的每个说法都有历史和义理的依据，我会向大家引用中国的经典、西方的经典。

　　期末考核很简单：写作自己的家史。课程中间有一章专门讲家，我想你们也都知道，对每个中国人来说，生命中最重要的就是家，我们生于斯，长于死，活于斯，死于斯，不朽于斯。我们中国人有世界上独一无二的"家"的观念，"家"不仅是夫妻两个人带着自己的孩子过日子，还要传承先人的生命；中国所有人家在逢年过节之时总要祭祀祖先。中国文化的生命力就在每个家的生生不息之中。通过写作家史，大家可以明白自己的生命是从哪儿来的。世上最快乐的事情莫过于知"本"，知道自己生命的源头，写作家史，就是一个溯源而知本的自我认知过程。

　　好，开场白就说这些，我们开始正式上课。

卷一 生生不已

子曰：「予欲无言。」

子贡曰：「子如不言，则小子何述焉？」子

曰：「天何言哉？四时行焉，百物生焉，天何言哉？」

——《论语·阳货》

第一讲　超大规模

我们首先讲关于中国的最基本事实：超大规模。

大家都会同意一个显而易见的基本事实：今天的中国是世界上最大规模的单一的文明与政治共同体。可以补充一句，在过去四千多年历史上的几乎每一个时代，中国都是世界上规模最大的文明与政治共同体。中国始终保持了这个荣誉，这个桂冠始终在咱们家里，值得我们中国人尽情地骄傲。

历史上，中国以外，也曾出现很多辉煌的帝国，罗马帝国、阿拉伯帝国、日不落的大英帝国都曾雄极一时，但都如苏东坡的词句所说，"樯橹灰飞烟灭"，如今安在哉？现在不要说日不落帝国了，英伦三岛的大一统都快保不住了，苏格兰正在闹独立，而且可以预料，迟早会分出去。

这一事实说明了，我们中国人的文明，尤其是我们个体生命得以展开之舞台，自古以来就跟中国以西各文明不一样。中国人始终生活在一个超大规模的舞台上，我们的喜怒哀乐是在这个舞台上展开的。西方人一度也有过比较大的舞台，但在大部分时间里他们的舞台很小。这一点非常重要，因为中、西文明的诸多差异均由此而来，比如中国人的心最"大"。而从规模最大这一事实，也可以洞见中西文明之重大差异。所以，我们作为中国人，首先要自我理解我们生命的舞台何以这么大？何以中国成为这个世界上的例外，始终保持了其超大规模的文明与政治共同体？

五帝缔造中国

前面已提到，我写了一本书——《尧舜之道》，解读《尚书》前几篇。通过解读这几篇，我首先解决了一个大问题：中国诞生于什么时代？我们正在学习中国文化、中国文明、中国历史，但中国历史的起点何在？元谋猿人？当然不是。山顶洞人？也不是。直截了当说出我的结论吧，关于中国历史的起点，吾从孔子。生当礼崩乐坏之际，孔子删述六经，其中包括《尚书》，收录历代圣王、先王之政典。我们要了解中国早期历史，必须研究《尚书》。孔子确定《尚书》第一篇是《尧典》，记载尧舜禅位之事。在这之前的圣王的政典，孔子舍弃而未编入，为什么？孔子认为，自觉的统一的中国文明成型于尧舜时代。

今天我们经常说我们是"炎黄子孙"。从时间上看，炎黄早于尧舜，依据历史文献的记载，加上考古学的证据，学界一般认为，炎黄比尧舜至少早五六百年，甚至更早一些。我们说自己是炎黄子孙，这没有错。但在炎黄那个时代，严格说来还没有作为一个整体的中国，那个时候，中国正处在诞生的过程之中，中国的各种要素都有了，也在进行化学反应，但还没有凝定成为一个整体。

如果大家有兴趣，可以读一下《史记》中的《五帝本纪》。五帝之首是黄帝，其次是颛顼（zhuānxū）、帝喾（kù），然后是尧、舜。为了理解孔子为什么把尧舜列在《尚书》之首，前两年我认真地研读太史公关于黄帝的记载，颇为惊讶。在座以男生居多，我想说的是，黄帝就是一个尚武的男子汉大丈夫，是一位战神，来看看太史公的记载：

> 轩辕之时，神农氏世衰，诸侯相侵伐，暴虐百姓，而神农氏弗能征。于是轩辕乃习用干戈，以征不享，诸侯咸来宾从。而蚩尤最为暴，

莫能伐。炎帝欲侵陵诸侯，诸侯咸归轩辕。轩辕乃修德振兵，治五气，艺五种，抚万民，度四方，教熊罴貔貅貙虎，以与炎帝战于阪泉之野。三战，然后得其志。蚩尤作乱，不用帝命，于是黄帝乃征师诸侯，与蚩尤战于涿鹿之野，遂禽杀蚩尤。而诸侯咸尊轩辕为天子，代神农氏，是为黄帝。天下有不顺者，黄帝从而征之，平者去之，披山通道，未尝宁居。

司马迁关于黄帝的记载几乎全是战争。黄帝先是讨伐炎帝，我们自称"炎黄子孙"，实际上，他们老哥俩曾经打得不可开交，当然啦，不打不相识，打来打去，打成一家人了，历史就是这么复杂。所谓"得其志"，大概是说，战争之后，两族合二为一。然后，这哥俩联合起来，共同讨伐蚩尤。由此我们可以很清楚地看出，那个时候还没有中国，否则也不会三拨人打来打去。那么，太史公为什么把黄帝列在五帝之首呢？我猜想，太史公认为，黄帝是第一个为建立统一的中国而奋斗的人。你可以说，建立中国的事业开始于黄帝，但是，他没有完成。从最后一段大家可以很清楚地看出，"天下不宁"啊，大家对黄帝的权威很不服。

中国作为一个政治共同体真正完整地建立起来是在尧舜时代，《尧典》记载的正是这个过程：

曰若稽古，帝尧曰放勋，钦、明、文、思、安安，允恭克让，光被四表，格于上下。

克明俊德，以亲九族；九族既睦，平章百姓；百姓昭明，协和万邦。黎民于变时雍。

"克明俊德"以下这段话就是讲述尧缔造中国之过程，帝尧把分散的族群和邦国联合成为一体。首先是"亲九族"，族就是长期共同生活在一起、相互熟悉的一群人，比如我们今天所说的"家族"，大家相互之间本来就有情感。帝尧采取措施，让"九族"相互亲睦，加深情感，常来常往，形成比较紧密的小共同体。

接下来，帝尧"平章百姓"，应当读作"辨章"，也就是分辨并且显明，用今天的话说就是明确各自的权利、义务。这里的"百姓"当然不是现代百姓一词的意思，古代的姓是跟统治权联系在一起，拥有统治权的人才有姓，姓以下又分出若干个氏。所以，"百姓"大体上可理解为数百个邦国，帝尧把数百个小邦国联合为一体。在这之前，当然已经有诸多邦国了，炎、黄二帝恐怕都各自统帅若干邦国。帝尧的功劳是把诸多邦国联合在一起，由此形成"华夏国家"这个单一的政治共同体。

最后，帝尧"协和万邦"。"万邦"当然也是个约略数，几千、上万个邦国，这就远远超出了比较紧密的华夏国家的范围，我们可称之为"天下"，华夏国家在广阔的天下秩序之中。

不要说"协和万邦"，光是从"平章百姓"就可以看出，中国自诞生起即具备一个基本特征，那就是超大规模。我们讲"超大规模"，固然是描述中国的事实，同时也是与西方相对而言。只要对比一下，大家即可以发现，中国从诞生起，其规模就超过中国以西所出现的那些共同体的规模。

后面会反复讲到中国和"中国以西"这两个词。这些年我研究中国文化，同时研读西方历史、经典，得出这样一个看法，或许可以作为我们后面学习和分析的基本框架：人类文明基本上可以划分为两种形态，第一种是中国文明，第二种是非中国文明；如果从地理上划分，后者则可称作中国以西文明，或者换一个大家更熟悉的词，西方，当然是广义西方，从帕米尔高原往西，位于中国的西方，所以叫作中国以西、西方。为什么这么划分，原因很简单：地理限制。人类古典文明起源、成熟于欧亚大陆，亚洲、欧洲再加上北非。翻开欧亚大陆的地形图，你马上就会看到，位于我国西部边陲的喜马拉雅山脉和帕米尔高原是欧亚大陆上最高峻的地方，就是这道地理屏障把欧亚大陆一分为二。当然，如此广阔的地域中各文明实际上是有一些差异的。我们可以拿中国做坐标，分别将其称之为近西、中西、远西。大家听着有点别扭，别急，多听听就习惯了，习惯了就顺耳了。西方人当初描述世界，用了近东、中东、远东这样的概念，是以欧洲为坐标描述世界的，我们为什么不能以中国为坐标描述世界呢？我总觉得，从中国人嘴里说出"远东"这个词，是很可笑的事情，你明明在中国，中国怎么就成"远东"了？我呼吁大家以后改过来，说近西、中西、远西，近西就是印度、中亚，中西就是西方人说的中东，远西就是欧美。当然，这几个地区的文明是有明显差异的，但它们彼此是可以交流的，其共通之处远远超过它们和中国的共通之处，中国跟它们有十分重大的差异，所以，我把它们作为一个文明类型，把中国作为一个文明类型。这个框架很粗疏，但有助于我们认识天下之基本格局，尤其是从中国人的角度。

中国以西的文明在其诞生时，相比于中国，单个共同体的规模都很小。过去几十年、一百年来，中国知识分子言必称希腊，可各位听说过"希腊帝国"吗？没有，我们听到过雅典城邦、斯巴达城邦，它们在面对波斯帝国压力的时候曾短暂结成联盟，但从来没有发育成熟为一个实体性国家或帝国。从政治角度看，古希腊文明是比较低级的，因为它始终处在城邦林立的状态，也即中国五六千年前的状态，没有能够建立起超越城邦的普遍的政治秩序。所以，尽管古希腊人在哲学上很有天赋，在政治上却很低能，这是其文明的巨大缺陷，所以它最终遭到毁灭。今天你到希腊所看到的不过是古代遗留下来的残垣断壁，在此地，其古老文明基本消失了，古希腊的好多东西是借助阿拉伯人得以保存的，到了晚近才得以复兴。我们今天在希腊看不到多少当初雅典人、斯巴达人那样的精神状态，希腊今天在整个欧洲是落后地区，你完全无法想象，这个地方当初有过那么多很厉害的哲学家。这说明什么问题？这说明，一群人，如果有能力建立起一个大规模的政治组织，其文明肯定是高级的。最起码，你能活下来。就这么简单，你活下来，并且活得久，你的文明才能够成长，从而达到高级状态。你一时辉煌，过一把瘾就死，生命短暂，就不可能达到高级状态。因为，文明要靠时间来积累。

大，才可以久。中国文明在这一点上，在活得久这一点上，属于天下第一，这就是高级的标志。为什么我们活得久？因为我们规模大。大和久，这两者可以相互支持。因为我活得久，我的规模越来越大，我在活的过程中，不断把周边族群吸纳进来，所以，中国的规模越来越大。我们要自我认识，认识中国文化，首先要认识到我们这个文明、我们这个国家的根本特征，"可大可久"。

前中国的"满天星斗"

下面要解释一下，为什么中国能够在其诞生的那一刻就是超大规模的？

大家可以简单看一下中国地理图，中国的地理格局一目了然：东边是浩渺的海洋，西边是难以逾越的山脉、高原，这是两大天然屏障。前面我们说过，人类有两个主要的文明类型，在中国以西，文明交流比较便利，比如印度文明跟伊朗文明同有雅利安基因，至于两河流域文明和古埃及文明、地中海文明之间也可以很便利地交流。但是，这些西方文明要和中国文明之间进行交流则十分困难，即便今天也不容易，更不要说古代了。于是历史上，我们中国人独自在欧亚大陆的东端过日子，自成一体，在世界屋脊和大洋之间发育、成熟、成长。当然历史上，西方文明不断地东来，但不可能陡然涌入，西方人征服的浪潮在中国的西陲通常只是溅起一点点浪花而已，大浪则被高原所抵消。于是，我们在世界屋脊和大洋之间相对平稳地生活，成就了自己的文明。我们由此锻炼出了一个超级胃；今天我们常说中国人是"吃货"，在文化上，我们也是个"吃货"。我们凭借自己的超级胃，把西方传入的文明都给吃掉、消化掉了。

所以，虽然在过去几千年中，中国反复遭遇广义西方的冲击，但我们仍然保持了自己文明的基本特征，这在世界上是独一无二的。相反，在中国以西，各个地方的文明都变换过好多次，而且是根本性的、颠覆性的。现在住在某地的人跟以前所住的人通常在文化上完全不是一回事。只有中国这个地方，我们今天生活在这儿的人就是当初生活在这儿的人，我们的祖先可以一直向上追溯到尧舜禹，我们的文化始终没有从根本上改变过。所以，我们这个国家叫作"中国"。因为，我们始终有个中心；我们确实在成长、变化，但始终围绕着这个中心，万变不离其宗，故得以成为"中"国，其他国家、文明都没有这个资格。

这种局面得益于我们的地理环境，同时得益于我们的文化，尧舜就给我们奠定了和而不同的政治智慧。

在尧舜之前，在今天我们称之为"中国"的土地上，分布着若干个高度发达的文化区。当代考古学权威苏秉琦先生在《中国文明起源新探》一书中绘制了一张图，从距今一万多年前开始，在中国这块土地上逐渐形成六大文化区系。

从上到下，先是北方文化区，在内蒙古、辽宁、河北交界的地方；往南，以山东为中心，自成一体；在其西方，则是黄河中游地区文化区。再往南，长江流域的下游、中游及四川，各有一个文化中心。在距今五六千年前，各个地区的文化已经非常发达了，我们可以给大家看一点证据。

中国第一龙出现在燕山以北，出土自赤峰红山的大型碧玉 C 形龙，被誉为"天下第一龙"。其出土的地方离北京很近，内蒙古赤峰市，在红山文化区内。红山文化以其玉器出名。在座的女生以后结婚时，一定让男生买一两件玉器。这个世界上只有中国人喜欢玉器，像"钻石恒久远"之类的洗脑都是没文化的人瞎嚷嚷的，有文化的中国人是玩玉器的。中国人喜欢玉器的习惯至少从红山文化时代就开始了，有五六千年历史了。我们总说

六大考古学文化区系示意图*

* 引自《中国文明起源新探》，苏秉琦著，人民出版社 2013 年版，第 24 页。

自己是龙的传人，那些龙就是刻在玉器上的。

　　有一个很有意思的现象，在距红山文化直线距离近两千公里的地方，也存在一个玉器高度发达的文化区，即良渚文化，在今天的钱塘江流域、太湖流域。良渚文化同样以高度发达的玉器驰名中外。出自墓葬中的玉器包含有璧、琮、钺、璜、冠形器、三叉形玉器、玉镯、玉管、玉珠、玉坠、柱形玉器、锥形玉器、玉带及环等，十分精美。大家到国家博物馆或者以后到杭州的良渚文化博物馆，可以留意观看。良渚遗址目前已经列入世界文化遗产名录了。令人难以置信的是，太湖流域的良渚文化与离它两千公里的燕山以北的红山文化之间有很多相似之处。你能想象这一点吗？今人通常低估古人，我们通常会以为两千公里得走多长时间？其实用不了多长时间，你每天走六七十里，两个月就走到了。所以，古代各个地区尽管自成一体，但彼此也有紧密的交流。也因此，才有统一中国之成立。

　　总之，在作为一个整体的中国成立以前，在今天中国的疆域上存在多个文化区，存在数百、数千邦国，相互独立。但各邦国相互之间的交通还是比较便利的。比如，从黄河上游到中游再到下游的山东，成本很低，时间也不长。或者从太湖流域向北，可以很方便地到山东，再往北到燕山以北。所以，最初的中国虽然是"满天星斗"，但这满天的星斗不是相互孤立的，相反它们相互之间始终发生着紧密的互动。著名考古学家张光直先生在《中国考古学论文集》中提出一个概念——"中国相互作用圈"：

　　　　起初，有好几处互相分立的新石器时代文化，我们实在没有什么特别的理由把这几处文化放在一起来讨论……后来，在公元前5000年左右，有新的文化出现，而旧有的文化继续扩张。

　　　　到了约公元前4000年，我们就看见了一个会持续一千多年的有力的程序的开始，那就是这些文化彼此密切联系起来，而且它们有了共同的考古上的成分，这些成分把它们带入了一个大的文化网，网内的文化相似性在质量上说比网外的为大。到了这个时候我们便了解了为什么这些文化要在一起来叙述：它们的位置不但是在今天的中国的境界之内，而且因为它们便是最初的中国。

　　　　这个在公元前4000年前开始形成，范围北自辽河流域，南到台湾和珠江三角洲，东自海岸，西至甘肃、青海、四川的"相互作用圈"，我们应当如何指称？我们也可以选一个完全中立的名词而称之为x，可是我们也不妨便径称之为中国相互作用圈或中国以前相互作用圈——因为这个史前的圈子形成了历史期间的中国的地理核心，而且在这圈内所有的区域文化都在秦汉帝国所统一的中国历史文明的形成之上扮演了一定的角色。

也就是说，在距今五六千年的时代，确实还没有作为整体的中国；但从那个时候起，分处在燕山、黄河、长江流域的各文化体已经共处在一个交往圈子了。就像男生、女生虽然还没有结婚，但已经开始谈朋友了，谈朋友就是男女建立了一个相互作用圈，进展到一定程度，就可以变成紧密的婚姻关系，成立一个家。

那么，各个文化之间相互交往的激励、动力何在？大家可以思考一下这个问题。其中的道理跟我们今人生活的道理是一样的，比如说现在流行去国外旅游。我相信，有很多同学应该到国外旅游过。古人也会这样，尤其是上层社会的人，他想去见见世面。人都有好奇心，只要解决了基本的温饱问题，自然就想了解外面的世界。你想象一下几千年前，富裕人家的子弟有可能跟你们今天一样去游学。还有，人都有虚荣心，或者说希望对他人享有权威。新闻中说，非洲有不少人以用中国某些产品为荣，中国也有不少人以用美国、日本产品为荣，你用了日本马桶盖，就觉得比周围的人高出一等。你去旅游，比如到波斯，肯定会买一块波斯地毯，其实，这对你的生活也没什么用处，但如果有人到你家里，你就会自豪地说，看，我家用波斯地毯。目的是什么？炫耀，满足虚荣心。人类历史上的文明相互交流的重要驱动力量就是炫耀。对每个族群的上层来说，异域的产品、异域的观念可帮助其树立权威，我用的东西是你用不上的，甚至想象不到的，你就会觉得我很厉害，我就可以影响你，让你服从我，这就是权威。

所以，历史上文明之间的交流始终不断，中国内部的自然地理环境也便于文明之间的交流，所以形成了一个中国相互作用圈。这个相互作用圈日趋紧密，最终发育成为单一实体——"中国"。

大洪水与中国的诞生

但中国最终诞生与一件灾难有关，没有这场灾难，未必有中国，或者即便有，中国诞生的时间也要往后推迟。历史上，偶然事件对历史演进的脚步会产生非常巨大的影响。这个偶然事件就是大洪水。想必大家都听说过大禹治水的故事，这是实有其事的，所以大家以后不要再说大禹治水的"传说"，那不是传说；也不要说大禹治水的"神话"，那更不是神话。那是一个实实在在的历史事件。《尚书·尧典》记载说：帝曰："咨！四岳，汤汤洪水方割，荡荡怀山襄陵，浩浩滔天。下民其咨，有能俾乂？"佥曰："於！鲧哉。"这是真实的历史记载。孟子对此也有记载。20世纪以来，越来越多的考古发现证明了，在距今4000年前后，确实曾经发生过一次大范围的水灾。

那么，这场大洪水是由什么引起的？学界对此还有一些争议。最常见的解释说，下雨太多，气候变化，导致一个时期内降水持续偏高。但还有另外两种可能。第一种，有中国科学家提出，是黄河上游形成巨大的堰塞湖，突然溃塌，河水汹涌而下，形成灾难性的洪水。第二种则是"海侵"或者"海进"，通俗地说就是海水倒灌，由海平面上升引起。孟子曾经说过："当尧之时，水逆行，泛滥于中国。蛇龙居之，民无所定。下者为巢，上者为营窟。《书》曰：'洚水警余。'洚水者，洪水也。"逆行也许就是指海侵，海水沿着河道逆流而上，淹没了两岸。当然，也许祸不单行，这两种可能都有。堰塞湖容易理解，我们来说说海侵吧。这里涉及古气候学的一些重要事实。

我们今天的文明是从一万多年前起步的。你们会疑惑，那之前的文明到哪儿去了？很不幸，大部分给冻死了。历史上会反复出现"冰河期"，就是气温骤降，水大量冻结在两极地区，或者在高山上形成冰川。大家去北京西郊八大处，就有第四纪冰川遗迹。气温低，大多数地区的人都被冻死了，大多数文明就消失了。离我们最近的冰河期大约在距今 15000 年前结束。在冰河期，海水大量冻结在两极、高山，海平面必然下降，比现在低一百多米。这是什么概念？你可以一路步行到中国台湾，那个时候的中国台湾和大陆之间是由陆地连接的。此后整体上，气候变暖，到距今一万年前以后，气候变得比较适宜人生存，文明起步。

　　大家都知道，当今国际政治中有一个非常重要的议题，气候政治。气候政治有一个最基本的预设，人类文明，尤其是现代工业文明的排出物，如工业、汽车废气之类造成温室效应，导致气温不断上升。我觉得这种说法未必可信，你只要去看一下距今 15000 年到今天的气候变化图就会发现，气温一直在波动，这几十年上升几度，下个几十年又会下降若干度，太正常了，会反复出现。如果我们穿越到商代的中国，就会看到河南有大象。河南的简称是"豫"，豫的本意就是大象，也就是说，在甲骨文时代，安阳这个地方是有大象的。当时的安阳也没有五百万辆的汽车，也没有什么化工厂啊，为什么气温那么高？其实，气候变化跟人的活动没有多大关系，气候变化是宇宙级事件，而人在宇宙之中是很渺小的。反过来到了明朝中后期，北京地区的平均气温比现在低好几度，那是个小冰河期，结果明朝就灭亡了。持续的低温导致北方草原上的游牧民族无法生存，他们就转而南下骚扰、侵略。当然，还有加上政治的变化，满清兴起，联合东北民族攻灭大明。其实，中国历史上大多数北方草原民族的南下都有气候变化这个因素。因为草原游牧是世界上最脆弱的生存方式，在这里你无法储存财富，你养了五千只羊，确实是大户；但一场大暴雪，它们全给冻死。为了生存，他们只能南下抢掠。总之，大家要有一个概念，气候政治不是什么新鲜事情，其实气候一直在变化，并且每次都带来了重大政治后果。其实也不一定都得是坏事，气温升高对东南沿海肯定不利，但有利于北方、西北，因为气温升高通常带来较多雨水。大家可以想象一下，如果北方、西北降雨增多，不就变得宜人了？汉唐时代，西北曾经十分发达，西北会不会恢复汉唐的繁荣？这个时候我们就看出国家大的好处了，我们完全可以对冲气候变化带来的负面、正面效应。

回到我们的主题，从冰河期结束开始，一直在升高，于是，人类文明得以繁荣。也许到了距今四千多年前，大约气温太高了，导致海平面过度上升，于是发生了严重的海侵。这个理论可以解释一个现象：我们在沿海曾经看到的高度发达的文明纷纷衰落了。考古学上向我们展示了一个很奇怪的现象：我们前面说过，在距今五六千年前，山东地区和再往南的太湖流域，其文明都非常发达；到四五千年之间，同样十分发达。可是到了距今四千年以后，这两个地区都出现了严重的文明退化。实际上这次退化是决定性的，塑造了此后一两千多年的历史格局，在周朝建立之初，山东就是东夷；至于太湖流域，一直到秦汉时，都属于蛮荒之地，可是当年的大汶口文化、良渚文化是何等发达啊。那么，在距今四千来年时究竟发生了什么？我们只能说，发生了一场大灾难，导致这些文明的死亡。

这些地区的文明严重退化，不等于这些地区的人全死了。如果你在那个时代，你会怎么办？逃跑啊，总不能坐在那里等死。所以，我们会看到一场让中国得以诞生的伟大的人口大迁徙，位于沿海的东方诸族群的大迁徙。迁徙到哪儿了？迁徙到黄土高原的东南边缘。如果确实曾经有过海侵，对黄土高原有影响吗？当然没有。即便因为降雨而引发洪水，在黄土高原上，损失也可以控制在最小。大家一定要到黄土高原地区去看看，那是我们的国家、文明诞生之地。黄土高原的地貌会给所有人留下深刻印象，那里有塬、梁、峁、沟。黄土高原沟壑纵横，不易遭受洪水侵害。沟壑分割出梁，是长条状垄岗；峁，是圆形小丘，可在此挖掘窑洞居住；塬是边缘陡峻的桌状平坦地形，地面广阔，土质疏松，适于耕作。当然，黄土高原很大，涵盖今天的陕西、宁夏、山西、甘肃。东方人迁徙，会迁徙到哪儿？不可能到甘肃，太远了；哪怕是陕西，也太远了。他们集中到了今天的晋南和豫西，正好是黄土高原的东南边缘。到这个地方，就足以躲开水患了。至于他们的迁徙路线，其实很容易看出来。山东地区的族群可以沿着黄河往西迁徙；太湖流域的族群越过长江，沿着淮河，从东南向西北，就可以到达今天河南西部。总之，东方、东南的族群迁徙到今天的山西南部和河南西部、北部，也就是黄河中游的南北两岸。

所以，最初的中国就诞生在晋南、豫西，其中心很有可能就在考古学家所发现的陶寺遗址。陶寺遗址位于山西省襄汾县陶寺村南，考古发现了一个巨大的城址，东西约 2000 米，南北约 1500 米，面积约 300 万平方米，是中原龙山文化遗址中规模最大的一处城址，测定其年代约当公元前2300～前1900年，正好就是经典所记载的尧舜禹时代。考古学家推测，这里就是尧之都城。历史典籍说"尧都平阳"，古代地理学家相信就在陶寺遗址附近，考古发现果然如此。

这个事实也说明，我们古代的典籍记载是很可信的。大家知道，一百年前有所谓"古史辨"派，他们说，五经之类典籍都是战国秦汉时代的文人编造出来的。现在考古学一次又一次地打他们的脸，证明了典籍的记载其实是准确的。包括现在发掘出来的河南偃师二里头遗址，古书就记载，这里是夏都所在地，20世纪50年代，考古学家徐旭生照着古书所写的方位开始挖，果然最后挖出了宝贝，证明了古书的记载。

在陶寺遗址发掘出了规模空前的城址，与之相匹配的王墓，世界最早的观象台，气势恢宏的宫殿，独立的仓储区，官方管理下的手工业区等。在这里出土了鼍鼓、土鼓、特磬、陶铃、铜铃、陶埙等26件乐器，其中鼍鼓和特磬都是迄今所知同类乐器中最早的；铜铃是中国已发现最早的金属乐器。我们说中国是礼乐文明，你看，从一开始就是。这里出土的彩绘蟠龙陶盘是中原地区所见蟠龙图像的最早标本，中国人喜欢龙，也是从中国诞生时就有的。

至关重要的是，从陶寺遗址考古发掘的器物及其样式、花纹可以看出，陶寺文化是个大熔炉，这里的器物不仅包括中原和北方的因素，还有东方和东南方的因素。也就是说，陶寺文化融汇了不同地方的文化因素，恐怕只有王城才有这样的文化多样性，就好像你只有在今天的北京才能吃到全国各地的美味，北京最全，任何其他城市都比不上北京。所以我们可以说，陶寺就是最早的统一中国的王城。

我去年暑假去过一趟陶寺遗址，其实地面上啥都没有了，但可以感受到"王气"。中国人讲"气"，无所不至，人要有"生气"，王城是有"王气"的。此话怎讲？我驾车行走，看不出来那个地方有多高，但站在那个地方，四周却一览无余。再看远处，北、东、南三面是山，西面是汾水，山把气聚起来了，而你所在的这个地方又居高临下，这就有王者的气势。当然，有水从西面穿过。传统讲究建城的"风水"，其实很有道理，如果一个地方没有水，大家岂不是要渴死？但是，你又要确保水不会带来水患。古人选都城都有其深远的考虑。包括北京，过去千年，为什么以北京为都城？因为有王气。王者坐北朝南、背阴面阳，君临天下。背靠燕山，南面是一览无余的华北平原，一下可以看出上千公里。从这个地方越过山则可以到广阔的草原上，从草原向西可以直通新疆，乃至于西藏。所以，当草原民族进入中国之后，北京就是最好的都城。现在很多人嚷嚷着要迁都，我说，行，迁到西宁或者喀什吧。如果不迁喀什，那就还在北京吧，其他地方的位势都比不过北京。

总结一下上面的讨论：中国诞生于尧舜时代，这个最早的中国就在晋南、豫西。由于一次剧烈而深刻的气候变化、生态变化，生活在长江、黄河流域广阔地区的众多族群迁徙于此，凝聚为一体。因此，中国诞生于一次聚合、聚集。我们中国人喜欢扎堆，基因延续就是从这儿来的，我们靠扎堆才活了下来。一直到夏初，中国仍在这个地区，山西南部有一个夏县，禹大概就在此附近立王城。后来，洪水退去，夏朝中后期把都城迁到黄河以南，也就是今天考古学家在河南偃师发掘的二里头遗址，那里发掘出了规模宏大的王宫，应当是夏朝中后期的王城所在。所以，我们可以得出一个确凿无误的结论，最初的中国就在黄河中游南北两岸。

中国大道：和而不同

上面描述的中国形成过程可概括为一句话：中国形成于一次聚合。因此，中国从一开始就是内部多样的。

我们刚才讲到《尧典》里的"平章百姓"，何以会有"百姓"？就是因为，原来生活在广阔地方的族群聚集到了晋南、豫西。大家都熟悉的几位圣王就来自不同地方。尧应当是本地人，也有可能他是从太行山以东迁徙到此的，保定以西有唐县、行唐县，古人说帝尧是"唐尧"。但他可能迁徙较早，这可以解释为什么他是中国第一位王。大家都到他的地盘上，他肯定要当王，当之无愧。

但是，舜就不是本地人了，如果你读过典籍就会看到，对舜的籍贯，古人有不同说法。跟舜有关的地名集中在两个地方，一个是济南，有很多地名跟舜有关，比如舜耕路、历山、历下区，等等。孟子说过："舜，东夷之人也。"可是，在山西东南部黄河向东拐弯的内角，今天山西的运城、永济，也会发现大量与舜相关的传说、地名，运城市西北就有一座宏大的舜帝陵，运城和晋城之间有一座历山。为什么会出现这种情况？如果我们知道中国诞生前的那场大迁徙就能明白，舜的族群在这两个地方都活动过。推测起来，舜和他的族群最初生活在山东龙山文化地区，老家就是今天济南这一片地方。后来由于洪水，他带领自己的族群往西迁徙。当然，不是所有人都迁走了，因为用不着，大水只是淹没了低洼的地方，高处还是可以继续生存的。这一点，《禹贡》里面就提到过，讲到兖州时说"降丘宅土"，洪水退去之后从山丘上降下来定居于平地上，那说明以前是在丘陵上生活的。这个族群一分为二，一部分留在了山东，另一部分人迁到了山西。

到了山西，当然住不进陶寺那个核心区域，而住在河边，大概算不上特别好的地方。并且也会用家乡山川的名字给新到地方的山川命名，移民通常都会这样做，比如你在美国可以看到很多英国地名。

至于禹和他的族群，恐怕也是移民户。大家想到禹，马上会想到浙江的会稽山，在浙江绍兴一带确实有很多关于禹的传说。典籍里也有记载，说禹葬在会稽。典籍又记载禹"娶涂山氏之女"。涂山在哪儿呢？在现在的安徽蚌埠市怀远县。我们前面说了，禹立国，其王城很可能最初在夏县。那么，这几个地方之间是什么关系呢？这里其实也隐藏了一条迁徙路线：禹所在的族群最初生活在良渚文化区，所以这个家族有治水的技艺，因为今天良渚的考古发现，最让我们震惊的就是其高超的水利设施。直到今天，南方人生存的第一技能仍然是治水。后来水灾严重了，超出了人的能力极限，他的族群就一路向西北迁徙，过太湖，过长江，到淮河南岸进行一次休整，安徽怀远县有一个村子，名字叫作禹会村，而很神奇的是，考古学家确实在那里发掘到了四千多年前会盟的遗迹。我有一年自驾去铜陵，在高速公路蚌埠附近经过一个服务区，瞭了一眼，"禹会服务区"，心中一动。返回时，专门停留参访。登上涂山，脚下就是淮河，对岸是荆山，淮河从两山之间穿过。山下几公里就是禹会村。最神奇的是，就在这附近，20世纪60年代初兴建了淮河上最重要的水利枢纽——蚌埠闸。由此你可以想象，当年大禹族群为什么在这里停留了，作为水利专家，他们立刻发现了这里是治淮的关键所在。这就是中国历史的连续性。禹的族群在那里生活一段时间后，再沿着淮河的支流颍河向西北迁徙，进入河南，乃至于到山西南部。用迁徙可以解释一件事：鲧、禹善于治水。如果他们的族群生活在北方，我们就无法理解他们何以具有治水的技能。但如果他们是从南方来的，那很容易理解。

这两个例子很典型。前面说过，在中国这块土地上，早有若干个文化区，自成一体，虽然来往密切，但毕竟相互独立。现在这几个本来生活在不同文化区的族群，因为一场全国范围的灾害性气候，而迁徙、聚合于晋南、豫西。这样一来，文化的多元就是中国自诞生那一刻起就具有的基本特征。而且一直持续到今天。中国内部的多样性是显而易见的，表现在方方面面。大家可以相互看一下各自的长相，大体上可以分为两类，一类是北方人，一类是南方人，比如，我这个长相，我得承认，祖先恐怕是戎狄。你们去看秦始皇兵马俑，大概有三四种面形、脸形，反映出秦始皇统治下的中国人来自不同族群，故其容貌特征不一样。更不要说中国在文化、宗教信仰的多样性了，也都各不相同。直到今天，我们有丰富的方言，这些方言都有各自漫长的历史。方言的背后是多元的地方性文化。

但这会引出一个很大的问题，我们的族群、文化如此多样，是怎么做到长期不分的？希腊人其实差不多同属于一两个民族，却从来没有塑造为一个共同体。聚合不一定会带来超大规模。我们可以想象，不同族群遭遇，完全可能采取另外一种办法相处，比如征服。活不下去的舜的族群一路西进，征服山西，让山西人做自己的奴隶，自己做奴隶主；或者，活不下去的禹的族群千里迢迢，带着浙江人征服河南人、山西人。大家不要笑，这样的事情在两河流域、在印度、在古希腊、在欧洲历史上反复发生。简直可以说，中国以西的人类的历史，就是一次又一次征服的历史。

中国人本来属于不同族群、有不同文化，这一点跟西方没什么不同；但是，我们最终凝固成为一个坚实的共同体，并且不是通过征服。为什么竟然能够这样？因为有圣人出。我们的圣王从一开始就作出了与西方人不同的选择。由于这个选择，本来多样的中国人得以聚合而不分。有人会说，聚合而不分，可能因为某种偶然因素，比如说各族群处在势均力敌状态，谁都不能以武力征服其他族群，于是，大家只好共同生活。这当然是有道理的。但这也不排除我们的圣人有德，当不同族群聚合在一起才没有发生征服，而是产生了真正的政治，那就是凭借着德行，通过创制立法，找到不同族群可以共同生活的大道。

我们回过头来略微仔细地看看《尧典》，"帝尧曰放勋，钦明文思安安，允恭克让"，大家看一下，这些词在描述什么？描述帝尧的德行。帝尧有"钦、明、文、思、安安、允恭、克让"这七个德行，并且"光被四表，格于上下"，也就是说，他的德行被普天下之人都看到了，甚至天上、地下的神灵都感受到了。帝尧就是靠着这些德行，"以亲九族、平章百姓、协和万邦"。帝尧是圣人，他又是王，所以他是圣王。各位一定要相信，这世上是有圣人的，没有尧舜禹皋陶这样的圣人，就没有中国。在当时动荡而复杂的环境中，几个相互陌生的族群陆续遭遇，战争随时可能爆发，而这样的战争很有可能导致若干族群被彻底消灭。你要知道，西方的文明演进走的就是这一条路，武力征服，有些族群从山里出来，一路南下，见人杀人，见城占城，男人全部杀掉，女人、小孩全做奴隶，由此建立起统一的国家。然而，这种国家带着野蛮的基因，因而其以奴隶制作为基本制度。在中国历史上也曾经发生过这种灾难，北方游牧民族南下时就是这样干的。但中国文明非常幸运，在历史演进的关键时刻有圣人出。圣人作出了另一种选择，他们决定"和而不同"。他们决定共同生活，但不是通过战争、征服，由一个人支配另一个人，一个族群支配其他族群，而是"和"，大家"和"到一起，共同过日子，由此才有了我们今天所生活的中国。这个中国不是通过征服建立起来的。你千万不要以为，这事儿稀松平常，其实从世界范围看，这是一个巨大而明显的例外。人类各大文明中，国家的诞生，只有我们中国不是通过征服，而是通过和而不同。

当然，大家想象一下，如果中国是通过征服建立起来的，能持续到今天吗？当然不能。在西方，历史上有过那么多通过征服建立起来的帝国，如今安在哉？都没有了，毁灭了，湮灭了。为什么？很简单，你用武力征服了别人，当别人的武力强大起来之后就可以推翻你；或者你被另一波武力比你强的人所征服。你看西方历史上，就是一波人征服另一波人，一波一波的征服与奴役，这样的故事一遍又一遍地重演。中国却与众不同。所以我们这个文明诞生那一刻就有一颗好种子。我们知道和而不同的正道，多元族群共同合作，共同建立国家，建立多元聚合的共同体，在其中维持和平，相互支持，中国就在这一念之间诞生了。所以我们说，没有圣人就没有中国，没有尧舜禹这样的圣王就没有今天的中国。穿越到中国诞生那一刻，你可以看到，有两三条路摆在你面前，你走哪一条？如果你是小人，你必然选择武力征服；但是，尧舜选择了和而不同，和而不同就成了中国文明的基因。我们今天经常讲和而不同，通常我们都会把它看成处理不同观点的好办法，或者我们会说，跟不同的人、不同的文明相处要和而不同。但我们还要更深入一层，把它理解为华夏文明与政治共同体构建的基本原理。我们的圣王是靠着这样的基本原理构建出中国的，这是我们中国的一个构造性原理。我们的圣王通过这样的原理把本来互不相同的族群凝聚为一体。

这样的基因一旦植入中国文明之体中，就给我们的文明提供了不断成长的驱动力量，由此我们可以解释，中国为什么成为世界上规模最大的文明与政治共同体。在这个世界上，只有中国人懂得和而不同的智慧，其他文明都不大懂。从尧舜禹的时代开始，一般认为，这在距今4100年到4200年之间，大概从这个时间开始，四千多年来的中国历史就是中国不断成长的历史。中国把其周边多样的族群一个一个纳入其中。在座各位多数是北方人，祖先恐怕多数是戎狄，最初的中国其实就那么一点点，但后来不断地"滚雪球"，把周围的人不断滚进来，这是费孝通先生用过的词。我们用几千年时间滚这个雪球，越滚越大。而且最有意思的是，差不多每一群人，只要进入中国，就出不去了，或者说不想出去了，当定了中国人。你到西方看一下就会明白，这是中国独有的奇迹。远的不说，就说今天，大家都看到，大英帝国已经解体了，现在，连英伦三岛上的苏格兰人还闹腾着要跟英格兰人分手。我记得，他们合在一起，大概是在安妮女王时代，18世纪之初，到今天也就三百年。其实，他们两家一直都是近邻，但闹腾了一千年都没成为一家人，后来通过国王牵线，苏格兰国王入继英格兰之大统，两国合为一体。现在却闹着要分家。不能不说，英国人的政治能力还是太低下了。比较而言，英国人的政治能力在西方已经是最优秀的，但仍然不能够维持其内部帝国，这说明其西方文明是有内在缺陷的。

回过头来看，我们的圣王是多么的伟大。在座各位查一下祖宗十八代，很多都是蛮夷戎狄，但今天我们幸福地生活在一起，没有族群的隔阂。我前几天看一个秦腔视频，有个陕西老演员，其长相完全是欧洲式的，可是他唱秦腔特别好，这就是文化的力量。文化的背后则是政治，那就是和而不同的政治智慧。这个智慧对于我们今天这个世界来说太重要了。不同其实是人间之常态，人跟人总是不同的，不同的民族、宗教相互之间总是有这样那样的不同。人类面临的最大问题正是：面对不同，怎么办？有些人的反应是，你得跟我相同，否则，我就杀死你。在中国以西，过去两千年就是几个不同的神在相互厮杀，其实，它们是同一个神的三个分身，犹太教、基督教、伊斯兰教徒信仰的是同一个神，都出自亚伯拉罕系，仍然没完没了地互相搏杀，做不到和而不同。中国以西的历史就是诸神不断战争的历史。基督教文明和伊斯兰文明之间斗争了上千年，这些年似乎又趋于激烈。为什么会这样？因为他们不知道和而不同这个大道。回过头来看中国，我们不能说中国是天堂，但起码有一点我们做到了，那就是，世界上所有重要的宗教在中国都有巨量的信徒，而大体上尚能和平相处。为什么？就是因为中国文化的熏陶，实现了宗教的"中国化"。今天我们积极推动宗教中国化，我认为最重要的一点是，所有宗教都要放弃唯我独尊的念头，接受和而不同的大道。

中国的根本属性：超大规模

和而不同，才有超大规模。大家想必能够明白，超大规模一定是因为其内部的多样性。西方的政治体之所以规模普遍较小，就是因为他们不懂得"和而不同"。如果你要求所有的人跟你一样，你就没有朋友，对不对？你放宽一下尺度，你就开始有朋友了。你尺度放到最宽，天下人都可以是你的朋友。西方人不懂得和而不同的大道，追求"同"，结果是，其政治体规模始终比较小。川普所推行的政策，如果长期维持，美国就可能解体。因为他的政策正是突出不同，他强调移民跟美国本土人不一样，信仰天主教的拉丁裔跟信仰清教的人不一样，他还盯上亚裔了。他强调不同，国家必然不断地"分"，分出更为细微的不同。最后就只好散伙了，各自过日子了，谁也别跟谁牵扯。所以你看西方的政治有一个非常显著的倾向，就是分。中国的政治也有分，但终归于合，所以《三国演义》开篇就说，"天下大势，分久必合，合久必分"。中国历史上确实有分裂，但最后必定再次统一，而且，统一之后疆域还会扩大。对中国人来说，国家分裂是坏事，注定持久不了。由此，我们就有了超大规模。

各位，理解中国，请首先把握超大规模这个事实，这是关于中国的最基本、也最重要的事实。理解了这一点，你才能明白在中国已经发生、正在发生的很多最重要的事情。高铁不是中国人发明的，但在中国最为发达，为什么？因为中国是超大规模的啊，不仅地域广大，而且人口众多。今天，中国在基于移动互联网的新经济社会体系形成过程中已经占得先机，有些领域甚至做得比美国还好，为什么？原因很多，但最为基础的原因是中国大，而且是统一的大。大，就会在文明的竞争中占很大便宜。我们生活在一个大国，也可以分享很多红利。

理解了这个事实，也可以理解中国政治在原理上不同于西方之处。中国这个政治共同体的规模与西方完全不在一个档次上，所以中国的政治在价值、制度上与西方有重大不同。有很多人批评中国传统的政治，主要的理由是不民主，没有让人民通过投票的方式共同参与公共事务，决定法律、政策等。这就是不懂中国事实所导致的认知缺陷。我们回到中国诞生的这一刻，放眼望去，黄河中游上下两岸，差不多有七八十万平方公里，居住了数百万人，各位，你怎么让他们聚集到一个地方进行民主投票？你在黄河岸边敲一下钟声，有几个人能听到？民主制度其实是人类最原始的制度，只要其规模比较小，就会用民主制度。为什么有些古希腊城邦如雅典会采取民主制度？因为其规模很小，雅典人口最多时只有30万人，其中一半是奴隶，再除去妇女、儿童，有投票权的公民也就几万人，愿意参政的也就几千人。所以，你在城市广场敲一声钟，公民们都能听见，聚集到广场来参加会议。但在中国，你做不到这一点。我们的圣人当然知道民主制度是怎么回事，当他们生活在小共同体中的时候肯定运用民主制度。即便在中国诞生之后，在一些小群体内部决定公共事务时，比如我们读《尧典》《舜典》，其中就有民主的实践，即尧舜与众人共同商量，决策则采取"从众"原则，即少数服从多数。但是，一旦中国诞生，就不可能以民主作为最基本的政治制度。作为超大规模的共同体，中国政治的第一原理当然不能是民主；肯定会用到民主，但显然不是第一位的制度，因为这在原理上就做不到。

中国走的是"君子共和"这条路。简单来说，就是各个地方、族群的贤能，我们可以称之为君子，被遴选出来，参与国家层面的公共事务决策，这就是君子共和。我们在《尧典》《舜典》《皋陶谟》中能够看到，他们共同协商处理国家的重要事务。他们是作为各个地方的代表参与国家政务的，我们把这样的制度称为"共和"。共和就是众多代表共同处理共同体的公共事务，并且是"和"，不是统治，而是"和"。"共和"这个词出现在《史记》，形容周代历史上一件大事，周厉王残暴无度，国人普遍不满，爆发了"国人暴动"，周厉王逃离镐京，周公、召公共同执政，行天子事，号"共和元年"，时当公元前841年。其实我们往上追溯，在那之前一千多年都可以说是共和制。今天，中国实行的又是这个制度，我们的国号是"中华人民共和国"，这个共和不是从外国抄来的，而是《史记》里的名词。其实，整个中国社会的治理之道都可以用"共和"来形容，民主包含在其中，可以作为某些小范围事务的决策机制，但不是最底层的制度。中国从其诞生起，其基本治理之道就是共和。为什么会走上这条路？因为我们是多样的族群聚合在一起的超大规模的文明与政治共同体。

由政治的维度可以看出，理解中国，首先要理解关于中国的两个最基本事实：多元族群的和而不同，由此形成的超大规模。

第二讲　敬天

　　上节课讲到，统一中国诞生于尧舜时代，位于晋南、豫西。其最明显的特征是超大规模，这是关于中国的基本事实。因为大，我们的国家也得以拥有长久生命力。这就给我们提出了一个大问题：我们为什么可大可久？

　　我们这门课名为"中国文明探秘"，我要讲的内容还真是带有一定的探秘性质，因为20世纪的思想学术界系统地遮蔽了中国文明，以至于我们自己很少明白自己的生命、生活和国家。比如，请问大家，中国人的根本信仰是什么？至少在我看到的解释中国文明的各种著述中，中国人的根本信仰被严重忽视或者低估了。

　　这个最大信仰是什么？是敬天。大家当然都认识这个字，"天"这个字，我们上小学一年级语文就学过。可是，"天"是什么？我相信，大部分人未必知道。现在中国人有很严重的精神疾病，很重要的原因就是我们不知"天"，心里无"天"，所以胡作非为，该我们做的事情我们没有做，不该我们做的事情我们都做了。中国要重建自己的文明，复兴自己的文化，至关重要的一点就是重新找回我们的"天"，重建以"敬天"为中心的精神世界。这节课我会向大家讲讲，"敬天"是如何形成的，并指出这有多重要。

神灵崇拜的局限性

　　天坛大家去过吗？想必在大家心目中，北京最重要的景点，天坛恐怕会排在故宫、颐和园、十三陵、长城之后。但你要知道，在传统中国，比如说在明清两代，京城最重要的建筑其实是天坛。北京城里最高的建筑是天坛的祈年殿，比皇宫里最高的太和殿还要高，太和殿有30米高，祈年殿却有38米高。大家都会觉得，皇帝最大，可能，天比皇帝还大。我们到故宫，固然可以看到皇帝是如何生活的，但你要知道，在皇帝心里，只有一样东西是他所敬畏的。天下所有人都要向他下跪，他在万人之上；但他在"天"之下，所以，皇帝只在一个地方下跪，那就是在天坛。几千年来，王或者皇帝只对天下跪，当然也向他的祖先、父母下跪。祭天之礼在传统中国是最为崇高的，明清时代北京城最隆重的事情就是冬至那天，皇帝统帅文武大臣到天坛祭天。由此我们可以看到"天"在传统中国社会政治结构中的重要意义，所以北京市就以天坛作为其旅游标志。

　　为什么"天"这么重要？上节课讲到中国文明的诞生，讲到其超大规模。我们要追问一个问题，这个超大规模的共同体内的众多族群何以能够相互信任？我们举一个简单的例子，现在教室坐了八九十个人，来自四面八方，相互没有血亲关系，那你为什么信任坐在你旁边的人？你有没有想过杀了他，占有他的财产和女朋友？大家恐怕都没有过这个心思，大家都相信坐在自己旁边的人是可以信任的，不会在听课的时候防范同桌。因为，我们都经过了文明的驯化，几千年的驯化已经让我们对陌生人有最基本的爱。

　　但回到古代就不一样了。我们可以想象一下，当帝尧建立其超大规模的政治共同体、不同族群的人聚集在一起时，他所面临的最大困难是什么？恐怕就是人们是否愿意爱、敬陌生人，能不能对他所不认识的人敞开心灵，接受他，不伤害他，更进一步，帮助他。不知道同学们有没有对人类学感兴趣的？人类学是殖民主义、帝国主义的产物，19 世纪的西方人到处征服，一路到了非洲，到了印度洋，到了太平洋，在有些岛屿上住着一些人，和当时的欧洲人很不一样，比如他们对陌生人有一些奇异的做法，包括吃人。大家知道，古代的很多族群到后来消失了，有些是因为气候变化、生态变化，还有一些可能是被其他族群杀光了。这是极端而言的，常态下，在古代，不同的族群通常处在相互分割的状态，一个一个的族群规模很小，而以某个神灵为中心联合在一起。一群人一起共同崇拜某种动物、某棵神树之类，由于这个信仰，他们世世代代共同生活在一起，共享一切，互爱互敬。但反过来，他们对其他族群的人则始终抱有敌意，他们认为其他族群的人都是怪物、坏人。这样，他们的族群规模就始终是极其有限的，比如在很多太平洋岛屿上的族群，几千年过去了，仍然只有几百人。现在问题来了：为什么他们没有像中国一样形成超大规模的政治共同体？原因在于，他们没有经历一次革命性精神突破。

我们今天看到的这个世界上比较发达的、我们认为属于文明的族群或国家，一般来说都经历过一次精神突破。生活在非洲、在太平洋岛屿上的很多部落一直停留在几千年前的精神状态中，没有经历这次精神突破，所以被锁死了；而我们经历了精神的突破，所以得以突破部落的局限，形成了远远超出原来族群的大规模的共同体。就这个方面而言，中国人最文明，西方人次之，事实明摆在这儿：我们的共同体规模最大。

所谓精神突破的含义是什么？就是心灵的开放。我看见一个陌生人，不会把他视为怪物，更不会把他视为敌人，而把他视为同类，视为朋友，接受他，甚至愿意帮助他。我们可以用两个词来形容这种对待他人的态度：爱与敬。哪怕我以前从来没有见过他，我对他也有基本的爱和敬。但是，人并不是天然就如此，要达到这样的状态，需要一次精神突破。

纵观人类历史，可以说，人类实现精神突破有两条路径：一条是中国式的，一条是非中国式的或者叫西方式的。中国式精神突破之路是从多神到敬天，西方式精神突破之路则是从多神崇拜到唯一真神崇拜，或曰从多神教发展到一神教。这是人类实现精神突破的两个基本路径。

中西的起点是一样的，都是单一神崇拜；宏观地看，则是多神崇拜，各个小族群分别崇拜不同的地方性神灵。这样的神让他们内部互爱，又让不同族群的人相互隔离、仇视。看起来完全相反的情感其实都是神带来的。我们不要讲原始时代，就说今天所谓文明社会，情况同样如此：伊斯兰教和基督徒之间经常相互仇视，他们的仇恨从哪里来的？他们信的是同一个神，只不过其先知不同，先知所传来的神的话就不一样，所以形成两个群落，每一个群落都以自己神的名义仇恨另一个群落。伊斯兰世界和基督徒世界之间的争斗已持续了一千多年，其驱动力就是神的隔阂。也就是说，西方人尽管已经完成了精神突破，但神仍然是其心灵的拘束者，让人之间相互分割，甚至仇恨。那我们完全可以想象，在没有信仰唯一真神之前，更小的群落被地方性神灵更紧地约束，神会让他们更为残忍地相互仇恨、厮杀。人类历史上最残酷的厮杀都是以神之名展开的。由此可见，神灵一方面能让共同信神的一群人成为兄弟姐妹，爱得死去活来；另一方面，也能让信这个神的人对不信这个神的人或者信其他神的人恨之入骨，杀得死去活来。这是人类所面临的最大困境，几千年来都是如此，今天也是如此。

简而言之，人类早期是一个多神的世界，所谓精神突破，归根到底一句话，就是打破地方性神灵对人的精神束缚，相信普遍的崇拜对象，它接纳所有人；以这个普遍的崇拜对象为中介，所有人得以相互接受，甚至能够更进一步，互敬互爱。只有完成了这样的精神突破，大范围的人群才能构成一个共同体。

敬天之确立

人类实现精神突破的路径有两条，我们首先来看中国，从多神崇拜到"敬天"。关于这一精神突破的历史进程，典籍有非常清楚的记载，比如《国语·楚语下》。《国语》记载春秋时代各国的史事，与《左传》互为表里，但以记"语"为主。另有一本典籍也是记录语的，那就是《论语》，主要记孔子之语。《国语》记载春秋时代各国君子之语。其中这一段话是楚国一位大夫，一位名叫观射父的史官所说，他描述了中国人是如何实现其精神突破的。

观射父首先说："古者民神不杂。"人和神之间是分开的。但神显然是统治人的，通过什么方式来实施呢？借助巫师，"民之精爽不携贰者，而又能齐肃衷正，其智能上下比义，其圣能光远宣朗，其明能光照之，其聪能听彻之，如是则明神降之，在男曰觋，在女曰巫。"我们可以看到，巫觋拥有特殊能力：可以降神，可以听明白神说的话。另外还有宗和祝协助巫觋降神。

这段记载是很准确的。前面我们提到过，距今五千年前后，南北有两个文化区的玉器非常发达，北方的红山文化，南方的良渚文化。人们为什么费那么大工夫制作玉器？那是很费劲的，因为玉料未必是本地产的，比如红山的玉，可能来自今天的辽宁，辽宁岫岩自古就出玉；也有一种说法，其中一些玉料可能是和田玉，出自新疆。人们耗费了巨大的人力物力运输这些玉料，玉器的制作也非常耗费人力、物力。那么，人们为什么投入这么大人力、物力制作玉器？恐怕是为了事神。神支配着人，所以人愿意不惜代价地侍奉神灵，为此而制作精美的玉器。在那些玉器上经常可以看到一些图像与神灵有关。这些玉器由巫师使用，巫师借助玉器降神，"如是则明神降之"，神降临在巫师身上，告诉他某件事应该怎么做；转过头来，巫师把神的命令传达给其他人。由此，巫师成为人间的统治者，因为他能通神。

观射父又说："于是乎有天地神民类物之官，是谓五官。各司其序，不相乱也。民是以能有忠信，神是以能有明德，民神异业，敬而不渎，故神降之嘉生，民以物享，祸灾不至，求用不匮。"巫师聆听神命，转达给五位官员，他们再来安排大家按照神命行动。这就构建了一个神权政府，它借助神的绝对权威维持秩序，整个族群就井然有序。

　　不过，如此良好的社会秩序却为自己的解体埋下祸根，大家想想这其中的机理。比如我们今天经常会说，中国社会存在很多问题，那么问题是因什么而起的？领导们常说这是"发展中的问题"。这句话很有道理，发展本身确实会带来问题。我小的时候吃不上肉，多数时间吃粗粮，结果营养不良。过了三十多年，到现在，每顿馒头不限，肉也不限，糖什么都不限，结果又出新问题了，营养过剩，同样引发大量疾病，甚至颇为严重。中国社会目前面临的问题正是财富增加而引发的。这个道理也适用于古代：巫师的统治维持了良好秩序，经济发达了，人口增加了。每个族群都往外扩展，建立新的聚居点。这样，各族群之间互怼的机会就多了，族群之间发生冲突的概率增加了。在每个族群内部也有同样变化：财富增加，分配的不平等也会加剧，同样可能引发冲突。内外发生冲突的结果则是，巫师的权威下降。巫师的统治需要社会静态、一切皆有确定性。你已经说了，神要人这样那样；可是，人这样那样做了，却没有得到预期的结果，比如在战争中失败了。人们就会怀疑神的权威。如果这样的事情越来越多，巫师的权威必然衰落。于是，共同体进入一个混乱时期，观射父这样说：

　　　　及少昊之衰也，九黎乱德，民神杂糅，不可方物。夫人作享，家为巫史，无有要质。民匮于祀，而不知其福。烝享无度，民神同位。民渎齐盟，无有严威。神狎民则，不蠲其为。嘉生不降，无物以享。祸灾荐臻，莫尽其气。

　　这是文献记载的历史上第一个乱世。怎么解决？《楚语》中没有讲，《尚书》中的《吕刑篇》倒是讲到："苗民弗用灵，制以刑，惟作五虐之刑曰法，杀戮无辜，爰始淫为劓、刵、椓、黥。"三苗这个族群采取一种极端的解决方案。他们的想法是，既然现在社会冲突多了，大家喜欢使用暴力，那好，政府就建立起更为强大的暴力惩罚所有的暴力，此即以暴易暴。最近电视台在放《大秦帝国》，讲到大秦帝国的治理之道，跟这个很相似。实际上，这两群人大约出自同一个祖先。为什么会有大秦帝国的兴起？因为六国都经历了经济增长，导致人口增加，各国竞相对外扩张，暴力冲突越来越严重。于是从西方兴起了秦国。秦国的想法是，好吧，你们都能打是吧，那我就建立一个把你们每个国家都可以压倒的暴力，这就是商鞅变法的宗旨所在，"驱民于农战"，富国强兵。于是，秦国建立了最强大的暴力，扫平六国，以暴力的方式解决了暴力滥用所带来的问题。当然，这种方案行之不远，暂时可以收效，但无法建立起良好的秩序。这里的三苗、九黎的方案与此相似，历史经常会重复，有很多情节隔几百年发生一次。这个解决方案显然失败了，然后就有颛顼之兴起：

> 颛顼受之，乃命南正重司天以属神，命火正黎司地以属民。使复旧常，无相侵渎。是谓绝地天通。
>
> 其后，三苗复九黎之德。
>
> 尧复育重黎之后，不忘旧者，使复典之。

颛顼做了一件工作，"绝地天通"。这个事情讲起来非常复杂，这里只是简单地说说其含义。巫师是站在地上的，而神在天上。在巫师统治的时代，巫师在地上沟通天上的神，用巫术让神降在自己身上，这就是"通地天"。那么，"绝地天通"意思就是，地上的巫师再也不能把神降到自己身上、以神的名义来办自己的事了。

各位，这个"绝地天通"是中国文明演进历史最重要的大事之一。帝尧在政治上把大家团结起来，这是第一等重要的；与之同等重要的，就是

"绝地天通"。大家想想刚才讲到的情形：各族群、各邦国之所以发生冲突，根源在其地方性神灵。你们可以想象，巫师会祈求自己的神灵毁灭异邦、敌邦的人民或财物。在塑造了古希腊人精神的《荷马史诗》中，这样的记载很多，神经常搅和到人间事务中，甚至挑唆人们相互斗争。"绝地天通"把这一通道取消了，人不能支配自己崇拜的神灵伤害自己所不喜欢的人，由此，神灵不再能够作恶。

但是，颛顼的这一努力遭遇了失败。原因在哪里？恐怕是因为，各邦的人不愿意这样做，他们还是坚持信仰自己的神灵，他们还是想通过自己的神灵增进自己的利益，让对方、其他人受损。这是小规模生活养成的自私惯性，人不愿意走出神灵造就的"牢笼"。神灵给人编织了一个精神牢笼，人在其中确实会得到很多好处，他觉得很安稳，一切都似乎很确定，所以他不愿意走出去。由此，历史进入两种信仰的斗争之中。

这个时候我们已经看到"天"了。神灵是住在天上的，当人不能再把神降下来的时候，神所住的天的重要性就超出了神灵，成为人们的敬仰对象。颛顼试图确立"天"的崇高地位，但他的努力遭遇了挫折。不过不要紧，圣人会一代又一代地涌现，尤其是文明处在重大转折关头之时，通常会有一群圣人先后涌现。中国文明诞生的时期，就有颛顼、尧、舜、禹、皋陶等圣人接连涌现，他们前赴后继，共同缔造了中国。颛顼的努力失败了，但经历了帝喾，就有尧的兴起，继续颛顼的事业，最后完整地确立了敬天这个最大的信仰。

《楚语》所讲的故事也就紧接着《尚书·尧典》了。上节课我们共同学习了《尧典》的开篇，第一章说，帝尧有"钦明文思安安，允恭克让"这七种德；接下来是第二章，"克明俊德，以亲九族。九族既睦，平章百姓。百姓昭明，协和万邦，黎民于变时雍"，帝尧让各个族群、邦国联合起来，缔造了统一的中国政治共同体。但在这个共同体中，每个族群都有自己的神，有自己悠久的传统，所以帝尧面临一个重大挑战，如何让"百姓"或者"万邦"愿意长期共同生活在一起？当然不能只是以暴力强行将其结合在一起，而是要让他们发自内心地愿意和其他族群的人们共同生活在一起。一群人在政治上聚集在一体，并不意味着他们在精神上相互视为同胞。即便今天，很多国家的族群之间也是貌合神离的。

于是，帝尧接续颛顼的事业，这就是《尧典》第三章所说："乃命羲和，钦若昊天"。"钦若昊天"这四个字非常重要，对中国人来说，这四个字是典籍中最重要的。有了这四个字，构建中国的事业就基本上完成了，中国就凝定了，中国人就真正联结为一体了。钦的意思是敬，若的意思是顺，昊是一个形容词，"钦若昊天"的意思就是敬顺昊天，敬天并且顺天。当然，天本来就在，帝尧只是确定了人的敬天之心和敬天之礼。这就是中国精神的伟大突破，聚集在晋南与豫西的那群人完成了一次精神突破，由此，中国就稳定地形成了。

这个事情太重要了。《论语》记载孔子赞美尧时首先说："大哉，尧之为君也。"尧之为君是大的，因为在这之前就已经有君，各个邦国各有其君，但此君只是小规模的邦国之君，相当于后世的诸侯。尧却是华夏国家之君，他是几十个上百个邦国的共同之君，所以，他之为君是"大"的。孔子这句话肯定了尧是华夏之王，中国第一王。然后孔子说："巍巍乎，唯天为大，唯尧则之"，这句话对应的是《尧典》的"钦若昊天"。孔子认为，正是尧第一个认识到了天是最大的，所以他敬天；同时，帝尧也顺天，取法于天，此即"唯尧则之"，"则"的意思就是取法。孔子的话表明，帝尧法天而治，而法天而治的前提是敬天。从孔子的评价可以看出，敬天之确立和中国的诞生是同步的。

所以我们可以说，从帝尧开始，敬天成为中国人精神生活之大本。由此，就有了我们在经典中看到的各种各样的论说，所有这些论说可以归结为一点：从尧舜以后，在中国人的心灵中天是最大的，天是本原，是万物的本原，也是人的本原。《诗经》中有一句话："天生烝民，有物有则。"我们的生命是从哪里来的？你会说，父母生我；那么，谁生你的父母？当然是你的爷爷奶奶；那谁又生你的爷爷奶奶？由此一直上推，最后就到了天。天是我们生命的大本大源，因为天最大。

敬天太重要了，检视一下中国文化或者中国文明你就会发现，我们所有重要的观念都跟天有关：天下，天子，天命，天伦，天工，天民，天德，天才，天赋，等等，其中都有个天字。只有我们中国人会说"天下"，西方人说"世界""宇宙"或者"神的国"，等等，他们不说天下，因为他们不敬天，不祭天。我们还说"天子"，古代的王或皇帝就是天子，意思是说，他是天的儿子，所以其统治权叫作"天命"。

稍微多说说天命。天命有两层含义：孔子讲"五十而知天命"，这是对个体来而言的。天命还有另一个意思，一个王朝崩溃，新王朝兴起，古人说是天命转移。这个概念隐含了一个重要的政治观念：统治权是谁给的？是天给的，不是统治者用暴力打下来的。不是因为你的军队能打仗就可以得天下，表面上看起来是这样的，但终极的依据不是这个，终极的依据在天那儿，天命你为王，所以你才拥有那么强的暴力，才能把暴君驱除掉，取而代之。梁山英雄好汉竖了一杆大旗，上书"替天行道"四个大字。如果没有天，哪来的替天行道？当然，天命还有第三个意思，《中庸》开篇说："天命之谓性"，人性是天所命于我们每个人的，所以，你不知天，怎么知人？怎么做人？

我们中国人还讲"天伦"。你的生命得自你的父母，你和父母之间的关系就是天伦。你和兄弟姐妹同出一个父母，你们也是天伦。天伦跟一般的人伦不一样。各位跟我的关系就是人伦，未来一出校门，你们就可能不认识老师了，但是，你能不认你的爸妈吗？显然不能。所以亲子关系就是天伦。

还有"天工"这个词，明人宋应星写了一本书，名叫《天工开物》。所谓天工是说，老天爷有很多功能，体现在各种各样的物性之中，可以对人有用。但是，天不会自己对人做，得要人要将其"开"出来。科学技术的作用就是开显出天对人之工，这是中国人最擅长的。

还有"天民"这个概念，意思是，我们每个人都是上天所生，是天之民。孟子喜欢用这个词，这个词强调了人与人相互平等，很适合现代人使用。

还有，我们经常形容某人是"天才"，什么是天才？就是老天爷给你一种才能。当然，你是通过父母的基因而有这种才能的，但父母的基因又是从哪里来的？不还是老天爷吗？还有"天赋"，我们会说某某人的天赋很好，意思也是老天爷赋予他一种特殊能力。我们经常会说，西方人有"天赋人权"观念。但细究起来，这显然属于翻译用词不当。这个词可以追溯到美国的《独立宣言》，其中说，"我们认为以下真理是不言而喻的，人人被造而平等（all men are created equal），被赋予了若干不可剥夺的权利"云云。这里说人是"被造"的，谁造的？人格神。我们下面会讲到，这个人格神与我们所敬的天，完全不同。所以不应将其翻译为"天赋人权"，而应该翻译为"神造人权"。

总之，各位，你如果不知天，就完全无法理解中国文化。20世纪以来，很多人之所以批判中国文化而失之于荒谬，就是因为他不知天。他接受了西方文化，并以之评判中国文化。他完全忽略了这两种文化之间的根本差异，即敬天与信神。中国文明和西方文明之间的几乎所有根本差异，均可以追溯到天和神的区别。

理解唯一真神

下面简单讲一下西方人普遍崇拜的神，主要是作为高度人格化的唯一真神。

大家要了解神是什么样的，最简便的办法是用五分钟时间，翻阅一下

《旧约·创世记》。插一句话，我一直在斟酌，《创世记》所在的那一大本书应当怎么称呼。大家普遍称之为《圣经》，我觉得不妥。这本经书中的第一主角是神，第二主角是先知而不是圣人。在希伯来语中，"先知"是可以听懂神所说之话的人，可中国的圣人并没有这种能力。所以，这本书其实应该叫《神经》，但这听起来十分不雅，也许最恰当的名称是《神典》。

先不管基督教、犹太教、伊斯兰教的区别，我们笼而统之以《创世记》第一段的描述作为人格神的一个见证。请大家来看这段话："起初，神创造天地。地是空虚混沌，渊面黑暗，神的灵运行在水面上，神说要有光，于是就有了光。神看光是好的，就把光暗分开了。"后面还记载神造空气、水土、星辰、动物之事，到第六天，神造了人。

从这些非常简单的语句就可以看出神是什么样子的，神和万物、和人的关系是什么样子的。经文劈头就说"起初"，可见，在信神的人看来，世界有个开端。这是必然的，否则，神就是多余的。在起点上只有神，其他什么都没有，因为日月星辰、万物与人都有待于神来创造，所以起初只有神。据此可以说，在西方人的观念中，神是在万物之先的，当然更是在人之先的，人是最晚被神造出来的。这个在万物之先的神制造了万物和人，所以刚才我们提到的《独立宣言》说"人被造而平等"，因为每个人都是神造的，所以是相互平等的。如果不是神造的，就不可能相互平等。在造出万物之后，这个神仍然存在。由此两点，我们可以得出一个结论：神有自己独立之体。从经文也可以看出，他有意志，他说"要"如何如何，这就是意志的表达。最重要的是，他会说话。神是用什么力量造万物和人的？用自己的语言：神"说"要有光。这里有两点需要注意：第一点，神会说话；第二点，神说他"要"，这是表达他的意志。神奇的是，他说要有，于是就有了。这是很有意思的事情，中国人一般想象不出这么神奇的场景。总之，神以其言创造世界，这就是一神教的宇宙论，这塑造了西方人的全部根本观念。

　　比如西方的宇宙理论，目前西方主流的宇宙理论是宇宙大爆炸理论，据说，宇宙有一个开端，那是有一个致密炽热的奇点，137亿年前，它来了一次大爆炸，向外膨胀，于是形成了宇宙。我觉得，这个宇宙形成理论其实就是《创世记》的物理学版本，宇宙大爆炸理论就是物理神学理论。这个奇点就是神，更准确地说，就是《创世记》所说的"神的灵"。它爆炸，于是万物被造出来，这就相当于神说要有光，于是就有了光。其实，物理学到了这个地步只能是神学。人世间诸多最根本的问题其实都是信仰问题，比如宇宙是什么样子的，是如何形成的，这是信仰的问题，而不再是科学问题。大家可以想象一下，一位对中国文化有所自觉的物理学家会提出什么样的宇宙理论？我相信，他的理论首先会否定宇宙的起源这个问题，不可能有这么一个奇点，宇宙不可能有开端。这是中国文化的基本信念。但西方人提出宇宙理论，则一定会从一个开端开始，这是他们的信仰，《创世记》塑造了西方人的基本思维定式，他们发展出来的物理学就是神学的转写。以后各位如果想在最前沿的物理学上有所成就，恐怕就得深入研究中国文化，研究天。否则，你永远不可能有思想的突破、理论的突破。

　　关于神，还可以再讲几句。《创世记》所描述的神与其造万物的过程决定了西方人思考问题、观察世界的基本方法。首先是两个世界的分立，这是西方思想的基本框架。根据《创世记》，神先在，神造万物，神在万物之外，可见，神和万物是两个世界。最有意思的是，不仅神教主张两分，基督教诞生之前的古希腊哲学也主张两分，柏拉图哲学的根本图式就是世界的两分：有一个理念的世界，又有一个现实的世界，两者是分立的。当然，这并不奇怪，因为柏拉图的哲学深受两河流域、小亚细亚宗教观念的影响。此后，西方哲学中就有所谓本体、现象之两分，等等，西方的哲学家总是要探究现实的存在者之外的绝对的存在。西方人始终相信现象世界是虚幻的，人应当尽其努力认识这个世界之上的本体；他们相信，在我们现在看到、感受到、感触到的物之外、之上有一个本体，本体与现象是有等级之分的，一个高一个低，一个是完美的、一个是不完美的，我们生活于其中的这个现象世界当然是不完美的，我们应当追求另一个更完美的永恒的世界。这种两分在神教那里转化为此世与来世、此岸与彼岸的关系。我们的生命是在此世，在此岸，但这是不完美的；我们要努力去往来世，去往彼岸，这是神的国，我们只有到了彼岸，进入神的国，才能得到永恒的幸福。因此，西方人普遍地以进入另一个世界作为人生的最高目标。

与神人两分、本体与现象两分相应，还有人、物之两分。我们看《创世纪》即可以发现，神是分别造物和人的，神先造了天地、万物，然后到了第六天，神说，"我们要照着我们的形象，按着我们的样式造人，使他们管理海里的鱼，空中的鸟，地上的牲畜，和全地，并地上所爬的一切昆虫。"神是照着自己的形象造人的，因而人是高于物的，神还赋予人以一种特权：对神所造的万物都有支配权。因此在西方人看来，人跟万物没有内在联系，两者绝对不同；并且，人对万物享有支配权。事实上照神教的看法，相对于物，人就是主人，相当于神、人之间的关系，在此，神是主人，人是被支配者。

以上神人两分、人物两分的基本框架决定了西方人独特的思维模式，这包括其发展出今天的科学。西方人倾向于认为，现象世界是不完美的，在现象世界之外还有一个完美的本体世界，而人应当认识本体，才算知道世界的真相。为此，西方人发展出了一系列方法，比如逻辑学，给事实下定义，分解事物到所谓"原子"即最小构成因素再加以拼装等，还有抽象的方法。关于后者，可以给大家举一个简单例子：数学中所说的线，在现实世界中其实是不存在的，它只存在于本体世界中。物理学中所谓"无摩擦的世界"同样如此，或者经济学所说的"均衡状态"，在现实中永远不可能有。但西方人却可以宣称，它会存在于本体世界中。借助这样的概念、命题、方法，西方人在理论上构建出一个非现实的世界，回头再借助这些理论制造人工的世界，就像神造万物一样。由此，西方人发展出一系列技术，比如工业化制造技术。其背后隐含的观念是，现实世界是不完美的，人可以借助造物的技术，构建出全人工的世界，这个世界建成一日，就是人类进入完美世界之时。于是，在西方人提出的关于工业化、包括关于人工智能的理论中，我们经常可以看到"历史终结论"的影子，根源就在于世界的两分。

理解天

我们接下来看看，天是什么？我想跟大家一起研读孔子说过的一段话，在《论语·阳货》中，这段话向我们描述了天是什么：

> 子曰："予欲无言。"子贡曰："子如不言，则小子何述焉？"子曰："天何言哉？四时行焉，百物生焉，天何言哉！"

孔子首先自言自语：我老人家不想说话了。"述"的意思是传述，传承，子贡说，您老人家如果不说话，我们这些弟子如何传承您的道？在子贡看来，传道要靠言辞、靠说话，这是很"西方化"的，西方神教的传教都是用言辞的。但孔子反问子贡：你什么时候听过天说话？孔子通过反问子贡指出，天不言，天不说话。

请大家注意孔子的这个论断，这跟刚才我们讲过的神是完全不同的，《创世记》的记载是：神"说"要有光，于是就有了光。神是用言辞制造日月星辰、万物和人的。《新约·约翰福音》第一句话又坚定地肯定了这一点："太初有言，言与神同在，言就是神。"我们在《创世记》中看到了"起初"，这里又有个"太初"，都是 in the beginning，意思是一样的。在万物没有被神造出来之前有什么存在？言。言就是神，反过来说，神就是神的言。对人来说，神是不可捉摸的，神通过言辞与人沟通，为人所理解。

所以对人来说，神就是他说的话。从这里可以看出西方人的一种非常重要的观念：言辞具有创造的力量。这在中国人看来未免太怪异了。但不管怎样，由此你们可以理解，西方人为什么崇拜言，这表现在生活的方方面面，比如他们特别重视演讲术。

但是，天不言。中国人敬天，天最大，而天不说话。为什么呢？因为，天不是人格神。上面所说的神，我左看右看，其实就是个superman，超人，有能力造万物的超人，他有其独立的体，有其绝对的意志，所以可以说话。但是，天不是这么一个人格神，这是我们体认天的时候首先要注意的一点。

天既然不言，那它表现为、呈现为什么？孔子已经告诉我们了："四时行焉，百物生焉"。需要提醒大家，不要把四时和四季弄混了，虽然两者关系密切。四时就是两分、两至，春分、秋分和夏至、冬至。分的意思比较明显，就是平分，在春分、秋分这两天，白天和夜晚一样长。"至"的意思是极致，所谓夏至就是全年中日照时间最长，也即白天最长的那一天。这一天太阳在北回归线上，日照时间最长，所以是"至"。当然，恰恰是在这一天，太阳开始南归，至少从日照来说夏天已开始退回去，要进入秋天了。冬至也一样，冬至那一天，太阳在南回归线上，是全年日照最短的一天，白天最短的一天，但恰恰是在这一天，阴尽而阳生。

孔子说，天首先表现为四时之转换。其实，《尧典》就已经揭示了这一点。我们前面说过，帝尧"乃命羲和，钦若昊天"，接下来的经文是："历象日月星辰，敬授人时。"这里的"时"就是孔子说的"四时"。随后，经文详尽记载帝尧命令四个人到四方极远之处观测天象。按照《尧典》的记载，帝尧为中国做了两个最为重要的事情：首先，他把众多族群、邦国联合为一体，这是帝尧的政治贡献；其次，为了保持这个新成立的共同体的凝聚力，帝尧确立敬天，并在这个框架内治历明时，让大家明白四时的运转，并按照四时的运转安排各项工作。帝尧为什么这么重视治历明时？理由就是孔子所说的，天首先表现为四时的运转。

　　由此可以理解，中国人的时意识是世界上最强的。这一点，我们后面会专门讲到，这里先给大家做一个提示：中国的节日几乎都是历法性节日，即由于时间运转到了这一天，所以我们过这个节，跟什么人、跟什么事没有关系。所谓的"节"，意思就是把全年时间分成一节一节的，这就形成"节日"。刚才给大家讲的两分、两至都是重要的节日，尤其是冬至，可以说是全年最为重要的节日，上上下下都会有隆重的仪式。但这个节跟什么人没有关系，跟什么事也没有关系。相反，你们查一下西方人的节日，它跟我们的节日设置理由完全不同。

　　孔子又讲"百物生焉"，百物生于天之中。请大家注意"生"这个字，跟前面我们读到的《创世记》所用的动词是完全不同的：神制造（make）、创造（create）了天地万物；但孔子说，万物生于天地之中。我想，大家都可以明白，生和造是很不相同的。虽然现在经常有人开玩笑，说那小两口正在"造人"，但我想大家都知道，孩子是父母生出来的。相反，工业品都是机器造出来的。由此可以看出两者最为重要的区别，就主体而言，神是一个，单一的造物主体，神在先，按照自己的意志制造万物。相反，生的主体不是单一的，按照《易传》的思想，万物之生，是天地、阴阳、乾坤、刚柔等两种相反的力量互感、互动而生出来的，所谓"乾道成男，坤道成女。乾知大始，坤作成物"；"天地细缊，万物化醇，男女构精，万物化生。"在此，天地、乾坤、阴阳是没有自己意志的，或者说没有绝对意志，而是两者互感、互动。所以，百物之生呈现为一个高度复杂的过程，既是自生也是感生。比如，男女互感而结合、生养孩子，但也可以说是孩子自生。理解中国文化，尤其是中国人的生命观、生活观，必须深刻地体认"生"这个字。

　　我们把孔子这两句话结合在一起，或许可以给天下一个近似的定义：天是神妙莫测、生生不已的万物之全体。首先，万物生生不已，宇宙间就是一片生意，每一天都是新的，所以圣人说，"苟日新，日日新，又日新"。

重要的是，其中有神，这里涉及中国人的神明观。世上当然有神，但中国的圣人不认为在万物之外有个超人一般的神，《周易·系辞》说过，"妙万物而不测者谓之神"，万物之生、变，其中有力量是人所不可思议者，这就是神。此物之所以为此物，其中就有神的力量。但此神不是单独的实体，而是内在于物之中的交感、生发机制。

唯天为大

天是万物之全体，天当然就是最大的，即孔子所说"唯天为大"。我们仍然可以通过与人格神的对比理解这一点。

神在万物之先，并且在万物之外。天是在万物之外吗？当然不是，离开万物，就没有天，天就是万物之全体，日月星辰、动物植物，当然还有人，所有这一切的存在，更准确地说是变化不已，生生不已，即构成天。在这些物之外、人之外去找天，是找不到的，这就是古人所说的"天人不二""天物不二"，人就在天之中。离开了人，也就无所谓天。所以我们讲天人是一体的，天人不是可以分离的。由此，中国人的三观，宇宙观、世界观、人生观，统统跟西方人不一样。为什么不一样？就是因为神和天不一样，因而天人关系不同于神人关系，天物关系不同于神物关系。

也正是因为有这样的结构，中国才会讲天人合一。为什么能合一？因为本来就不是二分的。西方人不会讲神人合一，因为这完全不可能，本来分属于两个不同的世界，神在人之先，神造人，人怎么可能与神合一？但对中国人来说，天人合一是完全可以想象的，并且人是可以做到的，圣人就可以做到。《中庸》说："唯天下至诚，为能尽其性；能尽其性，则能尽人之性；能尽人之性，则能尽物之性；能尽物之性，则可以赞天地之化育；可以赞天地之化育，则可以与天地参矣。""参"是什么意思？就是我作为人，与天、与地可以并列为三。打个不那么恰当的比喻，就是成为哥儿仨。

这在西方人那里是完全不可想象的，人跟上帝怎么可能成为兄弟？耶稣也不过是"圣子"而已。当然，光是圣子，很多事情也讲不通，于是，发展出圣父圣子圣灵"三位一体"的理论，我们中国人听了却会觉得不可思议。

其实从这一点也可以解释，何以只有中国人才懂得什么是平等。神教告诉人，神在人之先，人是神造的，神是造物主，神是人的主人，那么在神面前，人是什么？人就是仆人，神的奴仆。这一点，教徒们自己也是挂在嘴边的，他们老是说自己是神的奴仆。但在我们中国人听来就有点难以理解，中国人觉得，人应当顶天立地，堂堂正正，并且每个人都应该这样。所以这个世界上，只有中国人真正生活在平等之中，因为天不是我们的主人，我们就在天之中，我们可以"与天地参"。

这种神人关系也让西方人热衷于进行"认识"而忽视道德实践。近世以来，西方的科学比较发达，这是有其神教背景的。神是宇宙万物也是人的制造者，可神在人之外，所以人首先要知道有神，这就需要信仰；然后去认识神，获得关于神的知识；或者在哲学传统中则要求身在现象世界中的人要去获得关于本体、存在的知识。获得了这个知识也即真理之后，你才能知道自己该干什么。西方人眼巴巴地希望从自己的外面获得关于自己该如何生活的真理，总是向外看，强调信仰，追求知识。信仰和知识这两者，我们中国人以为是相反的，但在西方人那里却是一枚硬币的两面。

在中国人看来，人的主要工作不是认识，不是做一个仰望者，而是做一个"行者"。天本来就不在你外面啊，你想认识什么？仰望什么？你就在天之中，但当然天不限于你，但你完全可以"近取诸身"，首先认识你自己，而天是什么样子的，在一定程度上取决于你是什么样子。所以对你来说，最重要的事情不是认识，而是行，做好自己，让自己成长，就是刚才给大家念的《中庸》那段话，让上天赋予自己的"性"最为充分地成长、发育，成为真正的人。由此，我也协助他人成为真正的人，这就是孔子所讲的"己欲立而立人，己欲达而达人"。由此，我也可以让天下万物各正其位，这样我就可以做到"与天地参"。所有这一切取决于我的行而不是认识。当然，我们要"格物"，认识我周围的一切物、一切事，这也有助于我认识自己，知天。但中国人格物，不是为了获得外在于我们的真理，不是要用这样的真理指引自己。我们的道就在我们自己身上，《中庸》开篇就说："天命之谓性，率性之谓道"。我不需要跑到我外面去找我的道，用不着信仰什么绝对的东西，用不着服务于什么绝对真理。我的道就在我的脚下，这就是"率性之谓道"，不假外求。

天也是完全之全体，遍覆无外，因而通过敬天，就可以塑造真正普遍的人类合作秩序。天遍覆无外，包容万物，我们所有的人都在天之中，所以我们所有人都是兄弟姐妹。大家也许知道张横渠，我的陕西老乡，关学的创始人，他的《西铭》在过去一千年来流传广泛，他说："乾称父，坤称母，予兹藐焉，乃混然中处。"乾坤是我的父母，所以我是很渺小的一个人；但是，因为乾坤是我的父母，所以我堂堂正正地挺立于天地之中。这就是中国人的精神。然后他说："故天地之塞，吾其体"，天地万物都是我的身体；"天地之帅，吾其性"，我作为人的性也是秉自天地的，你看，多么地大气！接下来的话则体现了儒家的博爱精神："民，吾同胞；物，吾与也"。乾坤是我的父母，当然也是你的父母，是我们所有人的父母，所有人都是乾、坤所生，相互就是兄弟姐妹。天下所有人，不管我是不是认识他，都是我的同胞，我的兄弟姐妹，很自然地，我要爱他、敬他，我们互敬互爱，我们相互协助，"己欲立而立人，己欲达而达人"，"己所不欲，勿施于人"。这就是敬天的效果，我达到普遍之仁。敬天让我们每个人打开自己，爱敬他人，不管他是熟人还是陌生人。所以中国人的心最大，中国人的心灵最开放，中国人最能够接受陌生人，中国人最有爱心。不管面对什么人，中国人都以善意对待。而且，不仅对人，我们对人之外的物也都有情感，因为万物都是乾坤所生，跟我们的生命是内在关联的。这是多么伟大的情怀！今天世人都讲生态主义，敬天是不是最为深刻的信仰依据？

现在经常有人说，你看人家基督教讲博爱，多高尚啊。但是，这样的博爱其实是有其限度的。因为，博爱是借助神的中介建立的，我们共同信仰同一个神，所以我们互爱。那问题就来了：如果我不信你的神呢？最可怕的是，两个信不同的一神教的人相遇，经常会有无穷无尽的仇恨。看起来很高大上的博爱，顷刻间转生出刻骨之恨，这就是神教博爱的内在局限性。

中国人对人的爱才是真正普遍的、没有界限的。当然，我们的爱会由亲及疏、由近及远，但对他人的情感总是爱，最差也只是冷漠而已，我懒得理你，但不会恨你。也因此，中国从一开始就是世界上规模最大的共同体，而且随着时间推移，中国在不断成长，变得越来越大，人越来越多，成为人类历史上唯一在过去四千年中人口持续保持增长的国家，其他国家都未能持续如此长时间。罗马帝国的规模曾经很大，但解体了，产生了欧洲的一群小国寡民。埃及、两河流域的大帝国也都消失了。中国为什么是例外、始终是世界上规模最大的文明与政治共同体？因为我们中国人的心最大。为什么中国人心最大？因为我们所敬之天最大，让我们能够最为普遍地互爱、互敬。

中国也天然是生态主义者。"物，吾与也"，"与"的意思就是有关系，差不多算朋友吧。因为我们跟万物都在天之中，所以万物跟我们是一体的，有关系的。所以，中国人对物是有情意的，大家对花花草草、山山水水都是有情意的。西方人总想支配万物，中国人则希望与万物一体。所以，今天这个世界上，真正在搞环保、建设生态社会的，我看也就是中国，因为我们打心眼里相信，天地万物与我们是一体的，信仰推动我们这么做。

诸神统于天

上面简单地剖析了神和天的区别，接下来回到我们一开始提出的问题，神、天与政治共同体的构建之间的关系。

在文明的早期，人类处在相互分立的状态，不同族群的人甚至相互敌视，其原因是，每个族群崇拜自己的神灵。而后，中、西文明沿着不同路径寻求精神突破，一个走向了敬天顺天，一个走向了崇拜唯一真神。两者有共同之处：都是普遍的，因而都超越了地方性神灵。但仔细分析即可发现，两者的普遍程度还是大不相同的。

首先来看唯一真神。顾名思义，它是唯一真神，神反复要世上所有人都只信他这一个神。那么，人怎么做到这一点呢？忘掉自己原来信奉的地方性神灵。所以，唯一真神的降临确实给西方带来了一次精神突破，引领人们走出地方性神灵的束缚，所有人信同一个神，一开始一万人，后来一百万人，一千万人，一亿人，甚至更多，大家信同一个神。通过这唯一真神的中介，一亿甚至更多信徒互为兄弟姐妹而不再是敌人。并且大家已经看到，神对人说话。大家可以想象，在多神信仰时代，有一百个神，就有一百种神的话；现在，这一亿人信同一个神，共同遵守同样一套神的话，也就是神的律法，由此，他们可以形成共同的生活方式。我们也会看到，一神教中的神通常命令人爱他人，比如基督教强调爱人如己，甚至爱你的仇敌。在多神信仰时代，人把其他族群的人视为敌人；现在耶稣说，你要爱异邦人，爱你的仇敌。于是，信徒就愿意与别人共同生活在一起，打破族群界限，甚至化仇敌为兄弟。

所以，一神教的出现是欧洲文明能够成为我们今天所看到的样子的根本原因。我以前跟大家讲过，古希腊人的信仰和政治始终处在比较幼稚的状态，他们始终未能完成精神突破。我们在苏格拉底、柏拉图的哲学中看到，他们试图突破，所以在各种对话中，柏拉图抨击古希腊人崇拜的城邦保护神，想象另外一种神，已经有唯一真神的样子。但他们终究没有能够建立起一神教。真正实现这一突破的还是小亚细亚人，他们在艰苦的生活环境中，成功地构造出了唯一真神教。一神教逐渐传入罗马帝国，帝国开始对它抱有戒心，因为其教义不合乎罗马精神。但罗马人很快发现，一神教有可能拯救罗马帝国。罗马帝国把很多族群征服了，依靠的是暴力，如何让这些被征服的族群心甘情愿地共同生活在一起？需要共同的精神纽带，恰好犹太人送来了一神教。慢慢地，罗马帝国接受了一神教，以至于确认基督教为国教。

由此才有了文明意义上的欧洲，这个欧洲是一体的，而不是相互分裂的几十个邦国。在这之前其实是没有欧洲这个观念的，基督教塑造了生活在欧洲的人们的欧洲观念，尤其是基督教把北方蛮族带入文明状态。罗马帝国正是靠着基督教又延续了很长时间，尽管是以另一种方式。我们中国人追求大一统，其实欧洲人也有这个心愿，而在欧洲，维持大一统的力量主要是基督教。这一点在中世纪很明显：罗马帝国在政治上已经崩溃了，分裂的欧洲各国用什么来维系其一统局面？就是依靠共同的信仰，靠罗马教会。因为有这个底子，一波又一波野心家雄心勃勃想重建罗马帝国，他们始终相信欧洲是可以统一的，这都是因为有共同的基督教信仰。基督教说的很清楚，所有人应该信同一个神，共同生活在一起。由此至少可以想象，打破国家的界限，所有人共同生活在一个共同体中，这构成欧洲大一统最重要的精神力量。今天在欧洲维持统一的政治机制是什么？欧洲联盟，但其背后的精神基础则是欧洲人共同的基督教信仰。如果没有基督教信仰，欧洲人根本不可能有共同生活在一起的意愿，而会跟古希腊人一样，处在四分五裂的状态。由此我们又不得不说，当代欧洲人建立欧洲联盟的努力恐怕难以成功，因为在欧洲，基督教信仰已经衰败了，支持统一的精神基础正在崩溃。你一旦失去了这个强大的精神基础，就不可能维持一个超大规模的政治共同体。

把人联合起来的力量无非是暴力、利益和共同价值，但前两者都是不可靠的。如果你对大家说，我们结合在一起，每个人都可以得到更大的利益，你觉得大家能够长期团结吗？我深表怀疑，因为，什么是利益，怎么才算利益最大化，每个人会有不同的判断，你说这是利益，我却觉得是损失。比如，留在欧盟，德国人认为利益很大，英国人却说我只有损失，那我凭什么跟你一起过？英国人说，我跟美国建立特殊关系比留在欧洲得利更大，所以英国决心脱欧。所以，仅靠利益是远不足以维持一群人共同生活在一起的长久意愿的。因利而合，又因利而分，这样的例子在历史上太多了。暴力就更不要说，暴力造成的联合只能短暂维持。唯独强大的精神纽带可以把大家持久地联合在一起，即便经历挫折，人们仍会再度联合。这样的故事在中国历史上反复发生，所谓"天下大势，分久必合，合久必分"，其实要反过来说，合久必分，分久必合，靠什么力量合？靠精神力量，而非利益，更非暴力。近一百年来有些人发表了奇怪的看法：你看人家欧洲多好，小国寡民，相互竞争，然后有了各种现代制度，实现了现代化；既然如此，我们中国人最好也解体成若干小国，互相竞争，这对大家都好。这可以作为知识分子的一个幻想，但是广大中国人民是绝不会答应的，因为中国人长期生活在统一的共同体中，统一已经成为一种信仰，并且我们祖祖辈辈享受了统一的好处，你反对统一，就是与十几亿中国人民为敌。

那么，为什么中国人能够长期生活在统一的共同体内？因为圣人在建立中国的时候就树立了敬天，世世代代的中国人敬天，而天最大，孔子说"唯天为大"。天当然也大于所有的神，天可以包容所有的神。在神话中，玉皇大帝统帅天兵天将，很神气。但是，玉皇大帝也没有天大，他只不过是天中的一个神而已。于是，在中国人心目中，各种神也就可以和平相处。所以在中国，没有唯一真神。天最大，玉皇大帝也不过是众神中的一位神而不是唯一神。玉皇大帝的地位确实最高，但不是唯一的。在中国人的想象中，神仙们相互之间都有关系，就好像人世间的亲戚关系。这是中国人的观念。既然没有神是唯一的，那不同神的信徒们也就没有必要争吵。你信玉皇大帝，我信关公，各信各的，何必争吵？天很大，可以容纳无数神，神也就不必争抢，不就是加一副碗筷的事吗？那么我们作为人，信什么神，随您的便。相对于大得没边没沿的天来说根本不重要。这就是中国人的神灵观念，很特别。外国人经常理解不了，因为他们不知天，不知众神是在同一个天之中的。

正是因为中国人有这样的天、神观念，中国才成了世界上规模最大的文明与政治共同体。天最大，天可以容纳各种神，所以，敬天的中国人就可以对所有人敞开胸怀，崇拜各种神的人都可以和平地生活在同一个政治共同体中。理解中国之大，必须首先理解天之大。

这种以天为本的中国式信仰体系最为高明。在中国以西，神之间的战争连绵不绝，尤其奇怪的是，唯一真神教出现之后，战争反而愈发激烈了，一直到今天也不见缓和。原因在于，唯一真神宣称自己是唯一的，现实中却没有成为唯一的。事情就变得很麻烦了：宣称唯一，事实上只有少数人信，另有人信其他神，竟然也宣称唯一。怎么对待这些无知的人、邪恶的异端？面对这个问题，很多时候，唯一神教比原始宗教更为无情，因为其基本教义就是人人都应该信奉这唯一真神。于是，一神教之间的冲突比原始宗教之间的冲突更为严重，这就是过去一两千年来困扰中国以西各民族、国家的最大难题。

基于中国人的经验，解决这个大难题只有一个办法、出路，那就是归本于敬天。天那么大，不管什么神，都可以找个小板凳坐下，排排坐，吃果果，何必争抢？所以我认为，人类未来的信仰体系一定是以敬天为本，"一个天、多个神，诸神统于天"。敬天，不妨碍你信你的神，但你要明白一点，你信的神不在天之外，而在天之中。我想，信神的人如果有这样的信念，知道自己信的神是在天之中的，天之中还有其他神，这世界就和平了，否则，我们人类其实始终会处在蒙昧状态。唯一真神必须去掉其唯一性，归本于天，人类才能找到真正的和平之道，才能进入大同状态，大同是以和而不同为前提的。如果信神的人总是坚持自家神的唯一性，人类就会永远处于比较幼稚而原始的状态，且不能摆脱其蛮性。

　　总结一下本课的内容，我们讨论了中西文明在本原性信仰上的差异：西方人信仰人格神，尤其是在其文明的高级阶段，崇拜唯一真神。中国人则从颛顼、尧舜时代开始，以敬天为宗教生活的中心。理解中国文明，首先必须认真地体认天。

　　说到这儿，我们也可以对宗教问题略微做一点点理论性讨论。过去一百多年，中西文明深度交往，有很多人进行两种文化、文明的比较性研究，一个颇为流行的结论是：中国没有宗教。本课内容算是对这种说法的一个有力反驳。事实上，根据本课讲述的历史事实，我们可以对人类宗教做一个最高层次的类型划分，早期以巫术为中心巫教先放到一边，人类的高级宗教可以首先划分为中国类型和广义西方类型，所谓中国类型就是以敬天为中心，广义西方类型则以信仰人格神为中心。说中国没有宗教，错在哪儿？错在以西方宗教作为人类唯一的宗教，这就是西方中心主义的谬说，今天到了抛弃的时候了。

第三讲　家与孝

　　人怎么生活，不是个生理学问题，而是个文化问题。我们有一个自然生命，也有一个文化生命。尤其是宗教信仰，直接决定人的文化生命。上节课我们讨论了中西文明信仰上的根本差异，这节课我们讨论信神的人和敬天的人各自是怎么看待生命、怎么对待家。

　　最基本的生物学事实是，人是其父母所生，由此人类就有了其最基本的生活单位、社会单元：家。这是生物学事实造成的，不管你喜欢或者不喜欢。这可不像你加入学生社团，填表申请一下就可以加入。家不是你申请加入的。你的爸爸妈妈也根本没有征求你的意见就生了你，你是被"抛入"家中，由此你有了你的生命，有了你的一切。所以，人是家的存在者。这个事实是如此显而易见的，然而，中西文明，因其本原性信仰之不同，对家的态度也有非常重大的差异，由此也就决定了其社会组织和政治形态的重大差异。讨论到家，当然涉及孝，而中西文明对孝的态度也有很大差异。下面我们就对此略做讨论。

人生而在家中

　　对每个人来说，理解自己，认识自己，应当从一个最基本的生物学事实开始：人是被生出来的。具体地说，我们每个人都是由自己的父母生育而有生命的，我们的生命得自父母的生育。这就是中国人思考一切问题的出发点。子曰："身体发肤，受之父母"，这是《孝经》中的一句话。我们首先要知道，生我的是两个人，他们是夫妻关系，不管他们的相爱程度有多深，可能只是同住一个晚上，或者共同生活几年，甚至共同生活一辈子，不管怎样，当他们生我们的时候，他们两人就是我们的父母。所以，我们生而在父母构成的人伦之中，我们生而在与父母的人伦之中；换句话说，我们生而在家中。这是人的存在的基本属性；从存有论上说，人是人伦的存在，人是家的存在。

　　讨论这一点，我们还需要注意另一个很重要的生物学事实。你刚生出来的时候能自己找饭吃，自己找地方住，单靠自己活下去吗？当然不能，这是人和一般哺乳类动物大不相同之处。家在农村的同学可能见过母牛生小牛，母马生小马。小马、小牛刚出生下来，大概十几分钟，就可以自己站起来，虽然摇摇晃晃，可能够站起来行走，可以自己觅食。但是，人却不行。你们都见过小宝宝，好几岁了，仍然不能自己解决吃饭、喝水、拉屎撒尿这些关乎生存的最基本问题，更不要说他刚出生的时候了。一个刚出生的孩子，如果没有父母的深爱和照顾，他很快就会死掉。父母照顾孩子最起码要两三年，孩子才能得到其生命。

　　依据这个事实，孔子说了一句非常精彩的话："子生三年，然后免于父母之怀。"这就是人之为人非常特殊的地方，大家一定要记住这一点，我们的圣人在思考关于人的问题的时候，从这个基本事实出发。这是一个人人都看得见的事实，也是人人都经历过的事实。我们的圣人紧紧抓住我们获得生命的这个基本事实，而提出了一系列重要观念。说到这里，顺便议论一句，我们现在的产假制度很不合理。现在的国家法定产假，如果我没记错的话，只有四五个月吧，这显然很不人道。四五个月的孩子根本不能独立生活。产假应该调整到两三年，那时，孩子才相对地不再依赖母亲，这个时候可以自己进食。

由上面的生物学事实衍生出一个最基本的伦理性事实：人之为人，作为一个种类，我们作为万物中的一类能活下来，靠的是父母对子女的深爱。这是一个本能，父母对子女的深爱是本能。另一方面，刚出生的孩子一定是依恋父母的，还是孔子所说得好，不离"父母之怀"，圣人对人的观察可谓细致入微。孩子大哭大闹，可一到父母怀中，一下子就安静了，因为他觉得安全了。由婴儿的这种本能行为，我们可以说，人生而爱自己的父母。我们现在就可以确认，人的爱的本能生发在父母养育孩子的事务中。这就是人的"自然状态"——这是西方早期现代政治哲学的核心概念，我们在这里借用一下。

可是，当人类逐渐进入文明状态后，会产生"观念"，观念会对人产生非常巨大的影响，以至于让人看不见上述最基本的事实，甚至跟这个基本事实对着干。在很大程度上，这个世界是什么，取决于你用什么样的眼光看它。每个人都有这个经历，有一个女孩子走过，有的人说这女孩子真美，有人说她不怎么样，甚至是个丑八怪。女孩子就是那个女孩子，但十个男生有十个评价，此即所谓"情人眼里出西施"。你怎么看这个世界，跟你的观念有很大关系。你怎么做事，跟你的观念也有很大关系。我们前面所梳理的中西文明最重要的观念，也即其本原性信仰，会影响人们对刚才所讲的关于人的生物学事实和伦理性的认知。

神教的破家倾向

作为对照，我们先来看一下西方人，即信神的人是怎么看待关于人的上述基本事实的。总体上可以有这么一个论断：神教是厌家的，至少它没有看到家的重要性，因而有出家甚至破家的倾向。为什么会这样？下面我们略做一点分析。

神教的成立有一个前提：人要相信人是神造的。你的生命从哪里来？

神教告诉你，你是神所造。《创世记》说得很清楚，神在第六天造了人。这样的观念就使得人们看不到自己的生命来自父母这个最基本的生物学事实，反而刻意地否定甚至反抗这个事实。因为人其实都知道自己是父母所生，并且"子生三年，然后免于父母之怀"。神教教义却让人不愿承认这个事实，相反努力让自己接受的观念是，我是神造的。可见，神教教义在其起点上是反乎人的自然的，这在西方人的精神中造成了普遍而严重的紧张。

西方所谓个人主义思想就是从这个观念生发出来的。个人主义的基本内涵是，我就是我，我跟其他人没有关系。可事实是，你最起码有父母，那怎么办呢？个人主义就需要制造出一大套理论来，说服自己切断人与所有人的内在联系，让自己看起来像是独立的。所以，个人主义的理论一定要跟自然的人生较劲，信奉个人主义信仰的人必定活得很累。一个人必然在和他人的关系中，最为紧密的就是他与其父母的联系，如果你要做个人主义者，那就请你先登一个广告公开宣告，从此之后自己和父母脱离关系，然后你才能说自己是真正的个人主义者。问题是，你否定了父母，也就等于取消了自己在这个世界上存在的资格，因为你毕竟是父母所生。

神教和西方的个人主义否定人与父母的关系，由此，家的基础就被动摇了。家的基础是什么？一对男女结成夫妇，生养一个孩子，这就是家的起点，这是一个最基本的家，三个人组成了一个家。三个人之间有人伦关系，首先有夫妻关系，然后有父母与子女之间的亲子关系。神教把后一个人伦关系取消了，孩子和那两个成年人之间的关系被神教所谓神造人的教义否定了。

当然，神教没办法彻底否定家，所以又重建了一个想象的家。根据《创世纪》记载，神先造了一个人。请问大家，此人是什么性别？你会说，神先造了一个男性，亚当。后来的记载好像也确实如此。然而我觉得，这其实不合逻辑。你告诉我，神有性别吗？如果有，是什么性别？如果没有，那神怎么能在造人时分男性版、女性版？再者，如果神知道区分性别，为什么不同时造两个人，一个男人、一个女人？反而那么麻烦，把造人分成两个阶段？先造一个男人，然后造一个女人？这个悖论，西方女权主义者曾经提出过，还真不好回答。

咱们还是回到神典吧：神只造了个男人，神看到亚当一个人是孤独的，就说我要再造一个配偶给他。这个事情同样很奇怪，神有配偶吗？如果没有，神怎么知道人需要配偶？如果神知道人需要，还是同样的问题，为什么不同时造出一对男女作配偶？好吧，我们回到那个故事吧。神也看到造人的工作已经完成了，不可能重新开动这条流水线，于是，他造女人的流程就完全不同于造亚当：他从亚当身上抽了一根肋骨，造出了夏娃。

各位，看了这段记载，你们还会相信西方能做到人人平等吗？在神教教义中，男女是平等的吗？不是，神如果真的是平等的，就应该同时造出一个男人一个女人，让他们两人自由地缔结婚姻。但神没有这么做，只是造出了一个男人，然后临时起意，给这个男人造了个配偶，并且让她和亚当结合。从这里可以看出，女人在神那里是没有选择权的，夏娃无可选择，她只好和亚当结合，因为她就是上帝造给亚当的。那么，夏娃爱亚当吗？经文没有说。在这样的婚姻里，夏娃幸福吗？亚当幸福吗？从这里可以看出神教对于婚姻、家庭的扭曲观念。首先，它不能肯定女性，至少从存有论上说，女性这个性别的诞生过程就决定了其完全是从属性的。其次，男女结合，不是因为男女两情相悦，而是由于神的绝对意志，夏娃想什么，根本不重要。这样的婚姻会好吗？

其实，神教讨论爱情和婚姻，总是扭扭捏捏的。因为，你们两个人爱得死去活来，怎么有时间去爱神呢？更可怕的是，婚姻中必然会有性生活，而神教认为，性生活是一件邪恶的事情，神教是恐惧人的欲望的。所以，按照神学家奥古斯丁的说法，正是性生活让人的"原罪"抹不掉了，因为人得到生命是因为父母的性欲，这样，夏娃的原罪就通过生育一代又一代地传下去。每个人生而有原罪，因为，男女两人是通过性生活而有的孩子，而性生活是邪恶的。

如果仔细看一下神典中关于夏娃的记载，令人吃惊之处还有很多，比如她被造出来以后，在她身上发生的第一件事是什么？是受骗上当，被狡猾的蛇欺骗，偷吃伊甸园里的智慧果。所以你们要知道，第一个有原罪的人不是亚当，而是一位女性，夏娃。这里是不是有性别歧视？

回头再看中国人的男女观、夫妇观。我们的经典里说，男女是阴阳关系，而且是阴阳并建，不是先有个阳然后再有个阴。没有阴，根本就不可能有阳这个概念啊。当然，中国人更不会说谁是恶的，谁是有罪的。中国人的观念是人分阴阳，而男女两性分别是人的一半，孤阴不生，独阳不长，光有阴不能生，光有阳不能长；《周易》也说，"乾道成男，坤道成女，乾知太始，坤作成物。"男女双方相互配合，才有生。

两相对比可见，中国人对于男女两性的看法是世界各大文明中最为文明的，只有中国文化高度肯定女性的作用，其他文化多数都持有否定的看法，只是程度不等而已。现在的有些女性主义者反中国文化，实在是病得不轻。西方的女权主义倒是对其神教中的性别歧视有所反思，但又滑到另一个极端，想让女人变成男人。这种主张背后还是对女性不信任，所以它认为，只有具有男性的品质或地位之后，女人才是真正的人。于是它主张，你们男人能干的事情我们女人都要干；这个主张发展到极端就是，要让男人生孩子。这就完全乱套了，这是对男女关系、对家的根本否定。

男女不正，则家不正。事实上，中国以西的各种神教都是鼓励人出家的，各位听到"出家"这个词，是不是马上联想到佛教？佛教的教职人员就叫作"出家人"。但实际上，主张出家的神教可不限于佛教，各种神教都倾向于出家，比如天主教的专业神职人员也不结婚，不成家。但这有悖乎人性，于是，就出了很多性丑闻，古今中外，层出不穷。顺便说一句，神教讨厌性生活，是其禁绝欲望的一个组成部分，神教普遍禁绝一切，比如拒绝物欲。可事实上我们看到，教堂、修道院、寺庙无不富丽堂皇，聚集了大量财富。这同样是自相矛盾。表面上说，这是侍奉神，可是，难道神也喜欢奢侈吗？

回到出家的主题上，几乎所有神教都主张出家。可是，这个教义也绝不可能完整地贯彻。道理很简单，如果要求信神的所有人都出家，那下一代人就没有了，也就没有信众了。所以，神教在教义上必然有所妥协，只要求信神特别坚定的人出家，大多数人还是可以结婚成家，有性生活，生孩子。

但是，神教还是不甘心，又要其信众走出家。这儿给大家引用一段《马太福音》中耶稣对其信众所说的话："弟兄要把弟兄，父亲要把儿子，送到死地。儿女要与父母为敌，害死他们……因为我来，是叫人与父亲生疏，女儿与母亲生疏，媳妇与婆婆生疏。人的仇敌，就是自己家里的人。"我们中国人看了这段话，一定触目惊心。耶稣当然有他的理由：他想让所有人只爱他一个。所以他说："爱父母过于爱我的，不配做我的门徒，爱儿女过于爱我的，不配做我的门徒。"如果你深爱你的父亲，或者反过来，你深爱你的儿女，你就不能够专心专意地爱神。先知为了让所有人专心专意地爱他，就要破除人们在家内的爱、敬之情。

这里给大家举个例子，《创世纪》记载了一个非常有名的故事："神要试验亚伯拉罕，就呼叫他说，亚伯拉罕，你带着你的儿子，就是你独生的儿子，你所爱的以撒，往摩利亚地去，在我所要指示你的山上，把他献为燔祭。"按说，神是全知全能的，那就应该清楚亚伯拉罕想什么、做什么，以及以后会怎么想、怎么做，可是在神典中，神似乎特别喜欢考验人，这其实还是不自信吧？对于神教来说，最大的问题正是"信"。这一回，神考验亚伯拉罕，让他献祭自己最爱的儿子。而亚伯拉罕果真就要杀了他的儿子，经文说："他们到了神所指示的地方，亚伯拉罕在那里筑坛，把柴摆好，捆绑他的儿子以撒，放在坛的柴上。亚伯拉罕就伸手拿刀，要杀他的儿子。"这就是信仰的力量。为了神，信徒甚至可以举刀杀自己的儿子。这就是神本主义的实质，神高于人。不过还好，故事有了个翻转："耶和华的使者从天上呼叫他说，亚伯拉罕，亚伯拉罕，你不可在这童子身上下手。一点不可害他。现在我知道你是敬畏神的了。"

这个故事及其中的观念对神教信众的影响非常深远。我在搜索这个段落时，顺便也搜索到一些信众学习这一段的心得体会。信众们其实也有很大的困惑，但有些信仰坚定的人就会说，不要被表面的残忍吓住，这其中有大义。什么大义？人为了神，一切都可以不要，对父母的爱，对儿女的爱都不能要。这才是对神全心全意的爱，而人如果做到了这一点，就可以得救。在神教中，得救是最重要的。得救的前提是全心全意地爱神，恰恰在这种极端故事中，人充分表达了对神的绝对的爱。然而，这种爱还是真正的爱吗？我想问的是，亚伯拉罕拿自己的儿子表达自己对神的全心全意的爱，可他问过他儿子的意见吗？他儿子不也是一个人吗？他儿子的死对亚伯拉罕确实很重要，但对他本人难道就没有意义吗？

总之，神教的基本教义，人应当全心全意地爱神，一定会与人在家内生活、人爱自己家人的自然情感发生冲突。所以在西方社会，大体上，家和神教信仰之间是有严重紧张和冲突的。当然现实中，可能没有像神教经文写的那么血腥，因为现实生活当中，人们肯定有家，谁都不能脱离家，即便一心一意侍奉神的教士、修女们也是其父母所生。所以，广泛传播的神教一定部分地肯定了家，但其教义又会让两者时时处在紧张之中。这就是西方人的生命总是不安宁的根源。

在西方，不光神教是厌家的，作为西方文明另一源头的古希腊哲学，同样是厌家的。大家想必听说过柏拉图的理想？在《理想国》里，他提了一套很著名的想法："共产、共妻、共财"。男性和女性分开集体生活，然后按照某种标准配对，这就是"共妻"。两人交配之后，各自回到男营、女营。夫妻并不长期共同生活，当然也无所谓家庭生活。怀孕的女子生出孩子，也立刻被城邦的接生婆抱走，不让父母知道谁是他的孩子，也不让孩子知道谁是他的父母。孩子由城邦开设的育儿所集体抚养，这就是"共子"。柏拉图的法律也规定，任何人不得有家财。他的这个想法，跟神教的用意非常接近。神教是要人只爱神，所以不能有自己的家；柏拉图是要人只爱城邦，所以也不能有自己的家。

由此可见，西方文明的两大源头，也就是"两希"，古希腊哲学和希伯来神教，有共同的厌家、破家倾向，这塑造了西方文化的整体取向。

神教与个人主义、集体主义

我们前面已经提到，神教的破家倾向造成了其个人主义；但我们马上要补充一句，这种个人主义同时也是集体主义的，其实这是一枚硬币的两面。

我们知道，家是自然形成的社会组织，你根本不用填表，也不用写申请书，就是其成员。但是，西方人却在其观念中把这个最为自然的组织拆散，把人从家中拉出来。于是，人就成了孤零零的个体，西方由此发展出个人主义观念。可以说，正是神教带来了西方的个人主义观念。我们中国人根本没有个人主义的观念，这是根本不可能的。当然，我要说，我们中国人真幸运，没有个人主义观念真好。在我看来，这种观念是变态的，你本来就和父母有关系，你否认这个关系，是背乎自然的，你也不可能幸福。

接下来我们要追问：个人主义者真的是个人主义者吗？以神教为例，大家可以看到，信众确实从家里出走了，但他们总要有个去处，他们去往哪儿了？神确实不让父亲爱其儿子，确实不让儿子爱其父亲，但他并未取消爱，只是要让人的爱转向，转向爱神。所以，当家被拆散之后，神教信徒并没有成为孤立的个体，而是被编织进了一个高度同质化的集体：他们共同走到了神的脚下，具体的呈现就是你们在西方各个城市是都会看到的高大建筑——教堂。在教堂里，信众互称兄弟姐妹，本来是父子，进了教堂以后就是兄弟姐妹。这是清末义和团运动兴起的一个很重要的原因，当时在河北、山东一带，西方传教士狂热地传教，有些没饭吃的老百姓跟着信了教，聚集在教堂中。基层绅士们无法理解其中的观念：本来是父子，进了教堂里，竟然成了兄弟？本来是母女，进了教堂，竟然成了姐妹？基层绅士们认为这是毁弃人伦的做法，十分厌恶，厌恶情绪持续积累，就有了行动。

因此，不要再说西方是个人主义的了，要把话说全：西方人既是个人主义者，也是集体主义者。这是一张纸的两面。有些中国知识分子曾经说，中国人自古以来都是集体主义者的，这是批评之辞。其实，这是胡扯。因为我们中国人从来不是个人主义者，所以根本不可能成为集体主义者。只有当一个人被从家中解放出来，成为去掉人伦的原子式存在，他才有可能进入同质化集体之中，成为取消一切个性的集体中的一员。所以，集体主义的前提是个人主义。中国人从来不会这样，中国人生而在人伦之中，儒家观念也再三肯定这一点。所以，我们中国人既不是个人主义的，也就不可能是集体主义的，而是人伦主义的，或者说是关系主义的。西方人在个人主义和集体主义之间摇摆，我们则持守中道。

当然，神教观念传入中国后，中国也有了个人主义—集体主义，比如太平天国就按照基督教的观念组织起来，取消了人伦，取消了家，拜上帝教中的男女们互为兄弟、姐妹。当初曾文正公的《讨粤匪檄》就明确指出其与中国文化根本对立之处："自唐虞三代以来，历世圣人扶持名教，敦叙人伦，君臣、父子、上下、尊卑，秩然如冠履之不可倒置。粤匪窃外夷之绪，崇天主之教。自其伪君伪相，下逮兵卒贱役，皆以兄弟称之，谓惟天可称父，此外凡民之父皆兄弟也，凡民之母皆姊妹也。农不能自耕以纳赋，而谓田皆天王之田；商不能自买以取息，而谓货皆天王之货；士不能诵孔子之经，而别有所谓耶稣之说、《新约》之书，举中国数千年礼义人伦诗书典则，一旦扫地荡尽。此岂独我大清之变，乃开辟以来名教之奇变，我孔子孟子之所痛哭于九原，凡读书识字者，又乌可袖手安坐，不思一为之所也。"曾国藩已经十分清楚地指出了中西文化的根本差异。

当然，由出家的个人所组成的同质化集体在某些时候很有力量。西方人所建立起来的重要的常见组织如教会、公司、城邦等，都成立于家之外，都是把家拆散了然后建立起来的。这样的组织很有力量，因为它是同质化地、机械式地联结为一体。当年梁漱溟先生进行文化对比，感触最深的就是这一点。他说，西方文化的最大优势是"集团生活"，西方人凭借这一点打败了中国。

中国观念：人是家的存在者

上面讲了西方两大文明渊源内涵的破家倾向，我们中国人与之截然相反。我要说的是，我们中国人所做的事情是"顺"的，这是《孝经》的用词，西方人所做的事情差不多都是"逆"的。我们的圣人建立起来的政教制度是顺乎人情、顺其自然的，其中最重要的就是保护家，圣人之教就是以家为中心建立起来的，社会治理体系也是以家为中心的。

为什么中国人会这样想、这样做？根源还是在于，中国人敬天。天生万物及人，所有人都是上天所生。所以，圣人首先肯定"生"。生不同于造。神造万物和人，就是单一的绝对主体，以其绝对意志，用言辞进行制造。生则不同，生有两个主体，天与地，或者阴与阳，或者乾与坤，或者男与女，总之，都是相反相成的两个要素。所以《周易·系辞》说："天尊地卑，乾坤定矣。卑高以陈，贵贱位矣。动静有常，刚柔断矣。"又说："乾道成男，坤道成女。乾知大始，坤作成物。"又说："天地缊缊，万物化醇，男女构精，万物化生。"张横渠的《西铭》一开头就说明"乾称父，坤称母"。清明之际的大儒王船山还特别强调，《周易》的大纲是"乾坤并建"，不是先有乾，再由乾衍生出坤。《创世记》里就是先有亚当，由亚当衍生出夏娃。但易之道不是这样的，乾坤并建，两者同有、同在；两者的性情、角色不同，但没有先后之别，甚至也没有轻重之别。所以，中西文化关于宇宙之源的观念就是完全不同的。西方人认为有一个超人造出一切，中国人则认为是两个主体互感、互爱，"致一"，也即交合，才生出万物和人。

具体到人，从最大处讲，天生人；但具体的表现是，父母生人。父母在天之中，所以，父母生人就是天生人。我们的父母的生命是得自他们的父母，他们的父母又得自他们的父母，由此可以一直往上追溯，最后就是天生人——准确地说是天地生人。所以天地是我们的祖宗，但最切实的基点则是父母生我们。脱离天地谈父母，过于短视；脱离父母谈天地，失之虚妄。通过父母，我们可以知天地；反过来，我们要把父母视同天地。敬父母，就必须敬天地；反过来，敬天地，也必须敬父母。一个人如果只知道敬自己的父母，而不知天地，那就是愚昧。西方文化的根本问题则是越过父母，甚至故意忽视父母，而直接去敬绝对者，这就容易虚妄。

因为生，我们都处在人伦网络之中。圣人思考人，从关于生命的最基本的生物学事实出发，由此确认每个人生而在人伦中，生而在家中，包括父母与子女之间，包括兄弟之间的天伦。天伦的意思是，这不是你可以选择的，你被抛入其中，生而在其中。当然，父母的生命可以往上追溯，父母的生命也可以横向扩展，兄弟可以在横向上扩展，由此，人就生而在一个纵横交错的人伦网络中，这就是人的生命存在之自然的、基本的形态。所以人生而在家中，而且生而在"大家"中，远远超出三人组成的核心家庭规模的家族网络中。大家理解中国人的生命存在形态，需要从"网络"着眼。

这似乎可以解释一个现象：中国的互联网经济在世界上遥遥领先，为什么？这跟中国人的生命形态有关。我们中国人天然就在互联互通的人伦网络之中，我们的生活，包括我们的经济活动就是在这个网络中展开的。

所以对中国人来说，"互联网"这东西古已有之，自古以来我们就在"互联网生活"中。只不过，古今技术形态有所区别。西方人需要费劲地编织这个互联网络，但对中国人来说，人伦的互联网是内在于生命之中的。你们想必也接触过美国人发明的互联网应用，仔细研究一下你就会发现，美国人很难说懂得互联网，facebook 的互联属性远低于微信；亚马逊是个互联网企业吗？令人怀疑。从文化的角度看，互联网时代是中国的；反过来，借着互联网的兴起，中国文明必将实现一次伟大的复兴。

总之，中国人的生命寄存于家中，寄存于可扩展的人伦网络之中；我们不是孤零零的存在，不是孤零零地站在神的面前的个体。我们生活在与父母、与兄弟以及由此扩展出来的广泛的人伦关系中。所以，中国人的生命就是人伦的存在、关系的存在，互联的人伦网络的存在。当然，我们后面还会讲到，中国人的一切问题的解决，包括社会治理，首先在家内展开，并以家为基础，向外扩展。人世间的一切重大问题的解决方案，中国人都首先在家中找方案。

孝德之自然基础

由于重视家，重视父母与子女的天伦，所以，中国人重视孝。

中国人为什么重视孝？请看《孝经》的回答："身体发肤，受之父母，不敢毁伤，孝之始也。"孝内在于我们获得生命的事实中。前面已经说过，关于人的最基本的生物学事实是：父母生我们。神教和西方哲学几千年来一直竭力否定这一点，但这是不可改变的自然事实。我们的圣人则肯定了这一基本事实，这就是"实事求是"。这个事实太直观而简单了，稀松平常，但恰恰由此可以建立起思想、道德、政治的宏伟大厦。在我看来，思考人而否定这一基本事实，必定反自然而出偏差。

只要我们认识到自己的生命得自父母，必定油然而生孝爱父母之情。

我为什么对父母孝？你只要反思一下你的本源，也即你的生命是从哪里来的。神教告诉你，你的生命是神造的，那你当然对父母没有孝爱之情，所以西方人、信神的人很难孝爱父母。中国人则不一样，圣人肯定了人为其父母所生这一事实，并将此贯穿于一切观念和制度中。所以，世界上只有中国人对于人之有其生命的事实，有最为完整、最为准确的认识，哪怕是最普通的庶民都知道，自己的生命得自父母。你再有能耐，有生命总是个前提。父母给了你生命，那你对父母，除了孝敬，还能怎样？每个中国人大体上都明白这个道理，由这个事实，中国人就有了道德的觉醒。所以，中国人，哪怕最蠢的人，如果我们要启发他、教化他，你最好这样对他说：你好好想想，你是怎么有你的生命的？你父母一把屎一把尿把你拉扯大，容易吗？你这么做，对得起你父母吗？任何一个中国人，只要听了这样的劝诫之语，一定幡然悔悟。孝敬父母之情，这是中国人道德觉醒的第一步。你如果不爱敬父母，那就说明你蠢到连自己生命从哪里来都忘了，这是最可怕的忘本，那就无可救药了。任何一个人，只要反思一下生命的来源，就会有报恩、报本之情，就有孝敬自己父母之情。由此再往上推，孝敬自己的先人。

　　所以，中国圣人之教化我们，不是给我们讲一套大道理，或者给我们颁布一套律法要我们严格遵守。圣人只是提醒我们记住我们得到自己生命的事实，让我们自己去回忆、去反思、去体认自己生命的本源。这是中国教化不同于西方之处。我们的教化是顺乎人情、顺乎人心的，所以，《孝经》一开始孔子就讲到，"先王有至德、要道，以顺天下"。这个"顺"字非常重要。圣人以为，道德的生发是生命自然而然向上生长而有的，我知道自己的生命来自父母，就会自然地、顺势地生发出"孝"之德。由此德则可以扩充出其他所有的德，这就是"顺"，顺着成长，顺着扩展。相反，西方的教化和政治大体上是"逆"着人情的，所以很费劲。中国人的教化和政治则很省力，中国的教化是最简单的，这就是《周易》所说的

"易""简"。圣人只是提醒我们把握住对父母的爱敬，并把这样的爱敬扩充出去，然后我们就可以"立身行道，扬名于后世"。

我们孝敬父母，还有更深层次的生命意义：由父母向上追溯，可及于天地。《周易》的前两卦是乾卦、坤卦，也就是男卦、女卦，阳卦、阴卦，这是中国人所理解的宇宙构成。不是一个绝对的神在万物之先创造万物，而是有阴阳二气，你可以将其理解为两种力量，互感而生，然后有了万物。在人身上的具体呈现就是男、女互感而结合，《周易》下经就是从咸卦开始，讨论的就是少男、少女之互感，"咸者，感也"。所以，男、女自然要结合为一体，由此自然就有了子女。在男女、夫妇身上就有天道，所以，各位，结婚是顺乎天道的大事，不结婚则背乎天道。女孩子是阴，自然要找一个阳来匹配。所以，《诗经》从男、女之情开始，第一首这样吟唱："关关雎鸠，在河之洲。窈窕淑女，君子好逑。"美丽苗条的姑娘是俊俏有德君子最好的配偶，男女注定是要结合的，因为阴、阳一定互感而致一。由此结合，自然就有了生命，有了万物。所以，我们孝敬父母，其实就是孝敬天地。敬天、敬地其实特别简单，首先去孝敬你的父母。

我们中国人讲与天合一，也很简单：过节的时候要吃"节令"食物，把天地此"时"所生之物吃进去，这是与天地合一；孝爱父母，也就是孝敬天地，也是与天合一。《孝经》讲到"庶人之孝"，也即最普通的人之孝，是怎么做的？"用天之道，分地之利，谨身节用，以养父母，此庶人之孝也。"只要我们有诚敬之心，就可以养自己的父母。我孝养自己的父母，要"用天之道，分地之利"，这是关乎天地之事，天地让我们养活父母，我们怎可辜负天地之美意？通过孝养父母，我们得以与"天地参"，成就自己的生命。

因此，中国人的根本观念，或许可以概括为四个字：敬天、孝亲。心里有天，落实为孝。这就是中国人的精神支柱。

《论语》论孝道

我们已经看到，"孝"很重要，那么，怎么孝？下面跟大家共同研读一下《论语》关于"孝"的论述，孔子为我们提供了简明的行孝指引。

《论语》论"孝"，一共有十几章，比较集中地分布在第一篇《学而》、第二篇《为政》、第四篇《里仁》中。第一篇《学而》论"孝"有三章，带有总论性质，下面我想跟大家主要学习《为政》篇和《里仁》篇中的论孝八章，各有四章。首先来看《为政》论"孝"，这四章讲了我们如何孝顺父母，第一章是这样的：

> 孟懿子问孝，子曰："无违。"樊迟御，子告之曰："孟孙问孝于我，我对曰，无违。"樊迟曰："何谓也？"子曰："生，事之以礼；死，葬之以礼，祭之以礼。"

孟懿子向孔子请教孝道，孔子回答说："无违。"请各位记住这两个字，这就是"孝"的大纲。怎么孝父母？就是不违逆父母之命，听父母的话，顺父母之意，这就是"孝"。大家是不是对此有异议？你会问，凭什么呀？我告诉你，就凭你的生命之本原在父母。当然，我们也可以给出社会学的解释，父母比你有经验，父母比你有阅历，等等；并且，父母跟其他人不一样，他们爱你，所以他们告诉你的话，肯定是为了你好。这些理由都很重要，但最根本的一条还是：父母给了你生命，父母是你的大本大源。

当然，孔子也没有像你们想象的那样，要求我们绝对服从父母。他当然会想到有些父母可能有错，或者其要求不合理，所以他下面给了一个限定。因而这一章跟下面几章的结构有所不同。孔子讲完"无违"，按理说，这一章就结束了，但孔子预料到这会引起误解，于是在回家路上把这个话头重新提起。孟孙就是孟懿子，因为他继承了孟家的治理权，所以叫孟孙。孔子说，孟孙刚才向我请教怎么孝，我告诉他"无违"。樊迟追问，您说的"无违"是什么意思？孔子说，你父母在世时，你要以礼侍奉父母；你父母刚去世时，你以礼安葬父母；此后，则以礼祭祀父母。

在这句话里，孔子把"礼"字引出来。中国文明是礼乐文明，什么是"礼"？后面会详尽讨论，这里只简单提示一句，"礼"就是规则，如果我们加以限定，可称为习惯性规则，人们在社会生活中自发形成的规则。这些规则告诉我们，在不同场合我们如何恰如其分地对待不同的人。所以，礼无所不包，社会生活的每个领域都有"礼"，我们侍奉父母也有一些规矩。现在还有这类规矩吗？现在恐怕可谓"礼崩乐坏"，规矩已经非常稀少，差不多没有规矩了。当代中国最急迫的事情是重建礼乐，其中包括重建家内成员之间相待之礼，夫妻之间、父子之间、兄弟之间相待之礼，这些规矩需要慢慢建立起来的。孔子告诉樊迟，他讲"无违"不是绝对服从，而是要在"礼"的范畴内，"礼"使得人的行为"无过无不及"。所以，对待父母，也是要讲规则，而不能完全听任情感，对这个意思，孔子后面还会详尽讨论。再看第二章：

> 孟武伯问孝，子曰："父母唯其疾之忧。"

孟武伯是上一章中孟懿子的儿子，读这一章，大家可以把重点放在"忧"字上。大家有没有体会到父母对你的"忧"？父母对你有深爱，你在父母面前永远都是孩子，所以父母总是对你不放心。看到你将要步入充满风险的世界，他们一定会"忧"，比如，开学之际，父母送你，当火车开动，你父母的眼神里是什么？是兴高采烈吗？一定是"忧"色。当看到父母的忧色，你该怎么办？我相信，当你看到父母的"忧"色，一定会反身而求：我一定要让父母不再为我而"忧"，我一定要成长，一定要自我约束，把自己的问题解决好。这就是孔子在本章所要表达的意思。上一章讲到"无违"，"无违"是外在的要求，你要听父母的话。但我为什么要听父母的话？这就需要我们体会父母对我们的深爱，这个深爱最真切的表现就是父母对我们的"忧"。只要体会到了这个忧，我们就一定会自我约束，自我提升，这就是道德自觉，这是内生的道德意识。

为什么单单提到疾病？因为疾病这种损害我们的灾祸在很多时候是我们自己控制不了的，比如说，"非典"来了，谁也没办法。至于疾病之外的灾祸，你看着手机横穿马路，让汽车给撞了，这就是你自己不加节制、不守规矩的结果。如果你让父母为此而操心，那就是你的问题了。你既然知道父母为你而忧，那就要自我反思，节制自己，保护自己，让父母少替自己操心，这是最大的孝。再看第三章：

子游问孝，子曰："今之孝者，是谓能养。至于犬马，皆能有养；不敬，何以别乎？"

这一章的重点是"敬"。你养一条狗，也知道喂它，现在你对你妈妈、对你爸爸，只知道让他们吃饭，够吗？这样对待父母，就像对待狗一样，显然是不够的。我们对待父母，一定要有敬意。大家现在可能难以理解什么是"敬"了，因为，有几代人在其成长的过程中，缺乏敬的意识的培养和自觉。20世纪中国的礼崩乐坏，就包括家制的崩坏，我前一两个月看见一个疯子在杭州一家报纸刊登广告说：从此之后，他跟儿子解除父子关系，以后就是兄弟、朋友了。他说，这种关系可以让孩子健康成长。要我说，这是乱伦。这是受了西方文化的污染而乱来。可是在神教中，人家好歹还有一个神，人要服从神，通过敬神，人其实还是可以学会敬的。但对中国人来说，从哪里学习敬人之道？从敬父母开始。在自然的人伦关系中，父母为尊，子女为卑；父母为长，子女为幼。所以，父母为上，子女为下。

一个中国人学习长幼、尊卑、上下的道理，就是要通过敬父母来体会、学习。家教崩解的结果是，孩子不知敬父母；这样出门之后，也就不知敬人。孟子说过，"敬人者，人恒敬之"，如果你不敬人，别人就不会敬你，你的人生路就会越走越窄。敬人包括敬同辈，朋友之间也要敬。对老师要敬，尊敬师长。工作以后到单位，要敬官长，就是敬领导。刚上班，给领导沏茶倒水，这是你必须要做的事情，这是你人生成长的重要历练。由此你才能够成长，因为你敬人、谦卑、不傲慢，别人就愿意教你，你就可以学到很多在书本上学不到的东西，你的事业才能成长。所以，敬人，你的生命才能成长。不敬人者的生命必定不能舒展。最后是第四章：

> 子夏问孝，子曰："色难。有事，弟子服其劳；有酒食，先生馔（zhuàn），曾（céng）是以为孝乎？"

色指颜色、脸色。不知道你们有没有给过父母脸色，尤其是女生？你们恐怕也有体会，脸色最伤人，并且通常发生在亲近的人中间。因为你跟父母的关系最亲密，你跟父母闹别扭，给他们一个脸色，你父母就会琢磨哪里得罪孩子了？脸色能触发人最深刻的情感。你还不如索性把父母骂回去，父母觉得还痛快点。所以，我们应当以温婉之色对待父母，这是对父母最大的孝。反过来，你给父母一个冷脸，这是最大的不孝。

关于怎么孝，《为政篇》中孔子讲了以上四章。这四章之间是有内在条理的，从外在的"无违"，到内在的体会父母之心。然后又由内心的敬，再到外在的脸色。由外到内，又由内到外，孝是贯通我们身体之内外的。因为"身体发肤受之父母"，所以我们对父母的爱敬也必定是全副身心的。

下面我们来看《里仁》的论孝四章，先看第一章：

> 子曰："事父母，几谏。见志不从，又敬不违，劳而不怨。"

《周易·系辞》解释说："几者，动之微也。"你推一个球，给它施加一个力，它会运动，但不会马上动，当其处在动而未动之际，就是"几"。所以，圣贤讲，君子"见几而作"，在将动而未动之际就采取措施，才可以后发而先至。人家拳头都到你的脸上了，你才用手挡，当然是挡不住的。你看到他的拳头刚举起来，你判断出他的拳头朝哪个方向，据此格挡，才能挡住对方。劝谏父母，也应见几而行，利用巧妙的机会、以委婉的方式劝父母。

这一章的主旨是劝谏父母。《为政》论孝第一章提出孝的大纲是"无违"，听父母的话。可是，如果你爸说，儿子，今晚咱俩抢银行去，你怎么办？你说，行，我这就上淘宝买炸药。这样行吗？肯定不行。你一定要劝谏他，告诉他不能做这种违法犯罪的事情，并且坚决制止他。至于在日常生活中父母有错，需要劝谏，则必须讲究"几"。所以，这章首先确立了一个大义，那就是，世上没有不犯错的父母，因为父母都是人。这是我们中国文化的一个基本预设。我们千万不要相信，世上有人可以永远不错，是人都会犯错，连孔子自己都说了，"加我数年，五十以学《易》，可以无大过矣"。孔子说，我学《易》太晚了，所以在人生路上还是犯了一些小错。孔子这样的圣人都有过错，更不要说其他人。

那么，看见父母犯错，怎么办？给他一个大嘴巴？踹他两脚，或者发声明说我跟某某断绝父子关系？恐怕没人这么做，为什么？你的生命是父母给的，他们是你生命的本原，所以，你对他们一定有深爱；看到他们犯错有过，你要去"几谏"。这有两层含义：首先，必须劝他们；其次，必须找好机会，温婉地劝。你的儿子犯了个错，你当然可以严厉批评他，甚至体罚两下；但你不能严厉批评你父母，而要温婉地劝说，因为他们是父母，是尊者，所以只能"几谏"。

因为你委婉地劝，其结果很有可能是，他们没听懂你的意思，坚持其错误，此即"见志不从"。那你怎么办？孔子说："又敬不违"，还要保持对他们的敬意，因为无论如何，他们还是你的老爸、老妈，这是天伦。《孝经》说"父子之道，天性也"，你们的关系是永远不可能拆散的，所以刚才我讲杭州那人是疯子，他竟想解除父子关系。世上没一个人可以做到这一点，别人也不可能相信，以后他儿子赌钱输了，人家还会找他要钱，虽然他发布了那个公告，因为没人会相信父子关系还能解除。劝谏父母而不听，他们仍是你的父母，你就要"又敬不违"，并且"劳而不怨"，"劳"是"劳心者治人"句中的"劳"，意思是"劳心"，担忧、操心。我们已劝过他们了，但他们不听，而前面有一个大坑，他们马上就要掉下去，我当然会有深忧，这就是"劳"。如此"劳"的人很可能怨，而孔子则要求我们，无怨，不能怨。

大家回过头来仔细地看一下全章，圣人把对父母有深爱的子女的情感之最微妙处，非常地生动曲折地表达出来。希望大家认真体会其中的大义，凡此种种情感的曲折，都出于孝。再看第二章：

子曰："父母在，不远游，游必有方。"

相信大家都听说过这句话。老师我和你们都是远游者，我们错了吗？其实，这句话的重点在最后一句："游必有方"。你想一下，孔子自己一辈子都在远游，孔子的弟子们也都在远游。孔子还说过一句话："士而怀居，不足以为士矣。""怀居"的意思就是恋家、宅在家里。孔子已经说了，宅男不足以成大事，不足以为君子。士君子要行道于天下，必然远游；你不远游，何以找到有道之人学习？你不远游，如何行道于天下？

所以，大家不要误解这句话。孔子并不反对远游，孔子的重点是告诉我们，远游时，一定要有方。"有方"，最浅显的意思是有方位，你告诉你妈，你到北京来了。这样，你妈想你时，就可以到北京找到你。这是"方"的第一个含义。其中蕴含的意思是，你一定要知道父母始终牵挂着你，那就要始终与他们保持联系。这就是中国人理解的人与人的关系，相互牵挂。人的生命就是因为相互牵挂才有意义。

"有方"，还有更深层次的含义。"方"还有一个意思，道。比如我们形容一个人"领导有方"，当然不是说他知道方位，而是说他有理、有道、有办法。据此，"游必有方"的意思是，你要以正道去远游。你离开父母，到美国加入了黑社会，这也是远游，但这不是"有方"。你要走人生的正道，你的爸爸妈妈就会放心，他们就不会忧你了。我们想一下《为政》论孝的第二章，论及父母之"忧"，父母为什么忧你？是怕你上不了人生的正道。如果他们知道你上了正道，大体上就不会忧了。所以，同学们，何以解父母之忧呢？八个字：好好学习，天天向上。学习人生的大道，"志于道，据于德，依于仁，游于艺"。下次回家告诉你父母，说姚老师给你讲了孔子之道，圣人之道，我相信你父母就不会忧了，因为他们知道自家的孩子正在被引领走上人生的正道。

总之，这一章孔子告诉我们，孝父母，就要始终让自己和父母紧紧连在一起，即便你远游，好像一只风筝，但父母拿着一根细线永远拴着你。这根细线是什么？就是父母对你的忧，我们体会到这种忧愁，自我约束，走人生正道，就可以一直翱翔于天空，而不会被挂到电线杆上。再看第三章：

子曰："三年无改于父之道，可谓孝矣。"

这一章讲的是父母去世以后怎么办。父母在世时，他们管着你，要你不能干那个、不能干这个；父母去世了，没人管你了，你就撒开了玩。这就是不孝。孝子能做到"三年无改父之道"。为什么能做到这一点？因为爱敬父母，即便父母已不在世，但其所作所为就好像父母仍然在世、监督着自己，还用父母所要求于自己的东西来继续自我要求，这就是孝。所以，圣人讲孝，有一个非常重要的功能，唤醒我们的道德自觉，让我们基于对父母的爱敬而反身自我约束。我们中国人不信人格神，没有神的外在约束。那拿我们何以自我约束？要靠我们对自己生命本原有所自觉而产生的自我约束意识和努力。你有孝父母之情，才有可能知道自我约束，才有可能有道德自觉。这是中国文化的根本所在。再看最后一章：

子曰："父母之年，不可不知也。一则以喜，一则以惧。"

对你们来说，本章讨论的问题尚不严重，因为你们的父母跟我年龄差不多，生命力还很健旺。但你们的爷爷奶奶辈已经七八十岁了，请问你知道他们的年纪吗？你知道他们的年纪之后，每年过春节，必定会有一种情感，就是孔子所描述的"一则以喜一则以惧"。喜什么？老人家又长寿一年；惧什么？老人离死亡更近，死亡的阴影越来越浓重。

读到这里，我请大家把这四章再完整地看一遍，看看这四章的次序是否有点异样？尤其是第三章和第四章。这四章大体有一个先后次序，按生命成长的次序来编排。第一章，事父母几谏，你还年轻，与父母同在家中；第二章，已经成年了，去外远游；第三章，怎么一下子就到父母去世之后？到第四章，父母又活了，在老年阶段。这个次序之异常，可能是我第一个发现的，我读《论语》时突然发现第三章和第四章的次序是颠倒的。当然，这不是编错了，其中有大义。这样编排，也许是为了特别揭示孝解决死亡焦虑的功能。

你的父母到了老年之后，最怕什么？在所有年龄段的人中，什么人最怕死？当然是老年人最怕死。老年人对死亡有恐惧。我们在本章看到这个"惧"字，其所指的显然是死亡的恐惧。神教对什么人最有吸引力？对老年人，你到农村调查一下就会发现，信奉各种神教者差不多都是老弱病残，他们离死比较近，因而恐惧，神教给他们提供了安慰剂。传教者说：如果你信教，死了之后就可以获得最大的幸福，那就是不死。马克思说"宗教是人民的鸦片"，这就是宗教的功能，它能让人克服死亡的恐惧。老年人信了神教以后，不怕死了，这未尝不是一件好事。但如果一个人不信神教，如何缓解其对死亡的恐惧？在历史上的大部分时间，大多数中国人不信神教，怎么缓解死亡恐惧？圣人提供了最为简易的解决之道，通过孝爱，本章就阐明了这个道理。

这一章中最重要的字是"惧"。现实中，惧的主体是老人，因为他惧怕死。但在本章中，"惧"的主体是谁？是老人的子女。惧的主体神奇地转换了，不是老人惧怕自己的死，而是子女惧怕父母之死。子女惧了之后会怎样？当然会更深地孝敬父母。这就是中国人解决死亡恐惧的主要办法。你们的父母以后也会有死亡的恐惧，这是一种十分深刻而弥散的恐惧，那你作为子女怎么缓解这种恐惧？多看看父母、多陪陪父母，孝爱他们。由此，他们就在人与人的紧密连接中获得温暖。人为什么怕死？因为怕冷。老人生命力衰竭的标志就是冷，他与世界的联系越来越深，人气越来越少了，世界对他来说慢慢就冷了。老人会觉得，世界好像把自己甩出去了，忘了他，这是恐惧的来源。那么，怎么缓解这种恐惧？用人气、用人世的温暖。神教就提供了这种机制，通过神的中介，人们聚集在一起，有了人气，有了温暖，老人就不怕死了。不信神教的人就要靠家人，靠子女，把人气带给老人。有了人气，老人的世界就是温暖的，他就不怕死了。

所以，论孝四章看似颠倒的编排次序，恰恰为了突出孝之最大功能：子女以孝缓解父母对死亡的恐惧。圣人以为，孝可以了死生。《孝经》中赞叹："大哉孝之为德！"我们看到，孝贯通生与死。"身体发肤，受之父母，不敢毁伤，孝之始也"，孝始于我们对自己生命本源的自觉；终其一生，我们孝敬父母，孝把我们和父母紧紧联系在一起；当父母老去，我们因为"惧"而加倍地孝敬父母，则可以缓解父母之死亡恐惧。所以，孝绝不只是听父母的话那么简单，其中有一系列大义，涉及我们生命中几乎一切根本问题。所以，不知孝则无以为人。

婚姻之道

明白了孝，我们也就可以明白，中国人所生活的家是纵向延伸的大家，是在时间过程中生生不息的组织。"孝"是代际之间互亲互爱的情感，由此中国人的家与西方人相比，也就有了根本的不同。西方人当然也有家，不可能没有家。实际上，美国的保守派是以基督教福音派为基础的，其基本价值体系就有"家庭价值"。但是他们所说的家跟中国人所在的家，还是有很大不同的。他们的家基本上只是横向的，以夫妻关系为枢纽。所以，好莱坞电影中有一种类型片，家庭伦理片，我们从中可以看到，夫妻感情一般是稳定家的锚；至于子女与父母的情感，一定是从关系不好开始的，中间经过一番曲折，比如灾难之类，双方才有深入的相互理解，从而有互爱的情感。由此可以看出西方人的家观念，他们认为，父母和子女之间天然有疏离的倾向，只在某些特殊情形下，经过特殊努力，才能人为构建出亲密的关系。这是西方人所理解的家，从男女相爱开始，夫妇是主轴，孩子长大后必须离开，重新组织一个家。这样的家，必然随着夫妻的死亡而终结。想起来真是悲惨，人似乎一直生活在组织的废墟中。

中国人不一样，家是以代际传承为主轴的，所以，圣人讨论家，通常从父子开始。圣人当然知道，家的建立始于男女建立夫妻关系，但夫妻关系是服务于代际传承的，这是中国式家之基本构造原理。我们的家是一个生生不息的组织，我们这一代生，我们的下一代生，生生不已，才组成了中国式家。每一个人生于家中，成长于家中，死于家中。我们在家中获得了生命，我们的生命也终于家，并且永生于家中。个人生生死死，家则永在。西方神教说，另有一个神的国，人死后去了那里。西方人生时在教会中而不在家中，起码不会全心全意地在家中，死后则去往神的国。中国人却永远在家中，生、死都在自家中。所以，这个家当然有你，有你的爸爸妈妈，有你的爷爷奶奶，还有你的早已去世、没有见过的先人们。中国人称呼死去的祖先为"先人"，意思是以前的人，虽然是以前的，但跟你是一家人，同在一个跨世代的家中。曾子说"追远"，"远"人就是祖先、先人，跟我们是一家。这个家也注定要往下延续，所以也包括未来的人。理解中国文化，首先要理解如此中国式家观念、家生活和家制度。只有理解了中国式家，才能理解中国文明是怎么一代一代延续下来的。

　　由此涉及与各位关系最密切的事情了，婚姻。中国人是怎么理解婚姻的？西方人说，在神面前，一男一女订立一个契约，即可结成夫妻。现在，很多人做西式婚礼，也跟着人家的礼俗乱跑，包括穿白纱。你的生命跟人家就不同，却拿自己的终身大事开玩笑。中国人对婚礼有自己的理解，跟我刚才讲的"家"观念有关。大家来看《礼记·昏义》的第一句话："昏礼者，将合二姓之好，上以事宗庙，而下以继后世也，故君子重之。"结婚不只是你们两个人的事儿，而是你们两家结婚。而且，这两个家都是纵向意义上的家，时间轴上长在的家，所以，小夫妻要"上以事宗庙"，结成婚姻的夫妻之最重要责任是什么？上要侍奉天，侍奉自己的先人，不能忘却他们。而对他们最大的孝，是把上天、你的祖先给你的生命延续下去，所以，夫妻必须生孩子，这就是"下以继后世"，你不能让祖先生生不息的生命之流到你这而中断了，这是失职、不孝，大不孝。

　　所以我要告诉各位，人生第一要务是结婚、生孩子。理工科的同学还好一点，文科的同学经常受各种荒唐思想的污染，刚才在隔壁教室我给他们讲课，就有同学说，我不结婚，我要自由。这种人是无可救药的了。天生人，父母生你，由此才有你的生命，所以宇宙之中最重要的事就是生，没有生，何来万物与人？你自己固然要好好地生活下去，同时也要生育，这是人的天命。孔子说："不知命，无以为君子。"人之生人，依赖异性伴侣，男女共同生育，才有子女；共同抚养，子女才能活下来；所以，人必须结婚，而且要尽可能早地结婚，生孩子，永远共同生活。这就是人生第一要务。其他一切都要服务于此。其实，我们都是普通人，你想一下，当你死去之时，能留给这个世界上的是什么？惟有子女，其他一切，都不重要。陆游有一首诗很著名："死去元知万事空，但悲不见九州同。王师北定中原日，家祭无忘告乃翁。"你死了，万事皆空，但如果有子女，他还会把你死也不能瞑目的事情的结局告诉你，如果没有子女呢？那可真是空而又空了。

上面说了人生第一要务是结婚、生孩子，第二条是早生，并且尽可能多生。一个是保底，两个是起步，三个是适中，多多益善。为什么？道理很简单。还是回到我们的文化，中国人死后，没有神的国可去，那你的生命到哪里去了？你死了以后，你的生命传到你的子女身上了，你的子女就是你的"遗体"或者说"继体"。你死了，那几个孩子就是你的"继体"，他们在，你就还活着。他们接着再生，你的生命就得以永垂不朽。这一点我们后面还会再讲。

所以，对中国人来说，婚礼具有宗教含义，因为婚姻涉及生命延续的问题，生育是人生最大的事情，因为子女有安顿死亡的效果。所以，年轻夫妇生完孩子，会有各种各样的仪式，什么满月啊、百日啊、抓周啊，等等。中国人特别重视生养子女这件事，因为，男女相亲相爱，结婚、生育、养育孩子，这是带有宗教性质的事业，而绝不仅仅是世俗的事情；绝不是因为男女有情欲，所以结婚；因为好玩，所以生孩子。不是这样的。结婚、生养孩子是有神圣性的。我们中国文化的特点就是，在最现实的生活中就有最崇高的宗教情怀，在最平常不过的百姓日用中就有我们生命的本源和归宿，这就是"即凡即圣"。不要说中国人没有宗教信仰，敬天是宗教生活，祭祀祖先是宗教生活，结婚、生养子女也是宗教生活。

齐家之道

中国式家是需要"齐"的，所以最后我们简单讲讲《大学》的"齐家"。

家是中国文明的根本，我们的生命安顿于家中，社会秩序的好坏系于家之好坏，所以结婚之后，就不只是男女相爱了，而是要"齐家"。中国人是非常严肃地对待家的，我请各位在有家之后也非常严肃地对待你的配偶，你的子女，你的父母。

怎么齐家？《周易》专门有一卦进行讨论。《周易》有多个卦跟家有关，上经从乾、坤两卦开始，下经从咸、恒两卦开始。咸的意思是皆、都，此中有大义。咸卦讨论少女少男互感而相爱，"咸者，感也。柔上而刚下，二气感应以相与，止而说，男下女，是以亨利贞，取女吉也。"各位都尝试过或者准备尝试男女之爱，请注意，一定是互爱，双方都动情，单相思是没有用的。接下来是恒卦。少男少女相爱，结婚成为夫妻，夫妻之道，以恒久为根本："恒，久也。刚上而柔下，雷风相与，巽而动，刚柔皆应，恒。"谈恋爱的时候，情感忽忽悠悠，甚至可以换男朋友、女朋友。结婚以后，就不能这样了，夫妻之道讲究恒久，对丈夫、妻子来说都要从一而终，起码有这样的决心。

咸、恒两卦讨论了一男一女结为夫妻、建立家庭的过程，后面的家人卦则专门讨论齐家之道。家人卦的卦辞就三个字："利女贞"，贞的意思是正，家的好坏主要取决于主妇。从这里，你会看出中国文化的伟大之处。一家之人，男男女女，老老少少，如何建立起"和"的关系？每个人的生命都在家中得以成长，各得其所，要靠什么？要靠妻子，靠主妇，靠妈妈。这是由人的天性决定的，不是圣人非要给女生施加沉重的负担。家里上上下下、老老少少，都要通过主妇之正，才能建立起良好的关系。为什么是这样？

以前的戏曲里，家内最大的矛盾发生在婆媳之间，为什么？因为，婚姻制度是从夫嫁，女生嫁到丈夫家。你本是外人，进入你丈夫和他妈妈的关系中。本来人家很亲，现在你和你丈夫却那么亲，难免引起冲突。假如你能正自己的位，很好地履行妻子、妈妈、媳妇等角色所要求的义，把自己该做的事情做好，而没有非分的要求，比如撺掇丈夫疏远他妈，那家人就会和谐。从这里就可以看出，女之正，是多么重要。

对孩子的教育，妈妈同样十分重要。圣人好像都是妈妈教育出来的：孔子的父亲早逝，母亲养育其成人；孟子则有"孟母三迁"的故事；欧阳修也是妈妈教育出来的。你看，女性在家内教育从而在文明传承中扮演了至关重要的角色，不要老觉得圣人歧视女性。在中国文化中，家教向来是以母教为主的。

主妇正，则可以让一家人正，当然，首先是正丈夫，家内好秩序形成于圣人所说的"女正位乎内，男正位乎外"。有男有女，这是天地之大义，因为男就是阳，女就是阴，男、女正则阴阳正，这就是天地之大义。女生可能说，我还要出去工作，但这不妨碍正位乎内。无论如何，孩子得由你生，孩子要吃你的奶。这些家内的事终究要女性来承担。所以，男女终究要有所分工，这是自然所决定的。你非要跟自然对着干，自己不顺，也会让所有人觉得别扭。

家人卦的卦辞又讲到："父父子子，兄兄弟弟，夫夫妇妇，而家道正，正家而天下定矣"，这可以作为我们今天这一课的总结。社会秩序的好坏取决于家内之人能否各正其位。人的生命始终在家里，首先是在家里。你当然是中华人民共和国的公民，是某区某镇居民，是某单位员工，但我希望大家记住，你的第一个人生角色是家内成员，父亲、母亲，或者儿子、女儿，或者孙子、孙女，等等。你最为优先的、最为重要的人生角色是在家内的角色。因为你的生命得自家，你死后归于家，其他都是你的身外之物。我希望大家爱自己的家人，敬自己的父母，在家中尽自己的义务。你在家中扮演好了自己的角色，就完全有可能在社会其他场所扮演好自己的角色。关于这一点，我们后面再作讨论。

第四讲　死生与鬼神

上节课讲到孝和家时已经指出，孝不仅解决生的问题，也解决死的问题，这节课我们专门讨论中国文化的了死生之道，涉及鬼神问题。

在座同学可能没有想过死的问题，因为你们的生命正在最旺盛时期，孔子所说的"血气方刚"之时，气血充盈，生命饱满。如果在这个年龄段想死的问题，反而让人有点担心呢。不过，到了老师这年龄，死的问题几乎就是一个日常萦绕于心的问题了，对我们来说，太阳已往下落，身体机能已开始衰竭。同时，到了这个年龄，已经历过不少死亡，长辈、朋友、老同学等人之死。有些由于意外，这还好一点，毕竟是偶然事件。真正让人沉思的是病死，跟自己年龄差不多的同学或朋友，已有因病而死的了。这每每让自己反身而思。世间每个人最后都要进入生命的这个阶段，所以死生问题很重要而普遍。

对中国人来说，这个问题还要更普遍。我们上面已经说了，在中国人看来，生命是一个无始无终的接力，你在血气方刚之时，而你最亲密的人的生命已开始衰竭，比如你的父母的生命正在衰老；更有日薄西山之人，你的祖父母、外祖父母应该七八十岁了，对他们而言，死亡是迫在眉睫的事情。所以，在座各位即便年轻，也有必要对死亡有所理解，这样才能恰当地应对至亲之死，而恰当地处理至亲之死，可以习得处理未来自己之死的经验。

　　思考死亡时，必定触及一个根本问题：死后，人是在还是不在？难免有两种回答，一种是，没了，这基本上是唯物论。它认为，生命由单纯的生物性器官构成，人死之后化成尘土，彻底没了。不过，真这么想的人必定是极少数。你能说，我的祖先现在什么都没有了，就是一个零、绝对的虚无吗？如果你真这么想，那为什么要有八宝山公墓？清明节你为什么去上坟？如果他一死就是虚无，你干嘛举办丧礼？把他抬到郊区、扔到野山沟里不就行了？只要你还过清明节，祭祀祖先，就说明你不认为你的祖先是虚无；你必定相信，人死以后仍以某种方式存在。唯有这样，我们讨论死才有意义。相信死后归于虚无，死就不成其为问题。但是，这种存在跟人生时的存在一样吗？如果不一样，是什么样子的？这也是一个很大的问题，需要认真讨论。

　　谈到死，还牵涉另一个有趣的问题：人能不能不死？最近有新闻报道谷歌总工程师说，他们正在研究不死之术，再过几年就可以研究出相关技术了，运用这个技术，人就可以不死。有没有这种可能？有人说，有可能；但我要说，绝无可能。有生，就必然有死。人之生依赖某些东西、某种机制，而这些东西一定逃避不了生老病死，所以人必定死。历史上一次又一次地有人相信自己找到了不死之术，比如欺骗秦始皇、汉武帝的方士们，但事实是，秦始皇、汉武帝都死了。我相信，谷歌也不会比方士们更幸运。其实，方士们的努力、秦始皇汉武帝们的轻信、谷歌的妄想，都以莫名的幻象表现了人类最深刻的恐惧：对死亡的焦虑和恐惧。既然方术不管用，那我们就应该寻找缓解死亡恐惧之正道。

西方方案：以死了死

　　每个成熟的文明都必须提供解决死亡问题的方案。为了讨论的便利，我们还是先做一个对照，先给大家简单地甚至有些漫画式地描述一下神教怎么解决人人都难以回避的死亡焦虑问题。

可以这样说，神教的起源，尽管有各种各样的动因，但特别重要的一个原因是，解决人们必然面临的死亡的焦虑和恐惧。死亡对人来说是一个特别神秘因而令人恐惧的事情。我们都将死亡，至少经历过他人的死亡，难免思考自己死后会怎样之类的问题。但对死亡之后的世界我们是无知的，所以我们恐惧。在很多时候，我们之所以恐惧，是因为我们不了解、不知道、不清楚。人对死亡的恐惧是这个世界上最普遍的恐惧情绪，因为人人都免不了死。你可以不结婚，你也可以不生孩子，但你摆脱不了死，所以，人人都会有死亡的焦虑。而神教，在很大程度上就是为了解决死的焦虑而构造出来的一套观念体系。

神教的基本教义是，神在万物之先，神在时间之外，所以首先，神是永生的，也即不死的。神最吸引人之处就在于其不死，如果神也会死，对人就没有吸引力。那么，神是怎么做到不死的？因为其超出时间。我们之所以会死亡，因为我们在时间之中，所以必定有生、老、病、死这样的生命节奏，身体的最后一站是死亡。但《创世记》一开始就说"起初"只有神的灵，因为神的造作，才有了光、日月星辰、万物与人，也才有了时间。可见神在时间之先，神是超出时间的，所以神永远不死。

神不死，神在另一世界，神所在的那个世界必定是永恒存在的。所以，如果人能够进入神所在的那个世界，就可以不死。这是神教对所有信徒的基本承诺，也是神教对其信徒最大的吸引力所在。我们这个世界最根本的特征是，有时间，所以有春、夏、秋、冬四时的变化，万物和人就会有生、长、收、死。死让我们恐惧，但神说，到了他所在的世界，人就可以不死。世界的两分观念是神教构造出来、用来解决死的问题的基本方案。这个方案告诉大家，你在现世死了，可以进入不死的另一世界，神的国、天堂。但是，"天堂"这个词的翻译太糟糕了。中国人敬天，然而在中国人的信念中，天上并没有一个空间性质的"堂"，宇宙中没有另一世界。这是神教特有的概念，中国以西的各文明差不多都有这么个构想，准确地说，应该叫作"神堂"，或者神教中的概念，神国。神教也经常说此世、彼世。我们所在的这个世界是此世，也叫此岸；在我们这个世界之外有一个彼世，也叫彼岸。这另一个世界也被叫作来世。来世是一个综合了时间、空间的概念，它在未来，并且在另一空间。所有神教的基本教义都是，如果你进入这另一世界，神的国，你就可以得到全部幸福，这其中对人最有诱惑力的是免于死亡。对人来说，死亡的焦虑是最大的焦虑；反过来对人来说，最珍贵的价值是不死、永生，所以神就许诺信众，只要你能进入我的国，你就可以永生，你就可以复活，你可以免于轮回之苦，等等，总之一句话，不死。

但人怎么进入那个世界呢？神可以随时、无条件地进入我们这世界，但我们要去他那个世界则需要条件：第一条，你得信神。第二，你得全心全意地侍奉神。当然还有一点，你得先死。你在此世活蹦乱跳，不可能进入另一个国，这是自相矛盾的。所以，不死的条件是死。你在活着的时候好好侍奉神，神就在你死亡之时给你发一张入场券，你就可以升入神的国，从而得到永生。

由此就可以解释，为什么信神的人经常不怕死。神教中有殉教之说。中国人有"殉国"一说，没有殉教一说，比如岳飞就是殉国了，把自己的生命献给了国家，中国的烈士通常都为了保卫国家、保卫我们的文明而牺牲了自己的身体。但西方人好像不认为殉国是一件很伟大的事儿，他们认为最伟大的事儿是殉教，为保卫神而献出自己的生命。大家都知道十字军东征这件事，那些骑士似乎颇为勇敢，为什么呢？因为罗马教皇在他们出发之前给他们做了许诺，在东征期间如果被异教徒杀死，可以直接升入天国，教会预先发放了空白入场券。但你要兑现这张入场券，你就得为神献出生命。由此大家也可以理解，伊斯兰教极端主义者为什么愿意成为"人肉炸弹"？因为他相信，死后可以直接进入神的国，得永生，这是信徒所能想象的最大幸福。

　　总之，神教确实可以非常有效地缓解信徒对死亡的恐惧。你只要信了神教，大体上就不怕死了。由此大家就可以理解，近些年来在中国，基督教为什么传播得很快。略加观察即可发现，信教者多数是老弱病残，基督教传播最快速的地方是农村，通常来说是人口外流比较严重的地方，比如中部地区的河南、湖北等地区。这些地方的青壮年大量外流，农村只剩下老人、病人、残疾人、留守妇女、留守儿童，等等。老人无人照顾，无人给他们爱，生命也就丧失了意义，充满死亡的焦虑和恐惧。神教的团体生活本身就可以让他们得到温暖，神教许诺的死后复活也可以缓解他们的死亡焦虑。从这个意义上说，神教的传播是有一定积极意义的。

　　不过，这种缓解死亡焦虑的方案也会引发人们的厌世心理。它用来世解决死亡焦虑，结果提高了人走向来世的积极性，难免令人对今世产生厌恶之情：既然来世那么好，我干嘛不早点死呢？相对于死后的全面幸福，今世的生活简直没有什么意义，甚至令人痛苦，干脆提前报到去。所以，信神教的人固然不怕死，但也经常缺乏在此世认真生活的决心，喜欢逃避、消极等待，印度人的这种倾向就特别明显。

　　大家或许听说过，有人论及西方哲学的"向死而生"精神。西方哲学同样构造了两个世界，也有向死的倾向。基督教和古希腊哲学可能有一个共同的源头，因而其生命观是相似的。我们可以先看一下古希腊哲学。

　　苏格拉底给哲学下过一个定义，听起来颇为恐怖："哲学就是练习死亡"。为什么这么说？西方各个文明大体上共享着一个基本观念，人有灵魂，而灵魂不死。比如我们刚才讲到神教的来世，你进入来世，是带着你的臭皮囊吗？当然不是，而是脱去臭皮囊，只有灵魂前去。我们刚才讲到的所谓不死，主要是指灵魂不死。很有意思，苏格拉底、柏拉图也相信灵魂说。他们相信，人有灵魂，而灵魂不灭，最有意思的是，他们相信灵魂是轮回的。所以，轮回不是印度才有的观念，而是西方的普遍观念。既然灵魂在轮回，他们就提出了一种很有趣的观点：灵魂的数量是恒定的。照这样说来，天底下从来没有新灵魂。那人口就不应该增加，可历史上人口确实在增加。所以这种理论是有问题的。

我们接着看苏格拉底的观念。他说，人的理性能力出自灵魂。而灵魂寄存在人的肉体内。很不幸，肉体有各种各样的情绪、欲望，干扰灵魂获得真理，而哲学的工作是认识理念世界，以获得真理，肉体则会干扰、妨碍、牵累灵魂，使之无法获得真理。所以，对哲人来说，死亡是一件好事：当你死去那一刻，你的灵魂挣脱了肉体的束缚，获得自由、纯净，这时你才能获得真理。苏格拉底的意思很清楚，只有死人才能获得真正的真理。生活在现世的哲学家肯定不是死人，他是生人，如果你立志要做哲学家，就得假装自己是死人，具体来说，尽最大努力忽视乃至消灭自己的肉体，做一个"活死人"，这就是"练习死亡"的意思。

西方哲学家不只是说说而已，他们确实是这么做的。这些年，我读了一些西方哲学史，观察到一个很有意思的现象，基本上，西方哲学家都有点死人样。我给大家举个例子吧，大家肯定都知道康德，在西方现代哲学中的地位很高，但仔细看来，康德基本上就是个"活死人"：他一个人独居，不结婚，不生孩子。顺便说一句，西方大多数哲学家都不结婚、不生孩子，这在中国人看来根本就不是"全乎人"，不是一个完整的人。站在中国文化立场上，我不能不产生疑问：这样的人所造出的哲学靠谱吗？你连男女情爱、父子之情都不知道，能有什么智慧呢？大家也都知道，康德的生活据说是三十年足不出市，且每天只在固定的时间散步，他所在城市柯尼斯堡市民以康德的作息时间表作为整个城市的钟表，因为他是在完全固定的时间做同样的事情，一分钟都不差。在我们中国人看来，这样的人算是活人吗？算是人吗？这明明是一部机器嘛。据说，他一生几乎没有离开过柯尼斯堡方圆40公里的范围；又据说，他小时候甚至十分厌世。其实看得出来，他一生都是厌世的。仅从这个角度看，西方哲学有太大问题，我建议大家读书，不可从西方哲学开始，它本质上是厌恶生命的。西方人总说，哲学是"爱智慧"，照我看，是爱死的智慧，苏格拉底也确实是这样说的。在这一点上，西方哲学跟神教是相通的，与哲学家一样，传教士也过禁欲的生活，不结婚、不成家，没有孩子，本质上就是厌恶、恐惧生命、生活。

我们承认，西方人解决死亡焦虑的方案是有效果的，但其负面效应也很明显。当然，它还有一个根本难题：真有来世吗？你能用物理学的、化学的方法证明其存在吗？如果有，那个地方由什么物质构成？所有这些问题，我们都没办法以今世的知识来讨论，但是西方人把它讲得活灵活现。我们不免疑惑：你这些是真的吗？神教也架不住这样的反问，于是特别强调信仰的至高无上地位，真不重要，重要的是你信不信。这就留下了很多漏洞，经不起启蒙理性的审查。所以，启蒙运动一来，神教就溃不成军了，古典、中世纪的哲学也失去了生命力。

中国人的神鬼观念

中国人是人，也会死，当然也有死亡焦虑，但我们解决这个问题的基本思路是，从人来思考人的死生问题，而不是跳出人之外思考。从人的立场上来讨论死生问题，就有了一个跟西方神教、哲学完全不同的人生观、世界观，从而找到了与其完全不同、事实上是对人而言唯一可行的解决死亡焦虑的方案。在讨论这个方案之前，我们先讨论一下中国人的神鬼概念。

中国人当然也信神，但当初把西方人的 god 翻译成中文的神，是有很大问题的。因为，中国人所讲的神跟西方人所讲的 god 是两个完全不同的东西。最大区别在于，西方人的 god 是一个实体，是人格神，有其独立的体，在万物之先存在，在万物之外存在；god 还有其绝对意志，会说话，会对人颁布律法，会惩罚人或者奖赏人，等等。这是人格化的神，可以近似地理解其为"超人"。为什么好莱坞喜欢拍超人这样的类型片，恐怕就是受其神教信仰的影响。你要中国人拍那样的电影，还真有点为难，拍不好，因为中国人没有神教文化背景，没有人格神观念。

中国人所说的神，含义与此不同。当然，从唐宋以后，中国人说神，其意思跟西方人已有点接近，因为我们受到了佛教的深刻影响。佛教讲神神鬼鬼一大堆，都有自己独立之体，我们受了这方面的影响。但六经中的神绝不是人格神，此神无体，不言。我们看看《周易·系辞》的几句话："神也者，妙万物而为言者也"，"神无方而易无体"，"阴阳不测之谓神"。大家体会一下这三句话，这里的神是人格神吗？完全不是，它是某种机制或力量。世间万事万物时刻不停地变化，其中自有驱动这些变化的力量或者机制，此即神。为什么称之为神？有些变化是我们可以了解的，比如我用一块粗糙的石头造出一个石器，这不是神；不过，有人造得十分精美，为其他人所远不能及，我们就会说其人"神乎其神"；最初那个想到加工石器的人，同样是"神乎其神"。这人身上有神，这神让他造出如此精美的东西。事实上，几乎所有的变化都是人难以完全把握的，为什么这个花开成这个形状、呈现为这个颜色？这个世界的山川地理，植物动物，千姿百态，五颜六色，色彩缤纷，为什么是这样？即便生物学、化学、物理再发达，我们仍不能完全充分地解释它。我相信，我们永远做不到这一点，于是，我们会相信，物中间有神。万物之变化都有其神，"妙万物而为言者"是也。万物各有奇妙之处，此妙超乎人的理解，于是我们说其有神。这个神不是人格神，不是人格神造了这个物，相反，我们相信万物各有其生命，支撑这个生命的是其内在之神，神就在事物之内运作。各生命体之间互感互动，又生出无数变化，"生生之谓易"，生生而不测者就是神。宋儒张载说："大率天之为德，虚而善应，其应非思虑聪明可求，故谓之神。"

希望大家重视《系辞》所说"神无方而易无体"这句话，它说得很清楚，神没有体，也没有方所。方的意思很广泛，这包括神没有固定的方法。如果有固定的方法，神就变成物理学家、化学家了，我们就可以找到所谓的规律了，就可以运用规律来制造物品了。但万物的诸多变化，我们其实无法完全理解，也就无法人为地复制，因为其中有神。当然，有些人可以接近之，这就是"神人"。

所以，神既可以描述万物之变化，也可以描述人，《周易·系辞》说："精义入神，以致用也。利用安身，以崇德也。过此以往，未之或知也。穷神知化，德之盛也。"精熟于义，也就可以进入神乎其神的境界。据此我们说，尧舜是神，因为他们"观乎天文，以察时变；观乎人文，以化成天下"，天下人见尧舜以身作则而发生了变化，孟子称之为"存神过化"。尧舜身上有某种神妙莫测的力量，故可以称之为"神"。说尧舜是神，不是说他是人格神，而是指他有一种我们常人莫测的能力、力量，并以之造福于天下。事实上，中国人所崇拜的神，大部分是神乎其神的圣贤，《礼记·祭法》中说：

> 夫圣王之制祭祀也：法施于民则祀之，以死勤事则祀之，以劳定国则祀之，能御大灾则祀之，能捍大患则祀之。是故厉山氏之有天下也，其子曰农，能殖百谷；夏之衰也，周弃继之，故祀以为稷。共工氏之霸九州也，其子曰后土，能平九州，故祀以为社。帝喾能序星辰以著众；尧能赏均刑法以义终；舜勤众事而野死。鲧鄣洪水而殛死，禹能修鲧之功。黄帝正名百物以明民共财，颛顼能修之。契为司徒而民成；冥勤其官而水死。汤以宽治民而除其虐；文王以文治，武王以武功，去民之灾。此皆有功烈于民者也。
>
> 及夫日月星辰，民所瞻仰也；山林川谷丘陵，民所取材用也。
>
> 非此族也，不在祀典。

历代不断有圣贤以其神乎其神的力量造福天下万民，人民感念他们，以时祭祀，那他们就是神。哪怕是日月星辰之类，也得对人有用处。最后一句话说得很坚决，对人没有用的神，不要祭祀。有人批评说中国人对待鬼神太实用了，我说，这就是中国文明最伟大的地方，我们是人本的文明，一切以人为中心。鬼神也必须为人民服务，你不为人民服务，人民干嘛要服侍你？

接下来讲鬼。什么是鬼？用古人的话讲，"鬼者，归也"。我们来到这世上，就有了生命；我们死了，则谓之归，回去，由此成了鬼。回到哪儿？回到天地之间，肉眼看不见了，失去了人的形体，这就是鬼。

下面我们通过孔子与宰予的一段对话，更完整地讨论一下鬼神问题。宰予就是那位被孔子骂"朽木不可雕也，粪土之墙不可圬也"的弟子，其实，宰予是很好学的人。《礼记·祭义》记载，他问孔子："吾闻鬼神之名，而不知其所谓。"我听到大家都在说鬼神，但意思是什么呢？孔子回答说："气也者，神之盛也；魄也者，鬼之盛也；合鬼与神，教之至也。"暂时放下这一段，看下面一句："众生必死，死必归土：此之谓鬼。"中国人都讲入土为安，我们的生命，生和死都离不开土：活着的时候，我们依靠土里所生的万物而生存；死了以后，我们也归入土中。

再来看孔子的回答："骨肉毙于下，阴为野土；其气发扬于上，为昭明，焄蒿，凄怆，此百物之精也，神之著也。"人死以后，骨肉很快腐朽，化为尘土。但人死之时，魂气上升，游荡于天地之中。《周易·系辞》说过一段与此类似的话："原始反终，故知死生之说。精气为物，游魂为变，是故知鬼神之情状。"所谓生死，无非就是个始终，生就是始，死就是终。生固然是实有的，终也不等于虚无。人活着的时候，精气成就其人，也可以说是魂气；人死的时候，魂气脱离肉体，游荡于天地之间，魂气就是人死以后所存在者。

所以，中国人对于死的看法是比较中道的：第一，我们不认为人死了以后什么都没了，归零了，归于虚无。这是不可能的，物理学上有个能量守恒定律，一个存在物，尤其是有其神的存在物，不可能在死后什么都没有。第二，中国人也不认为，人死了以后，其灵魂是作为独立的实体而存在的。用孔子的话说，认为人死后什么都没有了，这属于"不及"；而西方哲学和神学认为，人死之后有一个作为实体的灵魂继续存在，这则属于"过"。为此，他们就给灵魂找了一个家，构想了神的国，说得头头是道，这属于"言过其实"，因为，没有任何一个活人到过那个地方。中国人为什么是中国人？中国为什么叫中国？因为我们在所有事情上都追求无过、无不及，此即中道。中，守中道，这就是中国文化的根本精神，它体现在我们的思考方式、认知方式中，体现在方方面面。中国人关于人在死后的存在形态也持守中道，无过无不及，既不相信人死后什么也没有了，也不相信人死后有一个实体性灵魂去往另一个世界。

下面要辨析一个很重要的问题，中国人所说的魂气和西方所说的灵魂之间有什么区别？灵魂有一个根本特征：它是个实体，所以才有所谓灵魂轮回之说。柏拉图曾讨论过这个问题，当然印度神教也有所谓灵魂转生之说，基督教则有所谓死后复活之说。魂气则没有这样的实体，因而也就无所谓轮回、转生等问题。每个人都是阴、阳二气和合而成，当然，一经聚合则是独特的，其中有其神气，死后为魂气。魂气游荡于天地之间，其后代可感而格之，这就是祭祀的功能。对此，我们后面再讲。

事死如事生

西方人还相信，智慧是寄存在灵魂里的，这是西方文化一个很重要的观念。所以柏拉图说，只有灵魂能让人获得真理。参照西人对灵魂的这个界定，我们可以提出一个问题：中国所说的魂气，有知还是无知？我们可以看一段孔子和子贡的对话。汉代刘向所著《说苑·辨物》中记载了这段对话：

子贡问孔子："死人有知无知也？"孔子曰："吾欲言死者有知也，恐孝子顺孙妨生以送死也；欲言无知，恐不孝子孙弃不葬也。赐欲知死人有知将无知也？死徐自知之，犹未晚也！"

子贡问孔子，死人有没有知觉？我想，这个问题，如果你比较敏感，也难免提出。孔子的回答很巧妙。假如你相信你的爷爷奶奶死后还有知，那他们就必然希望他们继续享受活人的生活，你就会花很多钱去送死，给他们厚葬，以繁缛的仪式祭祀他们。这会"妨生"，妨碍你自己的生活，因而是不对的。孔子又说，反过来，如果我告诉你，死人无知，那你就会慢待他们，比如不用费劲安葬他们，拿一条席把他们一卷，往郊外一扔，让野狗吃去，反正他们也无知啊。在讲了这两种极端情况之后，孔子最后说，你想知道死人有没有知？你死后，自然就慢慢知道了。每次读到，我都会笑出声来。孔老夫子太有智慧了，也太幽默了。孔夫子的意思是，死后的事情，只有死人知道，生人是无法知道人死后的状态的。而我们在这儿讨论生死问题，说明我们还是活人，所以我们不可能知道死人是什么样子的，那就不要假装自己是死人，费劲地思考死人的事情。你作为生人思考死后的事情，纯属妄想。所以，对于人死之后魂气以什么方式存在，有知无知，我们何必讨论？"存而不论"可也，肯定其存在，但不深究，这是最为明智的中道的做法。

由此我们也可以进一步讨论事鬼之道了，也即怎么对待死后的人，尤其是我们的祖先。我们可以读一下《论语》中孔子与子路的一段对话，讨论生死问题：

季路问事鬼神，子曰："未能事人，焉能事鬼？"敢问死，曰："未知生，焉知死？"

　　孔子告诉子路，如果你还没有能力侍奉人，以恰当的方式对待不同的人，你怎么有能力去侍奉鬼？大家注意这个"焉"，焉的意思是哪里。我们是生人，鬼在死的状态，你作为生人怎么"事鬼"？你是作为鬼来"事鬼"吗？显然不可能，你现在还活着，所以，你一定是作为生人来"事鬼"的，而生人是难以了解死后之事的，那你怎么办？只有一个办法，就是以"事人"之道来"事鬼"，因为你是生者，你所熟悉的就是生人之事，并且你也曾跟死者共同生活，了解他生时的习惯、爱好，那就照着他在世时对待他的方式对待死后的他即可。

　　子路对这个回答不是很满意，因为这涉及另一个问题：你以事人之道来事鬼，鬼会满意吗？这就是子路提出后面问题的缘由：子路说，我冒昧地的请教一下，"死"是什么状态？孔子回答：你不了解生，何以了解死？

　　我们看到，在孔子与子路、与子贡讨论生死的两段对话中，"知"字是最重要的。人之为人，关键在知，人的生活依赖于知。人与人的关系也依赖于相互之知。那么，如何事鬼，也取决于我们与鬼能否相知，其中的关键是，鬼对我们知多少。而这又涉及另一个问题：鬼有知无知？孔子说，这个问题，生人是无法回答的，因为我们就是生人，还没有死，不在死的状态。孔子非常伟大，他始终要我们作为人、当然是作为生人来思考关于我们的一切问题，因为我们就是生人，而不是死鬼，也不是人格神。作为生者，不要急着知道死后的状态了。这就是实事求是。当然，生者一定会面临死，比如你的祖父母去世了，那你怎么对待？孔子说，你作为生人，你只能以事生之道来事死者，以"事人"之道来"事鬼"，这是你唯一能够做的事情。如果你承认你是人，你的知识有限，难以知鬼；如果你不假装自己是一个全知的神，假装自己知道死后的世界，知道鬼的世界，这就是唯一的办法。孔子提出，事死之道就是事生之道，事鬼之道就是事人之道。

　　由此，我们就可以理解自己在现实生活中所看到的种种现象了。人虽然死了，但他有一缕魂气游荡于天地之间，这魂气毕竟原来内在于他的生命，即便他死后，也还是这个魂气，所以生、死是有连续性的，你就可以用事生之道来事鬼，也即按照他活着之时对待他的方式对待死后的他，比如他喜欢喝酒，那你祭祀的时候就带上一瓶他生前喜欢喝的酒。他喜欢吃苹果，以生人的逻辑推测，他死了恐怕还是喜欢吃苹果，所以，清明节上坟时一定记得带上他生前喜欢吃的苹果。中国人就是这样做的，因为他的魂气跟他活着时候的生命是连续的，你这样做了，就可以人鬼两安，你心安了，他也得到满足了，各得其所。这也体现了中国文明的"人本"精神，始终站在人、生人的角度来看待一切，包括对鬼。

很多小文人觉得这种做法有点肤浅，觉得我们中国人的鬼观念不够深刻，而觉得西方人对于死后世界的讨论才是高大上，你看人家神教对死后世界的讨论是多么丰富、多么精彩啊。其实，西方人对死后说了那么多，是以人可以知道鬼的世界、知道死后世界为前提的。但问题是，世上没有这样的人，所以，对死后世界说得头头是道，其实是预设了存在着人格神。问题是，这个人格神的存在也是个问题。孔子对子贡说的话同样适用于神：也许有一个神的国，问题是，你是人，你怎么能知道那个世界呢？把神的世界描述得栩栩如生，难道你是神吗？当然，你会说，神会对人说话。神教确实是这样的，但说实在话，我始终没有想明白一个问题：神为什么要对人说话？再者，神对人说话，用什么语言？东北话还是河南话？如果你相信神能说话，那你就应该回答这个问题。

总之，中国人对生死的基本取向是不究死后，不费尽心机去探究死后的世界，因为这是生人无法想象、无从知道的，所以《论语》中有一章，孔子对子路说："诲女知之乎：知之为知之，不知为不知，是知也。"这段教诲，我推测，也许跟上面引用的论鬼神生死那章发生在同一个场合。孔子说，对于鬼神的世界，对于死后的存在，生人必须承认自己的物质，并且是无从知晓的，那就不要做无用的努力。知道自己认知的限度，这才是真正的智慧。

从这个意义上讲，西方文化其实做了很多无用的努力，照孔子的说法是"不智"。西方人始终未能认识到人的认知能力的限度，因而缺乏智慧。相反，我们中国人在生死、鬼神问题上最有智慧，最为通达。我们是生人，我们唯一所知晓的就是生之事，所以，我们应该把自己的主要精力用于生。我们思考生，尽力地生，不仅自己好好生，还用心地生育下一代。我们把生作为生命的焦点。所以，中国文化是生的文化，生生不已的文化。

我们可以说，中国文化是人类唯一的生者的文化，我们的圣贤没有把精力浪费在对于死后世界的虚妄想象上，其所思考的全部问题是在此生的修身、齐家、治国、平天下。最值得注意的是，圣人没有说，由此我们可以上天堂，圣人只是说，由此，我们的生命饱满、充实，可以赞助天地之生。所以，我们的幸福和圆满也是在此生之中。

鬼神之"如在"

这里仍有一个问题：死者究竟是如何存在的？

由前面的讨论已经可以顺理成章得出一个推论，对于死者如何存在的这个问题，我们只能从生者的角度理解。你是作为生者面对这个问题的，而不是作为死者，也不是作为全知的神。我们是人，仅仅是人，这是中国思想的基本立足点，也是中国思想不同于西方思想之处。对于生者来说，死者显然不是近在眼前的活生生的存在，那么从生者的角度来说，死者是如何存在的？显然，如果一个死者写书，他可以原原本本描述自己在死的状态中是如何存在的，那样的话，问题就很简单了。不过，我们能不能读懂死者的书，也是个问题。但是我们是生者，我们没有办法写作关于死者存在的书，我们无法具体地说明死者的存在状态，所以，我们只能转回我们自己。也就是说，我们生者要给死者一个"在"的形态。死者会同意吗？从生者的角度看，他应该同意吧。不管怎样，也就只能如此了。当然，如果我们是全能全知的人格神，那我们就可以知道死者的存在状态，可惜我们不是。其实，即便人格神知道，我们真的能听得懂神的话吗？有些人以为自己能听懂，但可信吗？

那么，从生者的角度看，死者存在的形态是什么？圣人说了两个字："如在"。我们可以看一下《论语·八佾》："祭如在，祭神如神在"，这句话很重要，描述了鬼神是如何在的，我们把重点放在"鬼"上，也就是人鬼，死去的父母、祖先。各位有没有祭祀过先人？应该有。你们有没有过一种心理体验，当你处在特别诚敬的状态时，是不是有先人在你身旁的感受？有的同学点头，说明他是孝子，在祭祀之时思念先人，追忆先人。自己的心力求与先人相通，于是，先人就"如在"。

什么是"如"？如同，仿佛，死者仿佛就在你的眼前，尤其是你至亲之人。至于离你比较远的人，你很难有这个感受。你至亲之人，与你本有深爱，你们的神气本来相通。我们刚才讲到魂气，一脉同气，先人与我们的魂气是可以相通的。你以自己的诚敬之心接近他、"追"他，即曾子说过的"追远"，追念死去的先人，他就会现身，仿佛就在你的眼前。你仿佛可以听到他的呼吸，可以闻到他的气味，甚至听到他的说话。这个时候，他就是存在的，这就是"如在"。意思是说，他的存在不是实在，只是"如在"，仿佛存在，隐隐约约地存在，存在于心神之中。只要你的心一松懈，他就没有了，所以他是"如在"，他就在你祭祀的那一刻存在。

这就是中国人对于死者的基本认知。第一，先人不可能完全不在；第二，他也不是生者那样的实在，起码我们不能肯定他是否如同生者那样实在。我们只能认定，他在这两者之间，即"如在"。那么，死者之"如在"又是凭何而在的？首先，他本来就没有归于空无而有魂气，其次借助我们的诚敬之情，并且后者更为重要。如果没有我们的祭祀礼仪，没有我们的诚敬之心，他就不能"如在"。所以，"如在"在于死者和生者的互感之中，在于生死之交中。正因为如此，孔子接下来说："吾不与祭，如不祭。"祭祀的根本含义在于让鬼神得以"如在"，从而可与我们相通。如果我们自己不参与祭祀活动，鬼神也就不可能如在于我们之上、我们左右，当然也就相当于不祭。我们也可以看一下《中庸》所引孔子的论述：

> 子曰："鬼神之为德，其盛矣乎！视之而弗见，听之而弗闻，体物而不可遗。使天下之人齐明盛服，以承祭祀，洋洋乎如在其上，如在其左右。《诗》曰：'神之格思，不可度思！矧可射思！'夫微之显，诚之不可掩如此夫。"

请大家注意，孔子在这里赞叹的不是鬼神本身，而是其"德"，就是"君子之德风，小人之德草"中的"德"，也就是作用、功效。鬼神是什么样子的，生者是难以知晓的。因为其"视之而弗见，听之而弗闻"，所以，我们无法探究其本身的样态，而只能论其功效，那就是"体物而不可遗"。这主要是指神，离开了妙万物而不测之神，就没有万物。既然鬼神有这么大的功用，我们就应该敬，祭祀是用来表达敬意的。所以，祭祀必须诚敬，其结果就是，鬼神"洋洋乎如在其上，如在其左右"，这里出现了两个"如在"，跟《论语》一样，再一次说明，鬼神的存在就是"如在"。随后引用《诗经》的话，"格"的意思是至、到达，也就是说，鬼神降临。我们祭祀先人、祭祀圣贤，我们足够诚敬，其魂气就会降下来。但是，鬼神是怎么降下来的，这是我们人不可思量的，所谓"矧可射思"。因此，我们怎能满足于自己的诚敬呢，也就是说，我们要保持最大限度的诚敬，鬼神才能降临。然后经文总结说：因为我们的诚，至为隐微的鬼神显现出来了。鬼神本来是微妙而不可见的，但他现在显现出来了，因为我们足够地诚。所以，对鬼神，中国人经常说，心诚则灵。你祭祀的时候，心诚，鬼神就降下来，如在你之上，如在你左右；如果你的心不诚，鬼神就不来，也就不可能如在。

所以，各位，你的先人在不在，死去的圣贤、烈士们在不在，取决于第一，你是不是祭祀他；第二，你祭祀时是否足够地诚。如果你不祭祀他，或者你祭祀时不够诚，死者就不能"如在"，恐怕也就不在了，消失在虚空之中，归于零。从这个意义上，我们才能深刻地理解曾子曾经说过的一句话的大义："不孝有三，无后为大。"这句话里出现了"后"，相对应的就是先人，所以涉及死生问题。意思是说，死人是不是在，取决于他有没有留下后人、生者，取决于其后人是不是孝顺。如果他有子有孙，代代相传不息，他就可以被后人所思、所祭祀，他就可以"如在"。"如在"跟生时的"在"不同，但也是一种在。如果你没有子孙，绝了后，那就麻烦了。中国人把"绝后"视为人生最大的悲哀，你如果绝后，则当你死后，你就不能"如在"，死得干干净净，归于空无，这就是人生最大的悲哀啊。

人事莫重于祭祀

"如在"，是生者可以想象的死者之唯一存在形态。神教对死后世界的生动描述、灵魂永生、复活之类的承诺都是虚妄的。中国文化没有一丝一毫虚妄的东西，《周易》专门有一卦"无妄"，中国人关于鬼神、生死的看法，就是"无妄"。我们不去假装自己知道人死后是什么样子，我们所看重的是自己能够真切把握的事情，那就是诚敬的祭祀。所以在中国经典中，没有一处讨论人死后是怎么过日子，天堂有几层楼，有没有地狱。六经讨论的重点在哪儿？祭祀。《诗经》大量记载周代的祭祀，《颂》就是收录描述祭祀或者祭祀时之所歌。《礼记》大量记载祭祀之礼，并深入而广泛地讨论了祭祀之义理。

我们可以看看《祭统》开篇说："凡治人之道，莫急于礼。礼有五经，莫重于祭。"大家都知道夏商周三代有"五礼"，吉、凶、军、嘉、宾。所谓军礼，行军打仗需要礼，今天的仪仗队阅兵就属于军礼，古人打仗讲究

"偏战"，也即双方摆开阵势，各在一边，相互冲击，这就需要规则，此即军礼。所谓宾礼，大家都能理解，你要以恰当的礼仪接待外国宾客。所谓嘉礼，有没有谁办过成年礼？那就属于嘉礼，在古代叫冠礼，婚礼也属于嘉礼，因为这些都是好事儿。所谓凶礼，比如汶川大地震后，天安门广场降半旗，全国人民默哀，这就是凶礼。所谓祭礼，就是祭祀鬼神之礼。经文说，这五礼之中，祭礼最重要，因为涉及生死问题。

就祭祀而言，什么最重要？诚敬之心，《礼记·祭统》说：

> 祭者，非物自外至者也，自中出生于心也；心怵而奉之以礼……是故贤者之祭也，致其诚信与其忠敬，奉之以物，道之以礼，安之以乐，参之以时，明荐之而已矣！不求其为，此孝子之心也。

这里很清楚地说，我们之所以祭祀，不是因为外来的什么东西来强迫我们，吸引我们，而是因为我们自己的心中有所挂念、有所追忆、有所爱戴，这就是《中庸》所讲的诚：你是不是在思念、追念先人？是不是对他们有深爱？是不是希望与他们见面？如果你希望，就祭祀他们；如果你诚敬，他们就降临，"如在"。所以经文接着说贤者的祭祀能做到"致其诚信"，有诚敬之心，相信先人会被感动，当诚信达到最高程度，先人就会洋洋乎如在其上，如在左右。

这里所说的"不求其为"也非常重要。我们祭祀鬼神，不是想让鬼神替我们办什么事儿，只是为了表达我们对鬼神的敬意。中国人精神最伟大的地方正在于此。很多神教徒拜神都是为了让神替他办事，所谓"祈祷"就是祈求神替他消灾。希望神让他不死，也是让神替他办事。但这样一来，神反而成为人的工具，这就是亵渎神。只有中国人祭神时从不指望鬼神替自己办事，你祭祀先人时希望先人替你办事吗？肯定没有，你纯粹是为了表达你对先人的敬爱之情。我们想念先人，敬仰圣贤，所以诚敬地祭祀。

这是人世间最为崇高、纯洁的情谊。

所以曾子说："慎终追远，民德归厚矣。""慎终"是说，亲人去世之时，要周密而谨慎地安排葬礼；然后是"追远"，你自己就在这里，这是最近的。你爸爸妈妈在你的身边，你爷爷奶奶也在你身边，但相比于你自己，已经稍微有点远了。再往上的祖先，已经死亡，生死两重天，十分遥远。你的祖先只有一缕魂气，在天地之间游荡。那么，他们究竟是在还是不在？这主要取决于你"追"还是不"追"。他的魂气是游荡的，有飘散的趋势，你去追，魂气就会凝聚，"如在"。如果你不追，魂气就消散了，所以，我们作为孝子贤孙，一定要"追"我们的远人。这样做的效果是"民德归厚"。什么"厚"？深厚的情谊，深厚的爱。先人已经死了，但你没有忘记他，而是思念他，追念他。这个时候，他已经不能给你任何好处了，不会因为你祭祀他，跑出来给你一千块压岁钱。他在世的时候，年年都给你压岁钱，他死了后不会再给你了。但你对他仍然有情感，这就体现了你对他的情感之"厚"。这个"厚"体现为你不求任何回报，只是最纯粹的挂念。这样深厚的情感就是有"德"，你自然会有爱一切人之德，你能够爱一个不给你任何回报的死者，你自然就会不求回报地爱生者，从你的父母到你的祖父母，到你的兄弟乡人、同学朋友等。所以各位，交朋友一定要交能够做到"慎终追远"的人，以时祭祀自己祖先的人，知道把祖先放在心里的人。这样的人有深厚的德，知道如何爱人。

在祭祀之前，要思。"追"就是思，祭祀就是思。我们思，死者才能如在。对此，《礼记·祭义》有所论述。祭祀前最好斋戒，斋戒的目的是什么呢？收拾自己的心。然后要思，"思其居处，思其笑语，思其志意，思其所乐，思其所嗜。"这样，我们诚敬祭祀时，先人就"如在"于我们之上，"如在"于我们左右。只要我们的心足够诚敬，就可"以其恍惚以与神明交"。

归根到底，中国人很平实地把"死"的问题转化成了"生"的问题。

我们是生者，那就站在生者的立场上做生者认为对死者可作、应做的事，也就是尽自己的心，以诚敬祭祀死者。由此，死者得以如在，而我们也得以心安。

到这里，我们也可以再回到宗教的理论性问题上。前面我们说过，中国的最大信仰是敬天，但天毕竟还是很抽象，尤其是在古代，只有天子可以祭天，因而对于普通人来说，最重要的宗教活动其实是祭祀祖先。我们把这两者加起来，敬天、崇拜祖先，就构成了中国宗教的骨干。当然，除此之外，还有其他各种各样的神灵，其结构就是我们前面所说的"一个天、多个神，诸神统于天"。

敬鬼神而远之

刚才讲到中国人对于死者的态度、对于鬼神的态度，可以概括为一句话，就是孔子说的"敬鬼神而远之"。

这样的态度，从我们中国文明刚诞生那个时刻，也即尧舜时代，就已具有。《舜典》中记载，舜让伯夷负责"三礼"，三礼指事天神、地祇、人鬼之礼，安排祭祀天上的神、地上的神，以及人死后的鬼。接下来舜向伯夷阐明了祭祀的基本原则，中间八个字至关重要："夙夜惟寅，直哉惟清"。夙夜的意思是早晚，寅的意思是敬，对鬼神，我们时时刻刻都要有敬意。这是第一个原则。

第二个原则是直，我们可以从其反面来理解。孔子说过一句话："非其鬼而祭之，谄也。"新闻报道说，当初某高级领导在位时，有些拍马屁的人跑到他家坟前祭祀，这就属于"非其鬼而祭之，谄也"，不是你家的祖宗，你跑去给人家烧什么纸？这就是不直。他是真敬那个鬼吗？当然不是，他是有求于人。归根到底，他不是谄鬼，而是谄人，希望从其子孙身上得到好处。所以，直的意思就是，祭祀你该祭祀的鬼神。今天中国人中间有信基督教的，当然可以过耶诞节；但如果你不信基督教，却兴奋地过那个节，就叫作"谄"。

第三个原则是清，意思是祭祀时要始终保持清明。我们也可以从其反面来解释其含义，大家想一想，巫术清不清？巫师在降神时处在癫狂状态，神才降在他身上。所以，巫师说话，几乎没人能听清，这就是不清。现在有些人到寺庙去烧香，香有手臂那么粗，一烧一大把，熏得庙堂里乌烟瘴气。如果真有人格神，也早给熏死了。这也是不清。这显示的是你的心不清。鬼神一定最喜欢人的诚敬之心，你想用丰厚的物来收买鬼神，这就是不清。这些不直和不清的做法，其实都是亵渎鬼神。

敬、直、清，这就是中国人对待鬼神的三个基本原则，缺一不可。对此，孔子讲得更清楚，《论语·雍也》记载：

> 樊迟问知，子曰："务民之义，敬鬼神而远之，可谓知矣。"

我们对鬼神的最基本态度是"敬"。对神，我们要有敬意，因为其妙万物而不言，我们当然要敬之。对人死后之鬼，也要敬，他是我们的先人，当然要敬。但是，我们虽然敬鬼神，却不可过分亲近之。"远"的反义词是近，什么是近？在我看来，巫术、神教就是近鬼神。一天到晚把神挂在嘴上，祈祷神给自己办这个办那个，这就是近神。我们中国敬鬼神，却与之保持距离。比如我们的典籍从来没有向我们描述天长成什么样子，说什么话；天也没有形态，帮你办不了什么事，于是，你就无法近天，天对我们每个人来说都是远的。同样，我们的先人是我们的"远人"，他也没法帮你办事。因此，你就没有机会亵玩天、亵玩先人。由此，天、祖先才是崇高的。保持距离，才称得上神秘；鬼神一定要神秘，才说得上是鬼神。那你就要跟鬼神保持距离，你的世界是你的世界，鬼神的世界是鬼神的世界。你不要以人的身份介入鬼神的世界，那必定亵渎鬼神，反而是不敬鬼神。

所以，奢谈鬼神的人，总是把鬼神挂在嘴上的人，其实是不敬神的。

中国人对鬼神的态度才是真正的敬鬼神。为什么？因为我们与鬼神相"远"。我们知道，我们和鬼神是不一样的；两者当然是有关系的，但终归是不一样的，我们不可能待之如同生者。我们作为人无从准确、完整地了解鬼神，那我们就不去妄测鬼神。以我们人有限的智力测度鬼神的存在，这不是自傲、自私吗？所以，我们中国人面对鬼神是谦卑的，我们离鬼神远远地。恰恰因为远，我们才对鬼神有真正的敬，人和鬼神各安其道。所有近鬼神的人都是把人放在鬼神之上。你如果真的进入了鬼神世界，那个世界就不是鬼神的世界了。

所以，我的结论是，只有中国人才真正知道事鬼神之道。我们不否定鬼神，所以敬鬼神；但我们也不妄测、妄言鬼神，不求鬼神替我们办事，这才是真正地敬鬼神。此即"极高明"的事鬼神之道。

生生之教

最后我们讲讲不死的问题。我们自己或者我们的至亲之人，比如我们的父母、祖父母如何不死？如何永生？我们都知道他们的身体会死的，那么，他们有没有可能不死或者说永生？如果可以，以何种方式？基本上，中国文化提供了上、下两套方案，或者我们可以叫作基础性方案和高级方案。基础性方案是人人皆可行的，即使普通庶民也可以做到；高级方案是君子可以做到的。

我们先讲基础方案，人人皆可行的方案。这就是上节课讲孝的时候，通过解读《里仁篇》论孝最后一章阐发出来的道理。子曰："父母之年，不可不知也，一则以喜，一则以惧。"子女之孝可以让将死之人免于死亡的恐惧。你看，这个方案很简单，人人都能做到，不需要讲一大套虚妄的话。如果你们现在或者以后家里有老人，正在走向死亡，那就多陪陪他，用言词和行为把你的生机输送给他，爱他，照料他。这样，他就能免于死亡的恐惧。

至于中国文化缓解死亡恐惧的高级方案，见于《孝经》。《孝经》在我们的经典中是最薄的一本，但非常重要。因为《孝经》讨论了我们文明中几个最根本的问题，今天只讲一点，就是孝了死生之机制。

《孝经》第一章有一句话，大家想必都听说过，我们前面也已经讲过了："身体发肤，受之父母，不敢毁伤，孝之始也。"始的意思是开端。我们的生命是父母给的，一个人，只要对这个事实有所认识，自然会有孝爱父母之情，这就是道德意识的开端，体现为孝的自觉，而这是一切道德之本，后面我们会对此进行详尽的解说。

接下来解释"不敢毁伤"，这句话有大义。你的父母生了你，你的身体就是父母的"遗体"。这个词出自《礼记·祭义》：曾子曰："身也者，父母之遗体也。行父母之遗体，敢不敬乎？"看了遗体两个字，别觉得晦气，"遗体"在这里的意思是，父母把他的生命转移到我们身上，我们的生命延续了父母的生命。既然如此，我就不敢毁伤我的身体。"毁"的意思不是毁灭而是"非毁"，被人辱骂。"伤"就是我们今天讲的伤害，你的肢体受到伤害，也就相当于父母的身体遭到伤害。所以，古人不剃头发，当然会加以修剪，太长了修剪一下，但不会连根剃掉，因为"身体发肤，受之父母，不敢毁伤"。

这里的"不敢"已经包含了道德意识。如何做到不敢？如何做到父母留在你生命中的身体不被人辱骂、不受伤害？你得约束自己，不可放纵自己。这就是道德行为。如果你认为你的身体就是你自己的，像西方个人主义所说的那样，我的身体就是我的，和父母没有关系，那你就可能放纵自己的身体。你会觉得，我遭受了什么，我自己承担，跟别人没关系。英国思想家洛克有一个很著名的理论，就是"自身所有权"，我对我的生命、对我的身体拥有完整的权利，这是一切其他个人权利的基础，构成现代西方所谓权利观念和制度的基础。但你的身体果然属于你自己吗？中国人不这么想，你的身体是你父母的遗体，由此中国人就有了道德的自觉，有了孝之情，这是第一道德，是道德的觉醒、起步。相反，如果像西方人所说的那样，人对自己的身体拥有完整的自我所有权，人如何产生道德意识？于是，西方人只能以法律来从外部来约束人，西方的社会理论也确实是按照这样的逻辑推导的。

基于对生命本源的认识而有道德意识的觉醒之后，人会怎样呢？就有了经文接下来所说的："立身行道，扬名于后世，以显父母，孝之终也。"既然身体是父母给的，我就有责任把这个身体立起来，挺立于天地之间，堂堂正正做一个人，做大人、做君子，而不是畏畏缩缩趴在地上做小人。大人是相对于小人而言的，所谓小人，其心智浑浑噩噩，因而不知所终；我们要做大人，与天地齐，那就要让自己挺立起来。立身就要行道，行圣人之道，成就自己的仁德。

如果你确实做到了立身、行道，就可以"扬名于后世"。这句话关乎生死。"后世"就是你死了之后的世，你肯定要死，哪怕是圣人也会死。但是，我们今天在课堂上还在讲孔子、讲尧舜。几千年来，中国人都在讲尧舜禹汤文武周孔，未来全世界都会讲，这就是扬名于天下、扬名于自己死后的世代，也即"扬名于后世"。这是不是永生、不朽？你幻想你的身体存留两千年，这怎么可能？那是妖怪。我们不是妖怪，作为人，唯一可以让我们不朽的就是名。我们的名可以为天下人、为后世所称，这就是不朽。孔子曾讲过一句话："君子疾没世而名不称焉"。一个人自命为君子，但当他去世的时候，他的名不为天下人所称道，这是令人遗憾的。

所以，儒家很看重名，这就有了"名教"，尤其对君子来说，很重要的是要成名，名教就是激励人们成名的教化之道，因为这是不朽之道。古人讲"立德立功立言"三不朽，就是以名不朽。所以，大家以后要大胆地求出名，但当然，不是做网红。网红也出名了，但估计很多人都在骂他，所以终究长久不了。我们要以"立身行道"来成名，一个君子完全可以通过立身行道，以名永生。

不仅如此，你还可以显扬你的父母于天下、于后世，从而让你的父母同样不朽。孔子告诉我们说，孝就终结于此。通过你的立身行道，你让自己不朽，连带地让父母与你一同不朽。曾子曾经说过："君子之所谓孝也者，国人称愿然曰：'幸哉有子！'如此，所谓孝也已。"在这方面，古代其实有一些相应的制度，如果你穿越到古代，考上进士了，做了四品的顺天知府，就可以请皇上给你的父母以诰封，即追封你的父母，封你的父亲为某某侯，封你的母亲为某某诰命夫人，你就可以在家乡立一座牌坊，写上你父母的大名，由此你的父母也就不朽了。他本来已经死了，却因为你的立德、立功而扬名于后世，你不朽了，你的父母也得以永生，其名为世人所称道，这就是最大的孝。现在其实也有类似的事情，一些人获得奥运冠军，或是成为航天员上了太空，他们自己在享受荣誉的同时，也捎带上自己的父母，别人也会说，你看人家父母教子有方。这就是"荣宗耀祖"，也就让你的父母扬名于后世，得以不朽。所以各位，《孝经》给我们指出了人生奋斗的目标。最大的孝是什么？让你和你的父母不朽。

我们再从头看看《孝经》的论述：首先，你的父母给了你生命；最后，你让你的父母得以永生；在这里，两代人的生命形成了一个闭环。所以，我们的圣贤讲不朽，跟西方人的讲法完全不同。不朽、永生靠什么？靠生者的努力。我们的父母、我们的先人能不能永生，不取决于他们自己，而取决于我们：第一，取决于我们是不是孝爱；第二，取决于我们是不是立身行道；总之，取决于我们自己怎么做。

总结上面的讨论，我们可以看到中国人的智慧是多么高明。中国人也会死，也怕死，跟全世界的人一样。但中西方分别找到了两个不同的解决死亡焦虑的方案：西方人靠神来拯救，但人要升入神的国，必须先死，于是，为了缓解死的焦虑，西方人反而时时刻刻想着死的问题。中国人则不然，我们没有神的国可去，但我们知道我们是天所生，具体而言是父母所生。我们就仅仅抓住这个生字，而有了"生教"，或者说"生生之教"。父母生我们，我们得到生命，我们是父母的"遗体""继体"。于是，只要我们生着，我们的父母，以及由此上溯的所有先人就生着；我们有了子孙，生生不已，我们的父母、先人也就得以永生。我们也可以因为自觉到生命的本源而有孝、有德，总之因为我们生得美好高尚，而扬名于后世，则可以显扬父母之名。你看，中国人通过生，解决了死的问题。生的世界是光明的，所以，中国人的生命始终是光明的，死的阴影照不到我们。这个世界上，死亡焦虑最淡薄的就是中国人。最妙的是，中国人的解决方案没有任何虚妄之处，实实在在。你的父母是不是实实在在的？父母生你的事实是不是实实在在的？你对父母的爱、敬之情是不是实实在在的？你思念死去的先人，他们就可以"如在"，是不是实实在在的？我们的方案最为易简，又最为可行。人类最普遍的了死之道，就是中国的生生之教。

这些讨论对同学们有什么意义？我希望大家始终记住一个简单的事实：你的生命得自父母。那你就应当报本，孝敬父母。而你对父母的孝，首先就表现在，自己立身行道，同时抓紧时间谈恋爱，结婚，生养子女。这样，你可以不朽，你父母也可以因此而不朽。所以，我给大家的人生建议是，早结婚、早生孩子。要把结婚、生孩子当成人生最重要的事儿，所有其他的事情，学业、事业，等等，都要服务于这个目标，而不要为了所谓的学业、事业把这件大事耽误了。如果把这个大事耽误了，第一，你就不能永生了，你的死就是生命的归零，归于虚无；第二，从你往上，你的祖先全部归于虚无。我就问你，你怕不怕？即便不怕，你承担得起这个责任吗？

第五讲　仁爱

这节课讲仁爱，这个主题接续第三节课而来，那节课我们讨论了家和孝，仁爱就是从孝悌生发出来的。我们中间插入了同样从孝悌生发出来的问题，死生与鬼神。今天要讲的内容，关乎一个文明能不能成熟、能不能发达的根本问题：普遍之爱，中国人的解决之道是由孝悌生发仁爱。

各位对爱都是有经验的：首先在家里，你跟父母之间有爱；然后在家外，朋友之间也有爱，同学之间有爱；有些同学已尝到男女之爱的滋味。所有这些爱，对于建立人与人之间的相互信任、形成良好的社会关系，具有决定意义。你和你父母之间如果没有爱，你有晚饭吃吗？没了，因为你现在的全部花销是父母给的；那你父母为什么要给你钱？是因为你跟他们签了契约，每天给他们干8小时活，他们给你付工资吗？当然不是，完全是因为他们爱你。只有这一个动力，没有其他动力。现在很多父母也没指望孩子以后照顾他们，比如我儿子在离家5公里的地方上大学，但一个学期也见不了几次面。尽管如此，我对他仍然有爱，仅仅因为他是我儿子这个事实本身。当然我知道，儿子即便不回来，也是爱我的。正是这种互爱，维系了我们之间的父子关系。当然，男女之爱也很重要，没有这种爱，人类就要灭绝。

接下来，大家换个角度深思一下这个问题：如果社会中只有男女之爱，社会会好吗？或者，社会中的爱都仅局限于家中，那我们晚上十点钟还敢放心大胆地在大街上行走吗？恐怕白天都不敢，何况晚上。也就是说，仅有小共同体内熟人之间个别的爱是不够的。任何一个社会，要在陌生人之间形成良好秩序，就需要其成员走出家外时同样有爱，善意对待陌生人。这就是普遍之爱或者说博爱，这是我们本节课将要讨论的主题。人之间若没有博爱之情，就无法组成大规模共同体。

　　大家应该都听说过"博爱"这个词，法国《人权宣言》里有"自由、平等、博爱"这些字眼。不过，这里特别要请大家注意，这个词跟"上帝"一词一样，是中国典籍中早就有的词汇，在 20 世纪某个年代，被某些中国人或外国人用于翻译西方文献中的相应观念。比如"博爱"这个词，在中国流传很广的经典《孝经》中就出现过，《三才章》说："先王见教之可以化民也，是故先之以博爱"云云。所以，大家不要把这个词更不要把这样的观念归之于西方人，好像只有西方人知道博爱。我时不时看到有文人写文章感叹中国人不知博爱，没有博爱观念。这时候我就会笑出声来，人哪，不好读书而好发议论，便会成为笑话。其实，《孝经》讨论的主题之一正是如何由个别的孝爱发展出普遍的博爱。

　　所谓博爱，就是一个人普遍地爱所有人；一群人中，如果多数都能做到这一点，就能形成普遍合作的社会政治秩序。可以说，中西文明都达到了比较成熟的状态，以不同的方式促成了博爱，所以都形成了一定程度的普遍秩序。当然，我们不能不说，两者还是有高下优劣之分的，中国文明的解决方案更为优秀，下面我们就详尽地考察一番。

神教的博爱

　　我们先看看一神教是如何解决普遍之爱这个难题的。

　　大家看一下《新约·马太福音》："你要敬心、敬性、敬意，爱主你的上帝，这是诫命中的第一，且是最大的。"对一个信神的人来说，最大的爱要献给神，不是爱你的爸爸妈妈，也不是爱你的同学，更不是爱我这个老师，不是爱你的男朋友或者女朋友，而是全心全意地爱神。这是神教的基本教义。你如果总是把爱分给其他人，那神教就不能成立了；如果你把爱神看成跟爱女朋友那样，那就麻烦了，因为，你跟女朋友谈恋爱，有可能三个月就分手，你能爱神三个月然后跟神分手吗？当然不能，神会惩罚你的。所以，任何神教的第一教义都是要信徒专心专意地、持之以恒地爱神到永远。在这个基础之上，或者更准确地说在此之下，才有人对人的爱，此即其经文所说："其次也相仿，就是要爱人如己。"你看，这里说得很清楚，这是"其次"，爱神在第一位，爱人在其次。请大家一定首先明白这一点，神教的爱是有等级的，且有一种转换机制：先爱神，再以神为中介爱其他人。

《马太福音》接着说，"这两条诫命是律法和先知一切道理的总纲。"由这个总纲能够看到神教中一系列关于爱人的戒命，比如，"爱邻舍如同爱自己"，人们一般简化为"爱人如己"。这句话当然没有任何问题，我们应该爱所有的人，就像爱自己一样……嗯，且慢，我刚才脑子里闪出一个念头，觉得这句话还是有问题的：首先是自爱，然后爱别人如同爱自己；也就是说，爱自己是基础，一个人如果不知道怎么爱自己，那就不知道如何爱别人。你们是不是觉得这有点问题啊？后面我们回头再来讨论这个问题。

接下来一句话也在《马太福音》中："爱仇敌，为他们祝福。"各位同学肯定听说过这句话，当你最初听到这句话时，是什么感受？是不是觉得特别高尚？有些中国知识分子对此佩服得五体投地。但要我说，这是有悖于人情的。最近有新闻说，一个黑人把一个白人老太太的儿子杀死了，在法庭上，白人老太太说："杀人犯，我现在爱你。"普通中国人总觉得这有点别扭，但在神教塑造的社会气氛中，这是完全能够成立的。为什么信奉神教的人可以很自然地讲出这句话来？大家先想一想，我们后面再来讲。

不管怎么样，我们会看到，信奉一神教的人，因为信神、爱神，而有了博爱之情，爱自己的敌人正是博爱之情的表现。所以，在虔诚地信仰一神教的人身上，我们确实可以看到各种各样博爱的行为。

然而，在其博爱行为背后也可以看到多重矛盾，至少有两个。我们先看第一个，涉及刚才给大家提出的问题，一个人为什么能爱自己的敌人。很重要的一点是我们在讲家那一节时讨论到的：神降临了，给人颁布了一套律法，要求人从此以后不能爱自己的家人。那么，神的目的何在呢？当然首先是为了让人爱神；其次，为了让人爱自己的邻人，甚至爱其敌人。问题就出在这儿啦：我想问大家，这种爱的结构跟博爱是不是有一些冲突？很明显，你刻意排斥对亲人的爱，还能叫博爱吗？人应该爱所有人，甚至爱敌人，然而，为了让人爱陌生人，神首先要让人走出最为自然的爱，去爱不相干的人，反而刻意抑制对亲人的人。受这种教义必然造成严重的生命紧张或冲突。人爱其父母，是不是自然的？当然是，你们生下来便依偎在妈妈的怀抱里，有依恋之情，你们当然爱她；爸爸抱着你们，每天到广场上去玩，你们自然地爱他。但神说，你们这么做是不对的，因为你们这样的爱只是个别的，你们爱你们的爸爸妈妈，必然妨碍你爱一个你完全不认识的非洲小男孩；神说，你们爱那个男孩就应当像爱你们的父母。甚至更进一步说，你们爱那个男孩要超过爱你们的父母，你们要把你们自己从对父母的具体的、个别的爱中解除出来，投身到陌生人群之中，博爱每一个人。说实在话，这其中的逻辑颇为扭曲，很多人说西方人讲逻辑，你们能看出这其中的逻辑吗？这是博爱的第一个悖谬，爱的颠倒。

神教博爱的第二个悖谬是，由爱转生恨。信神的人为什么有博爱之情？这是他内生的情感吗？当然不是，博爱不大可能是自然的，你不认识一个人，怎么会有爱他之情？尤其是，他伤害了你，你竟然还爱他，这个难度是太大了。但一个信神的人为什么能够确立这样的博爱？因为神在引导人、在命令人，如果你不听话还会惩罚你。正是这样的神要求你去博爱的。所以，神教徒的博爱是经由一个中介建立的，这个中介是人之外的力量，而且是绝对的力量，它强加人以博爱的义务，这个中介就是全知全能的神。但当然，神身上好像也有很多矛盾，因为神让人爱所有人，但他自己做到了吗？各位如果有机会读《旧约》，或读一下其他神教的经典，你就会发现，神最常见的情绪是愤怒和怨恨，而不是普爱所有人，神经常用大火、洪水、闪电之类的手段惩罚人。想必大家都听过诺亚方舟的故事，在这个故事中，主角正是对人充满了怨恨和愤怒的神：神造了人，但在巡视过程中看见地上的人罪恶很大，终日所思想的尽是恶，因而后悔造人在地上，心中忧伤。其实不是忧伤，是怨恨，所以耶和华说，"我要将所造的人和走兽并昆虫，以及空中的飞鸟，都从地上除灭，因为我造他们后悔了。"这是《创世记》的记载，所以神发动了一场大洪水，灭绝人类。有了这样的神，我们也就容易理解纳粹对犹太人的种族灭绝计划了。其实，他们两族信奉同一个神，基督徒却要灭绝犹太人。那么，这个导向可怕的仇恨、种族灭绝的共同文明背景是什么？就是神教求"同"的坚定意志。神教的基本教义是，信神的人要互爱，信仰同一个神的人们互为兄弟姐妹们，他们之间充满了爱，这是毫无疑问的。但对于异教徒、对于异端，神教徒很难有爱，相反，充满仇恨。信神、爱神是我的第一个义务，为了履行这第一义务，我必须与你坚决斗争，消灭你。所以，神教徒的战斗精神总是很强。这就是由爱转恨的机制。他对神的爱是他建立博爱的前提，但他的博爱又催生出他对他者的恨。于是我们看到，信神的人好像特别容易恨别人。

这种很，最清楚地体现在信不同神的人之间的相互仇恨。在中国以西广阔的土地上，过去两三千年中，信不同神的人来来回回地相互仇恨，甚至展开持续的战争，比如，基督徒恨犹太教，因为他们觉得犹太人出卖了他们的耶稣；伊斯兰教徒恨基督徒、犹太教徒，因为觉得他们信的是假先知，亵渎了神；同一个神教内部不同宗派的信徒之间也经常在相互仇恨和战争之中。比如早期现代欧洲所发生的战争大多数是宗教战争，发生在天主教徒与新教徒之间，这种战争是名副其实的难分难解，一打就是几十年，上百年。正是这些战争促使一些西方人决定走出宗教的愚昧，建立政教分离的制度。这是现代性的根本倾向。

我们可以这样总结人类过去两千多年的教训：因为有了主张博爱的神教，所以，人类的仇恨比没有神教的时代还要大。这是我们这个世界所面临的最为深刻的悖论。神教主张博爱，但又制造仇恨。在过往的历史中，中国以西，也就是信奉神教的广大地区充满了冲突、战争，经常是以神的名义。今天仍然如此，美国从 20 世纪 90 年代开始在中东展开了新一轮的斗争，其实质就是宗教征讨，美国总统小布什曾经明确说过，那是一次新的十字军东征（crusade）。这轮东征引发了伊斯兰教的反抗，双方进入战争状态。当初，美国学者亨廷顿曾预言，人类将进入文明之间的冲突，果然。

对神教的博爱，我们还可以提出另一个疑问。博爱的前提是人类普遍信神，但世界上从来没有一种神教做到过这一点，一神教本身至少就有三个，都自称其神是唯一的，可没有一个真做到一统世界，并且相互之间充满仇恨。那问题就来了：凭借神教，人类能够走向普遍的合作性秩序吗？恐怕很难，这个时候，神教反而是巨大的障碍。这个问题，我们后面再来讨论。

天生人而仁

在解决人类普遍之爱的难题方面，我认为中国人最为成功。理由很简单，我们看成绩：当今世界，规模最大的政治共同体是中国，并且内部具有高度凝聚力。印度的人口或许可以超过我们，但其共同体的稳固程度永远不能与我们相提并论。这个成绩让我们有理由推测，中国人找到了一种绝妙的办法，让人们普遍有博爱之情。我们这节课的主要任务正是论证，在解决普遍之爱方面，中国方案比一神教方案要好。

第一节课我们说明了，自诞生时起，中国就是一个超大规模的政治共同体、文明共同体。中国是靠什么维系这个共同体的？第二节课我们讲到了敬天，唯天为大，敬天使中国容纳了多样性，从而具有超大规模。今天我们要进一步论证：敬天，所以我们中国可以有仁爱之情，即普遍地爱人、敬人之情。那么，这中间的逻辑是什么？也即，敬天之人何以有仁心？

我们要在"生"字上体会。西方人说"神造人"，这个"造"字在西方文明中具有关键地位，尤其是工业化之后，西方人忙着制造各种各样的东西。中国人却说，"天生烝民"。生完全不同于造。大家可以想一下，植物的生，动物的生，以及最为切身的男女的生，和用钢铁、塑料制造汽车、造兵器之间是完全不同的。大家可以由此继续深入思考，神所造的宇宙和天所生的宇宙之间有哪些根本区别？

天地之间有生意、有生机，这里给大家讲两个段子。《二程集》中记载程子回忆其老师周敦颐的轶事。周茂叔窗前草不除去，问之，云："与自家意思一般。"茂叔是周敦颐的字，是《爱莲说》的作者。他的窗前地上长了野草，而不愿清除，因为这些小草与自家的"意思"是一般的，所以不忍心清除。什么"意思"？生意。《宋元学案》里记载了类似的轶事。明道书窗前有茂草覆砌，或劝之芟，曰："不可！欲常见造物生意。"又置盆池，畜小鱼数尾，时时观之，或问其故，曰："欲观万物自得意。"明道就是二程兄弟中的长兄程颢，这里的故事情节与上一则类似，程明道的回答更为清楚："欲常见造物生意。"现在正是绿草丛生的季节，草木返青，我们举目所见，天地之间一片生意。正是这种生意拨动了人的心弦，让大程子产生了怜爱之情，因为小草跟我一样都在生，万物都在生，相互之间就有了情谊。小鱼自由自在地游动，程明道说："欲观万物自得意。"天生万物，万物各有其生命成长之道，小鱼之自由自在就是《中庸》所说的"率性之谓道"。

天地之间充满生意，而生意之中内涵爱意。天生万物，是要其生还是要其死？当然是要其生。所以，天地对万物是有爱意的，天地之间是有情谊、有情感的，进而万物之间，包括人、物之间，当然更不要说人之间，是自然就有相亲相爱之情的，这就是中国人所理解的宇宙，这完全不同于西方人所理解的世界。假设你是上帝，拿着水泥、沙子、钢铁之类的东西造万物，你造出了一个东西，请问，你跟这个东西之间有相亲、相爱之情吗？一般情况下不会有。最起码，我们可以确信，一个人对自己所造的物即便有情感，也不会是他对儿子、女儿那种相亲、相爱之情，后面的这种情感正是从生的过程衍生出来的。

所以，无情或者有情，这就是造和生的根本区别所在。造物者以其绝对意志展开制造，对于其所造者不会有情感，这中间至关重要的是意志，甚至经常是支配的意志、利用的意志。比如你们之所以造飞机，是为了利用飞机而绝不是因为爱飞机。而生者对于其所生者则一定是有情感的，因为生本身就是情感的结果。

这里，我们需要注意一点：生的主体是两个而不是一个，生始于两个主体——天地、乾坤、阴阳、男女之互感、互亲、致一、交合。从男女之相爱而生人的事实中，可以最直观地理解这一点，男女如果不相爱，怎么可能生育？这就跟造完全不同了。《周易·系辞》中一段话讲得非常精彩："一阴一阳之谓道，继之者善也，成之者性也。"这段话用最精练的语言概括了敬天的中国人的宇宙论和人性论。一定是有一个阴、有一个阳，两个同在。两者之性不同，必定相互亲近、交合，这个事情本身就是善的，阴阳的互感互动就是善的，所以天地之间充满了善。人生在这样的宇宙中，自然就有善的性，也就是仁之性，这就是"成之者性也"的大义所在。

现在我们已经触及中国圣贤的人性论了。《周易·系辞》已经清楚表明，人性是善的，因为宇宙是善的，这个大善在人之先，那生在其中的人的性当然也是善的。下面我再给大家举两个时代两位大儒的看法，简单说明儒家的人性论。首先来看汉代大儒董仲舒的《春秋繁露》中一段话：

仁之美者在于天。天，仁也。天覆育万物，既化而生之，有养而成之，事功无已，终而复始，凡举归之以奉人。察于天之意，无穷极之仁也。人之受命于天也，取仁于天而仁也。

《春秋繁露》的作者是董仲舒。一直以来，中国人都很尊重董仲舒，但20世纪的中国人除外。知识分子们普遍认为，董仲舒是个坏人，为什么？因为他竟然建议汉武帝"独尊儒术，罢黜百家"。大家怎么看这件事？有人说，这对统治者有好处；这个是当然的，问题是，这对人民也有好处啊，"独尊儒术"对整个国家建立良好的社会秩序有莫大好处，具体好在哪儿，我们后面会涉及，这里就不展开了。但从这句话，我们就能感受到董仲舒的仁者之心。董仲舒说，天生人，又生草木虫鱼，从而让人有吃的、有喝的、有穿的，让人得以维持其生命。我们由此就可以体会到上天之仁心。天生万物，可见其仁心；天有此心，则当天生人时，就把仁种在我们身上，所以，仁就是人之性。

上面是汉儒对人性的看法，下面再来看宋儒在这个问题上的看法。朱子是宋学的集大成者，最重要的著作是《四书章句集注》。朱子写过一篇很短的文章，题为《仁说》，专门讨论仁。文章一开头就说："天地以生物为心者也"，天地是以生为其心的。《易经》讲："天地之大德曰生"，朱子说"天地以生物为心"，天地的心就是生。"天心"这个观念很有意思。神教的人所信仰的神是有其绝对意志的，他说想要光，于是就有了光，你看，神的意志是非常强硬的。但中国人谈论的是天心，意志和心是有很大区别的。意志是我要你这样那样，心却有情的。天生人，当然想让人好好地生下去。那么人呢？人是天生出来的，所以，人得天地之心。朱子说："而人物之生，又各得夫天地之心以为心者也"，人心之本源在天心，天心是仁，人心也就是仁。"故语心之德，虽其总摄贯通，无所不备，然一言以蔽之，则曰仁而已矣。"朱子通过天之生人论证了人之性是仁，这一点跟董仲舒的看法一致。

总之，中国圣贤以为，天赋予人以仁心。那么，仁是什么意思呢？"仁"跟生直接相关，仁的基本含义是帮助其他人，帮助天下所有的物健壮地生。我爱一个人，当然希望他健康地生长，"己欲立而立人，己欲达而达人"。对一个人最大的恨是剥夺他的生命，不让他生。那么与之相反，爱一个人，那就让他好好地生。所以，仁的内涵要从生字上去理会，生的主体归根到底是天。所以，天、生、仁，这是中国观念的三个关键词：天生人，人因此而有仁之性。相应地，西方人说，神造人，则人性就不是仁的，而有原罪。

由孝悌到仁爱

对上面的论说，有些同学有点茫然，因为过于抽象了，那我们下面就落到最具体的人生层面上予以讨论。

天生人，具体地说就是人生人，父母生其子女。你的父母在哪儿？在天之外还是天之中？当然是在天之中，万物皆在天之中，你的祖先、你的父母也在其中。所以，父母生人，也可以说是天生人，天生人的现实形态就是父母生人。前面已经跟大家反复讲过，孔子以"四时行焉、百物生焉"描述天，人当然在这些生生不已的百物之中，父母生其子女，就是"百物生焉"的具体呈现。

我们再来看父母是怎么生子女的。你的父母为什么会生养你？他们两人是因为相互仇恨而生你吗？当然不是，他们是因为相亲相爱才得以结合，才生了你。《周易》下经始于咸卦，咸卦是少男少女互感，有互亲、互爱之情，由此进入恒卦。恒卦讨论夫妻之道，结为夫妻，当然就会生孩子。所以，男女生孩子，完全是因为男女两情相悦，有互爱之情。生命孕育于男女夫妇之相爱，这是我们首先应当予以肯定的基本事实。所以，生命是孕育于爱的。

　　然后，孩子出生了，请问，父母对其孩子是恨还是爱？当然是爱，百分之百的爱，纯粹的爱，没有任何功利的爱。你们都能看到或许也记得父母对你们的爱。父母在你刚刚出生，尽心尽力地养你。母亲上班回家，累了一天，但回家之后，马上给你做你最喜欢吃的；父亲上班回家，累了一天，但仍然抱着你到院子里玩。这个时候，他们恐怕从来没有指望这孩子以后照顾自己，他们如此深爱孩子，就是基于纯粹的爱、绝对的爱。世间最纯净的爱，就是你小时候父母对你的爱。

　　那么反过来，因爱而生并且在爱中得以生下来的孩子，对父母会是什么情感？我们从孩子出生的那一刻说起，我们前面已经指出过人刚出生时的状态，跟其他动物是完全不同的，那就是完全没有自我生存能力，而必须如孔子所说的"三年然后免于父母之怀"。也就是说，婴幼儿跟父母虽然在身体上是分开的，但其生命仍然是一体的。刚出生的孩子，只要离开父母就会失去其生命，所以他会本能地依恋父母。圣人说得真好，是孩子要让父母抱三年，这是人的本能。你以后有了孩子就会注意到这一点，婴幼儿是不喜欢别人抱的，别人抱走，就会哭，父母一抱，就好了。这其中就已经隐含了人的本能情感：爱父母，敬父母。这是每个人与生俱来的本能情感。

　　这种情感会始终保存在人心的最深处。每个人都有这种爱敬父母之情。爱，不用说，同时还有敬，对父母的敬，这包括听话。你们小时候有没有怕过爸爸妈妈？当然有，他们说话，你会听吗？会听。即便到今天，你们恐怕也会有点怕爸爸妈妈，也会听爸爸妈妈的话，对不对？这是人永远改变不了，这是人自然本有的天性。每个孩子，都会对父母有不假思索的爱和敬。孟子曾说过一段话："人之所不学而能者，其良能也；所不虑而知者，其良知也。"后来王阳明讲"致良知"，就是由此而来。现在阳明心学很流行，但很多人谈良知，抽空了谈，很容易走偏。谈良知不能走到虚无主义，良知是实实在在的。人的良知、良能就是孟子说的"爱其亲"。"孩"这个字的原始意思就是婴儿的笑容。古人观察到，婴幼儿爱笑，那么他什么时候笑？父母总在逗他。他为什么爱笑？因为他得到了父母、家人对他完整、纯粹的爱，所以天真无邪，无忧无虑。如果一个孩子从出生起，就跟他的爸妈做斗争，这孩子会有那么纯真无邪的笑吗？那肯定成了鬼孩，是恐怖片的主角了。孩子得到父母的爱，孩子对父母有爱与敬，孟子说，这是"不学而能者，不虑而知者"，也即，这是天生的。你爱你爸爸妈妈，不是因为你上过学，学习了关于爱、敬的一大套理论，才去爱他们，才去敬他们。你爱、敬你的父母，根本不用学，根本不用思考，你的本能就有，油然而生，自然而然。孟子也说："及其长也，无不知敬其兄也"，如果你是兄长、姐姐，自然就知道如何去照顾弟弟、妹妹。如果你是弟弟、妹妹，自然就知道如何尊敬兄长、姐姐。所以，你们以后生孩子，一定要生不少于两个，这样，他们的生命才能健康成长。

圣人紧紧抓住父母生人、孩子自然地爱、敬父母这一普遍的基本事实。中国人的道德观念、伦理观念，中国社会政治秩序的起点就在于这一基本事实之中：父母生养孩子，基于最自然、最深刻的爱；同样，孩子对父母自然而有爱敬之情。这是最自然不过的事情，也是最普遍的事情。圣人以此作为我们生命成长之本，这也是中国文化的起点。如《孝经》所说："夫孝，德之本也，教之所由生也。"也就是说，中国文化的根本在于孝，在于人人生而就有的对其父母之爱与敬。

大家仔细琢磨一下这个"本"字，意思是草木之根，有一个词语"根本"，根就是本，本就是根。明白了"本"的意思，就可以读懂《论语·学而》的第二章。《论语》全书第一章讨论的是"学"："学而时习之，不亦说乎？有朋自远方来，不亦乐乎？人不知而不愠，不亦君子乎？"这里提出人人皆可以通过学，学圣人之道，学孔子之道，成为君子。孔子之教就是要人学，不是要人信神。不过，学需要一定的资质，不是人人都可以达到；

同时也不是人人都有机会学。那么，不学之人的生命能否成长呢？于是有了第二章：

> 有子曰："其为人也孝悌，而好犯上者，鲜矣。不好犯上，而好作乱者，未之有也。君子务本，本立而道生，孝悌也者，其为人之本与？"

身为君子，应当务本，这个"本"就是孝、悌，也就是人人皆有的爱亲、敬亲之情。现在正是春天，植树季节，你把树根栽在地里，它就会生长，生长成树干，分出树枝，然后开花，到了夏天、秋天，就会结出果子。对人生的成长而言，果是仁，本则是孝。有什么样的本就结出什么样的果，你把梨树栽在地上，会长出梨树的干枝，最后结出梨子。从本到果的生长就是"道"，道从哪里来？道内生于本，树木生长发育之道就在其根、其本中。同样，人的成长之道就在人之本中。人的本是什么？是孝悌，你自然地爱你的父母、敬你的父母，这就是人之本。在这个本中蕴含了生命向上成长之道，那就是，以你对待你父母的爱和敬，对待你生命中碰到的每一个人，最终就可以达到仁的状态。王阳明讲"致良知"，所谓致，就是把一个东西推到极致，所以致良知的意思就是让你自然本有的孝悌之情向外扩展，以至于极致，这个极致就是仁，也就是博爱，"泛爱众"。

当然，这是一个逐渐扩展的过程，由亲及疏，由近及远。起点是你爱、敬你的父母，然后是爱你的兄弟，再然后是爱你的亲戚。"亲戚"这个词本身就很有意思，你跟他们有关系，相亲相爱的关系。中国人的爱人之道，就是从亲情扩展出来的，出了你的小家，首先就是亲戚，你跟你的各种亲戚有互爱、互敬之情，这些是你最早熟悉的人，舅舅啊、姑姑啊之类。然后，爷爷奶奶带你在小区里玩，碰到像我这样年龄的人，你爷爷奶奶就让你叫爷爷或者叔叔、伯伯，但其实我们本来是没有关系的，但我们中国人很自然地就把对父母的那种爱敬之情扩展对待陌生人。这就是普遍的爱人、敬人之道，你把对你父母的爱敬扩展出来，由近及远，及于你所碰到的每一个人，这就是人生之道。表现为爱、敬扩展之道，也就是仁道，也就是人道。人道就是仁道，人的成长之道就是扩展自然而有的爱、敬之道，这也就构成了我们的成己成人之道。

　　总结一下，圣人以为，每个人对父母都有最为自然的爱、敬之情，我们只要对此有所自觉，就足以构成我们生命出发前行之本，护持它，让它生长，就可以逐渐至于仁的境界，所谓仁就是普遍的爱人、敬人，我们以爱、敬之情对待我们所碰到的任何人，哪怕完全是陌生的。比如你碰见一位快递哥，他跟你有关系吗？本来是完全相互陌生的人，但你对他还是有爱敬之情的。请你思考一下，这种爱敬之情是从哪儿来的？这是非常可贵的，其本何在？在中国文化中，这个本就在于蕴含于孝悌之中的爱人、敬人之情，发育、扩展，则可以爱敬一切人。所以圣人以为孝悌是仁之本。圣人基于每个人获得其生命的基本事实，具体而言，基于内涵于这个事实中的个别的爱、敬，建立了普遍的爱人之道，由此就有了普遍的社会政治秩序，也即中国，及中国所在的天下。

仁与礼

　　中国圣贤相信，由个别的孝悌这个本生长出普遍的仁，下面简单讨论一下仁的具体含义，主要基于《论语》。什么是仁？可以从两个角度来理解，一个角度是积极的：

　　　　子贡曰："如有博施于民而能济众，何如？可谓仁乎？"子曰："何事于仁，必也圣乎！尧舜其犹病诸！夫仁者，己欲立而立人，己欲达而达人。能近取譬，可谓仁之方也已。"

在这里孔子给仁下了一个定义："己欲立而立人，己欲达而达人"。这句话首先确认，我们人生立于天地之中，都想挺立己身。人人都是人，但现实中所看到的人明显有所不同：有些人挺立起来，就是"大人"，有些人挺立不起来，就是"小人"。人是直立动物，理应让自己不断地向上成长，而不能倒下、横着，横着长的是猪，人则应当向上，成为大人，这就是立。同时，人也无不期待达。什么是达？就是在人群之中通达无碍，现实点说，就是什么事都可以办成，仿佛世上所有人都帮你的忙。在孔子看来，一个人能立、能达，这是好的状态。不是单纯的有钱，长得漂亮，地位高。大家可以仔细体会立、达两个字的含义。

人人都希望挺立，希望通达，你有这个情、有这个"欲"，你认为立、达是好的，那就可以据此推测，其他人也会认为立、达是好的，也有这个"欲"，那你就该推己及人，尽力地立人、达人。孔子说，这就是仁。就此而言，我们的父母对我们就是仁的，因为，他们的一切努力都是要立我们、达我们，对每一个同学来说，最切身的仁的体验是父母立你、达你。比如父母为了你考上大学付出了很多精力、财力，目的就是让你的人生道路通达，不被约束在狭窄的区域，这就是达你。父母也给你讲了很多人生的道理，让你挺立起来，这就是立你。父母对你仁，那么反过来，你也应当对你父母仁。《论语·里仁》中的论孝四章，其实就讨论了这个问题。第一章"事父母几谏"，帮助父母改过，这是不是对父母仁？最后一章，面对父母老衰，"一则以喜，一则以惧"，更为尽心地侍奉年老的父母，这是不是对父母仁？当然，我们可以把这样的仁扩展及于所有人，立所有人、达所有人，也就可以普遍地爱人、敬人，这就是扩展为仁。孔子说得很清楚，不是给别人一点钱，而是协助别人成长，力所能及地给别人的成长创造一些条件。

回头再来看孔子说的"尧舜其犹病诸"，这句话好像就是专门针对神教的博爱而发。子贡的意思是，一个人只有做到了爱世上一切人才算仁；孔子说，那尧舜恐怕也做不到。孔子的意思是，仁爱是切身的，爱人不需要好高骛远，为什么一说爱人，就想到全世界所有人？人不就在你身边吗？你想爱人，好啊，首先就爱你的父母，爱你的兄弟姐妹，爱你的亲戚朋友，爱你的乡党邻里，以此向外推，这不是更为自然、更切实可行吗？而且孔子最后还特别说了，"能近取譬，可谓仁之方也已"。所谓近，就是你自己的人生经验，就是父母爱你，你自然地爱父母，这就是你的仁之方，也即从爱最为切近之人，即父母开始，你就可以知道爱人之方、敬人之方。如果你不爱你父母，你根本就不知道怎么爱人，那你怎么去爱陌生人？博爱也需要有一个立足点，一个出发点，爱父母就是博爱的立足点、出发点。没有立足点，你怎么跳得起来？

仁的另一个维度是"己所不欲，勿施于人"，《论语》中有两章提到这句话：

> 仲弓问仁，子曰："出门如见大宾，使民如承大祭。己所不欲，勿施于人。在邦无怨，在家无怨。"仲弓曰："雍虽不敏，请事斯语矣。"
>
> 子贡问曰："有一言而可以终身行之者乎？"子曰："其恕乎！己所不欲，勿施于人。"

自己不愿意他人加于自己身上的事情，也不要加于其他人身上，这里说的应当是负面的东西，比如伤害。你肯定不愿别人伤害你，那将心比心，你就不要伤害别人。如果说上面的"立人""达人"是积极的，要我们给别人做一些事情，协助别人成长；"己所不欲，勿施于人"则是消极的，要我们不可对别人做某些事情，要我们尊重别人。一方面尊重别人，另一方面力所能及地协助别人成长。前者可以近似地说是敬，后者可以近似地说是爱。这就是仁的两个维度，两者同等重要，缺一不可。《论语·颜渊》的第一章也非常重要：

　　颜渊问仁，子曰："克己复礼为仁。一日克己复礼，天下归仁焉。为仁由己，而由人乎哉？"颜渊曰："请问其目。"子曰："非礼勿视，非礼勿听，非礼勿言，非礼勿动。"颜渊曰："回虽不敏，请事斯语矣。"

　　孔子对颜子说，"克己复礼为仁"。克的意思是克制，克制自己，就是管住自己，让自己复归于礼，也即让自己时时处处以礼待人，以礼处事。孔子说，这就是仁。孔子接着说："一日克己复礼，天下归仁焉！"这句话是不是有点神奇？我一个人如能做到克己复礼，天下就归于仁的状态。大家难免疑惑，有这么神奇吗？我在这间教室里克己复礼，全中国十三亿人都归仁了，有这个可能吗？大家要理解"焉"这个字的意思，"焉"的意思是"于此"，所以，"天下归仁焉"是说，在我所及的范围之内的人归于仁，我所不及之处当然不可能有影响。中国人所说的天下，大，可以没有边际，小，则是我所及的范围。你在家中齐你的家，就可以说是平天下；你在社区里帮助你所能帮助的人，也可以说是平天下。所以，想让天下变好，很简单，你力行仁道就可以了，不要想自己之所为的影响范围有多大。毫无疑问，每个人所能影响的范围必定是有限的，但没关系，这个世界上哪怕只有一个人、两个人因为我的影响有所改变，天下也就变化了。所以，我们不要管天下其他部分是什么样子的，你把自己力所能做的事情做好就可以了。

　　孔子接着说，"为仁由己，而由人乎哉？"我尽己之所能立人、达人，我对人做到己所不欲，勿施于人，我这么做是出于我的自主，还是由于别人强制我？换成一个具体问题：你爱你的爸妈、敬你的亲戚朋友，是别人强制的吗？你在街上看到快递哥，不欺负他，而是对他保持敬意，这是别人强制的，还是你自己愿意的？孔子之问，意义非常重大，尤其是如果与西方文明作对比的话。当然，孔子之问也隐含了答案：这些对人的爱、敬是自主的，其本就是你对父母的爱、敬之情，由此扩展而来。这个本是自然而有的，就在你的身上，且随着生命的成长而自然扩展，因而，为仁是由己的而不是由人的。

大家一定要记住中西之博爱有其本上的差异，根本差异在于其本不同。我们的"本"是人人内在固有的，你爱你的父母，不需要任何人教你，也不是出于任何人的强迫。但西方人的博爱则比较复杂。其中介是爱神，你的敬和爱首先针对神，而崇拜神、爱神必须经过学，如果不学、不思考，你是无法知道的。所以，一个人信神，必须接受别人传教，要达到爱神的境界则需要反复接受布道。经由爱神这个中介，你确实可以进而做到爱人，但你的这个爱人却是"由人"的，或者说是由神的，总之不是"由己"的。而孟子已经说了，爱父母是不学而能、不虑而知的，不需要别人来传教给你，你自然地爱、敬你的父母，所以，仁内在于我们每个人，因此孔子说："仁远乎哉，我欲仁，斯仁至矣。"仁不用你到自己之外去找、去学，你自然地爱、敬你的父母，你唯一要做的就是对此自觉，并予以扩展，推及于所有人。

回头再来看孔子的第一句话，"克己复礼为仁"，后面颜子追问细目，孔子也说了著名的"四勿"："非礼勿视，非礼勿听，非礼勿言，非礼勿动。"可见，礼跟仁的关系是内在的，所以我们需要略微详尽地讨论一下其含义。

什么是礼？礼就是规矩、规则，但礼跟现在大家所理解的法律规则之间还是有些差异的。礼重视分别，比如古代有父子相待之礼、夫妻相待之礼。而按照现在的法律，我们都讲男女平等，所以在现行《婚姻法》里，对男女双方的规范基本上是一样的，基本上不分男女，不会说男方怎么样、女方怎么样，而是笼统地说"婚姻当事人如何如何"。礼却不同，礼强调男女、夫妻之别。父子也有别，父尊、子卑。子要爱父亲，这个没有问题，还要敬父亲，还要"无违"。所以，礼跟现在的法律有相同处，也有不同处。这样，礼让相互对待的双方不完全对称，一个人也会以不同方式对待不同的人。比如，我对我的父母，要有恰当的爱敬表达，也即孝；转过身来，我对我的儿子就是慈；我对待家外的人比如快递哥，又完全不同。毫无疑问，我对待所有人都应当爱之、敬之，但程度是不一样的，因而对待的方式也就有所不同。不要说这些，你对你父亲和对你叔叔就不一样，你对你的表叔又不一样。礼其实是规范我们在不同场合中对待不同人的恰当方式，由此，我们对待不同的人的爱敬就有等差、有所不同。孔子说"克己复礼为仁"，我们要对不同的人表达不同的爱与敬，礼就是标准、规范。

由此我们可以看到，中国人的仁爱与神教的博爱之间的重大区别。文明成熟的前提是找到人人可有普遍之爱的机制，可以说，各文明的教化大体上都要解决这个问题。中国人找到了自己的解决方案，那就是普遍而有等差之爱：对所有人都是爱敬，但区别对待不同人。西方人则拉平对待所有人，只要信仰同一个神，那不管有没有血缘关系、地缘关系，所有人都以相同的爱相互对待，因而我对待一万公里以外的非洲孩子跟对待我爹妈一样。这是神教所确立的理想状态的博爱。但我们中国人讲人伦，我确实会爱、敬所有人，但给予不同人的爱、敬，程度是完全不一样的，方式也不同。爱和敬，从父母和子女的相互对待推展出去，程度不断降低。我们的很多经典都有这样表述，比如孟子讲，"老吾老以及人之老，幼吾幼以及人之幼。"按照神教的教义，怎么能这样呢？照顾别人的父母和你的父母怎么能不一样呢？但中国人则认为，每个人应当首先照顾好自己的父母，因为我的生命得自我的父母，所以我对他们的爱、敬是最为自然而深刻的，是所谓"天伦"。顺乎人的自然之情，我一定首先照顾好自己的父母，行有余力，再去照顾别人的父母，这就是孟子说的"以及"，首先是我的叔叔婶婶，他们跟我更亲近；如果还行有余力，我再去照顾自己不认识的老人。但当然，我很有可能照顾不上，我不是对你没有爱敬，但对不起，我顾不过来。

有些人会说中国人太自私了，这样的社会好吗？这一百年来，总有一些小文人这样斥责我们中国人。但其实，你看，中国社会多好啊，很好啊。原因很简单，每个人把自己的父母照顾好，不用别人操心，则每个老人也就都有人照顾。如果这个社会教化得当，有孝悌之风，人人有孝爱之情，那用不着你跑去照顾人家的父母。人家自有自己的子女照顾，你跑去纯粹是添乱，好像很有同情心，其实很廉价。中国社会的运作基于一个最为简单而自然的原则：人人各尽其责。小时候，每个爹妈抱着自己的子女，此即所谓"幼吾幼以及人之幼"，你不能看见别人家的孩子长得漂亮就抱走，这是拐卖幼童。各人管好各人的孩子，这个社会就是好社会，用不着每个人去照顾他人的孩子，反而把自己的孩子放在一边。同样，当父母年老后，其子女承担起孝养的责任，也就老有所养了。当然，自己力所能及，则应当去照顾其他老人。实际上，一个人只要知道爱敬自家老人，也就知道爱敬其他老人。

《礼记·礼运篇》说的也是同样的道理："天下为公，选贤与能，讲信修睦。故人不独亲其亲，不独子其子。"这段话在现代中国影响很大，源头在康有为。康有为写了一本《大同书》，就是从这句话讲开去，但他所讲的道理实在太混乱。康有为号称儒家，其实颠覆了儒家的基础。《大同书》的意思是，每个人抱别人的儿子，每个人养活别人的爸爸。大家能理解"不独"两个字的含义吗？我觉得，康有为的语文水平不够，没有理解"不独"两个字是什么意思。"不独"的意思是不仅，每个人不仅爱、敬自己的双亲。那么各位想一下，这句话该怎么理解？首先，每个人还是要爱敬自己的双亲，但不要被这一点所限制，这是肯定的。刚才讲的由孝悌扩展为仁就说明，圣人之教正是教我们，不能只爱自己的爸爸妈妈，否则就不是一个普遍的人，无法行走于天下。但是，圣人也要我们紧紧地把握住本，你得先爱、敬自己的双亲，如果没有这个本，你何以爱、敬他人的双亲？"不独子其子"也一样，首先爱自己的孩子，行有余力则爱他人的孩子。康有为受佛教影响，也受到基督教的影响，把圣人所说的"大同"解释成破家非孝的妄想，冲击了中国文化的根基。

我们要理解中国人的仁爱，就要深入体会"本立而道生"这句话，必须抓住孝悌之本，而致力于扩充发育之，两方面兼顾，缺一不可。《孝经》中的一句话就是说给康有为这样的人的，也是说给西方神教的，《孝经·圣治》说："故不爱其亲而爱他人者，谓之悖德；不敬其亲而敬他人者，谓之悖礼"。教人不爱自己的父母，而直接去爱别人的父母，这就是悖德、悖礼，违反人伦纲常。这种教义本身确实是爱、是敬，但不是正道，《孝经》说，"虽得之，君子不贵也"。为什么呢？经文说："民无则焉。"康有为你可以这样，或者今天的知识分子读了点破书，觉得自己可以遍爱天下所有人，把爹妈扔在家里，跑去非洲当志愿者了。你确实在这样做，也确实是有大爱，问题是，"以顺则逆，民无则焉，不在于善，而皆在于凶德"，普通老百姓无所取法，也无所措手足，不知道怎么爱人、敬人。他的生活里的他人就是他的爹妈，他的生命所涉及之人就是他的亲戚、他的熟人，你现在告诉他要爱陌生人，可他的生活里没有，结果将是两头空。这样的人占社会中绝大多数，你的教义会害了他们。所以，圣人的思虑非常深远，知识分子可以矫情，但对一个寻求普遍秩序的社会而言，重要的是最普通的绝大多数人可以做到什么。他们唯一的入手处就是孝悌，就是照顾自己的父母，抚养自己的孩子，爱自己的亲戚。说得太高远，只会让他们两脚踩空，不知所措，甚至走上邪路，为非作歹。我们圣人最伟大的地方就在于始终站在最为平实的大地上，当然也会往上看，但不是站在悬崖边上往上看，而是站在坚实的大地上，所以，圣人之道可大、可久。

中国之教：顺乎人情

总结中国人的普遍爱人之道，可以用一个字形容：顺。何以谓之顺？

这个字出自《孝经》，出现了多次。《孝经》一开始，孔子就说"先王有至德要道，以顺天下，民用和睦，上下无怨。"《三才章》说，圣人"则天之明，因地之利，以顺天下。"《广至德章》又说"非至德，其孰能顺民如此其大者乎！"圣人之化成天下无非就是"顺"而已，中国文明就是顺而又顺，因为我们见到了本。

人人皆有普遍的爱人、敬人之本，本就在自己身上。你自然地有父母，你爱、敬你的父母，这就是本。对此，你不学而能，不虑而知。你现在要做的事情就是，把这样的爱、敬推至于其他人，让其顺势成长。这个本有的爱、敬之情随着你生命的成长，随着你所接触人的范围扩展，而逐渐发育，及于所有人。这样的爱人、敬人之道是内生的，而不是外生的。这就是顺。

相反，西方哲学和神教教人的爱人之道却是"逆"的。西方确实有人有博爱之情，但这博爱是从哪儿来的？这是神要求于人的。因而，这种博爱是外生的。神为了让人博爱，甚至要让人与他的父母成为仇敌，与他的妻子或丈夫成为仇敌，这是不是逆乎人情？逆乎人情，你能走远吗？能让所有人做到吗？很难。

所以，中国人的仁爱是真正普遍的。除非人死绝了，除非人不是人生的，否则，每个人都可以找到仁爱之本，都可以爱敬父母而懂得爱人、敬人之道。至于神教的博爱，其实很难普遍，只有信奉同一神教的人之间才可以相互博爱，否则会生发怨恨。其实，博爱跟怨恨就隔着一张纸，很多信神的人脸变得非常快，在他的心里既有让人好感动的博爱，同时也有让人很害怕的恨，精神分裂症状很严重，这是西方文明的大病所在。在这个社会里，你既可以看到光芒四射的行为，同时也能够看到最黑暗的行为。比如我们看一些好莱坞的恐怖片，《德州电锯杀人狂》之类。中国人很难想象，人为什么会有那种情感？还有《七宗罪》中的各种犯罪，都是其文明内在病症的文艺表达。反过来看中国人的爱，平实自然，光明正大，因为是从人人最自然的爱、敬父母之情推出来的，所以我们的爱、敬，针对不同的人会有等差，程度不同，但对所有人都是爱和敬，而没有无端的恨，最多只是冷漠而已。对面这个人不是你爸爸，你就要害人家，没有这个道理啊。这是普遍于我们中国人的普遍之爱，是真正普遍的。我们可以说，只有这种有本的爱才是真正普遍的，所以中国在世界上始终是最大的共同体。中国为什么在过去几千年中，在历史任何一个时候，差不多都是全球最大的共同体？就是因为只有中国人才有真正博大的爱和敬，而没有转生出来的恨；我们对人的爱敬有本，这个本在每个人身上，可以生长，而且没有边界，可以持续地扩展。

在此我大胆预言，人类唯一可行的、可靠的博爱之道就是本于孝悌的仁爱，人类未来必将归于仁爱。除此之外，人类没有其他途径可以走向普遍的互爱。因为仁爱之本就在于人，只要人是人，只要父母生人，则仁爱就是可能的，对人人来说都是可能的，而不需要借助人之外的任何东西。人人都有良知、良能，人人都做得到仁，不需要传教士天天拿大喇叭去教化。中国确实有教化，比如《孝经》就是旨在立孝为教。但《孝经》就两千多字，薄薄的一本书，用今天的标准说，就是一篇短文章，发表出来，只能挣一千块钱稿费。读了那本书，你的感受是什么？圣人没想着让你每天念多少戒律，圣人只是提醒你一句：你是你爸爸妈妈所生。你说是不是？你当然会说，是。圣人说，这就够了，接下来的事，你自己看着办。你的生命是你父母给的，你当然爱你的父母，敬你的父母。圣人说，这就是你的本，你完全可以顺着这个本向上成长，归根到底是自我成长。全世界各大文明都有教化，只有中国的圣人之教最为易简，所说《孝经》中，"圣人之教不肃而成，其政不严而治"。西方人接受教化，每周都得进教堂，听传教士没完没了地说教，中国人呢？圣人要你到一个地方去接受说教吗？没有。圣人确实要你读书，但经书也没有颁给你多少戒律，不能违反这个，不能违反那个。没有。经书都是教你自己反身而思，自己想想自己如何得到生命的基本事实，然后一切就顺势长出来了。这就是中国文明的根本特点，顺；西方文明的根本特点是逆。一顺一逆，成败得失如何，不言而喻。

最后谈一下跟这个问题有关的中西公益慈善事业之区别。曾经有位河北的同学问我：我现在特想从事一些公益事业，比如去支教，老师觉得我怎么做？我说，你先回你家乡帮帮村里的孩子，给那些孩子提供一些学校里没有的教育。你干嘛要花几千块钱机票钱跑到贵州去？前一阵新闻媒体报道，有个中国孩子被哈佛录取了，但特别高风亮节，先办一年休学，跑到非洲待了一年，从事慈善公益事业。我得承认，我的心理有点阴暗，我当时首先想到的问题是，她的来回机票钱要花多少钱？没错，她确实是在做善事，这个不容否认。但这个公益事业的成本有多高？其实，你要从事慈善公益事业，本来不需要付出这些成本。你在中国有家，你的家肯定在一个社区里，你家的社区肯定在某个地方，这个地方肯定有需要帮助的人，为什么不能在社区里做一些公益事业？你说，我这个社区住的都是富豪，用不着帮助。那好，北京往北 50 公里就有贫困山区，你到承德、张北地区。那是全国有名的贫困地区，为了北京的发展而不能建立工业，这个地方民众的生活水平比较低，你可以去那儿，最多花几十块油钱就可以做到。你为什么舍近求远？我们的文化受了西方文明的冲击，本来我们有"顺"的博爱之道，现在非要走"逆"的那条路，而且觉得那样才算高尚。高尚个鬼！每个人照顾好自己的父母，这就是最高尚的事，难道一定是跑到敬老院里照顾别人的父母才是高尚的事儿？这属于是非颠倒，没有理解仁爱之大之美。

我要说的是，慈善公益也应当由亲及疏、由近及远，顺势而为，这才顺乎人情。想必各位听说过天主教修女特蕾莎的故事，不远万里到印度，帮助印度的贱民，救赎印度的贱民，几十年如一日。她确实很高尚，还被罗马教廷封圣。但我禁不住提出一个有点扫兴的问题：她也有父母，她肯定是父母所生，假设她的父母老去，两位老人谁来照顾？难道她的父母就不需要照顾？可能有同学回答：可以有其他修女去照顾啊。我不能不笑出声来，好嘛，你搞一个爱的大交换，我照顾你的父母，你照顾我的父母，全世界搞一个爱的交换，互相去照顾别人的父母。这完全不合情理啊，而且，如果我们建立一门爱的经济学，就会发现，这显然是最愚蠢、效率最低的博爱之道。首先，你要花钱买机票，特蕾莎得从瑞士买一张机票到印度，然后，有个中国人买张机票到瑞士去照顾她的父母。这就很搞笑了，本来你可以省下来这些钱和精力，用来就近照顾自己的父母或者近邻。其次，你对他人父母的爱和敬，比得上你对你父母的爱和敬吗？当然比不上，这是我们人人都能同意的基本常识。那好，现在大家互相照顾彼此的父母，必定导致爱的严重损耗。假定一个人能够给出的爱是恒定的，那么，神教的博爱的效率一定大大低于仁爱，因为这中间会有大量的损耗。

中国人做所有的事情都走易简之路，西方人也做成了很多事，但通常会绕一个大圈子，付出较大代价。所以从过去几千年的历史来看，中国作为共同体最为成功，因为每个人的生命成本最低，整个共同体的运作成本最低。为什么呢？因为我们本乎人人所固有的最基本、最普遍的情感，让其蓬勃生长，一切都是顺乎自然的。说到这里，我不禁要做一个大胆的预言，如果你能活一万年，你会发现，世上大概只剩下中国人了，因为我们文明的运作成本低、效率高。过去几千年就是这样，很多文明都死了，只有中国还活着，我们中国人活成神仙了，因为在中国，一切成本都是最低的。我理解，神仙的世界之所以吸引人，就是因为其无成本或者成本极低。

总结一下，大家要做一个有爱心的人，不需要想太多，本着你的本心去做就可以了。你肯定最爱你的父母，那就多多地爱他们；你如果有兄弟姐妹，那就多多地照顾他们；你如果有爷爷奶奶，那就多多地陪陪他们；你有朋友，你有老师，你有邻居，你有同事，那就善待他们，把你对待父母的爱、敬转出来、推出去，用来对待你的熟人，以及你碰到的一切人，如此足矣。

卷二

人文化成

刚柔交错，天文也。文明
以止，人文也。观乎天文
以察时变，观乎人文以化
成天下。

—— 《周易·贲卦·象辞》

第六讲　人文

在学校课表中，我们这门课名为"中国文明探秘"。我们经常说"中国文化复兴"这样的话。社会主义核心价值观中也有一项，"文明"，排在第三位，很靠前的。总之，文化、文明这样的词汇在我们的话语中出现频率很高。

根据我的理解，也许，只有中国文明是真正的"文"明。如果你们去黄帝陵，会看到现代史上有一位重要学者郭沫若在黄帝陵前所题的四个字："人文始祖"。这四个字非常精彩，深得中国文化之真髓。黄帝在中国人的心目中之所以重要，是因为他完善了我们的"人文"。中国的人文就是从黄帝时代才逐渐构建出来的。中国有丰富的历史典籍，其中所记载的主体也都是人文的创造者和传承者，只有在这方面有贡献，你才能丹青留名。可以说，中国文化就是以"文"为中心的，所以才有"文化"这个词，"文化"是"以文化人"的缩略语，中国人就是中国的人文塑造出来的，没有"人文"，就没有中国人，也没有中国秩序。中国圣贤向来十分重视"文"；从中西文明对比的角度看，在世界各重要文明中，只有我们中国人是以"文"为中心的。所以，这节课讲"文"，我们还是从中国人独特的信仰开始。

太初有文

为什么中国人这么重视文？我们还是要回到最大的信仰，敬天。

前面已经反复讲过，中国人看世界和西方人有很大不同，因为双方所致敬的最高、最大的对象不一样：西方人崇拜唯一真神，中国以西的各个成熟文明都是崇拜唯一真神的。唯一真神有其独立的体，有其绝对的意志，存在于万物之先，并且最重要的是，神说话。《创世记》记载神一登场，就开始说话，以其言辞创造了日月星辰、万物与人。那么，人要认识这个神、接近这个神，只要做一件事：听神说话。当然，不是人人都可以随便听神说话，神拣选"先知"，先知把神的话转达给人。所以你会看到，西方神典大量记载的内容是神的话，神的话是"神启"，神启示给人的，对人而言就是真理。这样的真理规定了人应该做这个、做那个，当然也规定了不得做这个、不得做那个。所以，神的话就是人的律法。人必须遵守神的律法；所有人遵守神的律法，人与人之间当然也就可以形成良好关系。神也造了一个物的世界，我们探索所谓的自然规律，就是探索神通过其言词所造的世界运转之基本规律，从而可以让神所造之物为人所用。神教的这些观念影响深远，西方历史上伟大的思想家、科学家经常笃信神教，因而其思想、学说的形态与神教根本教义之间有直接关系。比如西方学者讨论政治特别重视法律，这就是从神教以律法为根本引申过来的。

中国人敬天，而天不言。那我们如何知天意？我们如何"法天而生，法天而治"？我们了解外部世界的途径，听人说话是一种，这非常重要；另一种是用眼睛看；当然也可以用身体的其他感知器官，比如触觉、味觉，但这些不是特别清晰，很难精确地得到生命和治理所要取法的东西。所以，最重要的是两个：听或者视。《论语·颜渊》中记载，颜渊问仁，孔子告诉颜渊："克己复礼为仁。"然后颜渊追问："请问其目"，孔子教诲说："非礼勿视，非礼勿听，非礼勿言，非礼勿动"。孔子提到了人的四种身体行为：视、听、言、动。视、听是我们用来接受外部世界信息的，言、动是我们作用于外部世界的。西方神教中的神是说话的，所以西方人通过听神说话接近神；天不言，所以中国人无法通过聆听来了解天，而是通过眼睛的视，也即观。观什么？观"天文"。

前面跟大家讲过，孔子说过一段话，非常准确地描述了天。孔子首先说："天何言哉"，这是反问句，天当然不言。那么天是什么？孔子接下来说："四时行焉，百物生焉。"万物生而不已，行而不已，生和行都会形成文。每一个物上必然都有文，物和物之间如果形成某种特定的关系，也必然有"文"。《周易·系辞》中说，"物相杂，故曰文"。这个"文"是什么？今天的"文"字，最初造字时是"纹"。有同学穿着素色衣服，也有同学穿着带花纹的衣服，比如这位同学穿着一黑一白条纹相间的衣服，这就形成了纹。当然，即便没有这种色彩的纹路，纺织物本身也有其纹路。其实，纹无所不在。在中国人看来，世界无处不有纹。天空呈现出来的天象是它的纹。有时天上浑沌一片，人们就看不清，但有云彩之纹，有天体运行之轨道，我们就能看清。我们从一个灯光灿烂的地方突入到室外没有灯光的地方，会什么都看不见，眼前一片混沌。只有当现出房子的墙壁、四角或某些物的形状，从而有纹的时候，我们才能够辨析它。它才进入我们的视觉中并且引起我们的注意。我们才可能用心、用脑子观察它，思考它，才能变成有效的信息和知识。有纹路，是我们看见它的前提，我们所看见的也就是纹路。

"文"无所不在，关于这点，《文心雕龙》第一篇讲得非常好。大家都知道，这是中国最重要的文论著作，全书讨论的主题就是"文"，当然主要是我们今天所说的"文章"。但刘勰非常清楚，文章只是"文"的一种，所以他在第一篇给我们全面地展示了"文"之全体，标题是《原道》。后来韩愈也写过一篇题目为《原道》的文章，这两篇文章都很重要。韩愈要捍卫中国之道，那我们就要知道中国之道是什么；刘勰这篇文章解释了，我们要从文来体认中国之道。

刘勰首先感叹"文之为德也大矣"，德的意思颇为深微，大概是指功能、功效等，他感叹文的功能十分伟大。然后他发问，"与天地并生者，何也？"《新约·约翰福音》说："太初有言，言与神同在，言就是神。"这就是西方人的根本观念，世界的最初是言。刘勰则告诉我们，世界的最初是文。这就是中西观念的根本区别所在。从人的角度看，天地之间无非就是文；对于天地，我们所可以知晓者，就是文；因为文，我们才可以知天地。所以，刘勰一开始就感叹，文真是太重要了。如果你理解不了这一点，就很难准确把握中国文化。接下来，刘勰列举了几类最重要的文。

第一类："玄黄色杂，方圆体分，日月叠璧，以垂丽天之象"，相当于今天狭义的"天文"。天空中的日月星有圆形的、椭圆形的，这就是文；它们的运动也呈现出有规则纹路，这也是"文"。这些文与我们的生命有直接关系，因为通过观测这些文，我们就可以治历明时。

第二类："山川焕绮，以铺理地之形"，这是地之文。我们现在说"地理"这个词，理就是文理。站在高山上看黄河，可以看到文；眺望黄土高原之高低起伏，同样看到"文"；仰望高山，当然也可以看到文；仔细看山体，岩石也呈现出清晰的纹路。

第三类，"傍及万品，动植皆文"，龙凤、虎豹、云彩、草木，都有其文，动物身上的花纹，就不用说了。《论语·颜渊》的一段记载，说明文的重要意义：

> 棘子成曰："君子质而已矣，何以文为？"子贡曰："惜乎夫子之说君子也，驷不及舌。文犹质也，质犹文也，虎豹之鞟犹犬羊之鞟。"

关于这段话的大义，我们后面还会讲到，这里只请大家注意。子贡指出，如果你刮去动物的毛，也即去掉花纹，剩下光秃秃的皮，那你根本就看不出虎豹之皮和犬羊之皮的区别。我们区别虎豹和犬羊，就是依据其皮毛的纹路。树木有不同的枝干，开出五颜六色的花，结出各种性状的果实，这些都是文，有助于我们识别各物。

第四类，悦耳之文，"林籁结响，调如竽瑟；泉石激韵，和若球锽"，这就是声音之文。我们声音的抑扬顿挫，自然就形成了声之纹。

第五类，其实，人身上也有文。大家今天都在追求的"马甲线"，就是文。大家也都知道，男人的身体之文和女人的身体之文不一样，我们形容女性总是说"优美的曲线"，相反我们形容男人总喜欢说"有棱角"。曲线、棱角都是文，而从身体之纹路，我们就可以区分男女。

刘勰总结说："故形立则章成矣，声发则文生矣。"然后刘勰又讲到了"人文"，即八卦之文，河图洛书之文，文字，圣人所删述的六经之文，等等。

总之，天虽然不言，但敬天之人可以通过天所显示的各种各样的文而知天，所有这些生生不已、运行不已的物、人共同构成天，所有这些文也就共同构成"天文"。人通过观乎天文，可以作人文，从而法天而生、法天而治。

中国认识论：取象

敬天的中国人认知世界、把握世界是靠"观乎天文"，观各种各样的文，以作人文。

《周易》"贲卦"的《彖辞》是："刚柔交错，天文也。文明以止，人文也。观乎天文，以察时变；观乎人文，以化成天下。"这里需要解释一下：这个地方的两个观字读法不同，意思也不同：第一个观，就是我们一般的读法，意思是观看，但大家也要注意，观比一般的看要精微一些，看就是用眼睛直接看，观还要用心，我们下面会讲到。第二个观则要读为去声，就是"道观"中的读法。大家或许知道，陕西有个很著名的道教活动中心，名叫"楼观台"。这个观的意思是，一个东西十分高大，为人所观瞻，也即为人示范。所以，这个观和第一个观是相关而反向的：圣人观天下而作人文，然后以人文示范天下，此即"文明"。文明的意思是，人文大明于天下，为天下人所观瞻，给天下指引方向。人文由此化成天下，此即"文化"。我们今天所说的"文化"这个词就是从这儿出来的，"文化"是主谓结构，本意是用"文"来化成"人"。

那么，圣人是怎么"观乎天文"的？还是不妨做一个对比。在神教中，神说话，神又有其绝对意志，所以，神主动地拣选某些人作先知，用以传达自己的话。至于被拣选的人则是根本无从选择的，《出埃及记》记载，神拣选了摩西，摩西百般推辞，其中一个理由是："主啊，我素日不是能言的人，就是从你对仆人说话以后，也是这样。我本是拙口笨舌的。"摩西说我天生不会说话啊，耶和华对他说，"谁造人的口呢？谁使人口哑，耳聋，目明，眼瞎呢？岂不是我耶和华吗？现在去吧，我必赐你口才，指教你所当说的话。"神是万能的，可以立刻让摩西会说话。这样，神拣选了摩西，摩西仍然找其他理由推脱，但神毕竟是万能的，最后摩西只能答应。从这里可以看出，先知不是自己涌现的，而是神所选定的。神教中有所谓"选民"这个词，就是神选定某人。以色列人老说自己是上帝的"选民"，后来美国人也总以为自己是上帝的"选民"。这是很可笑的亵渎神的想法，你想，神是万能的啊，而且神的意志是人所不能揣测的，神想干什么就干什么，想选谁就选谁，而你竟然相信神选定了你就永远不变，这样的神还是万能的、神妙莫测的吗？在神选定了摩西之后，在神和摩西之间都是神主动地说话，摩西记下来，传达给人。这是先知和神的关系的基本模式，基本上，神是主动的，先知是被动的；神说，先知不过是转达而已，自己是没有什么想法的；如果先知自己有想法，那可是亵渎神啊。

中国的圣人却不是这个样子的，圣人和天的关系完全不同于先知与神的关系。大家只要想一下听和看这两种感知方式的区别就能明白，中国的圣人与天的关系，不可能是先知与神的那种关系。我正在上课，只要你们低下头来，埋头看手机，我的形象对你们来说就不存在了。但是即便你们低下头，决心不听，我的声音也仍然萦绕在你们耳旁，对不对？也就是说，依靠听获得真理的先知是完全被动的，且无可逃避于神；但通过观来知天的圣人则是主动的，天没有强迫他，是他自己抬头观天的。所以，在神之下，先知是奴仆，神是主人；但圣人则始终挺立着，是大人；先知是不自由的，圣人则是自主的。由此你们也可以理解，为何西方人要追求自由，因为他在神面前是绝对地不自由的，连先知都不是自由的，更何况做普通人，这个问题留待以后再讲。

这样，先知只是原原本本地记录神的话，而且神说话，言辞本身就是清晰的，先知只要原原本本地记下来即可以成为人的律法，这些律法可以清晰地规定人干什么，不准干什么。但圣人所观之天则不然，天对人没有什么原原本本，天对人是敞开的，只是生而不已、行而不已而已；天纷纭复杂，即便收缩到"天文"，万物之文的复杂性也是超乎想象的，是神教下的先知所绝对无所想象的。所以，圣人怎么观？怎么观得明白？这就需要圣人之"取象"。

取象的观念贯穿《周易》，其《系辞》这样解释八卦的起源："古者包牺氏之王天下也，仰则观象于天，俯则观法于地，观鸟兽之文，与地之宜，近取诸身，远取诸物，于是始作八卦，以通神明之德，以类万物之情。"包牺氏就是伏羲，伏羲作八卦。伏羲是怎么作八卦的呢？我们细读这段文字，一言以蔽之，就是"取象"。其他典籍也用到这个词，《礼记·三年问》中说："上取象于天，下取法于地，中取则于人。"《庄子·天道》中说："夫尊卑先后，天地之行也，故圣人取象焉。"这就是圣人观乎天文的基本方法，也可以说是中国人认知世界的基本方法。中国认识论的基本原理就是观以取象。

　　我们首先要理解这个"取"字，这个字就有主动的含义，好比你取东西，你得主动地伸出手才可以取到东西；你要主动地睁开你的眼，并且用你的心，才可以观到东西。既然是取，那就一定加上了心的作用，因为，你之所取一定是有所选择的。你伸手到一个水果摊上取水果，不可能一把抓，而一定会有所选择，这就要用心，根据自己的口味做出选择取。取象也有这个意思在其中。取象不是直接画出一个物的外形，原原本本地描摹之。比如，面对一棵树，取象不是把树原原本本地画出来，而是取其中最能表现其神之象。说到这儿，想必大家也就明白，象不同于形。形是我们直接可以用眼睛看到的物的样子，象则不是。在中国人的观念中，有形之先是象，先有象然后才有形。《周易·系辞》说："在天成象，在地成形"；又说过一句话："乾知大始，坤作成物"。把这两句话联系起来可以说，乾、坤两种力量同时生成一个物，乾主要是成象，再由坤造成物之形。万物之形纷纭繁杂，即便同一个物，因为有生长衰老的过程，其形也在变化之中。比如一个人，八十岁时的模样肯定大大不同于二十岁时，当然更不同于刚出生之时。到我这个年纪，见了毕业后从未见到的初中、小学同学有时会认不出来的。那怎么描摹这个物、这个人呢？注意，不是二十岁的我，也不是八十岁的我，而就是我，你怎么画出来？这会难倒西方人，但难不倒我们中国人。取象的方法恰恰解决了这个难题，我们可以穿透形而见其象。只有这样做，你才可以画出我本身，而不是某个年龄段的我。所以，《周易·系辞》说："圣人有以见天下之赜，而拟诸其形容，象其物宜，是故谓之象。"这里的"拟"，就有取的意思在其中。

　　由此可见，在中国认识论中，居于主体地位的圣人至关重要。必须有圣人主动地取象，有取象的能力，才能让天地及其间的万物为人所知。在神教中，先知是神拣选的，而我们的圣人则是自我涌现的，天本身就没有意志，所以不会事先选定谁。并且天也没有要求他，完全是圣人自己主动地观乎天文。所以，先知的权威来自神命，圣人的权威则来自其好奇心，来自其大智大仁。因为大仁，所以他欲知天道，因而主动地观天；因为大智，所以他有所观就有所得。所以，中国人向来是敬圣人，若无圣人，我们就无从知天道。

取象的方法是十分经济的认识方法。比如造字，要造"人"字，怎么造？画一个人，把他的脑袋、腿、脚、鼻子、眼睛全画出来？这要很长时间，显然很不经济。还有，人跟人不同，最明显的是男女之不同，那你怎么造这个人字？又有，人的一生也有成长，壮年人固然挺立着，但老年人弯着腰，婴幼儿则趴在地上，你又怎么造？所以你必须取象。所以圣人造人字，不是画人的图形，而是取人身上最能表现人之神的象，高度简略，但你一看或者别人告诉你，你就能明白这是一个人，这就叫取象。

"取象"的取，就让我们的心和外面的物打成一片。我是一个人，你把我完整画下来，需要一百个笔画；如果让你用十笔画出我来呢？这就涉及你的取舍，取哪个不取哪个是非常重要的。你的每一笔都是你的主观选择和外在物之间的融汇，你必定选择你认为最能够表现我之神的笔画，并将其巧妙地组合起来，让人家看一眼就知道是我。我也说到了，这个时候，你的用意就主要不是画出我的形，而是画出我的神来。所以，取象就是要超出形，看到神。

贯穿《周易》的基本方法就是取象，大家读《周易》就能明白，象是《周易》的根本，而圣人之伟大正在于其"取象"，用象来说话。比如，阳爻是一根横杠，阴爻是一根断线，这就是两象，而现实生活中，你是找不到这两个东西的，但用阳爻、阴爻这两个十分简单的象的组合，形成六十四个卦象，就可以描摹天地以及其间的万物，这是最高度、抽象的取象。易象体系最为全面、深刻地表现了中国人取象的认知方式。

总之，中国人的基本认知方式是取象，圣人取象，然后制作出种种人文，以化成天下，这就有了我的文明，其中最为重要的是文字。

取象的文字体系

中国文字是圣人取象而作的，这样的人文也就成为化成天下之重要手段。

中国文字是什么性质的文字？想必大家都知道——"象形文字"。很多人会简单地把象形文字理解为图画文字，其实不是。严格说来，中国文字是"取象文字"。你必须弄清"象"字是什么含义，才可以谈论中国文字。我们上面已经讲过了，象不是形，我们圣人作文字，乃是取象。

大家都知道，早期文明中的文字，乍一看有类似之处，都是靠画画描摹物。跟中国同属于象形文字的文明还有两个，一个是苏美尔文明，中国学者也承认，它比我们的文明成熟得略早一些。但如果我们把红山文化算上，应该差不多。苏美尔文明在两河流域，也就是今天的伊拉克。苏美尔的文字是楔形文字，写在泥板上的。另一个象形文字体系出自古埃及文明，古埃及文字出现得也是比较早的。大家都说这三者是象形文字。但如果我们把中国的象形文字和苏美尔、埃及的象形文字做一个比较，就会得出一个出人意料的结论。假如象形文字的造字原理是描摹物本身，那么，这三个地方的象形文字理应一样，对吧？几个文明中的人面对同样的人或猪、马、牛、狗、车，理应造出相同的字来。但事实上并非如此。大家可以看一下我从《苏美尔、埃及及中国古文字比较研究》（拱玉书、颜海英、葛英会著，科学出版社，2009年，第281页）中找到的一张对照表：

甲骨文、原始楔文、古埃及文物同形异之例一

物形	甲骨文 / 义		原始楔文 / 义		古埃及文 / 义	
心	♡	心	◉	心	♡	牛心
止	Ѱ	止	ட	行	ᴧ	行
目	◐	目	中	目	◁	目
人	᠈	人	ᶘ	人	ᝰ	人
燕	条	燕	夲	燕	⇥	燕
鸟	邑	鸟	⅃	鸟	⇲	麻雀
牛	Ψ	牛	𝑈	公牛	⋈	牛头
牛	Ψ	牛	⌒	母牛	⋈	牛头
牛	Ψ	牛	🐂	角	🐂	牛
豕	尹	豕	🐷	豕	⼃	豕
火	₩	火	🔥	火	₰	火
麦	枲	麦	枼	麦	枼	麦
日	⊙	日	∨	日	⊙	日

　　可以看到，面对同样的物，三个文明所造的文字是不同的，比如"人"字，中国和苏美尔、埃及的不一样；"牛"也不一样，"猪"也不一样。"止"字在《大学》里有，"为人子，止于孝；为人父，止于慈"，"大学之道，在明明德，在亲民，在止于至善"，"止"是什么意思呢？现在一般理解为"停止"，但在古代，"止"的意思正好相反，就是今天所写的"趾"，

脚趾头，你看它在甲骨文中是高度抽象的，有脚掌，最重要的是脚趾指向前。所以，"止于至善"是向着至善不断地走，是前行的意思。

逐字对比，你会发现，总体上，苏美尔文字、古埃及文字更倾向于描摹物的外形，甲骨文则较为抽象，多数不是描摹物的外形，而是用简单的几根线条勾勒物，但也足以让我们把它与其他物区别出来，这就是上面讲的"取象"，不是原原本本地画物，而是选取最能体现此物之神的线条，简洁地表示此物。

可见，中、西文明之不同在文字的最初构造上就已表现出来，虽然同样叫象形文字，但中国人的构字原理比外国复杂而精微。我们不只是看物之表面形状，还要透过我们的主观认知把物之神表示出来，这就是取象。因为中国文字是这样构造的，所以走上了一条与西方完全不同的演变道路。

《说文解字》是一部很伟大的书，似乎也是中国文明独有的，专门给我们解释每个字之构造。当然，许慎基本上是针对篆书进行解释的。各位想必了解中国文字形体上具有转折意义的变化发生在秦汉，把弯曲的笔画改成平直的笔画。如果你看大篆、小篆，就会发现字的笔画多是弯弯曲曲的，从文字诞生到秦汉，中国文字多数如此。中国文字演变史上具有重大意义的转变是隶书的出现。秦朝时，隶书开始出现，汉朝时广泛传播。汉代鲁王拆迁孔子的老宅子盖自己的宫殿，得到一些简册，汉人称之为"古文"。汉代学术史上有很著名的古文和今文之别，所谓"古文经"就是用篆书书写的，汉人则使用隶书，因而所谓"今文经"就是用隶书书写的。如果同学们要学书法，一定要从隶书开始，因为后面所有字体，比如楷书、行书等，都是从隶书演变出来的。两者中间有一个过渡形态是南朝的行书和北朝的魏碑，隋唐开始流行楷书，唐代四大家都是楷书大家。但不管怎样，隶书以及后来的字体仍然保留了篆书以及中国文字最基本的造字原理，那就是取象。

许慎的《说文解字》序言讲述了中国文字的造字原理及其演进过程。

他说，中国人认知天地万物的基本方式就是取天地万物之象以作人文，由此造出了阴爻、阳爻、八卦。八卦、阳爻、阴爻就是中国最早的人文，由此我们才把握了纷繁复杂的天地万物。前一段时间争论，要不要把阴阳八卦作为公民的基本科学素质，写入教科书，大家觉得如何？好多人说阴阳八卦怎么能算是科学呢？我觉得，倡导者、反对者的思维都有些问题。首先，为什么把"科学"作为标准？把"科学"看成最重要的东西？好像一个东西不科学就不能教给孩子。科学当然是孩子应当了解的，但孩子还需要了解中国几千年来认识世界的基本范式，在这一点上，科学不科学根本不重要。更何况，以此认知天地万物，没准比科学更靠谱呢。

《说文解字》序言第一段基本上抄录《周易·系辞下》中"包栖氏之王天下也"那一段，由此可以看出，阴阳八卦跟文字是一脉相承的。接下来许慎讲到结绳记事，随后是黄帝的史官仓颉造字："仓颉之初作书，盖依类象形，故谓之文。其后形声相益，即谓之字。文者，物象之本；字者，言孳乳而寖多也。著于竹帛谓之书。书者，如也。"我的老家陕西省蒲城县往北是白水县，白水县最重要的古迹是仓颉庙，专门祭祀仓颉的。如果你们以后去陕西游玩，可以到那个地方看一下。许慎认为，仓颉是最早造字的，那他是怎么造字的？他看见鸟兽从湿地上走过留下的脚印，这就是"天文"，仓颉观这个文造出了字。当然，下面的说法更为准确，"依类象形"，这就是中国文字的基本造字原理，也就是我们上面所讲的"取象"，取最能体现物之神的象，而以线条描画出来，就是文字。

我本人根据对《尚书》之《尧典》《舜典》的解读，初步认为中国文字之基本成形在尧舜时代，而且我认为文字跟历法差不多是同时成形的。原因在于，观天象而治历明时与观万物而造文字，两者的道理、原理是一样的，都要"取象"。后面我们会讲到"历象日月星辰，敬授人时"，即制作历法，这是至关重要的人文，需要观日月星辰之文来作。但日月星辰之文不是实实在在的，而是人取象所得的。文字也一样，你现在画人，可人身上并没有这条线，人身上只有肌肉、毛发等，但人通过取，从中抽象出线条，用来描摹人。这与制作历法的原理是一样的，所以从方法论上看，文字初步成形于制作历法的尧舜时代。

对此还可以给出一个论证。尧舜时代初步建立了中国，中国从诞生那一刻起就是超大规模的文明与政治共同体，而要想有效地实施治理，就需要有一种有效的媒介，用以远距离准确地传达王命。以当时的国家地理范围而言，尧舜在山西，要把命令传达到200公里以外的黄河岸边，当然可以派人传命令，但谁能保证口头传递是否准确？《舜典》里记载了，当时天下刚刚建立，有很多谣言流传，于是，他在组建中国第一个政府的时候，任命了一个叫作龙的人做"纳言"，以传达王命。现在问题来了，他用什么媒介来传达王命？显然，最有效的办法是创制文字体系，以书面命令的方式来传达王命。这是社会发展的客观需要。需要是创造之母，人类一旦感受到强烈的需要，就会去想办法，而取象这样的方法圣人已经掌握了，当然也就可以很顺畅地把这样的方法用于制作文字。

还可以从另一个角度论证我的看法：目前出土的有文字的甲骨，比较集中的时间是商代中晚期，距尧舜时代已有六七百年。而这个时代的甲骨文已经是一个比较成熟的文字体系了，可以识别出来的字将近两千个。大家都知道，中国的文字学起来好像比较难，其实不然，只要你认识1500个字，就大体上可以读《人民日报》了。中文的常用字也就一两千个，虽然《康熙字典》有几万字，但大量的字是极为少用的。所以，甲骨文已经是一个比较成熟的文字体系，那我们难免有一个疑问：如此成熟的文字体系怎么可能突然冒出来呢？你能想象，某个妇女突然生下一个十五六岁的孩子？如此发达的文字体系一定有一个时间不短的发生、发育的历史，由商代中期往前倒推六七百年，恐怕就是这套文字体系初步成型的时代，也就是尧舜时代。

用取象的方式可以造表示名物的字，也即名词，也可以造动词；可以造形象字，也可以造会意字。不过，直接以取象之法造字，效率比较低。于是，逐渐衍生出更有效率的造字法。有些字作为声旁，旁边加一个表意、表形的偏旁，这样就造出形意字或形声字，这就可以造出很多字来。但中国这套文字体系的基础还是最初的取象，依类象形。今天我们常用的字，85% 都是形声字，一边提示读音，另一边表示的形则提示意思，比如三点水就是个表意、表形的偏旁，所有带三点水的字肯定都跟水有关，另一个偏旁则表示其读音。这是中国文字特别便利的地方，有很多字，你可能不会读，或许读错了，但这不影响理解其意思，看了另一个偏旁，你大概就知道这个字在讲什么。

在这一点上，中西文字之别就充分展现出来了。回到刚才对中国象形文字和西方象形文字的对比，大概可以理解，为什么这几个象形文字最后走上不同的演进之路：同学们都在学英语，英文是用 26 个字母表达的，其中有辅音、元音，这样的文字，我们称之为字母文字或拼音文字。现在世界上除了中国之外，各主要文明都用字母文字。为什么会这样？大约就是因为，他们最初的文字，就像上面所说的苏美尔、古埃及文字，过于写实了，描摹物的外形。我们下面会讲到，西方的绘画也是如此，这就大大妨碍了其表达的便利和丰富。为克服这个难题，他们被迫走上了拼音这条路。但这又走到了另一个极端，字母有意义吗？完全没有，字母仅仅是用来表达声音的。如果说过于写实的象形文字是过，这个拼音文字又是不及，西方最早的文字是过，后来的文字则是不及，在两个极端之间摇摆，不得中道。中国文字则是中道，所以一以贯之。不得中道的西方的语言文字体系则经常陷入一些困境，并对其文明的发育造成不利影响。

首先，在历史上，拼音文字变化剧烈，且容易中断、死掉。西方人的语言学理论，可以用亚里士多德的一句话作代表："口语是心灵的经验符号，而文字则是口语的符号。"所以西方人重视口语，文字只是为了记录口语，因而必须始终保持言、文一致，怎么说就怎么写。这样的文字构造原理，如果我们在漫长的历史演变过程中观察，会出现什么样的情况？口语会变化，人们的语音变化是比较大的，五百年以后，语音必定发生巨大变化，那文字怎么办？只能写成不同的文字。西方历史就是如此，文字变来变去。由此导致现代西方人看不懂两千年前的文字，因为其发音跟两千年前完全不一样了。依据当时人的发音写出的字，与依据今人的发音写出的字，就是两种完全不同的字。所以从时间尺度上看，语音的变化会导致文字的死亡，活文字变成死文字。这样在西方，历史的连续性就成了大问题，我们在西方看到的是一次又一次的断裂。

　　第二个难题，拼音文字在广大的地理范围中使用也会出问题。远的不讲，就讲现代。方言的存在是自然的，中国如此，欧洲当然也是如此。但从 11 世纪开始到 15、16 世纪，欧洲很幸运，有个统一的教会，教会垄断了教育，并对各国有巨大影响，所以当时欧洲有统一的文字，即拉丁文，此即欧洲的"书同文"。但从 15、16 世纪开始，很多世俗国王不耐烦了，我凭什么听你教会的？他们决心建立自己的国家，此即"民族国家"，重点是"民族"，他们的心声是，一个民族建立一个国家。我要建立自己的国家，就得发布政令，颁布法律，国民也要相互交流，这就需要交流、传播的媒介，就要创造自己的文字。怎么创造自己的文字？听我们这个地方的人民是怎么说话的，用字母把声音记录下来，就是本民族的文字。这是西方现代文字制作方式。欧洲本来分成好多小的口语群体，根据这一造字方式，自然而然地造出了几十种民族文字、民族国家的文字体系，这就是"国文"。其实，还可以继续分下去，造出更多文字体系，只是国家垄断者权力，不再允许了。但这就已经够欧洲人难受的了，小小的欧洲，人口不到中国一半，却有几十种文字。请问大家，这是好事还是坏事？绝对是坏事。从此，从文化上说，欧洲再也不能统一了，各个国家的孩子只会写自己国家的文字，而不认识其他国家的文字，因为发音不一样，字就不一样。一个国家只有两百万人或者两千万人，这些人使用共同的文字，跟其他人的文字不一样，那要跟邻国交流，必须学两种文字；有三四个邻国，就要学三四个邻国的文字。所以对于欧洲人来说，要想成为真正的欧洲人，得学多种文字，成本太高了，大部分人做不到。当然，可以有一个省事的办法，比如全欧洲人都来学英语，但大家愿意吗？或者让全欧洲人学德语，那法国人第一个不干；让大家都学法语，德国人第一个不干。人人都不愿意放弃自己的文字——确实，放弃了自己的文字，你的文明体系也就坍塌了，你的国家也就要瓦解了。所以大家都不愿放弃，欧盟总部布鲁塞尔生意很火爆的是翻译，这就注定了，欧盟只是一场梦。

由此可见，字母文字有优势，表面上看来简单易学，但其实有巨大的劣势，文明会因为语音的变化而断裂，文字的分裂会造成政治上的分裂。所以，只要仍然是语音文字体系，就把不可能有欧洲的统一。说到这里，大家当然也可以想想印度，印度也是拼音文字体系，其结果就是官方文字就有好多种。那么，光是印刷政令、法律、报纸，就要浪费多少资源；更可怕的是，印度还以英文作为官方文字，这让我怀疑，印度真的独立了吗？还真是个问题呢。但不用英文作为官方文字，印度的麻烦更大。

至于中国，则完全不同。感谢我们的圣人，以取象之法造字，给了我们一种中道的、奇妙的文字体系。中国之所以在过去四千年中始终保持统一，其中最重要的纽带就是统一的文字，我们始终能够做到"书同文"。我们的文字最初在造字时跟发音没有关系，比如造一个"人"字，跟语音有关系吗？根本没有关系，我直接观人，取人之象，而造出人这个字，跟发什么音没有关系，而是直接写出了这个字。在西方人的造字过程中，语音是关键，先有这个音，然后才有了这个字，所以在拼音文字中，音决定字；在中国人的造字过程中，直接有字了，绕开了音这个环节。当然，每个字都有其音的，但音是次要的，不论人们怎么读这个字，都不妨碍这个字始终是这个字，始终表达这个意思。比如，直到今天，全国各地的人对同一个字的发音，恐怕有几百、上千种，但写出来却是同一个字，表达同一个意思。所以学习西方语言文字，重点是学语音、学发音；但学中国语言文字，重点是认字、学写字。

中国就是因此而长期保持统一的。欧洲的拼音文字不利于其政治统一，中国的取象文字则有利于统一。对同样的东西，你爱怎么说就怎么说，但写出来都是同样的字，大家也就可以相互交流。中国长期存在"一个文字、多种语言"的情况。这跟我们前面讲的"一个天、多个神"很类似。中国文明的根本特征就是和而不同，有不同语音的人完全可以通过文字做到"和"。"一个文字、多种语言"可以说是语言文字体系的"多元一体"，方言就是多元，文字就是一体。文字的一体让各地民众可以交流，可以学习共同的典籍，从而有共同的价值观念，这就维护了国家的政治统一。但方言又让我们的文化是丰富多样的。在中国，文字保存了雅文化，雅文化把中国人连接成一体，而方言的多样性又保留了俗文化，丰富多彩。地方戏曲就是方言的重要保存者，因为人们一定是用方言唱戏的。有一种戏曲形态叫"梆子"，始祖是我老家的秦腔，明朝中后期产生的。那时候的剧团都是私人经营的，四处流动，走穴演出，比如流动到陕西、河北等地，当地人一看，觉得唱戏挺赚钱，也去学。他努力学师傅的语音，但最终还是把自己的方言带进来，于是就有了山西梆子、河北梆子，等等。跑到最远的地方是浙江绍兴，据专家说，绍剧也是从秦腔演变而来的。明朝末年有一两支秦腔班子到南方演出，停在绍兴，绍兴本地人唱秦腔，唱着唱着就改成了绍兴话，变成现在的绍剧了，所以绍兴戏跟浙江其他地方戏有很大差别。据说，福建、广东的有些戏曲也受到了秦腔影响，但这些地方戏曲终究还是用本地方言演唱的，从而让各地戏曲的风格又有很大区别。

一个文字、多种方言，这是中国文明卓越之处。我们有一个共同的雅文化，同时保留了多样的地方文化、俗文化，所以，我们才能维持如此超大规模的文明与政治共同体。如果你的文化是高度同质的，其范围注定了很小；如果只有异质的多样性，那就不成其为一体。我们却两全其美，既保持了多元，又有一体。古代的士人最少操两种语言，一种是官话，相当于现在的普通话，因为你得跟来自全国各地的士人做同僚。据说，当年康有为、梁启超上朝，一直生活在北方的光绪皇帝听不懂他们在说什么，结果他们的变法就是乱搞——这是开个玩笑啊。当然，士人也会方言，等他告老还乡，继续说方言，否则，怎么跟人民群众打成一片？

中国文字还有一大优势，那就是文字超越时间，从而让我们的文明得以连绵不绝。各位读甲骨文，当然读不出来，但只要受过一点点文字训练的学者，就可以读出来。这跟苏美尔文、埃及文完全不一样，直到今天，苏美尔文和埃及文能被读出来的也很少，为什么？因为这两个文字体系已经死了，中间几千年从来没有人用过。而我们的文字却还活着，中文是全世界唯一活了四五千年的文字体系。大家想想看，西方的文字断裂了多少次：从象形到拼音文字，是一次决定性断裂；然后，古希腊文兴盛过，死了；拉丁文兴盛过，死了。因此，今天的欧美人拿起八百年前他们文明的典籍，看不懂。只有中文，还巍然屹立着。今天，一个中国人，只要受过中等程度的教育，拿起考古发掘出来的秦汉时代的竹简，照样能认识大部分。有了这一保持连续性的中国文字体系，我们的典籍、我们的价值观念当然也是连续的，我们的文明当然也是连续的。我们和我们的先人的距离是这个世界最近的，通过文字，我们可以亲切地体会他们的心。所以在这个世界上，中国人的心是最厚实的，也是最踏实的。因为，我们几十代人的心是相通的。这就是中国文明的伟大生命力所在。

当然，中国的文字也曾面临过猛烈冲击，主要在20世纪。中国文明以文为中心，以文字为主要载体，所以文字在中国的意义，以我的浅见，跟西方完全不一样。20世纪初，很多知识分子看到西方富强，就觉得我们的文化不行，包括文字，他们的推理是：西方都用拼音文字，现在人家富强了；中国没用拼音文字，现在落后了。由此他们得出结论：中国文字不利于科学、经济、教育，必须进行彻底改革。文字改革是20世纪很重要的文化现象，总的方向是改成拼音文字。20 世纪上半期的各种政治力量都干过这种事情。好在，这事他们没干成，最多只是简化了一下，而没有变成拼音文字。假如真让他们做成了，那中国文明就死了，因为我们将看不懂祖先留给我们的浩瀚典籍，我们的文化生命就会逐渐偏离中国。更严重的是，拼音文字一定让国家四分五裂。因为大家都清楚，全国各地语音有很大差异，如果真的照此制作文字，文字体系一定会有多种。广东就会说，凭什么用你们北方话制作文字，而如果他们照着他们的语音制作出文字，北方人看得懂吗？所以，守护中国文明，首先就要守护我们的文字。

实际上，今日韩国就已经因为文字改革而陷入了巨大的文明困境之中。除了 20 世纪的短暂插曲，历史上，中国始终是东亚秩序的领导者，韩国人羡慕中国的文明，派出最聪慧的青年到中国来学习，带回中国的经典；天朝也应其国王之请，赐给他们经典。由此，中国文字成为他们的雅文字，在韩国，至少其上层，过去一千年都使用中国文字。由于有共同的文字、共同的典籍，因而有共同的话语、共同的价值观。韩国与天朝在政治上有紧密联系，文化上也多有相同之处。比如，现在祭孔，韩国人比中国人做的似乎更地道。有人说韩国要把孔子申遗，我说，中国应该鼓励他们申请，这说明他们还有一颗中国文化之心。但甲午战争以后，日本把朝鲜变成殖民地，其文化经历一次巨变；独立之后，韩国人决心成为西方人所倡导的民族国家，为此宣布废除汉字，造出了莫名其妙的、世界上最难看的文字。这样的文字革命对韩国自身造成严重伤害，为什么？因为接受了这种文字教育的现代韩国人，看不懂他们自己以前的文字记录。他们的文化之根在孔教，在中国，但他们现在闭着眼睛拒绝、切断，最后让自己没有了历史，也就没有了文化。这其实是一个文化悲剧。实际上，越南、琉球等国家、地区也都有这种大麻烦。由此可以看出，中文在东亚秩序的维护中扮演了多少重要的角色。作为中国人，我们必须珍惜自己的文字以及以这些文字所记录的典籍。以中国为中心的东亚秩序，未来仍然要从共同的文字传统这个地方生根发芽。

"造象"艺术：书画

中国人认知天地万物的基本方法是取象，中国的文字构造之法是"依类取象"，这种认知方式也造就了中国最重要的艺术门类——"造象"的艺术，即书画。

首先是书法。全世界大约只有中国人把写字变成了一种艺术，大家恐怕没有听说过罗马的拉丁文书法艺术或者英文的书法艺术吧？但在中国，任何一个地方，最显眼的艺术品一定是书法，故宫如此，山里的寺庙如此，各家门口如此，各家内的墙上如此，随处可以看到书法。所以，中国人不仅把书法变成艺术，而且在中国人心目中，书法是最重要的艺术种类，比绘画还重要。"书画"这个词的字序就清楚表明人们的普遍观念：书法在先，绘画在后。

道理很简单，因为我们的文字本身可以表事物之神。由许慎的《说文解字》序言可见，"文"这个字最初就是指"文字"，所以，理解中国文明要紧紧抓住文字，中国人是世界上最敬重文字的国家。以前大人总是教小孩子敬惜字纸，各个村镇都有一个化纸炉，纸张上写了字就不能随手乱扔，而要送到化纸炉中专门焚烧——当然这也有助于保守隐私。中国人认为，文字可以通神，比如，纸上记载圣贤之言，或者写着你的名字，就是可以通神的，当然应该珍惜。希望各位能够敬惜字纸，因为文字可以通天人。有了文字，我们就可以"法天而生"。因为，文字提供了最重要的沟通媒介，每个人都有名字，我们才能相互交流，名字是前提，否则大家混沌一片。我们与神沟通，也以文字为媒介，你在庙里可以看到，其实在家里的中堂、在祠堂也可以看到"木主"即牌位。你逢年过节祭祀祖先，那你的祖先在哪儿呢？中国人不相信人死后会有实体化的灵魂，而是"游魂为变"，魂气上升，游荡于天地之间。当祭祀之时，如《孝经》所说，"宗庙致敬，鬼神著矣"，你的祖先之魂气就"著"于木主之上。木主就是一块木板，但上面写着你祖先之姓名，这样你先人那到处游荡之神气就会附着于此。试想一下，如果没有他的名字，他会来这儿吗？他来不了。后人正是以文字、以他的名字，给他指引了接受祭祀的方位。所以，文字可以通人神。同样，孔子去世了，但孔子的文字留在人间，如太史公所说："余读孔氏书，想见其为人。"我们读到孔子的文字，就可以想见孔子之为人。圣贤就在经书的文字中，我们读圣贤书，圣贤就依然活着，依然可以引领我们。由此可见，在中国，人和鬼神的沟通不是靠神的语言，而依靠人的文字。

书法之所以成为最重要的艺术是与此有关的。最重要的艺术一定是要人通往其生命之本的，敬天的中国人就是通过文而知天的，书法以其线条描摹天地万物之文，书法艺术在这方面的能力是最强的，因为它最得取象之真谛。

同样，在中国，施行教化也主要依靠文字。神以其言命令先知，西方人会到教堂里听传教士们说教，所以西方的教化是以言为主的。但在中国，天不言，所以，言以及由言所衍生出来的东西是没有权威的。相反，教化的权威来自文字，圣人取法于天，而天呈现给人的是文，所以教化主要依靠文，书法就是教化的最重要手段。中国的庙堂、楼台馆阁，以及普通人家内到处都有书法，其实都是在行教化。大家想想，书法作品中所书写的是什么？多数都是圣贤之文，励志之文，期待之文，警示之文。你可以想象一下，如果没有这些文字所构成的教化体系，你怎么教化大家明理做人？有了这样的书法艺术，教化就随处都有。

由书法发展出了中国的绘画。中、西方都有绘画，但其范式完全不同。西方人的艺术首先是雕塑和建筑，然后是基于这两者的绘画；而中国的艺术首先是书法，然后是基于书法的绘画。由此也就导致，中西方的绘画及其理论完全不同。

中国绘画的显著特点是以线作为绘制要素，在这一点上字画相通。一直以来，绘画和写字用的都是同样的工具，都用毛笔，这是两者相通的物质基础。西方人不一样，绘画有绘画的专门工具，写字有写字的专门工具，工具有很大差异，绘写出来的东西也就完全不同。在中国，书画的工具是相同的，其原理也是相同的：造字是依类取象，绘画也是取象，均以线条为主要的表现手段。这跟西洋绘画完全不同，我们很少看到西洋绘画是画线条的，素描是，但正式的绘画作品一般都是涂抹色彩。中国的绘画主要是画线条，这是取象的结果。人身上有线条吗？其实没线条；万物都没有线条。线条是形的交界处，如果无限缩小，其实是没有的，线条是人构想出来的东西，也就是取象而得。中国人绘画就是取象，而后绘制。包括人物画，西洋绘画里最重要的是人像，用色彩表现人物，通常十分逼真。中国也有人物画，但通常是线画，即便涂色，也是以线为本，用线来表现人物。更不要说明清时代的绣像，不知大家有没有看过《绣像水浒传》《绣像三国演义》？都是线描的。我小时候看过的连环画也是用线条表现的。写字是画线，绘画也是画线，这就是字画相通之处。

上面说，线是现实中没有的，画线首先要取象，那么，怎么取象？张彦远《历代名画记》记唐代画家张璪的一句话，非常准确地道出了取象之法："外师造化，中得心源。"各位看中国画，经常有"九曲黄河图""万里长江图""黄山云烟图"之类的主题，一幅画可以表现从长江源头到入海处的全景，这是西洋画完全做不到的，但中国人提笔就画，为什么？因为他"外师造化，中得心源"。首先是外师造化，中国画家会长年游览、观察长江、黄河、黄山。比如，有画家为了画黄山，可以十年住在黄山，每天早上起来观察日出，晚上观察日落，又仔细观察一天之中烟云之起伏，更认真观察一年之内的四季变化，草木青了黄了枯了，又青了又黄了又枯了。但他并不会就这一时一地如实地画"风景画"，他完全可以，但他认为这是下品，上品是要表现山水之神韵。所以，他作画的时候反而并不看着具体的风景，而是在自己的室内提笔就画，一气呵成。这就是所谓的"中得心源"。经过仔细的"观"，黄山之神已在他心中，这时候他画出来的不是任何一个时刻的黄山的具体形象，而是黄山本身；不是黄山之外貌，而是黄山之神。所以，中国画讲究的不是形似，而是神似，不求形似而求神似。

所谓神似，主要是表现物之"气韵"。谢赫的《画品》说："画有六法……一气韵，生动是也；二骨法，用笔是也；三应物，象形是也；四随类，赋彩是也；五经营，位置是也；六传移，模写是也。"排在第一位的是气韵，气韵要生动。孔子说"百物生焉"，生生不已必然是动的，画家要画天地万物，就必须表现"动"。什么在动？气，生气流动，自然形成气韵。西方绘画倾向于画静物，中国画家表现天地万物之动，就必然追求气韵生动。《历代名画记·论画六法》也说："若气韵不周，空陈形似，笔力未遒，空善赋彩，谓非妙也。"气是流动的，这流动不是双眼能看到的，而要用心体会，然后就可以写出物之神韵。

由于这样的绘画义理，所以中国绘画逐渐走向了以山水画为中心，到宋代就基本定型。文人画基本上是山水画，今天中国画家也最喜欢画山水。这与西方是完全不同的，西方的绘画始终是以人物画为中心的。西方有风景画，但中国的山水画与之完全不同，山水画不是风景画。西洋人画风景画，是如实描摹景物；但中国的山水画是心与山水融会于笔端。文人画之所以以山水画为主，可能就是因为，山水画能够最好地体现取象这个认知方式。山水画是中国一千年来绘画的主要品种，要理解士人精神，就要理解山水画的精神。前段时间，上海专门举办过一个研讨会，研讨山水画与中国人的精神世界。

西洋的绘画则体现西方人的精神。回想一下你们所看到的西方艺术，你马上就会想到雕塑，维纳斯塑像、米开朗琪罗的雕塑，等等；当然，你也会联想到西洋的人物画，栩栩如生。从这里你可以看出，西方的艺术基本上是如实模仿。古希腊哲学家就认为，"艺术就是模仿"。这一点与其文字理论是相同的：最早的西方文字是模仿物之外形，到后来则是模仿声音。西方的"造形"艺术也是模仿物之形，尽可能原原本本地模仿其形状。这是柏拉图、苏格拉底、亚里士多德以来整个西方艺术理论的主要命题，其代表性艺术品类是雕塑，人物雕塑，以及人物肖像画，最明显特点是逼真，惟妙惟肖。甚至为了追求逼真的效果，画家大量使用科学方法，比如焦点透视法，绘画时用尺子。这跟中国画家的绘画方法完全不同。

今天我们美术学院里把西洋绘画所代表的艺术称之为"造型"艺术，更准确地说是"造形"，那么以书法为代表的中国艺术，则可以称之为"造象"艺术。我们前面说到过形与象的区别。这种差异表现在艺术的各个领域，比如中西戏剧就大不相同：西方戏剧长期以来也是走模仿的、造型的路子，但中国的戏剧比如昆曲、京剧，则是走取象、造象的路子。西洋的音乐也是造型，中国的音乐则是造象。乃至于中国人的运动，比如武术，其实都是取象、造象，而完全不同于西洋人的实打实的造型。

从根本上说，中西文字、艺术等领域的差异，可以溯源于两种信仰。西方人的基本观念是世界的两分，认为每个实物背后另有其本真，人应该找到并如实地表现它，表现"真理"。西方的哲学在追求真理，西方的科学在追求真理，西洋的绘画也是追求真理，其文字也是追求真理，原原本本地画出一个人来，原原本本地记录语音，没有任何差异，则这幅画、这个字就是真的。但中国人不相信在现世之外还有另一个不动的、完美的、不变的世界，我们所看到的就是事物本身。那么，人如何面对这个全部？只能取象，心物融为一体，而有文，也即线。我们用线写出字，我们用线绘画。中国的"造象"艺术营造了线的世界，西方的造型艺术营造了体的世界。西方艺术求形似，中国艺术求神似。所以，中国艺术更为高明。西方绘画中的人物栩栩如生，但那毕竟只是人的一时，这果真是这个人的真理吗？其实不是。而我们中国人画画，不求形似，而求神似，努力地画出这个人的神，反而能够画出这个人的本身、全部。

中国大地的人文化

最后我们再讲一下中国大地的人文化。

中国人是世界上最重视"文"的国度，中国人生存的大地是普遍人文化的，我们的圣人作人文，就包括"俯察于地理"；而在有人文之后，则把山川人文化，即以人文化成大地。中国的大地普遍经历了人文化。这当然是一个漫长的过程，而历史有几位重要的人物，在这方面极为突出，正是他们，坚韧地行走，把文写在中国大地上。

第一位是黄帝。《史记·五帝本纪》记载：而诸侯咸尊轩辕为天子，代神农氏，是为黄帝。天下有不顺者，黄帝从而征之，平者去之，披山通道，未尝宁居。东至于海，登丸山，及岱宗。西至于空桐，登鸡头。南至于江，登熊、湘。北逐荤粥，合符釜山，而邑于涿鹿之阿。黄帝的足迹遍及北方草原到长江的广大地区。他的这种行走，也为后世的圣人所效仿。

第二位是帝尧。帝尧为了制作历法，命人走遍四方，《尧典》记载："乃命羲和，钦若昊天，历象日月星辰，敬授人时。分命羲仲，宅嵎夷，曰旸谷。寅宾出日，平秩东作。日中，星鸟，以殷仲春。厥民析，鸟兽孳尾。申命羲叔，宅南交。平秩南讹，敬致。日永，星火，以正仲夏。厥民因，鸟兽希革。分命和仲，宅西，曰昧谷。寅饯纳日，平秩西成。宵中，星虚，以殷仲秋。厥民夷，鸟兽毛毨。申命和叔，宅朔方，曰幽都。平在朔易。日短，星昴，以正仲冬。厥民隩，鸟兽氄毛。"这一大段记载帝尧命人走遍中国，在各地建立天象观测点，观察各地的物候和人的行为习惯，据以制作出历法，这就是最重要的人文。

第三位是帝舜。《舜典》记载："岁二月，东巡守，至于岱宗，柴。望秩于山川，肆觐东后。协时、月，正日，同律、度、量、衡。修五礼、五玉、三帛、二生、一死：贽。如五器，卒乃复。五月南巡守，至于南岳，如岱礼。八月西巡守，至于西岳，如初。十有一月朔巡守，至于北岳，如西礼。归，格于艺祖，用特。五载一巡守，群后四朝。敷奏以言，明试以功，车服以庸。"相比于黄帝、帝尧，帝舜的工作更为切实深入，正是他初步建立了五岳制度。五岳，就意味着山的人文化。本来只是一座山，但成为岳之后，则有了深刻的宗教含义、政治含义。舜又统一各地的历法、礼制，他以人文凝聚华夏大地。

第四位是禹，他的行走，大家想必都知道。正是基于他的行走，有了《禹贡》这一伟大文献，其开头说："禹别九州，随山浚川，任土作贡。"尧舜禹一步一步地以人文化成足下的大地，这块大地也就逐渐地成为中国。到了这个时候，中国就已经凝为一体而不可分了。可见，黄帝、尧舜禹等圣王都是行走天下的人，他们把人文刻画在华夏大地上。

第五位是孔子，孔子自谓"东西南北之人"，他一生都在周游之中。由此，他把六经之文送到各地。更重要的是，一路上，各国青年才俊加入孔门，学成之后，又散布各地。如《史记·儒林列传》所说："自孔子卒后，七十子之徒散游诸侯，大者为师傅卿相，小者友教士大夫，或隐而不见。故子路居卫，子张居陈，澹台子羽居楚，子夏居西河，子贡终于齐。"由此，圣人之学在大地上广泛传播，中国就是孔子的中国了。

随后还有两位重要人物：秦始皇、汉武帝，他们在位之时，每隔几年都会安排一次巡守。每到一地，在各地山上刻石，大山因此而人文化了。他们祭祀河神，大河因此人文化了。

秦汉以后，读书人治理国家，士大夫在其一生的求学、仕宦中，广泛游历，所到之处，兴起文教，尤其是在名山大川留下各种印迹，比如摩崖石刻、楼台亭阁、学堂书院，等等，中国大地的人文化持续加深，国民于百姓日用之中接受教化，而日益紧密地凝聚为一体。

有此深厚的人文化积累，故中国大地与其他国家不同：中国的大地是高度人文化的，中国人也十分热爱这遍布于大地的人文。即便到今天，中国人的旅游偏好跟外国人也大不一样。中国人喜欢人文，比如看山不是去看高山，而是去看五岳。中国人喜欢到杭州、西安等历史文化名城旅游。西方人不一样，西方有很多景观是纯自然的，中国人看了之后，大呼没意思。请注意"意思"这两个字，所谓"意思"就是文化意味，"意思"以人文为依托，中国人喜欢看人文化的景观。幸运的是，中国大地基本都是人文化的。让中国的人文更为深厚，让中国的人文化成更多大地，这就是我们身为中国人的天职。

第七讲　历史

这节课和大家讨论中国人的时意识和与此相关的历史意识。

如果大家稍微了解西方哲学就会知道，哲学中有两个最基本的范畴，时间和空间——但其实，"空"间这个词本身有很大问题，天地之间生生不已，怎么是"空"的？这是纯粹西式的概念。不过，为了讨论方便，我们还是继续用这个词。

从个人生命的经验，大家都能知道，我们的生命是一个时间过程，因而我们一定会十分注意时间，比如上课期间，大家过一会儿就会看看手表，或者拿出手机看一下时间。如果没有时间的尺度，我这会儿来上课，是否有人都是一个问题。课表上安排这节课是下午三点半开始，这就是一个时间标记，如果没有这个时间标记，我们这个教室里此刻就不可能聚集这么多人。当然，如果没有年、月这些时间标记，我们也不知道自己的生命走过了多长。所以，时间是我们生命展开的基本条件。

而时间标记、尺度必定跟文明相关，甚至构成文明之基础。文明不同，时间就会有所不同，人的时间意识也会有所不同。我们中国人的时间意识和西方人就有重大差异，中国文明和西方文明的重大差异就表现在不同的时间意识上，这节课我们会对此略做说明。

西方的空间，中国的时间

　　在具体讨论中国人的时间意识之前，先做一个提示。刚才讲到，西方哲学把时间和空间作为最基本的范畴，但总体上，在西方人心目中，时间不是特别重要，最重要的是空间，这是其极大地不同于中国人之处。为什么会这样？大家想想我们以前讲过的神和天的区别。神在哪儿？神在我们所在的时间维度上吗？非也，神不在此世。神当然可以到此世，但从根本上说，他是超出时间的，信众之所以信神，就是因为神超出时间了，所以不死。我们也说过来世还有空间含义，神也不在我们所处的空间，神当然可以进入，但神常住的地方不在我们这儿，神有自己的国。神教信众相信有一个彼岸，有一个来世，两者总起来，就是一个神的国。这是中国以西人们的普遍观念，呈现为两个世界分立的基本结构。这就是一个明显的空间性结构。所以在西方人观念中，空间最重要，其生命努力的方向就是从这个空间进入另一个空间。

　　不仅神教如此，古希腊哲学也是这样想的。大家读西方哲学，免不了读柏拉图。柏拉图构想的世界就是两分的，一个是人所在的、不完美的世界；在这个世界之外有另一个完美的、不动的、不变的、不朽的世界，这就是后来一神教所讲的神的国。我们所在的世界只不过是那个世界投下来的影子，所以我们的世界是不完美的，会坏掉的，变动的。我们要获得智慧，就得让灵魂面向那另一个世界。可是，我们的身体在这个世界上，灵魂以肉体为载具，所以获得真理的最好途径是死掉，因为死后就摆脱了容易败坏的肉体的束缚，灵魂可以飞升到那另一个空间，从而获得最完备的真理。

　　所以在西方哲学和宗教话语里，有一个特别重要的词，"上升"，比如我们会听西方人说升天，升到天国。当然，柏拉图也讲哲人的"下降"，有升必有降，哲人先上升，获得真理，然后再下降人间，用真理指导人间。巫术也讲"降神"，神教其实也是神降临人间之后才有的。升、降之类的词汇说明，在西方人观念中，在空间上存在两个分立的世界，人在下面的空间，神在上面的空间。这构成了西方人的基本观念，特别重视空间。甚至可以说，西方人没有时间观念，如果有，也不过是物体在空间上的移动，时间概念寄生在空间概念上，空间生出了时间。这是西方人的基本观念。

中国人与此不同，因为中国人敬天。天只有一个，没有两个世界，天是生生不已的万物之全体。天是一，我们就永远在这个世界上，那么在这个世界上所发生的一切其实就是时间的延展，呈现为持续不断不已的过程。世界上有很多文明都算是比较成熟的，但只有中国人真正理解了时间的含义，以时间来定义人生、定义世界、定义天。天就是一个无始无终的时间性过程，大家还记得孔子是怎么说天的，"四时行焉，百物生焉"，天不是空间性的，而是时间性的；或者说，是时间过程造就了万物，构成空间。时间是本源，空间是衍生的，这正好与西方人的看法相反。

下面给大家逐渐展开这个命题，看看中国人究竟是如何看待时间的，又如何在时间过程中完成生命的超越。

治历明时以显天

还是回到起点，为什么说中国人重视时间？我们温习一下孔子曾经说过的一句话，这句话是对天最完整的描述：

子曰："天何言哉？四时行焉，百物生焉，天何言哉！"

天不言，这是天跟神的根本区别所在。那么，不言之天是什么？天首先是四时之行。你看，"时"字出现了，这就是我们本节课要讲的内容。孔子还讲了"百物生焉"，大家可以思考一下，百物之生和时是什么关系？作为对比，大家想想，神造人，是怎么造的？你把一个东西放到流水线上，从另一头出来的就是完整的、成熟的东西，比如一辆汽车从流水线上下来，这辆汽车还会生长吗？当然不会，它会有一些变化，比如磨损，但你不能说它在生长。但"百物生焉"就不同了，首先，物本身是生出来的，而不是造出来的。其次，物生出来后，有其生命，还会再生，一方面是自身的生长，这会有一个过程，这个过程就在时间中展开，这个过程就构成了时间；另一方面，物会生出新的物，比如一堆男女生出孩子，这同样在时间之中生长。所以，"百物生焉"这句话包含了时之行。总结起来，"四时行焉，百物生焉"，孔子用来描述天的这两句话都是以时为枢纽的。由此我们看到，在圣人看来，要理解天，重要的是理解时。

由此我们就能理解《尧典》第三章的内容了。《尧典》第一章记载帝尧之德，"帝尧曰放勋，钦明文思安安，允恭克让"，这是讲帝尧之德；第二章："克明俊德，以亲九族，九族既睦，平章百姓，百姓昭明，协和万邦"，帝尧缔造了统一的华夏国家和天下秩序。然后到了第三章，跟我们今天学习的内容有关，大家来看看这一段：

> 乃命羲和，钦若昊天。历象日月星辰，敬授人时。
>
> 分命羲仲，宅嵎夷，曰旸谷。寅宾出日，平秩东作。日中，星鸟，以殷仲春。厥民析，鸟兽孳尾。
>
> 申命羲叔，宅南交曰明都。平秩南讹，敬致。日永，星火，以正仲夏。厥民因，鸟兽希革。
>
> 分命和仲，宅西，曰昧谷。寅饯纳日，平秩西成。宵中，星虚，以殷仲秋。厥民夷，鸟兽毛毨。
>
> 申命和叔，宅朔方，曰幽都。平在朔易。日短，星昴，以正仲冬。厥民隩，鸟兽氄毛。

　　帝曰："咨！汝羲暨和。期三百有六旬有六日，以闰月定四时，成岁。允厘百工，庶绩咸熙。"

　　首先是"乃命羲和，钦若昊天"，我们已经分析过，表明帝尧确立了敬天。确立敬天之后，帝尧紧接着做的事是什么？"历象日月星辰，敬授人时"，通过推测、观察日月星辰之运行，制作历法，很恭敬地授予诸侯、人民。不管这个地方的"人"是指君子还是庶民，总之是授时于天下，所谓治历明时，这是帝尧确立敬天之后做的第一件事。一般的经学家都注重后面的治历，我则认为，"钦若昊天"四个字才是最重要的，并且跟后面的制作历法的事情是两件不同的事，我希望以此强调敬天的重要意义。但当然，在经文中，两者紧密地连在一起，这也表明，天就是时，天就表现为"四时行焉"。所以，帝尧敬天之后立刻做的事情是确定"四时"，不定四时，天就不能具体呈现。至于四时的意思，前面已经说过，就是两分、两至。

　　接下来，经文非常详尽地记载了测定天象制作历法的安排。帝尧命专业人员到四方极远之地观察太阳的起落。我请大家注意，这是《尧典》中最长的一段。为什么经文要这么不厌其烦地记录这一切？一定是因为，圣贤认为，这个事情太重要了。如果不能治历明时，人就无法"法天而生""法天而行"。

　　很多人以前不相信这段记载，说四千多年前的中国人怎么可能用那么复杂的观测手段制定历法，又怎么可能到那么遥远的地方观测天象。但我们现在通过考古发掘证明，这是实有其事的，圣人不我欺。在尧都平阳，也即今天考古学上的山西襄汾的陶寺遗址，发掘出了四千多年前的观象台遗址。考古学家根据遗迹复原了一个观象台。我去年暑期去陶寺遗址，看到了这个观象台，当时还拍了照片。这是中国迄今为止最早的有考古学依据的观象台，通过观测太阳的起落可以确定二十四节气中的大部分。在这个复原的观象台上，天文学家做了一两年的定期观测，发现通过这个观象台可以确定冬至、春分、秋分、夏至，也就是说，那个时候的那个观象台确实可以确定四时。当然，帝尧派人到四方极远之地观测，是为了确保数值更准确。而到了这个时候，这一点也是完全做得到的，前面的经文已经说了，帝尧"平章百姓""协和万邦"，华夏已经跟四方极远的邦国有联系，当然可以前去观测。

只要确定了四时，一个太阳年也就确定了。所以，经文后面帝尧说，每年有三百有六旬有六日，这是一个太阳年的日数。至于这段经文中间的一大段，涉及确定"闰月"的问题。今天大家常把中国历法称为"农历"，这是不准确的，因为从事农业生产，用不着这么复杂的历法。今天大家也经常把传统历法称为"阴历"，这也是不准确的，帝尧所作历法是阴阳合历，中间那段经文所记载的内容恰恰是为了协调阴、阳历。观测太阳可以确定一年的天数，但月是根据月相确定的，而大家都知道，十二个月加起来是不到三百六十六天，于是就必须设闰月，以确保"四时"在四仲月，否则就会陷入混乱。

现在，我们回到大家可能的疑问上：为什么敬天伴随着治历明时？我们还是通过对比予以说明。

如果你信一神教，崇拜人格神，那作不作历都不重要，因为人格神在喋喋不休地说话，其实就是有些人假借神的名义说话。这些话对人就是构成具有绝对权威的律法。信神的人应该怎么生活，神教社会如何治理，也就一清二楚了。神对人颁布的律法记载在神典中，尤其是《旧约》，记录了神对人生活方方面面颁布的事无巨细的规范。信众只要看了这些戒律、律法，就会生活了，人照着神颁布的律典生活，死后就可以永生或者复活。所以，以色列这个国家是没有民法的，而秩序还是很不错的，靠什么维持秩序？就是靠神法，以及后来的教法学家根据神法衍生出的各种准神法，比如《塔木德》，对生活所涉及的所有事务都给出了非常完备的规范。因此，敬神的人、崇拜唯一真神的人完全可以根据神典安排自己的生活，生活的方方面面。

　　敬天的人怎么办？天对我而言是最崇高的，所以我必须取法于天，问题是，天不言，因此没有所谓的"天典"或说"天经"，那人该怎么生活才是好的，才算合乎天意？作为个体，我如何法天而生？如果我是统治者，我如何法天而治？我们前面已经说过，圣人观天文而作人文，以人文化成天下。而人文之首就是历。我们再来看看《周易·贲卦》的彖辞关于天文、人文的那段著名论述："观乎天文，以察时变，观乎人文，以化成天下。"观乎天文，首先知道"时变"，你看，又是一个"时"字，所谓"时变"就是四时之变。这是敬天的中国取法于天的唯一选择，通过治历明时，圣人让天具体化为历法之时，让人可以法天而生，法天而治。没作历之前，天是混沌一片的；作历之后，人知道有四时的变化，一年之中首先有四个重要的节点；然后继续细分，形成"节气"。每个节气的天时不同，则人就可以根据四时、节气之变化，相应地确定自己应该做什么样的事情。

　　也就是说，作历以后，天人文化了，从而对人明朗了、明晰了，是人可知的，人由此可以法天而生、法天而治，从而让生命合于天。下面我们对此略做分析。

月令：因时而治

　　我们首先来看法天而治。

　　我给大家举一个例子，有了四时、节气之分后，人们就可以根据"时"安排祭祀、行政、经济、军事等各个方面的事务。所以古代有"月令"，这是中国古代政治制度中非常重要的一个方面。什么叫月令？大家有空可以看一下《大戴礼记》中的《夏小正》或者《礼记》中的《月令》。"月令"规定了一年十二个月中的每个月，王应该做哪些事情，民众应该做什么。这就构成了人所应当遵守的规范，中国人就是据此安排其生活的。有人说，这两个文献是士人的理想，而不是古人的实践。但实际上，其中的观念贯穿在一切经典中，并且见之于秦汉以来的政治生活中。

月令是根据什么来确定的？根据四时之变化来确定的，四时是春分、夏至、秋分、冬至，四时之变化是有其具体内容的，与"百物生焉"有关系。现在正在春天，我们在春天看到了什么？古人讲"春生"，尤其是在北温带地区，我们会很明显地看到万物复苏，草坪开始变绿，花开了，一片生意，天地之间一片生意。这时候，人心也都复苏了，所以少男少女在这个季节怀春。这就是天人合一，你的生命跟四时的变化是一致的。接下来是夏天，春天生发出来的百物、万物经过两三个月的成长，正处在生长最茂盛的季节，所以古人讲"夏长"，万物快速地膨胀，快速地长大，就是其生命力最为旺盛的季节。到了秋天，古人则说"秋收"，万物经过生、长，到了秋天，该收获了，所以秋天是收获的季节。同时，天气也开始肃杀，尤其是仲秋以后，在春夏生发、蓬勃的生意开始收缩，人也开始收敛。这个时候，人的心情也容易悲，《楚辞》中就有一句："悲哉！秋之为气也。萧瑟兮！草木摇落而变衰。"至于冬天，古人讲"冬藏"，不是冻死，而是藏起来。为什么？因为这个时候阴气最盛，万物都藏起来，保住其一丝阳气，等待来年的春生。这是中国人的四时观念，不是四个季节各九十天那么空荡荡的什么也没有，而内嵌在万物之生的过程之中。人的心情也会因四时的变化而变化。所以我们讲天人合一，首先要明白四时究竟各有什么倾向，由此就可以明白，天意、天心是什么，每个季节的天心是什么，就可以顺着天心来安排自己的生活。中国人的养生都是根据季节来安排的，让自己的身体合乎天时。

至于统治者，也根据天时变化安排政治、安排刑律。可能大家都听说过一个词——"秋决"。现在最高人民法院复核死刑以后，立刻处死，春天也不例外，这在古人看来不对，扰乱天道。春天是生的季节，你却杀人，这不合天道。中国古人在秋天处决死刑犯，因为秋天是肃杀之时，这时可以杀人，其他几个季节都不能，尤其是春天和夏天是不可以杀人的。古人认为，天有四时，王有四政，庆、赏、刑、罚与春、夏、秋、冬以类相应，这就是法天而治。《后汉书·章帝纪》记载："律：十二月立春，不以报囚。《月令》冬至以后，有顺阳助生之文，而无鞠狱断刑之政。朕咨访儒雅，稽之典籍，以为王者生杀，宜顺时气。"由此确立了秋决制度，一直执行到清朝崩溃，从三代到1911年底，中国大部分时代处决犯人只在秋天，深秋季节。当然也有少数例外，比如大逆不道者，发动叛乱推翻皇帝者，当然可以立即处决，这属于紧急事态，不杀，会严重威胁政治秩序。至于一般死刑犯人都不会在春天、夏天拉到菜市口砍头。大家想想，这是何等人道的法律！而且还会收到一些意外的好处：已经判处死刑者，在关押的几个月中，说不定可以发现新证据，可以翻案，从而减少死刑，而这正是天心，天肯定是不希望人死的。所以，我建议，当代也可以考虑恢复秋决制度，这可以有效地减少死刑。

当然，总的来说，按照天意，应该取消死刑。天生人，是为了让人死吗？当然不是。天生人，是要人生下去的，所以死刑本身是有悖天道的。中国古人都以"刑措不用"，也即虽有刑罚但措而不用，作为政治的最高理想。《史记·周本纪》记载，周立国之后，因为文武之德和周公制礼，到了成王、康王时代，"成康之际，天下安宁，刑措四十余年不用"。这被历代君臣视为政治的典范。古人普遍认为，王者治天下，最好的状态是囹圄空虚四十年，刑措不用，监狱里四十年一个犯人都没有；退而求其次，监狱里有犯人，但二十年不处死一个人，顶多判个有期徒刑什么的；即便判处死刑，也不处死。这样，犯人总还有活的机会，可以改过自新。你发现他的罪行，一刀下去，人头落地，他再也没有活的可能，这是有损天之生意。

现在法学界有不少人主张取消死刑，但依据的都是所谓西方的价值和理论，这些未必能说服中国的治国者、老百姓。其实在中国，主张废除死刑，本来就有现成的坚实依据，那就是敬天之道，天生万物，"天地之大德曰生"，据此，当然要尽最大可能不杀人，从法律上取消死刑。或者，即便保留死刑条款，也应以最谨慎的态度对待死刑：第一，尽可能少判死刑；第二，判了死刑之后最好不急于执行，让他在监狱里活着；第三，如果实在要执行，也应该施行秋决制度，让他顺天而死。通过恢复秋决制或者取消死刑，能够敦美我们的风俗，让人多一点仁爱之心。

节日：依时而生

上面我们讲的是依时而治，这是法天而治的具体形态，关乎国家治理。接下来讲法天而生，其具体形态也就是依时而生，关乎我们的生命、生活。

个体生命其实都是在时之中的，但如果时就像河流一样这么平平缓缓地流过去，生命就太没意思了，所以圣人设立了各种"节日"。节日两个字是什么意思？大家都见过竹子吧？大家也知道，中国的画家喜欢画竹子。如果竹子没有节，我们就不会去画它了。画家为什么喜欢画竹子？因为它很高，又是一节一节的，高耸而有变化在其中，这就有意思了。节日就是在平淡的时之流中切分一下，变化一下，从而赋予时以实质性意义。人们依时而安顿生活，平淡的生活可因此而增加一点波澜。所有的文明共同体都一定安排节日，从节日可以了解各地人民的生活。在更大的范围讲，从不同的节日安排可以看出中西文明之不同。下面我给大家讲一个自己的发现，中西节日之差异。我们以中美节日为例，予以说明。

首先看一下中国的节日。可以发现其第一个特点是，老百姓过的节日都是历法性节日。目前大约有七个法定节日，春节、清明节、端午节、中秋节，加上元旦、劳动节、国庆节。前面四个是历法性节日。另外还有其他非法定的民俗节日：立春、夏至、冬至等，这些都是大家非常重视的。总之，中国人一年之中要过很多节日。所有民族节日都是历法性节日，也就是说，之所以有这么一个节日，仅仅因为时的运转到了这个特定的点上，而跟任何人或任何事都没有关系。春节跟谁的伟大事业有关系吗？元旦是一个节日，仅仅因为它是一年的第一天。清明节跟什么事情有关系吗？没有，就是二十四节气中有一个节气，后来才附会了一些故事：最早有一个寒食节，是纪念介子推的，离清明节很近，慢慢地两者合一了。至于端午节，就是因为这是五月初五，有两个五，五是个重要的数字，两个五当然就是一个节了。屈原的故事是后人附会的。九月初九的重阳节，其实也是如此。

中国节日的第二个特点是，都强调家的重要性，重视家人的团聚，几乎所有的节日都强调家人的团聚，"每逢佳节倍思亲"，这句诗全中国人都会背，结果一到节日，全国的单身狗们就垂头丧气，坐立不安。

第三个特点，重视祭祀祖先。家人团聚，必定祭祀祖先。春节、清明节、冬至等节日，家人都会团聚，其中一个重要节目是隆重地祭祀祖先。《礼记·祭义》说："祭不欲数，数则烦，烦则不敬。祭不欲疏，疏则怠，怠则忘。是故君子合诸天道：春禘秋尝。霜露既降，君子履之，必有凄怆之心，非其寒之谓也。春，雨露既濡，君子履之，必有怵惕之心，如将见之。"天地之时变了，人自然地想起祖先，就要祭祀。

中国节日的第四个特点是吃，每个节日最重要的节目都是吃，变着花样的吃。其实值得我们深思的就是，吃却变着花样。花样是怎么变的？以时而变。也因此，吃确实有充分的理由构成节日最重要的内容。孔子说，"天何言哉，四时行焉，百物生焉"，四时各有不同的物生出，我们法天而生，该怎么做？首先就要应时而吃。比如我们关中有个习俗，清明节一定做刺荆面。一种野菜，头一天采回来，第二天煮一下打烂，用汁和面。为什么要吃这个？因为天人合一，天在此时生了此物，这就是天心；人依时而吃，吃了这个东西，就让自己的生命和天时保持一致。

大家到一些高档餐厅，会看到菜谱里写有"时蔬"。不要小瞧这两个字，这体现了中国人的根本精神。吃菜一定吃应时、应季的蔬菜，这就是天人合一。现在有点乱套，很多蔬菜从大棚里长出来，人们的吃也不讲究时了。比如，大春天的有人吃西瓜，这就有违天时，我们的生命偏离天时了。今天的城里人基本上没有季节的概念，没有时的观念，即便有，也很淡薄，那你活着还有什么意义？你一年四季吃的东西都一样，你的生活就过于单调、乏味了。我这个年龄段的很多人总说，这年头，吃什么菜，都没有小时候吃的香甜。我想，其中一个重要的原因是，蔬菜不再依时而生，我们也不再依时而吃。每天，我们把同样的东西塞到嘴里，味觉必定日益迟钝。日益发达的工业化的农业导致我们的生命越来越没有意义，我们离天越来越远。我们怎么跟天发生关系？就是通过天所生之物。现在这个联系通道被切断了，大棚一盖，生物与天隔离，这样的物之生就不合天时；也让我们的生命缺乏变化，缺乏变化也就没有意义，这是第一。第二，今天我们的吃中没有神圣意味。中国人应时而吃，吃"时蔬"，就让日常生活具有了神圣意味。对中国人来说，没有一个神在另一个世界等着你，让你死了以后跑到天上去报到。神就在你的日常生活中，天就在你的日常生活中，只要你的日常生活时时和天时保持一致，你那凡俗的生活就有了神圣的意义。这是我们中国文化最伟大的地方，也是"极高明而道中庸"的地方，所谓即凡即神。今天大家都说中国人是吃货，为什么？是敬天的信仰、天人合一的努力把我们推到这一步的。中国人吃的东西非常之多，为什么？因为天生万物，干吗不吃？你不吃，这是辜负苍天对人的美意啊。当然，你乱吃，胡吃海塞，则是"暴殄天物"，你看，这里就有一个"天"字。所以，希望大家做有信仰的吃货。

现在来看一下美国的节日。先列出美国的公众假日：第一个节日，元旦不用说，这是中美共同的，但中国人还有自己的元旦，即春节；第二个节日，马丁·路德·金纪念日，顾名思义，是为了纪念那位黑人民权领袖；第三个节日，总统日，为了纪念第一任总统华盛顿；第四个节日，纪念日，纪念那些在服役期间为国家死难的将士；第五个，独立日，纪念美国独立建国；第六个，劳动节，庆祝工会对美国经济的贡献；第七个，哥伦布日，10 月 10 日，纪念哥伦布首次踏上北美大陆；第八个，万圣节，这是一个宗教性节日；第九个，老兵节，感谢老兵对美国做出的贡献，在 11 月 11 日，这个日子现在已经成了中国的光棍节了；然后是感恩节和圣诞节。大家看一下，这样的节日安排和中国的区别在哪儿？区别非常明显，两者完全不同，美国的节日之立意跟中国完全不同：

第一，美国节日中基本上没有历法性节日，只有一个，即元旦，其他节日都跟人或事有关，或者与敬神有关，不出这三个方面。其实，那些被大家纪念的个人基本上都是神化的人，比如华盛顿、马丁·路德·金，那就是美国人心目中的半人半神。老兵也带有神的性质。所以，一神教说反对偶像崇拜，但其实树立了很多偶像，它就喜欢把人当成神来崇拜。

第二，美国节日具有非常浓厚的政治色彩，比如对先烈、老兵、建国者表达敬意。由节日看得出来，美国人太热衷于政治了。以至于让我们怀疑，美国人有没有私人生活。

第三，过节多数不在家里，而在公众场合。你们去美国就会发现，人家过节跟中国人过节完全不一样。中国人过节基本上是回家，家人团圆，吃爸妈做的饭，祭祀祖先。美国人的节日大部分是政治性节日，因而是在街上过，在公共场所过，比如游行，举办各种集会。谁说美国人不讲政治，从节日你可以看出来，美国人随时在讲政治，其对政治的狂热已经吓着我了。

第四，美国人当然也祭祀，所谓纪念就是祭祀，但他们不是在家里祭祀自己的祖先，而是祭祀政治上的半人半神，当然是公众祭祀。你看，这又是基督教批判的偶像崇拜。

从以上比较就可以看出，中美节日大不相同，可以看出中国人是多么重视天时，重视节气。节气就是节时间，天地之间就是气，气在流动变化不已，而以时切分成一节一节的，这就是节气。节气是时间概念，均匀地分布在太阳年的一年之中。中国人的大多数节日就在节气上，天运行到这个节，我们做这样的事情；运行到那个节，我们做那样的事情。这就是依时而生，我们的生命由此与天合一。天不言，但我们仍然可以法天而生，中介就是时，就是节气。

所以各位，我们要认真地过好每一个节日，中国式节日，这是实现天人合一的最简便途径。你想让自己凡俗的生命有神圣的意味吗？最简单的途径就是认认真真地过好每一个节日，包括吃，认认真真吃"时蔬""天物""时食"，吃天生给我们的应时之物，体会上天对我们的仁心。由此，在最平凡的此世的生活中，生命获得神圣的意义。

《易经》：唯变所适

时间是一个过程，有过程则有变化。孔子说，"四时行焉"，这就有变化；"百物生焉"，当然也有变化。所以，在敬天的中国人看来，天地之间充满变易，于是，我们的圣贤作《易经》。在六经之中，《易经》的地位非常高，汉代人开始将其列为六经之首，中国思想之根基正在《易经》之中。

大家仔细想一下"易经"这两个字，含义很精微。初看起来，这两个字的意思根本是自相矛盾的啊！"易"就是变化，"经"的意思恰恰是不变，是常。圣贤把"易、经"这两个字面意思相反的字放在一起，正是要告诉我们，天地之间的常道就是不常、变化，天地之间不变的就是变。这是中国人的智慧，只有中国人体会到这一点。纵观世界各大文明，只有中国人给"易"做了一部经。三代都有易经，夏有《连山》，殷有《归藏》，然后是《周易》。我们今天看到的就是《周易》。补充一句：易的基本意思是变易，还有交易之意，易简之意。交易也很重要，交易就是互感、互动，有互感、互动然后才有生。至于易简，意思则是，圣人只用阴、阳两爻就表达了天地万物及其生生不已。

大家应该都有一点易经的常识，《周易》有六十四卦，每卦有六个爻，六十四卦一共 384 爻。乾、坤两卦比较特殊，是生成万物的两种基本力量，《周易·系辞上》说，"乾道成男，坤道成女。乾知大始，坤作成物。"乾坤交易、互动，就有了万物之生。万物生生之初是屯卦，屯卦之后是蒙卦，蒙卦之后是需卦、讼卦，等等，有六十二个卦，也就是六十二个时。每一时就处在变的不同阶段、不同状态，转换不已。每一卦有六个爻，自下而上，分别叫作初、二、三、四、五、上。请注意这里的用词：初是一个时间概念，是开始；上位于一卦之终，之所以不说终，是因为不可能终，因为终就死了，所以不终，而是会变，所以说上，到了上就该变了。上面说过每一卦是一个时，其实每一爻也是一个时。《周易·系辞上》说："君子所居而安者，易之序也。所乐而玩者，爻之辞也。"所谓序就是次序，这是时间意义上的，你要体会这一卦何以到了下一卦，这一爻何以到了下一爻。对于六十四卦的次序，《序卦》有所论说。至于各卦内六爻的次序，则要仔细看各爻的爻辞。时不同，君子要做的回应就不同。

　　总之，研读《易经》，最重要就是知时。当然，对《易经》，不可执着。《易经》其实就是取象之书，所以我们看《易经》，要把它当成象书来看，透过象，把握理。最根本的理，是变易之理。通过研读《易经》，我可以体会天地万物、人事政治变化的内在机理。其中的关键是时，知道时，然后"与时偕行""随时"消息。由此就可以做到"君子而时中"。具体内容非常复杂，我们没有办法细讲，下面择要讲讲其中三个可能跟大家关系比较密切的卦。

　　《周易》可以分为上经、下经，上经始于乾、坤两卦，下经始于咸、恒，跟大家的生活密切相关。咸卦讲少男少女之互感，卦辞说："咸，亨，利贞，取女吉。"《彖辞》说："咸，感也。柔上而刚下，二气感应以相与，止而说，男下女，是以亨利贞，取女吉也。天地感而万物化生，圣人感人心而天下和平，观其所感，而天地万物之情可见矣。"咸卦论感，为什么不命名为感而命名为咸？因为圣人想强调相爱必须是相互的，两个人都动情才有真爱，而且，男生要主动去感女生。

接下来的恒卦，涉及夫妇之道。《彖辞》说："天地之道，恒久而不已也。"尤其是《序卦》强调，"夫妇之道不可不久也"。持之以恒正是形容夫妻关系的，当然，学习也要持之以恒，但最重要的是夫妻关系，不恒，不足以成夫妻。所谓露水夫妻，那不叫夫妻。希望大家婚姻能够恒久，首先，两人都要有恒久之心，也就是下定决心和这个人过一辈子，有了这个发心，才会有恒久的婚姻。如果你根本就没有恒久之心，那夫妻关系就不可能维持下去。

还有一卦，能够深刻反映中国人的时意识，此即复卦。这一卦在《周易》中很重要，对于大家理解今天中国的处境也有很大关系。研读《周易》，最重要的是体会知时之道，复就是一个特别重视的时机，不管是对万物、对个人、对政治、对文明来说。各位正在大学学习阶段，未来将进入社会，那就需要知道天时也即天下大势是什么。我们在第一节课就对大家讲过，那就是中华民族的伟大复兴，核心词就是"复"，"兴"是一个修饰词。

什么叫复？我们可以简单来看看复卦，卦辞说"亨"，意思就是通，打通，通出去。"反复其道，七日来复，利有攸往。"反就是返，返回而复归于道。各位，这就是今天中国之基本走势。我们曾在20世纪偏离中国之道，由此我们解决了很多问题，但也造成了很多问题，具体而言，我们为了追求富强而大规模破坏了自己的文化。我们现在富强了，但大家并不觉得满意，因为文化的欠缺，我们的生命有各种各样的别扭。怎么办？需要复，返回去，重归于中国之道。请同学们记住，很多时候，路走不通，你就要考虑返回去，反而可以找到前行之路。

所以《彖辞》中有一句话，"复，其见天地之心乎"，这句话非常重要，是中国人时意识中非常重要的一个面向。我们再来看四时：冬至、春分、夏至、秋分，然后又到冬至，四时之行是周而复始、终而有始的。尤其是冬至这一天，意味最为深长。这一天，太阳到澳大利亚，在南回归线上，对中国来说是极阴之日。但复卦告诉我们，恰恰在这一天，太阳开始返回了，极阴之日恰恰是一阳复始之时。复卦的卦体就是一个阳爻在五个阴爻之下，我们在春联中经常看到的"一阳复始"就是指这个卦象。这就是中国人的时智慧，生命智慧，在最艰难困苦的时候也不要放弃，只要你足够坚强，这就是那个一阳，有此一阳，就可以复始。天生人，不会让人死，你始终要保有希望，那么天时一定会转回来。当然处在艰难困苦的时候，你也不可轻举妄动，而要小心地守住那一丝阳气，审慎而行，待机而动。所以，复卦的《大象传》说："先王以至日闭关，商旅不行，后不省方。"至日就是冬至日，在酷寒之中要守住那微弱的一阳之气，天道自然会变化。因为有此信念，中国人永远不会放弃希望。而且历史上，中国人每次所抱的看起来微弱的希望，最后都等来大转机，实现大复兴。这就是中国人的生命智慧，我们之所以有此生命智慧，是因为我们洞悉了天机，天机就在冬至之日，智慧就在复卦之中。个体生命如此，中国文明也是如此，纵观今日之人类，中国是历史最悠久的国家之一，其他诸多文明都死了，几千年间曾经跟我们相伴而行的诸多文明一个个死了，只有中国文明还活着。为什么？因为中国人洞悉了天道，那就是复。

今日研读复卦，一方面对我们个体安排生命可以有所启发，另一方面也有助于我们理解今日中国的处境。今日中国就处在"复"的过程中。这就是今日的天时，君子与时偕行，该做什么，不就一清二楚了吗？

时间无始无终

《周易》倒数第二卦是既济，最后一卦是未济。既济的意思是，事情已经做完了，一切都妥当了。但当然，这只是看起来如此，如果真完了，那就真完了。但世界不可完结，所以《周易》的《序卦》说：既济之后，"物不可穷也，故受之以未济，终焉"。世界是不可能有终结之时的，所以《周易》最终收结于未济，未济是不完备，因而也就不结束。

这又是《周易》的大智慧。中国人有人类文明中最为完整的时间意识，完整的含义首先是，没有起点，其次是不会完备，因而也不会终结。就单个事情而言，当然有做完的时候，比如各位用四年时间可以完成本科教育，然而，这并不是你生命的终结，甚至也不是你教育的终结，学而不厌啊，本科学到的东西会引领你继续学习，读硕士、博士研究生，以至于终生学习。这就是天之道。天生万物，不可能有一个终点，所以"受之以未济焉"。《周易》是终于未终。我们前面已讲过一个貌似的悖论：《易经》在讨论变的常道，讨论不变的变易之道。现在我们又看到一个貌似的悖论：《周易》终于未终，其实是不终。时间无始无终，变化也不会终结。对每一个人、每一个事情而言，当然是有始有终的，但我们只要放宽视野，看一下天地之间的万物，看一下自己所在的生命之流，就可以看到，万物是生生不已的，生完又生，没有终了。你的父母如果去世了，你的家就结束了吗？当然没有，有你的生命呢，而且，他本人死了，生命也未消逝，你的生命是他的生命的延续。

由此也就有了圣人反复强调的"不已"。我们在《诗经·周颂》里看到"维天之命，於（wū）穆不已"的句子。《礼记》记载孔子跟鲁哀公的一段对话：

> 公曰："敢问君子何贵乎天道也？"孔子对曰："贵其'不已'。如日月东西相从而不已也，是天道也；不闭其久，是天道也；无为而物成，是天道也；已成而明，是天道也。"

君子看重天道，尊重天道，那么，天道中最让人看重的是什么？孔子说"贵其不已"，君子所贵于天道的就是天之不已。日月每天落下，但第二天还会升起，这是"不已"。天是无始无终的，时间是无始无终的，所以中国人有完整的时间概念。

西方人缺乏这种完整的时间意识。神造天地、万物与人，那么，在神造这些之前，有时间吗？神造世界之前有世界吗？肯定没有，如果有的话，还要神干吗？神的意义就在于他创造了世界万物。时间也是神造的，从神造天地万物之时，时间才开始。你们可能觉得奇怪，那不妨想一下，神造物之前有时间吗？当然没有。如果神在造物之前就有时间，那神就会死，任何东西只要在时间中都会死。这是时间最根本的特征，比如在时间中的人会生、老、病、死。可你们谁听说过神有少年时代、中年时代、老年时代，神有死的一天？当然没有。神的根本特征就是不死，这也是神对人最大的吸引力所在。而神之所以不死，就是因为神超出了时间。而神之所以超出时间，就是因为时间就是他造的。时间既然是神造的，当然也就有起点。时间有起点，当然也就有终点。时间终结于神的国，神所在的国是超出时间的。所以对神教信徒来说，一生最大的期待就是死后进入神的国，因为在神的国里没有时间，所以人在那里可以不死。神教的吸引力就在这儿。如果神也会死，人到了神的国，仍然不能摆脱时间的纠缠，仍然会死，那谁还信神啊。

所以，信神教的人或者说整个西方人差不多都有下面的想法：时间有开始，有终结。他们的神教和哲学特别热衷于想象终结之后的世界，由此可以看出，他们厌恶时间，或者说恐惧时间，恐惧变易，恐惧历史。这与中国人的观念完全不同。中国认为，人就在时间中，人就是时间。由此就有了十分敏锐、深沉的历史意识。

历史意识

接下来讲一下与时意识相关的历史意识。

什么是历史？人、物在时中变易，就构成历史。中国人重视时，所以重视历史。我们认为我们的生命就在时中，我们的文明也在时中，所以我们认为，我们的生命、我们的文明在历史中，呈现是持续不断的历史过程。因为有完整的时意识，所以中国人才有真正的历史意识。这里有一个要点，和西方人形成鲜明的对比。

什么是历史？刚才讲了，时不会终结，所以《周易》终于未终。据此中国人也认为，历史没有终结。这才是完整的历史意识。但西方人不这么看。大约就在你们出生的时代，有一本书在西方出版，引起巨大轰动，此即日籍美国学者福山写的一本书，《历史的终结》，90年代中后期出版。那个时候，苏联东欧国家解体，西方人欢呼，他们的文明取得了全面的胜利，福山这本书就是应这个西洋景而写的，他宣布历史到此就终结了。"终结"有很多含义，主要的是意思是，自由民主制度的胜利已经证明，人类找到了解决所有问题的完备方案，所以接下来我们不用再进行制度的创造，可以永远生活在自由民主制度中，尽情享受其带给我们的各种福利。也就是说，政治上不会再出现其他制度了，这就是历史的终结。后来的历史证明，福山只是做了一个梦，黄粱一梦，历史终结论本身反而已经被历史终结了。

西方人总是过一段时间就做一次梦。福山给大家提供的是比较新的一个版本，相信大家可能也知道，略早一些的版本是19世纪的，各式各样的哲人都曾提出过历史终结论。比如黑格尔说，历史从东方开始，经过印度，到中东、近东，最后到了欧洲，尤其是到了日耳曼的普鲁士，人类文明的高峰将在普鲁士帝国，绝对精神将在此完美体现，历史将在此终结。后来希特勒深受黑格尔的启发，决心建立第三帝国，统一全世界，终结人类的历史。结局大家也都看到了，而福山的思想正是来自黑格尔。

再往前看，就更为明显，基督教的教义就是历史终结论。基督预言，弥赛亚将会降临，到那时候，人的历史就终结了。2000多年来，这个幻想让很多人激动，尤其是西方人，他们过上若干年，就会爆发一次妄想症，幻想弥赛亚在自己的时代降临，全世界一下子得救，人的历史终结。这是西方人的基本观念，他们普遍地认为历史将会终结，人可以找到一个完备的解决所有问题的方案。今日世界，美国人就特别相信这一套。福山那本书就是写给美国人的，美国人果然大喜。美国人还是吃亏在历史太短，其实根本不理解历史是什么，才两百多年，弹指一挥间，所以看美国人的书、听美国政客大言炎炎，总是充满了天真的虚妄，令中国人发笑。

这个世界上，只有中国人可以谈历史，因为我们是从历史中走过来的。中国人最完整地理解了时，所以我们每个人都清楚地知道，自己的生命和我们的文明都是在历史中展开的。事实是，不管生活在哪个文明，所有人、所有文明、所有政治都是在历史、在时间中的。然而，除了中国人之外，由于受到神教的遮蔽，这个世界上大部分人没有意识到这一点，甚至编造各种各样的谎言来欺骗自己，眼光看着另外一个世界，以为自己完全能够、甚至已经到达那个彼岸的世界，而忽略了时间维度。其实，时间才是天地之间唯一实实在在的东西，而只有中国人脚踏实地地在时间中，在历史中，确确实实地置身于历史过程中，从而找到了最为健全的生命之道和社会治理之道。

比如，我们能理解个体生命是没有终点的。前面给大家讲过中国的根本观念：孝。《孝经》说："父母生之，续莫大焉。"父母生我们，父母的生命转移在我们身上，即便他们死了，也通过我们的身体延续下去；我们生子女，我们的子女再生他们的子女；如此，生命川流不息，没有终点，终而又始，所以在经典中，我们经常看到"终始"这个词，而不是现代人所说的"始终"。反过来，父母由其父母所生，一路追溯上去到始祖，乃至于天，没有起点。每个人都是天所生，每个人的生命可以往上追溯到无穷远的地方，往下也可以延伸到无穷远的地方。每个人短暂的生命都在家的无始无终的历史中，我们生命的意义也正在于让已传下来的生命延续下去。明白了这一点，你就可以有正确的"三观"，比如，死又算什么？我们有生之年为"续"做最大的努力，让父母的生命在自己身上更好地延续下去；同时我们生养子女，教育他们，为他们的成长创造条件，跟他们一起成长，这也是续。只要续下去，则我虽死，仍然不死。因此，我们孝敬父母、教养子女，有神圣意味在其中。最近看了一份材料说，中国80后的住房自有率已达到80%，是全世界最高的。为什么？是因为中国的学生一毕业就挣很多钱吗？当然不是。而是因为，每个中国父母有延续自己和祖先生命的意识，所以宁可自己节衣缩食，也要省出钱来给子女买房子。如果不给孩子买房子，他不生孩子，先人和自己的生命就延续不下去，那自己攒更多钱有什么意义？所以，最普通的中国老百姓的观念中都有一个不已的天道意识，孝作为一种道德纲目，就是指引我们做各种努力，实现生命的不已。

作为整体的中国人，作为一个文明或者作为一个国家，我们也是如此，我们都清楚地意识到中国是一个历史的存在，我们每个人都应该为中国历史的延续而努力。中国宪法跟任何国家的宪法不一样，大家是中华人民共和国公民，起码应该能够背诵宪法序言第一句话，这句话非常重要，它决定了中国宪法的独特品质："中国是世界上历史最悠久的国家之一"，世界上其他国家的宪法没有这么写的。"文革"结束之后，一些老同志聚在一起起草宪法，他们首先想到，我们的国家是历史的存在，这一下子就抓住了中国的根本属性。所以，我们的外交部发言人最喜欢讲"自古以来"，中国人是相信这样的历史正当性论证的，而且中国人这么说是有历史依据的。"自古以来"这句话，世界上只有我们中国人有资格说，因为世界上只有我们这个国家，在同一个地方生活了四千多年。世界上其他地方，或者同一个文明在地理上四处移动，或者同一个地方经历不同文明，只有中国例外，所以只有中国人可以说自己有悠久的历史。

所以，中国人理解自己的文明是从历史角度理解的。你要想知道中国是什么，当然可以走遍天下南北、长江黄河去看，但更重要是读历史，《二十四史》在那儿摆着，你把它读一遍，你就知道中国是什么了。说到

《二十四史》，大家要知道，这是人类所有文明中最为完整的历史记录，从五千年前开始，记得清清楚楚、原原本本。从黄帝开始，司马迁的《五帝本纪》记载了一千多年的历史，清清楚楚。很多人以前觉得，这些记载是瞎扯，他们说黄帝是传说中的"神话人物"。然而，考古学一次又一次地打了这些人的脸。前面给大家讲述了考古发现的陶寺遗址的观象台，所以《尧典》的记载是可靠的。整个我们的历史记载基本上都是可靠的。因此，我们不仅有悠久的历史这个事实，我们对这个事实还有完整的记录，所以我们可以谈论它、思考它，它就活在当下，活在我们身上。通过文字记录的传承，经由其中的人文的化成，四五千年前的古人就活在我们身上。因此，作为中国人，你要理解你是谁，你就要去读一下中国历史；你要理解中国文明是什么，也要去读一下中国历史。我们这门课的主题是中国文明，但我们是从中国历史这个维度上展开这个讨论的。

因为我们知道自己是在历史中，并且知道历史没有终点，所以中国人就有一些独特的心理，比如忧患意识、居安思危。我们知道，盛世之后会有乱世。但反过来，身在乱世的中国人又不绝望。历史不会终结，你着什么急？当你把事情放在时间中、历史中看，必然通达无碍，不会较劲。再过五十年，咱们再来看。今日中国，好多地方有问题，但没关系，五十年后你再来看。这种智慧西方人理解不了，西方人老觉得中国人老奸巨滑，其实，这是有漫长历史的民族的大智慧。明白自己的生命在没有终点的时间过程中，明白自己的文明在没有终点的历史过程中，这样，第一，你就不会骄傲，第二，你也不会绝望。因而老成持重，不疾不徐。回头看看西方人，太轻浮了。《历史的终结》那本书就表现了这种轻浮心态。你以为历史已经终结到你那儿，于是就骄傲，不能居安思危，结果陷入内外交困之中，拿不出办法。因为你没有居安思危、未雨绸缪，反而自我放纵，透支实力。到了危乱的时候，西方人又很容易放弃希望，所以一茬接一茬地亡国。所以我们在西方历史中会看到频繁的生生死死，在中国，你看到的则是盛衰起伏，这就是不同，那边是生了然后死，死了就没了；我们这边是盛了然后衰了，衰了又盛了，始终活着。我们今天就正从 19 世纪的衰走向新时代的盛，而西方文明，我看很麻烦，比如美国，五十年后还有这个国家吗？不乐观。

道：不同于真理

与时有关的概念，我们再讲一个："道。"

道跟时有关，也跟行有关，孔子讲天的呈现是"四时行焉，百物生焉"。行在哪儿？行在路上，行，必然有路。道就是路，如果说两者有区别的话，那可以说，道是正路、大路。第二类行，人的行为，同样有其路。万物的变易、运行，人的行为，都有一个大概的方向和路径，其中之正而大者就是道。因此，没有行，就没有道。

人的生命会成长，成长的方向和路径就是人道。《中庸》第一句话是，"天命之谓性，率性之谓道。""率"的意思是循，顺着、沿着，"率性"跟我们今天日常所说的率性的意思不一样，《中庸》讲的率性的意思是，顺着你的性往前走，这就是人的生命成长之道。

这个讲起来比较抽象，我们还是给大家讲一下我们讨论孝悌时讲到的一句话。有子曰："君子务本，本立而道生。孝弟也者，其为仁之本与。"什么是"本"？就是草木之根，你种下一棵苹果树的根，肯定会长出苹果树，这就是树木成长之道。有这个根，一定会有这个干，会有这个枝，会有这个叶，会开这个花，会结这个果。你有那个根，一定会有那个干、那个枝、那个叶、那个花，结出那个果。道在本之中。那么，人之本是什么？是敬亲、爱亲。你的生命得之于你父母对你的爱，你生而在父母之怀中三年，你自然而然地就有爱、敬父母之情，这就是人人皆有的"本"。这个"本"要向上生长，你顺着你那爱人、敬人之性往前走，这就是你的生命之大道。

　　因此，人之道其实就在人身上。《中庸》中有一段话特别重要。子曰："道不远人。人之为道而远人，不可以为道。《诗》云：'伐柯伐柯，其则不远。'执柯以伐柯，睨而视之，犹以为远。故君子以人治人，改而止。"人道就在人自己身上，当然与我们不远。引用《诗经》中的话说，我要给自己的斧子更换一把木柄，得多大尺寸呢？我只要看一下自己手里拿着的斧子的木柄即可。孔子说，这还有点远呢，因为毕竟树枝和木柄是两回事，而道与人根本就是一回事。

　　在这一点，中西文明有很大不同。西方文明的根本特征，就是其"道远人"。我们前面已经讲到过西方宗教之"逆"，神给人颁布律法，要人脱出人伦关系，要人爱自己的仇敌，用中国的俗语说，就是"不近人情"。其目的也是让人去往来世，认为来世才有幸福，这就是其道远人，也就是说，它不是教人做一个人，持续地改进自己作为人的状态，而是要让其成为非人，尽管那个状态可能很完美，却已经不再是人了。

　　既然道不远人，那么对人来说，其实根本的问题就是行道，也即循道前行，行而不已。重要的就是不已，我们前面已经讲过，这里再讨论一下。《论语》中有一章，可能大家都熟悉：

　　　曾子曰："士不可以不弘毅，任重而道远。仁以为己任，不亦重乎？死而后已，不亦远乎？"

　　"道"是没有尽头的。天下的路有尽头吗？没有，天下的路可以一直走下去。当然，你的目的如果是要到北京，那是有终点的。可我们的人生并不是要到北京，我们的人生是要向上成长，这是没有终点的，我们只是沿着道不断地走而已，这就是"行道"。我们究竟可以达到什么样的状态，找到方向固然重要，同样重要的是我们能够走多远。道其实是基本确定的，人与人的区别其实就在于走出去的远近。我们与圣贤君子都在同一条道上，区别仅在于，他们是先知先觉者，是前行者，我们是后知后觉者，是落后者。

当然，行道也需要我们动脑子。《中庸》说："成己，仁也；成物，知也。性之德也，合外内之道也，故时措之宜也。"成就仁，是需要实践的，实践是需要知识、智慧的。道只给我们一个方向，剩下的事情是自己要往前走，路终究是要靠自己走的。走路过程中，你会碰见各种各样的人，或碰到各种各样的事，那你如何顺畅地往前走，这需要你自己去和这些人打交道，自己去处理这些事情，没有现成的答案。比如我刚才讲到的孝，我孝顺我的父母，你孝顺你的父母，肯定是不一样的，都是孝，都是爱敬父母，但你父母是一个处境，我父母是另一个处境，他们的气质、性格各不相通，那么，我们就需要做不同的事情；即便是同为我的父母，60 岁时和80 岁时也不一样，也需要我有不同的做法。所以，行在道上，具体事情怎么做，没有现成答案，我们要用自己的全部身心去面对我们所碰到的每个人、每一件事。所以，对我们的生命成长而言最为重要的知识只能在行动中获得，在实践中积累。在行道过程中，我们可以积累实践性知识。

这是中国文化和西方文化又一重大区别之处。西方人怎么生活？很简单，把神典拿出来认真看，照着其中的律法做即可，比如某些教徒每天朝拜多少次，具体怎么朝拜，神典讲得具体而清楚。但对中国人来说，没有类似的东西，我们的圣人告诉我们的只是"道"而已，由此确定了大概的方向和路径，但具体怎么做，要靠自己。所以，孔子讲"人能弘道，非道弘人"。西方人难以理解这句话，对他们来说，道也即神的律法是外在的，要用它来塑造人，律法就像模具一样，教会就是流水线，成批量地生产神所期待的人。所以，神教期待的人类似于机器人，完全按照程序来做。今天西方人特别热衷于讨论机器人的问题，原因正在于此。神教对人的理解决定了西方人始终有一个想法：人可以造出跟人一样的机器。道理很简单：

神可以造人，人为什么不能成为这样的神呢？中国人却不会这么想。中国人相信，人天生是各不相同的，一个人要成为真正的人，得靠自己。每个人都不一样，所以，即便最简单的孝敬父母，我们教室里有 50 个人，50 个人的做法都不一样，虽然我们都是在做同一件事。让西方人造出孝顺机器人，能造出来吗？我相信造不出来，适合我的机器孝子，恐怕很难适合你的父母。

人和人是不一样的，这是中国人对人的理解。世界是变化的、多样的，人是多样的、并在生长过程中，圣人只是启发我们一个大概的方向和路径，但路终究是要自己走的。所以孔子说："志于道，据于德，依于仁，游于艺。"你"志于道"，那就持续地往前走；然后就可以"据于德"，也即在处理人事过程中，你有所得，你知道怎么正确地做事情，怎么正确地对待其他人，这就是你的德。在中国成德，不是圣人给你拿一本教条大全，你背下来，照着做，然后就有了德。德需要你自己在行动、实践中获得，你想有孝之德，重点不是背诵《孝经》，而是切实地孝顺你的父母，不断实践，细心体会，这才会有孝之德。行而不已、努力实践，才会有德。

从这里我们也可以清楚地看到，道不同于西方人所说的真理（truth）。真理是以世界的两分为前提的，西方哲学和神教都以此为其基本观念，人的首要责任就是认识另一个世界的真实情况，由此获得的知识就是真理。所以，真理出自认识活动。也只能如此，因为哲人总是生活在这个世界的，关于那个世界，你只能认识而已。为此，西方哲学中有一门高度发达的认识论，还有逻辑学，也都是用来认识另一个世界的工具。但对中国而言，真相根本就不成其为问题，因为你就在你要认识的世界中，你就是你、你的生命、你的生活是要认识的最主要的对象，实践就是你要的真相。实践当然是需要道的，但道不远人，道就在自己身上。所以，对中国人来说，根本的问题不是认识，而是率性而行，也即循道而实践，行而不已。

阅读中西方经典，你就会看到，西方的哲人似乎总是枯坐于书斋之中苦思冥想，写出一大套著作；中国的圣贤则行走于天地之间，"述而不作"。西方哲人总想用自己的一大套真理灌输我们，塑造我们；中国圣贤则先行于前，启发我们，引领我们自行前进。哲人是从高处降临人间的，充满威严；圣贤则是我们的师友，如沐春风。构建真理体系的哲人们总是幻想从头重构一个全新的世界，《理想国》中的哲人当王之后的第一件工作就是清洗现实的城邦，在一张白板上重新绘画。而道是内在于人生或文明之中，圣贤明道，只是使之自觉而更好地成长而已。这是中西文明的一个重大区别。

中庸：君子而时中

最后简单讲讲中庸。中庸的观念与时意识密切相关，《中庸》有句话可视为孔子对中庸下的一个定义，"君子中庸，小人反中庸"，这句话大家都能理解。那什么是中庸？"君子之中庸也，君子而时中"。请注意，最后一个"中"应该念四声。什么是"中"？你们如果射过箭、打过枪就知道什么叫"中"。对中国人来说，人生就是一个移动靶射击比赛，这个靶子不是固定在这儿，让你慢慢瞄准。如果靶子是固定的，那大概可以有一个标准射击流程，你照着它射击，就能射中。可现在的靶子是随机移动的，因为世界在变易之中，你自己在变，跟你交接的人在变，跟你相关的所有事都在变。那你怎么办？时、时机就至关重要。你做得对不对，不能绝对而论，此时做得对，彼时再做却可能是错，因为时机不同了，一切都变了。所以圣人讲"时中"，靶子在三点钟方向，你一枪中了，恭喜你；现在靶子移动到十二点钟方向，你还朝着三点钟方向打，肯定不能打中。所以，把握时机，才能够"中"，恰到好处。

就生命成长而言，也需要明乎时中之理。你们现在在校读书，学校的变动是比较少的，三点一线：宿舍、教室、食堂，每天日复一日。未来你们进入社会后，会碰见各种各样的人、事，都在快速变化之中，那你怎么做？最重要的是有时机观念。要知道今年是何年、今夕是何夕，然后制订恰当的方案。否则，可能是刻舟求剑。水在流，你不流，结果就是一场空。

我们的圣人的最高境界，就是"圣之时者"。孟子说，古代有很多圣人，"伯夷，圣之清者也"，伯夷比较清高，所以很多事情不愿做，也看不惯很多事情。周武王要去伐殷，伯夷叩马而谏，说殷纣王是天子，你是诸侯，你怎么能伐纣王呢？这就是不能时中，可谓"不识时务"。当然他是"清"的，也足以作为我们学习的榜样。"伊尹，圣之任者也"，任是能干事、能办事，埋头办事，也缺乏时的意识。"柳下惠，圣之和者也"，柳下惠不管这个国家有道、无道，都愿意去做事情。至于"孔子，圣之时者也"，孔子最能把握时机。《论语·微子》记载孔子说自己，"我则异于是，无可无不可"，我不会事先给自己确定一个不变的标准，只能这样或者绝不能这样。孔子不是这样的，而是在变动不已的环境中随时做判断，该进就进，该退就退，绝不拖泥带水。所以在《论语》中我们看到，孔子在面临进退的问题时，总能干脆利索地决断，比如到齐国：

> 齐景公待孔子，曰："若季氏则吾不能，以季、孟之间待之。"曰："吾老矣，不能用也。"孔子行。

孔子后来到卫国：

> 卫灵公问陈于孔子。孔子对曰："俎豆之事，则尝闻之矣；军旅之事，未之学也。"明日遂行。

孔子有心出仕以救世，为此而周游列国；但孔子绝不把出仕作为自己唯一的选择，因而能够随时做出决断。孔子曾对颜渊说："用之则行，舍之则藏，唯我与尔有是夫！"有起而行道的机会，那就抓住机会大干一场；如果没有这个机会，那就退而教导弟子。《周易》艮卦的《彖辞》说："时止则止，时行则行，动静不失其时，其道光明。"这就是君子而时中。

　　总结这节课，希望大家记住几个关键词：时，易，复，不已，历史，时中。

第八讲　礼乐

这节课我们继续讨论"文"，但这个"文"在人身上或者在人之间，此即"礼乐"。

大家想必都听说过"礼乐"这个词，礼乐就是文。孔子曾说过："周监于二代，郁郁乎文哉！吾从周。"孔子认为，周代继承了夏商两代的礼乐而予以修整增益，所以周代的"文"就好比湿润环境中的山林，郁郁葱葱。孔子用"文"来形容周代的礼乐。礼乐是人文，经由礼乐的化成，个人的行为举止看起来有条理，人与人形成良好的关系，看起来有条理，这就是文。

你们肯定也听说过，中国文明是"礼乐文明"。不过，这话现在基本上难以成立了。今天我们正处在礼乐崩坏的状态，不过，我们也不必沮丧。历史上，礼乐崩坏的现象是周期性发生的，每次在崩坏之后，礼乐还是会重建。所以，即便我们今天已经礼崩乐坏，也没关系。我们今天其实已经进入一次新的礼乐重建过程中，所以需要特别了解什么是礼乐，礼乐为什么非常重要。只有明白了这些，我们才能有效地展开礼乐重建的工作。

不知礼，无以立

首先讨论"礼乐"是什么，为什么很重要。我们来看《左传》所记鲁成公十三年的一件事情：

> 三月，（鲁）公如京师。宣伯欲赐，请先使，王以行人之礼礼焉。孟献子从，王以为介，而重贿之。公及诸侯朝王，遂从刘康公、成肃公会晋侯伐秦。成子受脤于社，不敬。刘子曰："吾闻之：民受天地之中以生，所谓命也；是以有动作礼义威仪之则，以定命也。能者养之以福，不能者败以取祸。是故君子勤礼，小人尽力。勤礼莫如致敬，尽力莫如敦笃。敬在养神，笃在守业。国之大事，在祀与戎。祀有执膰，戎有受脤，神之大节也。今成子惰弃其命矣，其不反乎？"

这里所记周王室大夫刘康公说过的两句话，后来被人反复引用："国之大事，在祀与戎。"国家最重要的事情是祭祀和军事，这两者都涉及国家的生死：戎是军事，不用说，很重要，你打败仗，国家就亡了。祭祀同样很重要，大家去天安门广场就会看到，故宫东边是宗庙，是皇帝祭祀其祖先之处。皇帝为什么要祭祀祖先？因为祖先获得了江山，没有祖先，你怎么可能坐到金銮宝殿上？皇帝不祭祀祖先，权力的正当性就丧失了。建国之后，把明清的宗庙改建成劳动人民文化宫，其实也很好，也可以说，其中有祭祀之义：以前，皇上祭祀他们家的祖先，现在人民当家作主，应当尊崇劳动人民。其实，天安门广场基本上是一个祭祀场所：人民英雄纪念碑是祭祀鸦片战争以后的先烈的地方。前两年国家通过法律，每年9月30日举行公共祭祀大典——当然，现在不叫"祭祀"，而叫"纪念"，但意思就是祭祀。我也建议大家去国家博物馆参观，那么国家博物馆是什么性质的场所？其实也是带有祭祀性质的场所，祭祀我们的文明、祭祀我们的先人。里面展览的文物、文字、图像，涉及仁人志士、帝王将相、圣贤君子，展示他们创造文明、保家卫国的伟大事迹，看到这些，我们必定有感恩之心。所以，国家博物馆也是一个祭祀场所。我们要这么看博物馆，才有意味；

如果你只看到那些死物，那就失之于浅薄了。当然，我们也以时祭祀圣贤，清明节刚过，陕西在祭祀黄帝，河南也在祭祀黄帝。两家在争，这是好事，大家争相"慎终追远"，记住我们文明的先人。现在也有越来越多的地方在祭祀孔子，"天不生仲尼，万古如长夜"，孔子对我们的文明有承先启后之大功，我们感念孔子，所以祭祀孔子。这些祭祀显示，我们有文明的自觉，我们有生命的自觉，我们知道自己该做什么，我们知道谁跟我们是同胞，由此，文明就有了生机，由此国家就可以凝聚为一体。

中国如此，西方也是如此，祭祀也是西方国家最重要的事情。比如美国首都华盛顿到处是祭祀场所，纪念碑、纪念堂、墓地之类。所有这些纪念也即祭祀场所，都是要引领人民缅怀先烈，记住自己国家所走过的路，从而树立文化自信、制度自信，并从历史知道未来国家往哪个方向走。这就是祭祀的功能。所以大家千万不要以为，我们是一个现代国家了，就不需要祭祀了，不相信鬼神了。这是现代人的虚幻想象，如果不相信神明、不相信先人还在，不跟他们对话，不祭祀他们，国家就解体了。想象一下，如果没有国家博物馆，你到哪儿看到你的国家的文明？如果不祭祀那些缔造了文明、创建了国家的人，无数心志各异的人如何凝聚成为一个国家？所以，祭祀关乎国家的生死，进而关乎每个人的生死，或者更具体地说，"祀"关乎国家之生，戎关乎国家之死。这是两件大事情。

而在这两个大事情里，有一个共同的东西把所有人整合为一体，这就是礼。刘康公这段话主要阐述"礼"的重要意义，之所以有这段话，是因为成肃公在接受祭肉分配时不敬。祭祀要给先人献上供品，祭祀完毕后，这些供品由祭祀者分而食之，与先人共食。比如一头猪献给先人，祭祀完毕，分割给各家吃，那是可以得福的。成肃公接受祭肉的时候不敬，刘康公就说"吾闻之，民受天地之中以生，所谓命也"等一大段话，这段话说得十分精彩。

人生于天地之中，这是中国人对于人的看法，不是神造人，而是父母在天地之中生下我们，所以，我们注定要立足于大地，向上成长，以及于天。中国谈人，讲的是生命的挺立，孔子讲他自己"三十而立"，又讲"己欲立而立人，己欲达而达人"，一个人如果不立起来，就是小人，因为你趴在地上。你立起来才是一个大人，大人就是挺立起来的人，看起来很大，所以谓之大人。那你怎么挺立？我们看看孔子是怎么说的：

> 子曰："兴于《诗》，立于《礼》，成于《乐》。"
> 子曰："不知命，无以为君子也。不知礼，无以立也。不知言，无以知人也。"

以上所引第二句在《论语》的最后一章，作为《论语》的结语，当然是非常重要的。孔子说，正是礼让你挺立成人的；反过来说，如果你不知道"礼"，就不知道怎么"立"，也就难以成为一个真正的人。这也正是刘康公的意思："是以有动作礼义威仪之则，以定命也。"你父母把你生下之时，你什么也不知道，饿了就哭，想尿尿的时候哭，想拉屎的时候哭，就只知道哭。这时候，你是个生理学意义上的"小人"，因为你尚不能自主，不能自立，你的生命处在不定的状态。慢慢地，父母教你一些规矩，你的行为逐渐有了条理，你的生活逐渐有了秩序；然后你去上学，或者读了一些书，了解到一些道理，或者家中、社区中的长者教你待人处事的规矩，你的行为逐渐稳定客气，你的生命就逐渐挺立起来了。这时候，你想吃饭，你不会哭了，相反，你会得体地对人提出，或者订个外卖。总之，逐渐地，你懂得按规矩生活，也就是以礼生活。你的生命有了条理，你知道如何妥善地与人打交道，知道如何获得自己可以获得的，而不去谋求本来不属于自己的东西。你也知道去做你应该给别人做的事，你知道怎么妥帖地对待长者，怎么妥当地对待异性，怎么恰当地对待陌生人。所有这些，就是刘康公所说的"动作、礼义、威仪之则"，也就是待人处事的规则，也就是礼。我们的生命因为依循这样的规则，看起来比较文雅，别人也愿意与我们打交道；我之所欲，别人愿意满足，我不会给他人造成伤害。所以刘康公说，有了这些规则，我们的命就可以定下来，意思是，我们的命不至于漂浮不定而能挺立起来，这就是礼仪的功能。

总结一下，我们生而有自然的生命，应当逐渐以文化成之，而成就人文的生命。自然的生命是肉体本身，人文的生命是礼乐贯注于我们的身体之后而有的，由此，我们的身体有一定条理，我们的行为有板有眼，这就让我们区别于禽兽。人跟动物的区别不在于人有两条腿、动物有四条腿，动物也有两条腿的，比如鸟；人兽之根本区别在于，人知礼仪，人的自然生命可以人文化，而只有经过人文化，自然的人才能成为人文的人，从而在生活中、在社会中能够自由地行走，并为他人所接受。我们来看《礼记·曲礼》的一段话：

> 鹦鹉能言，不离飞鸟；猩猩能言，不离禽兽。今人而无礼，虽能言，不亦禽兽之心乎？夫唯禽兽无礼，故父子聚麀。是故圣人作，为礼以教人。使人以有礼，知自别于禽兽。

鹦鹉能说话，但没人因此就说鹦鹉是人，鹦鹉终究还属于禽兽。同样地，猩猩也会说话，但没人说猩猩是人，它仍然是禽兽。为什么？因为鹦鹉和猩猩都不知礼仪。一个人外貌看起来是个人，长得是人样，能说会道，但如果不知礼，不依礼行事，也还没脱离禽兽的境界，仍然是禽兽。禽兽和人的根本区别在于，人有礼，比如人知道"人伦大防"，父亲和儿子不能共娶一个老婆，不能乱伦，这是最基本的礼。禽兽则不知道这一点，有"父子聚麀"的现象。礼规范生命，礼给生命以成长的轨道，所以，礼至关重要。

说到这儿，不能不插一句，西方人在这一点上始终存在很大问题，乱伦是其文化中一条关键而隐秘的线索。大家有没有看过古希腊神话？其关于宇宙诞生的神话故事中充满了乱伦：大地女神是与其儿子结婚的。神教也未能避免这一坏倾向。基督教神学说，耶稣基督是圣父、圣子、圣灵三位一体，那么请问，他与母亲是什么关系？柏拉图则提议，城邦中实行共产、共妻、共子制度，那么会不会出现乱伦？礼的重要功能是严男、女之别，在这方面，西方文化中也存在很大混乱。我们前面已经提及过，《创世记》说神造人，那么神是男性还是女性？经文没有明说，推测起来，神是超性别的甚至是无性别的。作为造物者的神没有性别，导致西方人的性别意识存在很大缺陷。你们可能都看过一些报道，特朗普上台以前，奥巴马时代的纽约市政府通过了一个法令，承认世界上有三十几个性别，厕所要建三十多种。为什么？因为他们提出了一种怪异的理论，性别不是天生的，而是由人的主观意识构建的。我是什么性别，不是看我长成什么样子，而取决于我自己认同哪一种性别，我的性别我做主，我自己定义自己的性别。虽然我在生理上是个男儿身，但我认为我是女的，所以我就是女性；或者我在生理上是个女性，但自己认为是个男性，或者我认为自己既不是男性也不是女性，如此等等，混乱不堪，由此导致整个社会失序，这就是《礼记》所说的"不离禽兽"。中国文明很幸运，"故圣人作，为礼以教人，使人以有礼，知自别于禽兽"。礼之最重要者是别父子，别男女。《周易》讲天地、乾坤、阴阳，二者有别，而互感、互动，生出万物，性别是很清晰的。在礼制中，有大量内容严男女之大防。同样，中国文化也强调父子有别。因为有这些礼，所以，中国人早早就完全地脱离了禽兽世界，真正在过人的生活。人的生活一定是礼义的生活。

《礼记·礼器》中说："礼也者，犹体也。体不备，君子谓之不成人。""体"这个词看起来比较抽象，我们看一下《诗经》的一首诗《鄘风·相鼠》：

相鼠有皮，人而无仪。人而无仪，不死何为。相鼠有齿，人而无止。人而无止，不死何俟。相鼠有体，人而无礼。人而无礼，胡不遄死。

以前学这首诗时，老师的解说是，本诗内容是奴隶斥责奴隶主不是人，像老鼠一样。这就讲浅了，《毛传》讲得非常清楚："《相鼠》，刺无礼也。卫文公能正其群臣，而刺在位承先君之化无礼仪也。"现代人不把《诗经》当作经来读，抛弃诗传，闹出很多笑话。这首诗是说，老鼠还长着皮，你身为一个人，却不知道礼仪，你还不如死了好。大家可以想一下皮和仪之间的关键。老鼠长着灰色的皮，有一些花纹，我们一看就知道它是老鼠而不是兔子。后来，子贡也曾经用皮毛形容人的礼仪：

棘子成曰："君子质而已矣，何以文为？"子贡曰："惜乎夫子之说君子也，驷不及舌。文犹质也，质犹文也，虎豹之鞟，犹犬羊之鞟。"

虎豹和犬羊的重大区别就在于其皮毛的花纹，刮去这些有花纹的皮毛，你还能分得清虎豹和犬羊吗？同样的，人之所以是人，就是因为我们身上有文，也即有礼仪，有威仪、动作、礼义之则。举手投足、一言一行都按这样的规则来安排，我们才是一个人。如果一个人没有仪则，那就不是一个正常人，比如，疯子、精神病人就不按正常礼仪行事，所以我们都认为他们不正常；当然，一个死人也没有礼仪。一个活着的正常人，一定会基本上按礼仪来活动，那样，我们才能与他打交道；如果他没有，那就徒有人之名而无人之实。所以，诗句斥责说："人而无仪，不死何为"，你是一个人，但你身上一点礼仪都没有，你还活着干吗，不如早点死了算了。后面两章的意思差不多，"相鼠有齿，人而无止！相鼠有体，人而无礼！""止"字很重要。我们讲文字的时候提到过这个字，原意就是脚趾，引申为前进的方向。所说《大学》说："止于至善"，具体而言，"为人君，止于仁；为人臣，止于忠；为人子，止于孝；为人父，止于慈；与国人交，止于信。"我们做子女的，就应当始终致力于孝，这就合于礼。如果做不到，我们就不算合格的子女。

这里也讲到了"体"和"礼"的关系，古人讲"礼也者，体也"，礼让我们才有了人之为人的身体。我们生而有自然的身体，但这身体是需要人文予以固定的。如果没有礼的指引和约束，人就只有野蛮的身体，而难有人文化的、文明的身体，其实也就等于没有人之为人的身体，别人也就没法跟他打交道。

总结起来，礼让人区别于禽兽，礼让人成为真正的人，所以礼非常重要。如果没有礼，人不能成为人，社会必陷于大乱之中。所以，礼对于我们的生命具有构成性意义。构成性意义的含义是，离开了礼，我们就不成为人，即便我们有人之名。

礼因人情而为之节

接下来讨论一下礼是从哪儿来的。我们共同学习几段经典中的相关段落，以理解礼的源头。《礼记·坊记》有一段话讲得很精彩：

> 礼者，因人之情而为之节文，以为民坊者也。故圣人之制富贵也，使民富不足以骄，贫不至于约，贵不慊于上，故乱益亡。

重点是第一句。什么是"人之情"？《礼运》说："何谓人情？喜、怒、哀、惧、爱、恶、欲七者，弗学而能。"这就是基本的人情。每个人最初始、最自然的情感是对父母的爱，前面跟大家讲孝的时候特别指出了这一点，中国人讨论人的自然状态，从父母生人这一事实开始。父母生人，父母会自然爱自己的孩子；反过来，孩子自然生发出爱、敬父母之情。这就构成了"人之情"中最深刻、最普遍、最自然的爱之情。与此类似，其他情也都是自然而有的，只要我们活着，在人中间，就必有七情六欲。

礼是"因"于这样的人之情而有的，"因"意思是"就着""顺着"，顺着这样的人情，自然地出现了相应规则，由此，我们得以恰如其分地表达自己的情。比如，子女恰如其分地表达对父母的爱、敬之情，这就是"为之节文"的意思。"节"就是确定规则、规矩，使之恰如其分，就是"节气"的节；"文"是文饰，看起来更为文雅，你文雅地做，对方心里舒坦。"因人之情而为之节文"具体应用到刚才提到的因人爱、敬父母之情而为之节文，就形成了侍奉父母之礼。比如孔子所说的"生，事之以礼，死，葬之以礼，祭之以礼"；"生，事之以礼"还有一系列更具体的规则，如"孟懿子问孝，子曰无违"，不违背父母之命；或者"事父母，几谏"，看到父母有过错，我们要委婉地劝诫，而不能上去照着父母打一耳光，因为他是你的尊者、长者，我们要依礼对待他。当然，《弟子规》《礼记》中有很多侍奉父母之礼，比如"晨昏定省"之类。这就是我们表达对父母的爱敬之情的节文。

"礼"的功能是让人把对他人的敬意呈现在身体行为之上。现代社会的最大问题正是，人们没有用恰当的仪式把自己的敬意表达出来。你不能说，到了现代，人与人之间没了爱敬之情。这不可能啊，人始终都是人，怎么可能无情？比如各位对父母有没有爱敬之情？当然有。但现在缺乏恰当的礼仪，现代社会坏就坏在这里。你有人情，但没有以礼仪表达，对于对方来说，你的人情存在吗？相当于不存在。你心里怎么想，我怎么知道？我要看你的行为。现代人总有一种倾向，以为礼仪、节文是多余的，其实这正是现代社会劣于古代社会的地方，由此导致人情疏远，相互冷漠，甚至充满误解。

"故圣人之制富贵也，使民富不足以骄，贫不至于约"，则说明"礼"

的功能是让我们的行为处在无过、无不及的状态。《礼记·仲尼燕居》所记孔子的一句话，说得更为精彩："夫礼，所以制中也。"我们对父母表达爱敬之情，需要中道的行为方式，既不至于过，过分，又不至于不及，不充分。对父母，过分亲昵是不好的，这表示你一直没长大；冷落父母也不对，说明你无情。礼就是要给你指出一个恰如其分的表达爱敬之情的方式，照着这样的方式做，双方都心满意足。

我们再来看两段经典论述。《礼记·三年问》中说："三年之丧何也？曰：称情而立文，因以饰群，别亲疏贵贱之节，而不可损益也。故曰：无易之道也。"《礼记·丧服四制》中说："圣人因杀以制节，此丧之所以三年。贤者不得过，不肖者不得不及，此丧之中庸也，王者之所常行也。"

这两节都在讨论三年之丧的礼制，大概意思是一样的，都强调了"礼"是本乎人情而制作的，并不是圣人或王者凭借自己的绝对权威强加于人的。礼是内生的，每个人自然地有各种情感，我们需要将其表达出来。这时我们会有某些行为，但当然，我们愿意使之恰如其分，礼就因此而生。所以，礼的功能是让我们表达情感的行为恰如其分。这两节经文所涉及的三年之丧，就是恰如其分的。《论语》中孔子专门讨论过这个问题，"子生三年然后免于父母之怀"，我们刚生下来，父母抱了我们三年，我们才得以活下来。那么当父母去世，我们难道就没有伤痛哀戚之情？我们就不能给父母守三年之丧？现代人总觉得我的事业很重要啊，可是当初你父母的事业就不重要吗？人情凉薄，莫过于此。

通过上面的论述，也许大家已经清楚：礼确实会约束我们，安排我们做这个、不做那个。但请大家注意：礼作为规则，不是外生的而是内生的，也就是说，礼仪是从我们作为人的情感自然地生发出来的，只不过加以规范而已。我们本有情感，依着礼，我们的情感得以恰如其分地表达；如果不依着礼，那我们的情感就不能得以恰如其分地表达，甚至吓着别人、伤害别人。只要我们还是人，我们必然有情，也就必然有礼。禽兽当然也是有情有欲的，但它无礼仪，所以我们说它是野蛮的。

　　就此而言，礼不同于西方神教文明中的律法或者法律，虽然两者都是规则，但来源不同。神教中的律法来自神的命令，神可不管人的情，甚至经常故意跟人情过不去。比如，人自然地爱自己的父母，神却偏偏说我来是为了让父子疏离的。所以，神教的律法是外生的，是外面的神颁布给人的，用来强行约束人。人要遵守神的律法，得费很大的劲，一不留神就违反了律法。礼却不同，礼是因乎人情而为之节文，因而是内生的，所以礼经常呈现为习惯。人习惯成自然地做着，不费什么劲，就合乎礼仪。各位可以从这个角度思考一下十分重大的问题：究竟是礼治更好，还是法治更好？究竟是礼治合乎人道还是法治合乎人道？究竟是礼治可行还是法治可行？究竟是礼治有助于塑造良好秩序还是法治有助于塑造良好秩序？

　　我说的良好秩序是指，人们不只是相互不伤害，更有深厚的情意。礼基于人情而予以节文，旨在维系人情。表达情感不足，容易削弱情感，而表达太过，则长久不了。过于亲密的情感，反而容易生出嫌隙。比如，两个人每天勾肩搭背，很有可能过两天就会变成仇人。恰如其分，两边都舒服，才能长久。所以，礼治虽然也在治，但它是有人情味的。人要守规矩，但规矩是为了维护人与人之间的情意。这是礼治最好的地方。西方的法治则是冷冰冰的。而我觉得，人与人之间有情意，才是好的、善的，因为人本有情。今天，各方面都在倡导法治，但其实，我们应当投入更大的精力去重建礼治。不仅中国人应当如此，西方人也应当如此。我们经常抱怨人情冷漠，那你为什么不重建礼治呢？法治也许可以维护秩序，但礼治既可以维护秩序，也可以维护情意，两全其美。

礼节制人欲

　　上面讨论了礼与情的关系，下面换个角度，讨论"礼"与欲望的关系。

请看《礼记·乐记》一段论述：

> 人生而静，天之性也。感于物而动，性之欲也。物至知知，然后好恶形焉。好恶无节于内，知诱于外，不能反躬，天理灭矣。
>
> 夫物之感人无穷，而人之好恶无节，则是物至而人化物也。人化物也者，灭天理而穷人欲者也。于是，有悖逆诈伪之心，有淫泆作乱之事。是故，强者胁弱，众者暴寡，知者诈愚，勇者苦怯，疾病不养，老幼孤独不得其所：此大乱之道也。
>
> 是故，先王之制礼乐，人为之节：衰麻、哭泣，所以节丧纪也；钟鼓、干戚，所以和安乐也；昏姻、冠笄，所以别男女也；射乡、食飨，所以正交接也。礼节民心，乐和民声，政以行之，刑以防之，礼乐刑政，四达而不悖，则王道备矣。

这里出现了现代人反复提到的一对概念："天理人欲。"同学们如果读过文史典籍就会知道，宋明儒学讲修身之道，就有"存天理，灭人欲"的教义。你们是不是以为很落后、不合乎现代价值啊？但老师要告诉你们，这就是现代价值。宋儒所生活的社会，大家千万不要以为是古代社会，相反那是个现代社会。按照那个曾经提出过历史终结论的美国学者福山的说法，秦汉中国就是现代社会——这个观点我同意。现代性表现在多方面，其中一个方面是，中国社会从来就不是禁欲主义的，秦汉或者宋明都没有禁欲主义的神教来统治人。

禁欲主义一定跟神连在一起，比如基督教、佛教才会要求信徒为了来世而严禁肉身之欲。所以，当神教居于统治地位的时代，整个社会必然笼罩在禁欲主义气氛中。印度各种宗教也普遍主张禁欲。西方人有过这段经历，所以对这个问题特别敏感。16、17世纪以后，西方社会发生了很大变化。这个变化可以归结为神教的衰落与世俗主义的兴起。而世俗主义一定带来纵欲主义，欲望被解放出来，没有神来禁锢人的欲望，人就放纵自己的欲望。

我们以此去看宋明社会，就会发现这是个现代社会，没有神来禁锢人的欲望。但这就好吗？欲望不加约束，是一个好社会吗？《礼记》这段话讲得非常清楚，如果人的欲望没有节制，世界将会怎样？这也是我们今天必须认真面对的问题。网红们的欲望很强烈，因此什么事都敢干，看他们表演的很多人也是什么事都敢干，由此导致很多悲剧，比如校园贷、"裸贷"。裸贷的女生为什么要贷款？真没饭吃了吗？当然不是，还是消费欲望过于旺盛。家里的钱不足以支撑，就贷款消费，坏人乘虚而入。当初花钱的时候可爽了，但最后终究是要还人家钱的，又还不起，人家到处散发你的裸照。有些女生走投无路，自杀了；或者自甘堕落，进入一些灰色、黑色行业。这当然是不幸的，其中有一连串不加节制的欲望驱动：女生的消费、享乐主义，从事校园贷公司毫无节制的商业欲望。校园贷是一个平台，把借款人和贷款人连接起来，另一边的一些人也有邪恶的欲望，互联网把这些不加节制的欲望撮合在一起，最后的结果是人们相互伤害。这就是上边那段话所说"大乱之道也"。

中国文化从来不是禁欲主义的，因为中国人不相信在今世之外还有来世，所以不会在今世消灭欲望。但圣人也非常清楚，放纵欲望，则人必然化为物。这个命题非常精彩。我上大学时，学界热烈讨论青年马克思的思想，其中非常重要的理论命题是"人的异化"。马克思说，人本来是人，但在资本主义的工业化生产体系中成了机器的附属物，人异化为物的奴隶。我们的圣贤早早就发现人的异化可能：物质欲望的放纵导致人成为欲望的奴隶，也即，人成为物的奴隶。这时人就化为物了。人成为禽兽，因为在你眼里，世界就是一堆物，你为了获得物，为了获得更多的物，愿意把自己的一切都献出来。比如，女生为了享乐而作小三或者卖淫，男生为了买时髦手机而卖肾。也不知道这是真是假，如果是真的，这就是"人化物"。

为了获得物，把身体或者器官作为商品卖掉，为了物质享受，宁愿舍弃自己的生命。这样的状态当然不是好的状态，一定会导致人们相互伤害："有悖逆诈伪之心，有淫泆作乱之事"，在一个欲望放纵的时代，强者一定会胁迫弱者，而这时弱者没有任何保护；还有，"众者暴寡，知者诈恶，勇者苦怯，疾病不养，老幼孤独不得其所"，等等。所以，物质主义的、欲望横行的社会绝不是好社会。

但圣人也从来没有说人不应该有欲望，因为人如果没有欲望，生命就终结了；人有男女之欲，人类才会传承下去；人有饮食之欲，生命才能维持下去。但是，欲望应当有其限度，所以宋儒讲"存天理，灭人欲"。什么是天理，什么人欲？我到了二十多岁了，生理上已经成熟，心理上已有准备，那就应当结婚，这就是天理；一个男人和一个女人结婚是天理，但我非要和章子怡结婚，或者要和八个女人结婚，这就是人欲。饿了要吃饭，渴了要喝水，这是天理；但渴了一定要喝乌鸡汤，喝法国进口矿泉水，这就是人欲。从这几个例子大家就能明白，宋儒讲的"存天理，灭人欲"，并不是让男生不娶女生、女生不嫁男生。相反王者为政，最重要的是"男有职、女有归"，男男女女都能成家立业。所以，圣人之道是中道的：不禁欲，但节欲。宋儒讲的"存天理，灭人欲"，也是同样的道理。

人一定要节制自己的欲望，让欲望恰如其分，用什么节？用礼。有了礼，每个人节制自己的欲望，就能各得其所。今日社会存在很多问题，或者大家觉得有很多问题，问题根源在哪儿？以我的浅见，正是礼崩乐坏。其实，以古人讲的男女之礼、夫妇之礼而言，礼是保护弱者的。很多人说"礼教吃人"，礼教维护了男女不平等。这种说法或者是因为无知，或者是别有用心。恰恰相反，正夫妇之礼其实确保了男女之间的平等。《周易》家人卦的《象辞》说："女正位乎内，男正位乎外，男女正，天地之大义也。"夫妇双方在家里各自承担起自己的责任，两人有所分工，所以男女有别。恰恰因为有分工，所以需要合作，男女在家内分工合作，意味着两个人是平等的。如果没有分工，一个是奴隶主、一个是奴隶，要分什么工？不需要分工。分工合作恰恰意味着两个人是自主而相互平等的。按中国人的理解，夫妇都是家里的主人，妇女被称为"主妇"，家里的事情就是要由主妇管理的。当然，现代社会，女性也外出工作，但仍然主管家里的事情，所以自古以来，中国妇女的地位是全世界最高的。为什么？因为我们是礼治，礼确保了妇女的平等地位。

恰恰是礼让我们每个人有尊严，每个人都知道自己是谁，该干什么，可以得到什么，应该给别人什么。所有这些，通过礼，每个人都可以清清楚楚地知道。一个人知礼、依礼而行，这就是个自主的人啊。相反，如果一个社会中没有礼或者礼很虚弱，不足以规范人，那就如经文所讲，我们每个人连自己的命都保不住，还谈什么尊严、独立？

所以，礼教不吃人，恰恰相反，一旦废除了礼教，必定出现人吃人的情形。礼是节制人的，礼教是教人自我节制的，尤其是节制强者，节制有权力、有财富的人。圣贤早就指出，人如果不知道自我节制，社会上也没有礼仪来节制人，那人们必定相互伤害。当年，新文化运动抨击礼教，由此掀起反传统的思想文化、社会政治运动，到后来，礼教倒确实被冲击得七零八落了，结果呢？人们相互伤害的事情还少吗？直到今天，我们还在承受礼教遭受空前大破坏的恶果。今天很多领域存在人们相互伤害的事情，是因为礼教，还是因为没有礼教？答案是显而易见的。

礼与法律之同异

上面我们讨论了礼与生命的关系，礼与情的关系，礼节制欲望的作用，据此，我们可以对"礼"下一个简单的定义了。

近世以来，由于礼乐崩坏，礼教崩塌，人们几乎很难理解礼了。包括学界，谈礼，多数不着边际。那些抨击礼的人就不用说了，即便那些肯定礼的人，对礼的理解也存在严重偏差，比如把礼看作道德。礼当然与道德有关系，但礼不是道德。道德更多是一种内在的自觉意识，礼则是外在的规则。礼体现在身体上，体现在各种仪节中。礼是人际相交接的规则，并伴随着仪节，呈现为身体的特定动作。

因此，"礼"是无所不在的，只要人和人发生关系就会有"礼"。凡是人和人发生关系的地方，都会有"礼"；武侠小说里说："有人就有江湖，人就是江湖。"我们也可以说，有人就有礼，有事就有礼。如孔子在《礼记·仲尼燕居》中曾说：

子曰："礼者何也？即事之治也。君子有其事，必有其治。治国而无礼，譬犹瞽之无相与？伥伥乎其何之？譬如终夜有求于幽室之中，非烛何见？若无礼则手足无所错，耳目无所加，进退揖让无所制。是故，以之居处，长幼失其别；闺门，三族失其和；朝廷，官爵失其序；田猎，戎事失其策；军旅，武功失其制；宫室，失其度；量鼎，失其象；味，失其时；乐，失其节；车，失其式；鬼神，失其飨；丧纪，失其哀；辩说，失其党；官，失其体；政事，失其施；加于身而错于前，凡众之动，失其宜。如此，则无以祖洽于众也。"

孔子说得很清楚，人只要做事，就必定与人打交道，就必定需要相应的规矩、规则，也就必然有了礼；没有礼的引导、规范，你就无法与人打交道，也无法做成事情。

礼无所不在，古人将其大体划分为五个领域，形成"五礼"之说，即五个领域的礼，即吉、凶、宾、军、嘉五礼。"以吉礼事邦国之鬼神示，以凶礼哀邦国之忧，以军礼同邦国，以宾礼亲邦国，以嘉礼亲万民。"吉礼是祭祀鬼神之礼。邦国发生了灾难，就用"凶礼"。军礼是军事领域的礼，古代的战争都有严格的礼仪，在今天叫"战争法"。但古代的战争法相比于今天的战争法多出了仪节，比如战场上双方要摆开阵势，不能突袭人家。突袭叫作"偏战"，宋襄公就吃了这个大亏。《左传》记载宋楚泓之战的经过：

> 楚人未既济，司马曰："彼众我寡，及其未既济也，请击之。"公曰："不可。"既济而未成列，又以告，公曰："未可。"既陈而后击之，宋师败绩，公伤股，门官歼焉。国人皆咎公，公曰："君子不重伤，不禽二毛。古之为军也，不以阻隘也。寡人虽亡国之余，不鼓不成列。"

这是中国历史上很重要的事件，它意味着战争形态正在发生根本转变。之前，战争确实像宋襄公所讲的那样，依礼而战，如果不依礼而战，胜之不武，天下人都会耻笑。宋襄公所在的春秋时代，社会正在大转型过程中，礼崩乐坏，开始出现一种新观念：为了获得胜利，完全可以不择手段。所以《春秋左传》记载的战争大多数不用诡道，但从春秋后期开始，有兵家兴起，提出用兵的基本原则："兵者，诡道也。"这句话出自《孙子兵法》，很冷酷，说明历史进入了一个全新的时代，跟春秋时代完全不同了。春秋时代，礼乐虽然正在崩坏，尚未彻底地崩坏，所以还有宋襄公这样的人物，坚守古代的礼制。战国时代，礼乐彻底崩解，就把胜利当作唯一目的，手段可以任意选择。后来汉人总结战国时代的精神，就是用"诈、力"。一是欺诈，二是暴力，这是一个完全没有礼乐的世界。结果是，人民涂炭，流血漂橹。有礼的战争和无礼的战争，其结果是完全不同的。看《春秋左传》，一场战争也就死几十个人；看《秦始皇本纪》的记载则冷酷得多，秦军斩首五万、斩首三万，等等。所以，完全不同的时代精神所带来的后果是完全不同的。今天我们中国人还是要重建军礼的精神，以王道治天下。

宾礼是接待外国宾客的仪节，或者是诸侯国之间相互接待的仪节，以及诸侯朝聘天子的礼仪。最后是嘉礼。婚礼就属于嘉礼，成人礼即冠礼也是嘉礼，因为这是人生的好事、美事。

到这儿，我们就可以讨论一下礼与今天的法律之间的关系，两者有相同之处，又有区别。可以这样概括：礼大于法律，这可以从两个方面来说：

第一个方面，礼所规范的事务的范围远远大于法律。礼无所不包，而法律则是有限度的。有人有事就有礼，而法律，因为是明文制定的，必然只能管辖人事中的一部分，所以现代人才说，"法无明文禁止得自由"。对礼来说，这句话就不成立，不可能设想有个地方没有礼加以规范。所以说起来，礼治的社会一定比法治社会更有秩序。

第二个方面，礼除了规范人际关系，更体现在仪节之中。礼涵括今人所讲的民法、宪法、行政法等，今人所讲的各种法律，古人用一个字来概括，就是"礼"。但我们马上要补充一句，相比于今天的法律，"礼"又多出了法律没有的内容，即仪节，也就是身体的周旋进退之仪。今天法律体系里的《婚姻法》规定了男女如何缔结婚姻关系，结婚之后夫妻双方各有什么权利义务，最重要的是两人感情破裂之后如何离婚。说实在话，我们现行的婚姻法基本是一部离婚法。关于离婚，规范得特别详细，而且离婚很容易，法律每修订一次，离婚就容易一层。按照现在的《婚姻法》，想离婚马上就可以离婚。就此而言，这不是一部好的法律。回到正题：《婚姻法》不会规定你结婚时怎么办婚礼，穿什么衣服，从几点钟开始，如何向天地、父母行礼。但在传统婚礼中，这些才是重点。那么今天大家结婚，是遵循礼还是按照法律？我相信，大多数人还是按照礼，为什么？美啊。通过仪节，规范体现在人的身体上，这就是礼不同于法律之处。礼是生活化的、也是艺术化的，礼让生活是美的，并带有神圣意味。相反，按照《婚姻法》，扯个结婚证就算结婚，这样的人生有什么意思？当然，离婚的时候肯定用得上《婚姻法》。

从这里大家当然也能听出我的倾向，我们今天必须保护礼、恢复礼、重建礼，进而把法律纳入礼之中，当然也可以让法律礼制化。因为，礼不仅可以规范人际关系，更重要的是礼让生活艺术化，让人之间保持和增进情意。礼治社会是好于法治社会的，因为礼治社会不仅有秩序，人际还有情意。我相信，没有人不喜欢生活在一个有情意的社会中。今天我们的法律已经颇为完善了，现在的重点庇护可以转向加强礼治建设，并以礼治逐渐融摄法治。中国文明是礼乐文明，那么复兴中国文明，就要重建礼治。

这里已经谈到了仪节，下面我们专门讲讲仪礼。

仪礼

什么是"仪"？"仪"是规范公私生活之仪节。仪节的范围很广，首先是身体的动作，这是仪节的根本，比如，跪拜礼、揖礼等。现在我们大家见面都握手，你不觉得别人的手脏吗？尤其是在你已经掌握了细菌、传染病的知识之后！古人早早就替你解决了这个问题，行拱手礼。挺好，不接触，又方便。

仪节也表现在衣冠上，不同的人穿不同的衣服，同一个人在不同的场合穿不同的衣服，这对于塑造我们的身体、表达对其他人之敬意，具有非常重要的意义。上节课提到过这一点，中国人自称为华夏，古人解释说：夏者，大也；华者，服章华美也。当时中国四周有蛮、夷、戎、狄，其文明程度比较低，文明程度低的标志之一是，随便拿块树皮、皮毛包住身体，而我们则有衣冠。《周易·系辞》说："黄帝尧舜垂衣裳（cháng）而天下治。""衣"指上衣，"裳"（cháng）指下衣，古代君子的衣服分为上、下两部分。古人认为，黄帝、尧、舜带给中国文明最重要的东西是"垂衣裳"。作衣裳之礼，由此而天下治。可见，衣冠有多重要！

今天的人们很难理解这句话，但大家仔细想一下，就能明白其至关重要。我们有个身体，如果大家都不穿衣服，其实没多大区别，分不清谁是谁。但有了衣冠，人就清晰可辨了。衣冠是人文的重要组成部分，衣冠让人的身体人文化。衣冠构成一个共同体、国家的文明之最深层次的基础，因为其他一切活动都以人有衣冠为前提的，比如，我总不能光着身子给大家上课吧？所以，衣冠区别各个文明，是文明的最显著标识。

孔子曾说过："微管仲，吾其被发左衽矣。""被发"是什么意思？古代中国人除了梳洗之时，都要戴冠，不同的场合戴不同的冠。但戎狄多数则是披头散发。中国古代的上衣都是右衽，也即衣襟斜向右下，左襟压在右襟之上，但戎狄则相反，是"左衽"。"被发左衽"就是戎狄的标识。很不幸，如果从衣冠角度讲，今天的中国人基本上就是戎狄，因为现在大家多数不戴冠，披散头发；也没有了右衽。我去参加某些活动，有时主办方会提醒"请穿正装"，其意思是穿西服。西服、西装现在竟然成了中国人的正装，多么可悲。你到大街上看一下大家穿的衣服，很少有中华衣冠。

这个问题很严重，不是小问题。你远远看见一个人走过来，对他第一印象是什么？当然是衣服，所以曾子曾说："君子所贵乎道者三"，其中第一个就是"动容貌"，一个人留给人的第一印象是他的服装和帽子。现在我们中国人的容貌就是戎狄之容貌。我们总说中国是礼仪之邦，但今天仅从衣冠角度来说中国已亡。不过，我倒丝毫不绝望，因为我看到，现在有很多人在努力恢复华夏衣冠，包括国家领导人，我们领导人在一些正式场合，不着西装，穿"中华立领"，这就起到了示范天下的作用。还有青年人，对华夏衣冠感兴趣的很多，且越来越多。我自己也一直在努力回到华夏衣冠。这也算文化自信吧。为什么不能堂堂正正把中国人自己的服装穿出去？当然，日常生活、上课不必峨冠博带，但正式场合，比如祭祀祖先时，你穿上牛仔裤，我就问你，你家祖先能认出你吗？恐怕不能，因为他从来没见过这等戎狄之装啊。日本人、韩国人在这方面做得比我们好，他们在祭祀或过年时都会穿自己的传统服装。我想中国人在这方面应该自觉，衣冠的文化自觉。

衣冠之制对于塑造社会秩序也有积极作用。不同人穿不同衣服，大家相逢，相互一看，就知道对方是什么身份，也明白自己是什么身份，也就可以采取相应的、恰如其分的行为相互对待，由此就可以维持良好的社会秩序。今天，我们是怎么相互对待的？我们可能相互不满意，为什么？因为各人没有恰当的衣冠，也就少了明确的标识，从而也就让人不知道如何恰当地相互对待。

今天如果要重建礼乐，最简单易行的途径是恢复华夏衣冠。当然不必全然复古，这些年我穿的衣服差不多都是现代的，但保留了古代的一些形制、精神。我们完全可以发展出今日的"华服"，作为我们的正装。

总之，仪节的内容很丰富，如果大家想要了解各方面的仪节，可以看《仪礼》这本书，它非常详尽地记录了公共和私人生活中方方面面的仪节。下面主要跟大家简单地谈谈婚礼，因为这跟大家直接相关。

古代士人成婚，基本有六个步骤，所以也叫"六礼"。我想说明的是，即便到了今天，大家的婚礼大体上还是遵守这些礼节的，除非是特别有个性或者特别古怪的人，包括特别文艺的人，可能不遵守这个，大多数人是守礼的。只是经过复杂的演变，有些变样儿了。

第一步是纳彩，光自由谈恋爱是不能结婚的。当然在现代，可以先自由恋爱，但进入婚姻状态的第一步是纳彩，男方家去女方家提亲，那就得备礼物，也即所谓"彩礼"。

第二步是问名，问清楚女方的名字以及出生的具体时间。现在大家恋爱，当然不用问名字，你早就知道，但对方出生的具体环境、时间等，也还是需要到双方家中深入了解，才能知道的。

第三步是纳吉，在女方家取得名字、八字，要拿着这个到祖庙中占卜，看是否合适、匹配。如果得到了吉兆就要备礼，通知女方准备缔结婚姻了。

第四步是纳征，男方家要送聘礼给女方家，现在农村有聘礼，媒体报道最近两年聘礼越来越高，结个婚要几十万彩礼，你们觉得是否合理？大家可能觉得这不合理。但我以为，问题没这么简单，背后有一系列复杂的社会问题。比如，在农村，女孩子越来越少，或者女孩子不愿意嫁给农村男青年，而愿意嫁给城里青年，或自己已到城里打工、上学，当然不愿回农村，婚姻市场会出现严重的性别失衡，求婚男子数量远远大于可出嫁的女子。女性与其家人觉得自己嫁到农村，损失很多机会成本，所以她就会提出较高要求，以增加自己未来的生活保障。要改变这个局面，就必须想办法让男女恢复平衡，这才能降低彩礼，否则只会一直往上涨，不管采取什么办法都没有用。简单地说，这是一个性资源的分配问题，很残酷，人类的很多争夺因此而起，古代匈奴人南下，抢夺的就是两样东西：子女、财帛，人力资源和财富。也许在城市化过程基本完成后，人口安定下来，彩礼能慢慢降下来。

第五步是请期，择定婚期后要通知女方，现在则是两家共同商量。

第六步是亲迎。新郎亲自到女家去迎娶。按照《诗经》的记载和经学家的说法，周文王最早行亲迎之礼，然后成为周人通行之礼。民国时代曾有社会学家调查发现，凡是周文化影响较深的地区都行亲迎之礼，其他地区则不行此礼。你看，圣人制礼，影响是多么深远，为什么？因为其顺乎人心啊。

各位未来都要结婚，现在婚庆公司办婚礼，差不多都是中西结合，你看，婚庆公司也是有文化自觉的。我希望，中式元素越来越多，逐渐重建新中式婚礼。毕竟，我们前面已经说过，婚姻结两姓之好，有深刻的宗教内涵，那就应当是中国式的，这样才能教化夫妻恒久远。

文质彬彬，然后君子

我们说中国文明是礼乐文明，但在古代，"礼不下庶人"，君子群体最有能力行礼乐，反过来，礼乐是塑造君子的重要机制。孔子办学，推动了礼乐普及化，庶人子弟也可以学习礼乐，君子通过学礼，而"立"起来。下面引用《论语》中的几章论述，看一下礼与君子养成间的直接关系。有一章，想必大家都很熟悉：

> 子曰："质胜文则野，文胜质则史。文质彬彬，然后君子。"

这里的"文"就是"礼"，"质"是我们内在的品质。在座各位的同学内在品质都是很不错的，现在老有人诋毁你们，说九零后不行，独生子女，不负责任；我通常会替大家辩护，从这些年的教学中我发现，同学们普遍品质纯良，坏心眼儿基本没有。这是独生子女的好处，你们得到了父母充分的爱，没有那么多为了生存竞争而产生的不好品行。以前我们生活的那个时代，孩子多，又贫困，孩子相互竞争，心理上难免有一点点扭曲。在座各位身上当然也有问题，但不是你们自己造成的，而是社会失职所致，那就是缺乏"文"。在你们成长的过程中，包括你们的父母在内的成年人、教育系统，很少有人认真地教你们礼乐，教你们依礼而行。前面已经说过，各位同学特别爱敬自己的父母，可惜通常都不能够恰如其分地表达出来，或者表达爱较多，表达敬太少。这当然会引发一系列的问题，今天不去讨论。总之，希望大家能够意识到这一点。可以想一下，如何恰当地用自己的身体语言把你对父母的爱、敬，对他人的爱、敬，比如说对老师的爱、敬，表达出来，让你的爱、敬成为可见的、可被他人感受到的，由此，你的行为可以塑造良好的人际氛围。否则即便你心里充满了爱、敬，但如果表达不好，也就等于无。孔子讲"文质彬彬"，一半对一半叫彬彬，文与质两者同等重要，礼与情感两者同等重要。接下来看曾子的论述：

> 曾子有疾，孟敬子问之。曾子言曰："鸟之将死，其鸣也哀；人之将死，其言也善。君子所贵乎道者三：动容貌，斯远暴慢矣；正颜色，斯近信矣；出辞气，斯远鄙倍矣。笾豆之事，则有司存。"

　　"问"是慰问的意思，曾子病重说的这番话当然很重要了。曾子认为，一个人想成为君子得特别重视三项，且都与礼仪有关："动容貌"涉及衣冠、行为举止；"正颜色"强调了待人处事时脸色的重要性，你以什么样的脸色待人，孔子讲，事父母"色难"，大家不妨反思一下，你对你父母是什么脸色，对你的同学、老师是什么脸色；然后是"出辞气"，你怎么遣词造句，用什么语气说话。大家恐怕都知道，大街上发生的骂仗、打架斗殴，大部分是因为辞气不当，或者你说了不当的话，或者你说话的语气不当，本来应该是疑问句，你变成了感叹号，那就可能引起一场冲突。曾子给大家指出了非常切实的修身之道，大家可以从这三个方面反思、修身。子贡也有一段论述，前面已经提到过，这里再讨论一次：

　　　棘子成曰："君子质而已矣，何以文为？"子贡曰："惜乎夫子之说君子也，驷不及舌。文犹质也，质犹文也，虎豹之鞟犹犬羊之鞟。"

　　棘子成的疑问是现代知识分子反复论说的，他们觉得，只要人有内在的良好品质就行了，干吗还要礼仪？很多现代人觉得礼仪太烦琐，根本就是多余的，重要的是情感本身，只有要真情实意就够了。果真如此吗？子贡当下顶了回去：太可惜了，你这个人竟然这么讨论君子，你的舌头跑得也太快了，四匹马拉的车都赶不上你舌头的翻转，意思是你说话太轻率，没走脑子。为什么？子贡用了一个归谬法，"鞟"的意思是皮革，动物把毛刮去，剩下的皮就叫"鞟"。你怎么辨认一张皮是虎豹之皮？靠其毛纹，犬羊也一样。现在你把皮毛都刮去，你告诉我，哪张是虎豹的、哪张是犬羊的？你分不出来。本来这张皮能卖一万块钱，你手贱，把毛刮了，只能卖两百块钱。子贡的意思是，如果质就是文、文就是质，那虎豹之鞟也就是犬羊之鞟。子贡以此说明，文很重要，不是说有了美质，自然就有雅文。世上这种人很多，有质无文，就是孔子所说的"质胜文则野"。子贡重申了孔子的看法"文质彬彬，然后君子"，既要有内在之良好品质，又要有优雅的文饰，包括衣冠、辞气、颜色，然后你才是君子；否则，有质而无文，仍然是小人。当然，有文而无质，同样是小人。只有把两者恰当地搭配起来，才是真君子。希望各位也注意这个问题，我刚才已经表扬大家"质"不错，现在希望重视一下"文"。比如，买衣服时就要留心一下，不要把小人之服买回来，还得意扬扬地穿出去，让人家侧目而视。

礼者，敬也

前面讲到，礼无所不在，处处皆有礼，待人处事，无不需要礼。那怎么对人恰当地行礼？礼太多了，学不过来，这儿给大家提供一个"道"。我们需要理解，为什么要对人行礼，行礼的宗旨是什么？前面讲到了礼是用来达情的，我们可以把所有待人之情概括为"敬"，据此我们可以说，行礼的目的是恰如其分地表达我们对他人的敬意。

我们可以看一下《礼记·曲礼》的第一句话："毋不敬，俨若思，安定辞，安民哉"，这是《礼记》整本书的第一句话，显然很重要。最重要的是前头三个字"毋不敬"，希望大家记住这三个字，永远都不要对人不敬，对任何人、面对任何事情都要保持敬意。敬的内涵则需要大家去体会，我们对人敬，可以表现为对人恭敬；对事敬，表现为专心地做这个事情，始终有戒慎恐惧之心，唯恐把事做砸了，为此全副身心投入。古人常引用《诗经》中的话："战战兢兢，如履薄冰，如临深渊"，我们碰见事情，要有这样的心态，这就是"敬"。有这样的心态，就能把事情做好。如果没有这样的心态，吊儿郎当，放纵你的心，事情肯定做不好。当然，在"礼"的范畴中，敬主要是对人的。接下来这句话说得非常好，也值得同学们深思：

夫礼者，自卑而尊人。虽负贩者，必有尊也，而况富贵乎？富贵而知好礼，则不骄不淫；贫贱而知好礼，则志不慑。

为什么要对人行礼？是因为我们有心把自己放得低一点，以表达对他人的敬意。为什么要表达这个敬意？不是因为虚伪，而是因为每个人都有其尊严。天生万民，人人皆有其独立和尊严；人生于人之间，我们碰见任何一个人，都要敬他。因此，我们之所以对人家行礼，是发自内心地想表达我们对他的敬意，让他感受到他有尊严。即便是一个"负贩者"，他们的社会地位当然很卑微，但也有尊严，有自己的人格尊严，因为他们和我们一样，都是人。这就是一个君子应有的人道的自觉。如果一个人对那些地位比自己低的人吆五喝六，他就是小人。他没有把对方当成一个人来对待，但对方明明是一个人。他之所以把那个人不当成人对待，因为他自己已不自认为是人了。小人是把他人当成物，以待物之道去待人，结果是让自己变成物。你不敬人，别人就不敬你，这是一个互感互动的过程，你迟早会因为你不敬人而在人生之途上遭遇挫折，甚至是灾难。大家肯定都希望人生之路通达无碍，那你怎么通达无碍？《论语》中孔子教诲我们："质直而好义，察言而观色，虑以下人。"现在听到"察言观色"这个词，大家都理解其为贬义词。当然，我们不要去有意讨好别人，但如果一个人能够察他人之言，观他人之色，那一定能够充分地表达其对人之敬意。为什么察他人之言、观他人之色？因为他心里有敬人之意。而由察颜、观色，你就可以找到恰如其分的方式对待人，这样反而会让你得到尊敬。当然，让自己得到尊敬不是我的目的，我敬人是发自内心的，因为我知道别人跟我一样是人，所以我要对他表达我的敬意。

经文最后说："富贵而知好礼，则不骄不淫。贫贱而知好礼，则志不慑。"这句话也非常重要，你们以后既可能富贵，也可能贫贱，两种可能性都有。当然也可能介乎中间，成为中产者。不管在什么状态，知礼，都能让你有尊严，既不低声下气，也不对人骄横。

最后，我们可以看看《孝经》中一句话："礼者，敬而已矣"，经礼三百，曲礼三千，一言以蔽之，就是"敬"，所有的礼都是人们用于相互表达敬意的，这其中也包括在上者以礼表达对在下者之敬。我们刚才分析《曲礼》那一段，即便对负贩者，我们也要行礼，因为人人都有其尊严，每个人，不管在什么位置，都是人，就值得我们以待人之道来待他。

礼之用，和为贵

最后简单讨论一下礼的宗旨，如果人人依礼而行，会形成什么样的状态？《论语·学而》中有一章专门讨论这个问题，我想大家都很熟悉：

> 有子曰："礼之用，和为贵，先王之道斯为美。小大由之，有所不行；知和而和，不以礼节之，亦不可行也。"

什么是"和"？笼统地理解为"和谐"，当然没错，但还是没讲清楚。我比较倾向于将其理解为"有情谊地协调"，人与人之间相互有情感，又能相互协调，这就是"和"。比如夫妻之和，圣人首先讲夫妇有别，很显然在一个家里，你是丈夫，她是妻子，两人角色当然是有别的，所要做的事情也是有别的。这就需要礼来规范，讲清楚两个人分别做什么，所以古人说"礼主别"。但是，别不是宗旨，恰恰因为两个人有别，各司其职，才得以"和"。从这个意义上讲，同性恋婚姻是有问题的，因为他们是"同"。古人讲"和而不同"，为什么？你进饭馆，厨师给你做菜，加点盐，再加点盐，再加点盐，继续加盐，还能吃吗？没法吃。相反，来点盐，来点醋，来点酱油，来点香油，来点糖，五味调和，这才是厨艺。"同"的叠加做不出像样的东西，通过"异"的相加，不同而和，才有美好的结果。一个男人、一个女人结婚是因为其不同，不同而结合、合作，得到了 1+1 大于 2 的结果；两人同，则必然是 1+1 小于 2。"和而不同"的道理是非常深刻的。夫妻两人要有分工，不能争着抢着干同一件事，两人就是要干不同的事，这样，各司其职，各安其分，最终可以各得其所。

如果大家都依礼而行，不论是在上、在下、在左、在右，尊者、卑者、大者、小者都依礼来做，会形成什么状态？我们来看看《礼记·礼运》的一段话：

> 故治国不以礼，犹无耜而耕也……四体既正，肤革充盈，人之肥也。父子笃，兄弟睦，夫妇和，家之肥也。大臣法，小臣廉，官职相序，君臣相正，国之肥也。天子以德为车，以乐为御。诸侯以礼相与，大夫以法相序。士以信相考，百姓以睦相守，天下之肥也。是谓大顺。大顺者，所以养生、送死、事鬼神之常也。故事大积焉而不苑，并行而不谬，细行而不失；深而通，茂而有间。连而不相及也，动而不相害也：此顺之至也。

我特别喜欢"连而不相及也，动而不相害也"这句话。"连"的意思是，我们要连在一起，我们要共同生活；但又"不相及"，每个人都是独立自主的，把天所命于自己的禀赋充分发挥出来。由此，自己的生命得以成长，也让对方得到其身上所没有的东西，这就是相连的好处。"动而不相害"，两个人紧密互动而不相互伤害。这是圣人对美好生活的看法：人一定要共同生活在一起。西方人讲的"个人主义"基本是一个虚妄的幻象，根本不能成立，因为个人主义意味着把自己和其他人切断联系。切断与人联系的是什么人？要么是禽兽，要么是疯子，只有这两种情形。正常人总是处在与其他人的关系之中的，离开了人伦，就没有人。离开了父母，有你吗？离开了夫妻，不管是男人还是女人都是不完整的。古人讲："夫妇，半也。"在男女没有结为夫妇关系之前，两人都只是半个人，结合在一起，共同建立持久的婚姻关系，两人才对人的另一半有了成熟的、完整的理解和把握，这时自己的生命才趋于完整。这就是中国人所理解的人的生存状态：第一，人一定是相互连接的，注定了要共同生活，而不是如同孤狼一样在荒野上游荡；第二，但人也不可相互替代，不可相互伤害。怎么做到这样的状态？以礼来规范，礼作为人际连接的节文，既把大家连接在一起，又把大家区别开来，从而让大家有情意地相互协调。

所以，礼至关重要。中国社会最基础的治理之道是礼治，孔子讲："导之以政，齐之以刑，民免而无耻"，光靠政和刑是行不通的；"导之以德，齐之以礼，有耻且格"。在《礼运》《乐记》中都讲到了德礼刑政或者礼乐刑政"四达而不悖，则王道备矣"。首先是礼治，因为，礼治可以塑造人们之间有情意的合作关系。

乐以和人、神

讲完了礼，乐就容易理解了。古人同时讲礼乐，但礼最重要，乐在其次，因为乐在礼之中。乐总是用于礼仪之中，古人是没有开音乐会这样的事情的。比如，你们要办婚礼，肯定不能想象婚礼完全在沉默中进行，没有音乐，大家都静悄悄的，这就很瘆人了。葬礼中也有乐，从而助人恰当地表达哀泣之情。开运动会，也不能想象整个运动场上是沉默的，一定会有乐，昂扬的、振奋人心的乐。祭祀同样少不了乐，可以塑造庄严肃穆的气氛。哪怕是战争，也得有乐，擂鼓助威、鸣金收兵之类，可以鼓舞将士们，也可以发号施令。所以，凡是有礼的地方经常有乐，乐是人们行礼的共同节奏，因而总是用于公共活动场合。正因为这一点，古人指出，乐的功能是增强人们的凝聚力，如《礼记·乐记》所说：

> 乐者为同，礼者为异。同则相亲，异则相敬，乐胜则流，礼胜则

离。合情饰貌者，礼乐之事也。礼义立，则贵贱等矣；乐文同，则上下和矣；好恶著，则贤不肖别矣；刑禁暴，爵举贤，则政均矣。仁以爱之，义以正之，如此，则民治行矣。

可见，乐至关重要。三代之时，人们过着共同体生活，所以，乐特别重要，以至于当时的教育，主要就是乐教。据《舜典》记载，中国最早的教育是乐教：

> 帝曰："夔！命汝典乐，教胄子：直而温，宽而栗，刚而无虐，简而无傲。诗言志，歌永言，声依永，律和声。八音克谐，无相夺伦，神人以和。"

帝舜建立中国第一个政府，其中设立乐官。当时已经有至少八种乐器，这一点已为山西陶寺遗址出土的文物所证实，在王级大墓中出土的陪葬品中有乐器。尤其重要的是，乐官也负责教育，通过乐，教君子的弟子以四种德行。

大家可以想一下，今天的乐，尤其是流行音乐，能不能发挥教化作用？我觉得不能。不能不说，今天我们生活在礼崩乐坏的时代。20 世纪以来，礼乐逐渐崩坏，到今天，崩坏得比较严重了。大家看看周围，还有多少礼乐可言？相反，我们到处看到粗鄙，为所欲为，胡作非为。

礼乐不仅塑造秩序，也让生活艺术化，生命更为文雅。大家都在抱怨，今天中国人的生活比较粗鄙，缺乏艺术气息。大家都忙着挣钱，可是挣了钱之后干吗？花钱。于是，生命的主题就是挣钱和花钱。生命的意义就仅在于此吗？我们先不讲内心如何，先问问自己，生活能不能艺术化一些？怎么艺术化？靠礼乐。同样，作为个人，我们能不能让自己文雅一些？也要靠礼乐。

　　应该说，很多人已经意识到了这一点。前面讲时间意识时讲到过，"反，复其道，天之行也"。我们固然生活在礼乐崩坏到极致之时，但恰恰在这个时代，我们也看到，有很多人在自觉地从事重建礼乐的事业。希望在座各位能有礼乐意识，努力地让自己成为文质彬彬的君子，尤其是如果你们中间以后谁发财了，想想孔子对子贡的教诲："富而好礼"，为礼乐重建做一些贡献。

卷三 家国天下

古之欲明明德于天下者，先治其国；欲治其国者，先齐其家；欲齐其家者，先修其身；欲修其身者，先正其心；欲正其心者，先诚其意；欲诚其意者，先致其知，致知在格物。物格而后知至，知至而后意诚，意诚而后心正，心正而后身修，身修而后家齐，家齐而后国治，国治而后天下平。自天子以至于庶人，壹是皆以修身为本。

——《大学》

第九讲 自主

前面几节课主要讨论中国之文。中国人敬天，而天不言，于是圣人观乎天文，以作人文。此人文持久地大明于天下，这就是"文明"；由此，人文化成了一代又一代中国人，这就是"文化"。而天下化成，终究离不开治理。接下来几节课，我们转向政治，转向社会、国家乃至天下的治理。

对这个问题，大家可能比较有兴趣，因为在这方面，大家对中国文明的疑惑最多。没错，过去一百多年来，对中国文化的最深刻怀疑就在政治方面。如果你跟人家说，中国文化还是有很多好东西的，比如中餐，那当然是全世界第一啦；说起中国的做人准则，也没得说。但一谈到中国的传统政治，似乎大家都觉得不好。知识分子尤其如此，他们一直在追问：西方有丰富的自由主义理论，西方人有崇高的自由精神、平等精神，可你们中国呢？"你国"这个词基本上就是对中国政治而发的。这些知识分子反问：几千年来，你国的所谓圣贤君子们提出过什么系统的自由主义理论吗？他们当然已经有答案啦——没有。所以一百多年来，他们一直怨恨中国文明，说中国社会缺乏自由和平等，中国人缺乏自由和平等精神，他们自己嘛，则做出很悲壮的样子，追求自由和平等。最让他们气愤的是，普通民众好像对他们的努力不领情，他们简直有点悲愤交加了，于是异口同声地咒骂中国文化，说中国文化是个"酱缸"。我上学那会儿，这个词很流行的，现在还有人偶尔提起，虽然不多了。

最可惜的是，即便是现代新儒家也未能免俗：他们高度肯定中国文化，毕竟他们认同儒家，这在 20 世纪不是很容易。但他们也认为，儒家在政治上没有拿出好方案，中国传统政治基本上没有多少可取之处。所以他们的基本主张是，今天我们应当坚持儒家的心性之学，但在政治上则应当引入西方的自由、民主、法治；而且他们认为后面这一点最为重要，儒家的心性之学也应当为中国人接受自由、民主、法治，加上科学，打开一条通路。照他们的意思，如果做不到这一点，儒家其实就没有必要存在。说实在话，在他们的论述中，儒家已经降低为工具，自由、民主、法治才是目的。这让我不免疑惑：这些人还是儒家吗？所以就在这两年，大陆儒家学者和港台儒家学者有一场争论，争论的主题就在于：儒家的政治方案在今天是否可行？

大家都知道，儒家向来高度重视政治的：尧、舜、禹、汤、文、武、周公都是圣王，本身就是创制立法的政治家。至于孔子，虽然大家尊为至圣先师，但孔子在世时周游列国，栖栖惶惶，目的何在啊？当然是为了寻找为政、治国的机会。对儒家来说，这一点很关键。儒家跟一神教不同，一神教的基本教义是，有个现世，有个来世，神的国在来世，神教只管人的灵魂，负责让人顺利地进入神的国。按其教义，神教是不管政治的，看不上政治，觉得人世间的政治是很低级的事情。历史上，神教有时参与政治，但终究将其视为低级的事情，完全可以退出。现在中国的某些非官方的基督教徒反而对政治最为热心，这是严重违反其教义的。儒家却不一样。儒家并不是神教，而中国人敬天，没有来世，只有这一世，在此世中，政治当然至关重要。如果不管政治，人怎么成己、成人、成物？因此，儒家始终重视政治，孔子讲政治，《论语》第一篇是《学而》，讨论学以成人；第二篇就是《为政》，讨论学而成人的士君子的为政之道。《大学》也说得很清楚：修身、齐家、治国、平天下，这就是政治。

照这样说来，如果你说儒家的政治方案不行，哪怕你说这套方案在古代社会行得通、到了现代行不通，那就等于宣判了儒家的死刑。儒家所阐明的最重要的观点都是错的，其整体当然就是错的；儒家最重视的方面的方案到现代是不可行的，那今天就不要再扯整个方案了。所以今天，我们如果真心复兴儒家，广泛而言，真心复兴中国文明，就必须认真面对一个根本问题：儒家的政治方案是否可行？或者换一个说法：中国人过去几千年来的政治思考、制度和实践都错了吗？只有在这个问题上正本清源，我们的文化自信才能完整地树立起来。接下来几节课，我们就逐一回答这个非常严肃的问题。

西方的奴隶制与自由的焦虑

我们就从自由和平等说起。

批评中国文化的知识分子确实正确地指出了一个现象：只要对比一下中西典籍就会发现，自古以来，中国人很少谈论自由、平等，也没搞出什么自由主义、平等主义的理论体系；反过来，西方人确实经常谈论自由、平等，历史上也发展出一套又一套关于自由、平等的理论和主义。对这些理论，现代中国知识分子非常羡慕。我前些年也翻译、介绍这方面的理论，对这些理论还算比较熟悉吧。你们选修的其他课程的老师，恐怕都在教你们这些理论。

现在的问题是：为什么会有这么明显而重大的差异？我们还要追问：西方人有自由主义理论，就说明他们处在自由状态或者他们格外热爱自由吗？这两个问题很复杂。这些年来，我一直在一边读中国书，一边读西方的历史和思想典籍，试图搞清楚这些问题。现在已经初步有了答案，我想先简单地说出我的看法：西方人之所以热衷于谈论自由，恰恰因为他们不自由，或者觉得自己时刻有失去自由的危险；中国人之所以很少谈论自由，因为我们敬天，本来就是自由的，或者更准确地说是自主的，所以就不需要关于自由或平等的理论。这个看法可能有点惊世骇俗，我会跟大家略做解释。

关于西方人的不自由状态，尤其是对不自由的担心即自由的焦虑，可以从西方文明的两个源头上分头来看。

大家都学过社会发展五阶段论吧？按照这种学说，人类最初是原始社会，然后进入奴隶制社会，后面的先不管。就说这个奴隶制社会。大家都知道，马克思、恩格斯是德国人，其社会演变五阶段学说当然主要是根据西方历史总结出来的。马克思、恩格斯的理论是正确的，西方历史上确实曾有过奴隶制时代。

我们先来看"近西"，主要是印度，种姓制度跟奴隶制度是什么关系，我没有专门研究过，不敢断言。但可以确定的是，种姓制度是严格的世袭等级制，在这种制度下，处在低种姓的人永远不可能在社会地位上上升。最可怕的是，直到今天，种姓制度依然广泛存在。这些年一直有人说，印度未来将多么辉煌，会超过中国。你们信不信？我反正不信，你连最基本的社会平等问题都没有解决，无数人生活在无希望之中，想发展？没门儿。

种姓制度是怎么形成的？武力征服。请大家记住这四个字，这是西方历史中最为常见的政治现象。我们前面已经多次说过，西方历史上的政治体差不多都是通过武力征服、殖民的方式建立的。就拿印度来说，最早是雅利安人征服了恒河流域。说到雅利安人，大家马上会联想到希特勒，但其实，欧洲人、德国人好像跟雅利安人没啥关系。这群人本来生活在乌拉尔山脉南部草原上，后来迁移至中亚的阿姆河、锡尔河之间的平原上定居，汉唐间人称之为"河中"地区，时间差不多是在商代中期。在这里，雅利安人分为两支展开征服：一路向东，征服了伊朗地区，波斯人就是其后裔，伊朗这个词的原意就是雅利安人的家园。另一支向南进入恒河流域，征服了古印度，征服者成了高种姓，或者是负责事神的婆罗门，或者是拿刀剑的刹帝利；被征服者则成为低种姓，好一点的经商，最差的就是贱民。正是征服和殖民，造成了严厉的等级制。

再看中西，两河流域的情形也差不多。苏美尔的国家也是来自北方的征服者建立起来的，当然，征服者处在上层，被征服者处在下层，很多人成为奴隶。

再说远西，古典时代的古希腊和罗马，马克思关于奴隶制的研究大体上就是依据这两个地区的材料。大家有没有看过好莱坞电影《斯巴达克斯》，描述了奴隶们的惨状。那么，奴隶是怎么来的？同样来自对外的军事征服，征服者抢夺财产，被征服的当地人口则沦为奴隶。在征服战争中，人口是最重要的战利品，奴隶可以给自己用，从事生产活动；也可以到市场上卖钱，古典时代的希腊、罗马都有十分发达的奴隶交易市场。

大家有没有读过《荷马史诗》？这可是古希腊时代最重要的经典，被全世界人民当成世界名著来广泛阅读。我以前一直没有读过，因为不喜欢文学。但前一阵，因为研读古希腊哲学，觉得有必要深入了解其思想观念的背景，就找来阅读，《伊利亚特》《奥德赛》都读了。坦率地说，阅读过程中差点呕吐出来。感觉真的太糟糕了，不能不说，《荷马史诗》的格调太低下了。这两部史诗描述的故事就两个主题：屠杀和抢掠财产。《伊利亚特》主要描述战争，著名的特洛伊战争。诗人对杀人的过程津津乐道，好多次非常详尽地描述长矛刺在人身上有什么反应。为什么发生战争？因为争夺财产，希腊人联盟的英雄们时刻想着如何获得战利品，那个引发战争的大美女海伦其实也被当成战利品。《奥德赛》描述的则是夺取了很多战利品的奥德修斯如何回家，如何夺回其老家被人抢走的财产。大家可以对比一下《荷马史诗》和《诗经》《左传》，精神境界高下立判。中国经典中也大量描述战争，但从来没有把杀人、抢劫当成主题。还有，《荷马史诗》里的神完全没有是非观念，只知道敌我之分，神灵卷入人间的斗争，甚至故意挑拨人间的屠杀。我们早前曾经说过，早期的神就是这个样子的，神让人敌视异邦人。

大家可能觉得我太苛刻了，其实，古希腊的哲学家们，尤其是苏格拉底、柏拉图，跟我的想法是一致的，他们多次嘲笑、斥责诗人，认为用这些东西教育青年，只能把青年引到邪路上。城邦民众对哲学家的看法很不以为然，所以苏格拉底被雅典人判处了死刑。从这里可以看出古希腊社会的基本状况。古希腊人觉得，征服很光荣，谁杀的人多，谁抢的战利品多，谁就是英雄。从《理想国》关于正义的讨论中也可以看出，古希腊人的基本正义观念就是"助友损敌"，异邦人就是敌人，必须尽情打击敌人，毫不手软，没有在此之上的爱和正义。苏格拉底恰恰想超越古希腊人的狭隘观念，但他失败了。

所以，古希腊社会跟古印度一样，也是个种族等级制社会。城邦内划分为自由人、奴隶和外邦人。奴隶主要来自被征服的异邦人；当然，也有一些异邦人在城邦经商、从事学术活动。我们今天似乎特别爱说雅典如何伟大，但其实，活跃在雅典的哲人多数是异邦人。城邦的主人是公民，或者说自由人。为什么会有自由人这种名分？因为有奴隶存在啊，奴隶的基本特征就是不自由。不是奴隶的人都不愿意落入这种境况，大家就相互标榜为自由人。其实，当一个社会的一群人这么标榜的时候，一定意味着该社会存在奴隶制。

后来，欧洲人、美国人喜欢高谈自由、自由人，原因正在这里。就说美国吧。今天，几乎所有人都把美国当作自由国家的典范，很多人的崇拜之情是大家无法想象的。然而这些人忽视了，今天全世界大约只有一个国家的宪法还明明白白地写着奴隶制，就是美国，你回头查阅一下美国宪法第一条第二款，第一条规定美国设立议会，那么，议员怎么选举？第二款对此作了规定，其中有这么一句话："众议员人数及直接税税额，应按联邦所辖各州的人口数目比例分配，此项人口数目的计算法，应在全体自由人民——包括订有契约的短期仆役，但不包括未被课税的印第安人——数目之外，再加上所有其他人口之五分之三。"这样的条款实在是人类的耻辱啊！这里提到了"自由人"，多高尚啊，但为什么提这个词呢？后面给出了答案：首先，印第安人除外，印第安人的故事，想必大家都知道，这群北美大陆曾经的主人差不多被美国人灭绝了，在新成立的美国，他们没有任何权利，因为他们不被当成人。这里又提到了"其他人口"，其投票权只是自由人的五分之三。这些人就是南方奴隶制庄园中的黑人奴隶。五个黑人奴隶只等于三个自由人。当初美国立宪者制定宪法时对于怎么算黑人奴隶，争论很大，差点因此而谈崩了。南方的庄园奴隶主们当然想算上奴隶，但绝不是因为他们仁慈、爱奴隶。如果真爱奴隶，那你倒是给人家自由啊。他们之所以替黑人奴隶争，是因为他们清楚，如果不算黑人，他们在国会议员分配中就会吃大亏，因为黑人在南方比例很高啊。至于当时的奴隶主都有谁？大家熟悉的大人物，华盛顿、杰弗逊等人都是，他们口口声声说自由，却安安心心当奴隶主，而且通过宪法把奴隶制固定下来了。于是，奴隶制、黑人就成为美国社会、政治体系中的癌变病灶，这两百多年来，时不时发作一次，直到今天，种族仍然严重不平等。

美国确实是一个很伟大的国家，但人类最无耻、最残忍的制度——奴隶制，却长期存在于美国，而且是在美国已经建立了其所谓自由、平等制度之后。这是一个需要人们认真面对的事实。看到这个事实，请问各位，美国真是一个自由而平等的国家吗？我们恐怕只能说，美国是一个一直在追求自由和平等的国家，当然是一部分人在争取，总有一部分人在争取。再请问各位，美国人为什么喜欢谈自由？因为，有活生生的贱民、奴隶就在他们眼前啊，甚至就是他的庄园里的工人，他当然害怕自己也落入这种境地啊，所以始终有自由的焦虑。

看了古希腊、罗马的奴隶制，看了现代美国的奴隶制，我们不能不得出一个结论：奴隶制内在于西方文明中。这是一个基本事实。其实，西方人的思想隐约承认了这个事实。

我们前面已经提到过历史终结论，是著名日裔美国学者福山在20世纪90年代提出的。这不是福山发明的，前面已经说过，西方人向来就喜欢这样想。他有个老师，大名鼎鼎的黑格尔，福山继承了黑格尔的历史理论，他们用这个理论说明，历史为什么会终结，终结到哪儿。现在简单向大家介绍一下他们的推理。他们认为，政治社会的起点是：有人是主人，有人是奴隶——在中国人看来，这个起点很古怪。回到他们的说法：最初，一个人是主人，其余所有人都是奴隶。奴隶们当然不高兴，谁愿意当奴隶啊，于是奴隶中就有人向主人做斗争，争取自由，更准确地说，争取自己也成为主人，被主人承认为主人，黑格尔、福山将此视为"争取承认的斗争"——这在中国人看来，同样很古怪，你觉得不平等那就起来推翻它得了，干吗要奴隶主承认？回到他们的说法：这个斗争是很残酷的，也是很漫长的，不可能所有人同时获得自由，于是就有了历史。这个时代，这群人获得自由，被承认为主人；下一个时代，那群人获得自由，被人承认为主人。历史就是奴隶争取成为主人的过程。到了最后，自由民主制度建立，所有人都成为主人，大家相互承认是主人。历史到此就终结了，因为此时没有主人、奴隶之分了，大家都是主人，即便有什么问题，也可以通过民主制度来解决。

　　然而，历史真的可以终结吗？其实，面对二十年前自己的结论，福山已经很扭捏了。显而易见，历史没有终结，相反斗争还很激烈呢。大家都可以看到，在美国国内，斗争日趋激烈。这其实一点不奇怪：只要你设定了主奴结构的大框架，那它就会自我衍生出主人和奴隶。你不是说历史的主题是斗争吗？社会自然会分裂成为若干集团，所以西方社会不断分化，小集团越来越多，种族的、意识形态的、性别的，性别还可以不断分化，比如同性恋现在就是很有力的一个社会集团。这些小集团都觉得自己被主流人群当成奴隶对待，他们要反抗主人也即主流社会。这种小集团层出不穷，斗争永远没有结束的时候。

　　好啦，上面我们讲了奴隶制的存在，给西方人带来的精神创伤，那就是挥之不去的自由焦虑。因为有这个焦虑，所以，自由在他们眼里很珍贵，他们不能不认真思考怎么保住自由，以免自己有一天不小心成了奴隶。自由主义理论就是因此而出现的。当然，这种自由的焦虑，还有另一个源头——神教。

西方的神教与自由的焦虑

神教同样给西方人带来自由的焦虑。神教很神奇，神教说，神造人，神统辖人，还管到人死以后。由此导致两个极端的后果：

一方面，西方人因此相信所有人都是相同的，就此而言，人们相互之间也是绝对平等的。大家都是神所造的，种族、财富、地位等差异全被抹除了。神教在这一点上要比古希腊、罗马文化高明。西方人的平等思想其实主要是神教带来的。当然，神教也带给西方人以博爱。前面说过，古希腊、罗马人是不懂博爱的，他们以完全不同的态度对待本邦人、异邦人。

但另一方面，神教又制造了另一种主奴关系。神在人之外，神造人，神高高在上，以其绝对意志命令人；人如果不服从，神可以惩罚人，要人的命，这个惩罚还延伸到人死后，可以把人送进地狱。面对这样的神，人怎么办？只能无条件地服从。这样，神人之间其实就是主奴关系。各位，神教信徒自己就是这样说的，神典中，信神的人称呼神为 lord，就是主人的意思。有主人，当然就有奴隶，信众就总是自称为"仆人"，其实就是奴隶的意思。所以，德国哲学家尼采一直说，基督教是奴隶的宗教，基督教宣扬的道德是奴隶的道德。尼采被大家当作疯子，但我觉得尼采说得对。

神教也在人之间塑造主奴关系。神会拣择一些人为先知，或者某些人因为先于别人获得了真理而成为传道人，传播神的话，解释神的话。由此形成了建制化教会。面对这掌握了真理的人和机构，普通信众算什么？这两者之间恐怕也是主奴关系。神典里面，先知比如耶稣基督确实说自己是"牧羊人"，信众就是温顺的羊。犹太人中很多人是以放羊为生的，他们当然知道牧羊人和羊的关系是什么样的。牧羊人手里是有鞭子的，还养了牧羊犬，显然，牧羊人是羊的主人。后来的教士也一直说自己是"牧师"、是"牧者"。我们经常说这个词，可往深里想一下，是不是挺可怕？

所以，神教很神奇，一方面造成了普遍的平等，另一方面又造成了绝对的不平等。两千多年来，西方神教社会就在这两者之间撕扯、摇摆。一方面，西方社会确实向着平等迈进，无论如何，有了基督教之后的欧洲，要比古希腊、罗马平等得多。但另一方面，基督徒似乎也可以毫无道德负罪感地接受奴隶制。远的不说，就说美国，要知道，美国南方的宗教气氛要北方浓厚得多，但恰恰是南方长期保持黑人奴隶制。这些人可以一边念着神典，写作论述自由的文章，一边毫不留情地奴役奴隶们。华盛顿、杰弗逊们都是这样的。一个中国人、一个儒者恐怕是完全无法理解这种明显自相矛盾的观念和做法的。直到今天，南方人的种族歧视观念最为严重，对其他宗教、包括对中国的敌视，也最为严重。

关于自由，神教还带来更深层的困境：神是绝对的善，相对于神，人必定有"原罪"。人为什么有原罪？其实就是因为神太完美了，就好比，如果西施复活在我们中间，所有女孩子都会觉得自己是"原丑"。人既然有原罪，那只要自己做主，就一定犯罪，夏娃的故事就明白地揭示了这一点。当夏娃完全遵从神的话的时候，无忧无虑；蛇来哄骗她，她就自己做主干了一件事，结果就是犯罪，遭到神的惩罚。说到这儿，我们不能不说，基督教有严重的性别歧视，为什么女性成为人类第一个犯罪者？由此，神教给人类带来更严重的自由焦虑：人有自由意志，则必定作恶。人有没有自由意志，始终是神学的一个根本难题，神学家们讨论了两千年，也没有确定的结果。总体上，神教的教义是，既然人有原罪，那人就不可能自我成善，所谓原罪的意思就是，你生来如此，并且你做再多善事，也不可能消除这个罪、达到善。那怎么办呢？神教说，人可以经由信神进于善。人要绝对地顺服神，绝对服从神的律法，或者绝对地信靠神，期待神，爱神，所谓"信望爱"。受此影响，西方哲人普遍觉得，人必须服从真理、律法、绝对道德律、必然性，由此就可以克服人之激情、情感、利益、人伦等属性。最终，神来拯救你，你进入神的国，也就进入自由状态。所以，坊间传说哈佛的校训："因真理，得自由。"这其实是神教的教义，很多人不知道这个背景，到处传播。照早期基督教神学大师奥古斯丁的说法，人在多大程度上服从神，就在多大程度上享有自由。

你看，这其实是悖谬的：因服从，得自由。这个"得"字很要紧，你本来没有自由，现在得到了。那你本来是什么状态呢？你不知道真理，处在被愚昧所支配的奴役状态。现在你信了神，你把自己完全交给神，你让自己归零，你就完全自由了。但这个时候，作为一个熟悉中国文化的中国人，我不能不追问：这个自由的主体究竟是谁呢？还是你吗？这个自由对你究竟有何意义呢？所以，神教的自由，在我看来是十分虚妄的。

其实，很多西方人也是这么想的。历史上，有些西方人不堪神之重负，而寻求"解放"。这个词在西方的文献中反复出现，我们中国人经常讲"革命"，西方人则经常讲"解放"。解放的英文是 liberate，意思就是获得自由，你的身份本来是奴隶，你的主人给你自由，这是解放；面对神，你本来也是奴隶，但我现在决定不再信神了，决意摆脱神的支配，这也是解放。

西方现代思想的总体倾向是追求解放，主要就是摆脱神的支配，取得自由。这一点在文艺复兴运动中、尤其是在启蒙运动中，表现得最为清楚。启蒙最早发生在法国，时间大约在十七、十八世纪。这里顺便说一声，法国、德国的启蒙运动深受中国思想的影响。传教士们本来要到中国传教，结果他们发现，中国其实比欧洲更好。尤其奇妙的是，中国人竟然没有唯一真神崇拜，可人们很有道德，社会秩序也很好。由此，法国那些敏锐的思想人物开始反思，我们干吗要靠神的拯救？这就有了启蒙运动。可以这样说，没有儒家思想之启发，就不可能有法国启蒙运动。你要知道，从神教建制化之后，整个西方人就在神教笼罩之下，几乎很难想象没有神的生活。但中国思想则给他们展示了完全不同的世界，没有神，人也可以活得很好。所谓启蒙（enlightenment），其实就是解开神对人的蒙蔽。所以，法国启蒙思想家激烈抨击神教，即便那些对神教比较客气的人，也纷纷走向了"自然神教"，否定一神教的人格神观念，而这是一神教的根本教义。由此一路发展，最后尼采宣告："上帝死了。"这可是西方文明的一次巨变。可以说，整个现代历史就是西方人逐渐摆脱神教的过程，各种现代思想的共同特征是去除神，人成为主体——这其实就接近于中国文化了。

但与中国文化还是有区别，中国文化讲中道，现代西方人则从中世纪的一个极端摆向另一个极端：获得解放的人完全局限于原子化的肉体存在，唯有情感、激情、欲望之放纵，所以我们在西方现代文明中看到了一种放纵的自由泛滥。你们以后如果留学，可以在美国西海岸比如洛杉矶这样的城市看到这种很典型的社会。在中产阶级中间，在知识分子中间，放纵的自由观念非常流行。美国社会的观念分布在地域上有很大差异：中南部比较保守，深受基督教思想的影响，人们希望通过信神获得自由；在海岸地带，思想比较现代，倾向于自我放纵。实际上，在整个西方历史上，我们都可以看到这种撕裂和摇摆：要么把自己交给神，丧失自由；要么摆脱神，自由放纵。

上面给大家梳理了奴隶制和神教所催生的两种自由焦虑，恰恰因为这样的焦虑，催生出西方纷繁复杂的自由主义理论：看到别人是奴隶，我当然担心失去自由，所以我深入思考如何保住自己的自由；我面对万能的神处在不自由的状态，不能不努力思考自己如何达到自由的状态。西方人之所以源源不断地生产关于自由的理论，就是因为他们始终认为自己在不自由状态里，或者可能陷入这种状态。所以，他们始终在求自由或者保自由，由此而不能不进行理论思考。不断提出自由主义理论，实际上意味着他们始终认为自己没有达到稳定的自由状态。这就好比，一个男生没有女朋友，或者眼看女朋友疏远自己，就会去看恋爱指南。相反，如果自己的女朋友稳稳当当的，或者已经结婚，根本就不会看这方面的书，对不对？

　　上面就西方的自由和自由主义给大家讲了很多，我的意思并不是西方没有自由，而是说这个事情非常复杂，不像很多人以为的那样简单。我希望大家更为准确地认知西方文明，认识到西方文明的另一面，把两个方面放在一起，从而更准确地评估自由在西方文明中究竟是处在什么样的状态，自由主义的理论功能究竟是什么。有了这样的预备性讨论，我们才可以更好地理解中国文明，回答中国人是否自由、是否爱自由这个大问题。

在天之中，人人平等

　　下面转而讨论，中国人为什么没有系统而认真地思考过自由问题，也没有全面而深刻地思考过平等问题，没有发展出成套的自由主义理论或关于平等的理论？是不是因为中国人根本就不喜欢自由，或者就是喜欢被人奴役？

　　我们还是要回到本原上，那就是敬天的根本信仰。从生理学上说，我们每个人是父母所生，但追本溯源，每个人都是上天所生，就像张横渠所说，"乾称父，坤称母"，所以天下万民都是我的"同胞"，兄弟姐妹，当然就是相互平等的。在天之中，人人平等，这是中国文化的根本大法，我们首先确认这一点。

　　这一点与一神教其实有相通之处，我们前面谈及美国《独立宣言》里面就说，"人人被造而平等"，一神教同样确立了人人相互平等的基本原则。但是，这两者之间还是有重大区别的。

　　对此区别，我们前面已经反复说明过：神在人之外，神有自己独立的体，有自己的绝对意志，神以自己的意志造人，并且神能言，可以向人颁布完备的律法。这样，神就成为人的主人（lord）。天却与此不同，天不在人外。什么是天？孔子说，"四时行焉，百物生焉"，人生于其中，长于其中，活动于其中。大家要认真体会"焉"也即"其中"的含义。人就在天之中，人是天的一个构成部分，所以人可以"与天地参"。很显然，人和天之间的关系不是奴隶和主人的关系，我们从来没有说过，天是我们的主子。相反，孔子讲"巍巍乎唯天为大"，我们固然是小的，天是大的，因为除了我，天地之间还有很多东西。但圣贤从来没有说过天是我们的主人，我们必须绝对服从天。因为，天不言，天本来没有什么是需要我们服从的，天没有颁布详尽的律法，要我们干这个干那个，或者不准干这个干那个，那你服从什么？所以，天人之间不是主奴关系，这跟神人关系是完全不同的。请大家记住这一点。

孔子也讲"天何言哉"，天不言，所以"天"在人间没有什么代理人，所以中国人是不承认先知的。先知是自称听到神的话的人，但在中国，如果有人宣称，昨天晚上听到天对自己说话了，这人一定是妄人、骗子，因为天根本就不说话。所以，大地之上的人没有一个可以宣称自己是天在人间的代表、代理人，也就没有一个人可以借助天的权威而成为人的主子。天根本不给人这样的机会，因为天不说话。天也不事先拣选任何一个人。天遍覆无外，怎么可能特意拣选某个人或某个民族？

当然，同学们会有疑惑：我们政治中有"天子"啊，天子说自己是受命者。但大家要知道，天子不是天拣选的，不是天给某个人打电话说，喂，哥们儿，你来做天子。不是这样的，经典上说得很清楚："皇天无亲，惟德是辅。"你要用自己的德行赢得人心，你得了人心，天才会对你的权威予以认可。《尚书·皋陶谟》里就说了："天聪明，自我民聪明；天明畏，自我民明威。"天是以天下人作为自己的耳目的，你有德，天下人承认你，天就认可你，这就是"天命"。天命不是天用言辞宣布你为统治者，而是你要用自己的德行"对越于天"，通过获得人的认可，来获得天的认可。因此，神的拣选跟天的认可是两个完全不同的概念。拣选是有个绝对的主宰者以自己的绝对意志进行选择的，简单地说就是我们今天所说的内定。你什么都没有做，你就被内定了——而且，也不必有什么理由，拣选出自神的绝对意志，而绝对意志是无理由的。至于民众，也只能被动接受，完全没选择的权利。至于认可，则不是内定。相反，完全要看当事人的表现，谁表现最好、德行卓越，造福民众，大家予以认可。得人心者得天心，这时候你才能说，你是个天子。所以，从根本上来说，天子与我们每个人是平等的，只不过其德行更为卓越，所以我们对他心悦诚服，上天只不过对我们的这一感受予以肯定，予以赞助而已。天子出自我们的选择。

总之，中国人因为敬天而坚信人与人是相互平等的。《礼记》中有一句话："大道之行也，天下为公。"天下是天下人的天下，不是一个人的天下，没有任何一个人可以宣称天下是自己的，也不能宣称天下是他们家的。天下是大家的，在位者如果失德了，会失去天下的统治权。但基督教会、罗马教会却可以宣称世界就是我的，这就是两者之不同。你说，究竟谁更平等？

这样一来，在中国你就可以看到人类文明历史上的奇迹、人类的例外：世界主要文明中，只有中国没有过奴隶制，印度、两河流域、埃及、古希腊、古罗马、波斯，乃至于现代美国，都有过作为经济、社会制度的奴隶制，其法律确认共同体中有相当一批人是奴隶，可能占到人口的 1/2、1/3，他们没有人身自由，其生命、财产要服从于另外一个人。唯有中国是个显著的例外。

当然，严格说来，中国历史上曾经短暂有过奴隶制或准奴隶制，那是什么时代？基本上是北方草原民族初入中国时短暂实施，比如，蒙元征服中国后有一段时期施行准奴隶制，因为其族群本来就在野蛮状态。然而一旦他们在中国落脚，深受圣贤文化的影响，就会慢慢取消这个制度。清朝也是这样，满清入关以后，部分地保留了关外的奴隶制。比如大家看电视连续剧里清朝大臣对皇帝自称"奴才"，而把皇帝称为"主子"，这就是其野蛮的地方。但大家要注意，汉族大臣对皇帝却自称"臣"。也就是说，满清皇帝也清楚地知道，汉人深受圣人教化，不会认为自己面对皇帝是奴才。

在中国，哪怕只是普普通通的农民，站在皇帝面前也不是奴才，陈胜吴广早就说了，"王侯将相宁有种乎？"你王侯将相跟我平民百姓一样，都是父母所生、老天爷所生，我们在这一点上是平等的。我认为，这是中西文化最根本的差异，一个有奴隶制，而一个没有。

当然，我们需要再补充一点：在中国，奴婢制是始终存在的。我们所说的奴隶制是作为社会的主要、起码是重要经济活动形式，比如在古希腊、罗马，被认为下贱的生产活动基本上是奴隶承担的，离开了奴隶，其经济体系就会崩溃。美国南方的黑人奴隶制庄园也是如此，如果没有这些庄园，南方经济就无法正常运转。奴婢制则没有这么重要，它主要从事家务，即便从事生产，也只是辅助性的。但儒家士大夫也认为，让人做奴婢是不人道的，大家读史书就会看到，历代儒家士大夫都强烈要求取消奴婢制，比如董仲舒请求汉武帝下令"去奴婢，除专杀之威"。在儒家看来，人家18岁的姑娘，凭什么卖到你富人家做奴婢？应该把她解放出来，让她嫁人，组成自己的家，成为主妇，过正常的家庭生活。这是儒家的基本观念。甚至在宋朝，很多儒家士大夫都不坐轿，他们觉得自己坐在轿上，由两个或者四个人抬着是不人道的。这就是儒家的仁者之心。正是这样的仁者之心塑造了中国人的平等精神。

那么，在中国，生产活动是由谁承担的？如果用西方人的词汇，就是自由的农民。各位，如果你广泛阅读各国典籍，你就会看到，只有在中国典籍中才能看到歌颂劳动欢乐的篇章。大家可以看看《诗经》中的一首诗《甫田》：

倬彼甫田，岁取十千。我取其陈，食我农人，自古有年。今适南亩，或耘或耔，黍稷薿薿。攸介攸止，烝我髦士。

以我齐明，与我牺羊，以社以方。我田既臧，农夫之庆。

　　琴瑟击鼓，以御田祖，以祈甘雨，以介我稷黍，以谷我士女。

　　曾孙来止，以其妇子。馌彼南亩，田畯至喜。攘其左右，尝其旨否。

　　禾易长亩，终善且有。曾孙不怒，农夫克敏。

　　曾孙之稼，如茨如梁。曾孙之庾，如坻如京。

　　乃求千斯仓，乃求万斯箱。黍稷稻粱，农夫之庆。报以介福，万寿无疆。

　　这首诗描写的是在王都附近，周成王到田间视察，与农民交流，分享快乐的场面。"曾孙"指周成王，人世间最高贵的王和人世间最卑微的农民打成一片。这在西方是无法想象的。这种场面的背后有一个观念，君子并不认为劳动是卑贱的。没错，农民的地位确实很低，但没有一个士君子认为他们是奴隶，可以任意剥夺他们的生命，可以随意支配他们。他们从事的工作当然是很粗糙的，但没有一个人认为他们的工作是卑贱的。相反，我们在典籍中会看到，君子群体，也就是西方人所说的贵族，对农民有仁者之心、仁爱之心，所以他们会采取很多措施来减轻农民的负担。到了年终岁尾，社区有各种各样的祭祀庆典，君子和农民共同庆祝、共同祭祀、共同宴饮、共同欢乐，这样的情景也只有在中国有。所以，我们在中国会看到非常重要的文学分支，田园诗，士大夫以归隐田园作为自己最美好的生活想象，他们用优雅的笔触描写乡村生活。这类文学作品在西方很难看到，因为在西方，从事农业劳动的人长期以来都是奴隶，一个自由人当然不屑于与农民打成一片，所以也不会赞美乡村生活。在西方人心目中，城、乡之间是对立的，城市代表自由，代表文明，代表政治和战争，至于乡村，则是奴隶们一天到晚在黑暗中做一些卑贱事情，这是他们的想象。

所以，中西文明的最大差异在于，历史上，一个是有奴隶制，一个没有奴隶制。说到这儿，不能说一句：现代中国的历史学家相当可悲，他们把西方人从自己历史中总结出来的理论套用到中国，非要在中国找奴隶制这个阶段。找来找去，也没有定论，有的说有，有的说没有；在说有的学者中间，有的说奴隶制在三代，有的说只有商代存在，有的说，魏晋南北朝也是。总之，争论了一百年，什么结果也没有。这恰恰说明了，历史学家们的问题根本就提错了，中国本没有，你非要找，结果只能是捕风捉影，由着性子乱说。这就好比给鬼画像，当然是一百个画家画出一百个样子来，如果是给西施画像，能这样吗？

西方经常有奴隶制，而中国从来没有奴隶制，基于这个事实，谁更平等、谁更文明？不言自明。在中国，因为敬天，所以平等就是最基本的事实，只要遵循圣人之道的国家，就绝无可能颁布法律固定每个人的身份。可以说，这个世界上，最平等的国家就是中国了，中国人几千年来就在平等中生活，平等就是最平常的生活。既然如此，我们根本不必费心地思考平等问题，为平等而提出理论。

让人惊讶的是，近些年来，一些富裕起来的人、甚至一些小中产羡慕外国的贵族精神，让自己的孩子去学习什么英国贵族风范。这是再可笑不过的事情，你知道什么是贵族吗？稍微了解点历史你就会知道，贵族都是靠杀人起家的，你配吗？真要回到贵族社会，你以为你是贵族，大概率你是个奴隶的命啊。

编户齐民：平等的制度化

由此可见，平等就是中国人的根本价值。中国历史就是中国人逐渐走向平等、并且一次又一次恢复平等的过程。

前面说了，中国古代没有奴隶制，国家在中国诞生，直接进入封建制。

马克思、恩格斯的理论是对的，确实概括了古希腊、罗马等西方文明的演进过程，但不适合于中国。实际上，很多民族都是直接从原始社会进入封建制社会，哪些民族会进入奴隶制社会？征服者，凡是通过大规模征服建立国家的，都会有奴隶制，因为奴隶从事生产，需要大规模的奴隶，其唯一来源就是征服，并且要持续进行征服，才能掠夺到人口，充当奴隶。所以，奴隶制其实是有比较严格的条件的。

中国完全不是通过征服建立的，所以就不可能有作为一种经济社会制度的奴隶制。尧舜禹聚合众多族群为一个统一国家，必然采取"封建"的办法，其实就是尧舜禹承认各地诸侯的权威，诸侯承认尧舜禹的权威，从而形成分封诸侯的格局。整个三代都是封建制。中国历史划分为封建、郡县两个时代，这是古人的基本常识。我觉得，我们今天还是要按照这一历史分期来学习、研究中国历史。

在封建制下，确实存在身份上的不平等。但不是奴隶主与奴隶之间的不平等，而是同一个族群内部身份上的不平等。大体上分为五等：王，公卿诸侯，大夫，士，庶人。前面三代都是君子，人数极少，其实就是政治统治者。我们读《诗经》，里面说到的君子就是各个层级的统治者，相当于西方人说的贵族。庶人也就是典籍中所说的"小人"，普通农民、工匠、商人，数量最大，至于士，则介乎二者之间，拥有一定专业能力，服务于君子群体。君子、庶人之间等级森严，地位世袭，不能流动，但君子内部则是可以流动的。诸侯的儿子只有一个可以继承诸侯之位，其他儿子就要降为大夫，大夫的儿子则会降为士。这套制度运转了两千年，到了春秋时代，逐渐解体，就是所谓礼崩乐坏。

但从历史角度看，这是一件好事，因为原有的等级制走向瓦解，社会趋于平等。孔子就生活在这样的时代，通过创立文教，推动了人与人的平等。大家都知道，孔子兴办教育，"有教无类"。以前，只有君子可以上学，所谓"学在官府"。现在，孔子开门办学，孔门弟子，什么人都有，都可以通过学习五经，成为士君子，在社会结构中向上流动。

因此，孔子推动了中国社会的平等，为维护社会平等创造了一种重要机制，即开放的教育，这就是此后两千多年间中国社会维护平等的根本机制。比如大家都知道科举制，这套制度的好处就是，寒门子弟也可以通过读书考上进士，从而向上流动。大家可以从这个角度反思一下今天的教育，现在不少人担心阶层固化，因为我们发现，有钱、有权人家的孩子上了好学校，考上好大学，寒门子弟要上985、211，越来越不容易了。这个趋势是与孔子精神相背而驰的，大家意见很大，恰恰反映了我们中国人的平等精神。

我们再来看孔子时代的政治，这个时代的政治同样在走向平等。当然，这个过程是很残酷的，大量君子在残酷的战争或者内乱中被肉体消灭了。事实上，在当时的历史环境中，哪个国家率先限制、取消等级制，哪个国家就能在诸侯国之间的竞争中获胜。道理我想大家都能想明白：诸侯国之间竞争，靠什么取胜？靠力量，靠国富兵强。怎么做到国富兵强？要让尽可能多的人种粮食、当兵，并且激励打仗最勇敢的人，让他们当将领。这样一来，统治者要做什么事情，方向就是很明确的：解放底层，推动平等。因为，底层的庶人占人口绝大多数啊，种粮食靠他们，当兵也靠他们。那就有给他们土地，给他们当兵的机会，给他们提拔的机会。相反，君子群体养尊处优，必然贪生怕死。那就要改革，废除社会等级制。各位，这就是春秋后期一直到战国各国"变法"的基本方向。变法就是要解放人，解放生产力，解放战斗力，其效果就是推动了平等。

观察春秋战国的历史，我们就可以发现，哪个国家在这方面率先突破，它就可以称霸于一时。而秦国在这方面变法最彻底，所以秦国取得了最后的胜利。现在有很多人，尤其是学习儒学的人，讨厌秦国、讨厌秦朝，我觉得，这种倾向是不健康的。我们现在看到的关于秦朝的记载和评论，多出自汉朝人之手，汉朝因为要论证自己统治的正当性，当然倾向于贬低秦朝。否则，你凭什么推翻人家啊？但我们今天，离秦朝已经两千年了，应该更超脱一些，不要感情用事，而要从历史长时段看其得失。从这个角度看，商鞅变法、秦朝建国，对中国文明做出了伟大贡献。贡献在哪儿？就在于构建了确保每个人相互平等的制度。

这就是皇权官僚郡县制下的"编户齐民"。秦国扫灭了六国，中间的统治阶级都被消灭了，天下所有人都在一个皇帝统治之下，也就实现了相互平等。所以各位，有皇帝是人民的幸福，因为皇帝可以让人相互平等。当然，统治那么多人，当时大约有四千万人，皇帝一个人忙不过，所以皇帝设立了郡县，任命官僚。但官僚不同于封建时代的君子，官僚没有独立的权威，他们只是皇帝的代理人。通过这个多层级的官僚体系，皇帝把所有人编入统一户籍之中，这就是"编户"；所有人都是平等的，这就是"齐民"。通过这一制度，中国在全世界第一个做到了全国人民在政治上一律平等。如果我们仔细考察就可以发现，哪怕到了今天，这个世界上的大多数国家都没有做到这一点，包括发达国家，比如英国，人民是相互平等的吗？因此，秦朝的政治贡献放在中国历史中看是伟大的，从世界范围内看也是伟大的。所有人在政治上、法律上相互平等第一次成为制度化现实，怎么评价这件事情的伟大都不过分。

到这里，我们就看到，孔子和秦始皇其实是相反相成的。历史上，儒家大骂法家，反过来，法家也大骂儒家，商鞅禁止儒学活动，李斯甚至建议搞焚书活动。后来的儒生就一直痛恨秦始皇，但我觉得这些陈年老账，今天我们不必去翻了。我也被人家归入儒家，我当然尊孔，但我也高度肯定秦制，因为他们殊途同归，都推动了中国社会的平等化，一个是从精神上、教育上，一个是从政治上、制度上，两者缺一不可。

到了西汉，汉武帝把他们两位拉到一起，汉武帝的变革就是把孔子文教纳入秦朝的政治制度之中。所以，孔子、秦始皇、汉武帝三人前赴后继，共同奠定了中国文明的基本框架，其中的根本精神是平等。

当然，社会运转，自然地会制造出不平等。我自己生活的这几十年，就亲眼见证了这个过程。我小的时候，整个社会十分平等，因为大家一样穷。我上大学的时候，开始改革开放了，有些人就先富起来了。然后，富人越来越富。到了今天，富豪们的财富可以是普通人的成千上万倍，确实是古人所说的"富可敌国"。人有钱之后，也会谋求权力，通过正常的、灰色的甚至黑色的渠道。这就是不平等。

因此，尽管秦汉时代中国就实现了平等的制度化，但历史上，也确曾反复出现过不平等的加剧，乃至于固化为门阀之类的制度。这一点，在全世界都普遍存在。但平等毕竟是中国文化的根本价值，因此，在中国人心目中，门阀制度是不正当的，应当予以改变。南朝就形成了门阀制度，然后寒门就起而反抗，尤其是皇帝起来反抗。并且最终确实打破了门阀制度，社会再一次地回归平等。中国历史上的革命，包括中国共产党领导的革命，之所以能够号召天下，就是因为其直接诉诸中国人内心最根本的价值：平等。人人应当平等，谁制造不平等，中国人就起来打倒谁。我认为，这是我们中国人精神上最高贵的地方。

这一点是中国社会与其他社会最为明显的区别之一。比如，英国、日本，都存在明显的不平等，但人民好像心安理得。美国也是如此，美国从立国开始就是财产等级制，人民也普遍接受。所以在这些国家，你会发现非常明显的社会分层，这甚至体现在智力上：上层非常精明，好像比中国的精英更聪明；但其下层却十分愚蠢，到了中国很难想象的程度。那么整体来看，中国人当然更聪明，这就是我们的文明的生命力之所在。

所以，我们一定要珍惜自己的平等传统。平等出于天道，理应成为人类的最高价值。先有平等，然后才有其他价值可言。

自主，自觉，自立，自强

上面我们从敬天、从中国没有奴隶制，确立了平等的价值；换个角度，我们再来看看自由的问题，仍然通过对比予以论述。

神在人之外，有自己的绝对意志，因而必定居高临下地支配人，并以其律法全面地控制人。天没有独立之体，因而没有什么绝对意志，也就不是主宰者。人就在天之中，人跟万物都在天之中。而且，人是天地之中最为尊贵的。离开了人，天是高度不完整的；离开了圣人，天道就无以呈现。这样，天对人就不构成绝对临在性的、压迫性的力量，相反，人堂堂正正地挺立于天地之中。所以在天之中，人本来是自由的，人是完全可以自主的。

对比神教来说，人也不需要天来拯救，完全可以自主成长。大家来看《大学》的第一句话："大学之道，在明明德，在亲民，在止于至善"，最重要的是"明明德"，有两个"明"字，第一个"明"是动词，那么，作为动词的"明"是何以可能的？经文已经说得很清楚，因为人人都有"明德"。这是一个与西方完全不同的观念。刚才我们讲到，在神教中，现实生活中的人是经历了堕落后而有其生命的，因而有原罪。现实生活中的人都是有原罪的，亚当、夏娃的后代都是有原罪的。人要向善，只有一个办法，就是信神。在中国，天生人，人人天生就有明德。此即《中庸》第一句话所说："天命之谓性。"天命我们以性，这个性就是明德。我们先不管这个明德是什么，但从命名就可以看出中西方人性论的根本差异：信神的西方人相信人有"原罪"，人生来就是黑暗的；中国人却认识到，人生而有明德，人生来就是明亮的。

有了这个明德，人必然内在地具有把明德予以彰显、扩充的倾向，这就是"明"明德。最初的"明德"是微弱的，如同火柴的微弱亮光，但火柴可以引燃树枝，光芒一下子就扩大了，甚至可以让整个森林燃烧起来，这就是"明明德"。大家可以想一下，明明德的主题是谁？是天吗？是其他人吗？当然不是，就是每个人自己。中国人相信，人之向善是内生的，我们不需要把自己交给天，你就在天之中，怎么交给啊？相反，天给了我们每个人向善的倾向和能力，也即明德，这是人人生而就有的，所以人之向善其实是自我成长，是让自己本有之明德更加明亮。《大学》后面解释"明明德"，引用三篇经典中的语句：

> 《康诰》曰："克明德。"《太甲》曰："顾諟天之明命。"《帝典》曰："克明俊德。"皆自明也。

最后收结于"皆自明也"，有两个关键词："明"，更重要的是"自"，我请各位牢记"自明"这两个字。我们要变得更明，让自己的身上充满光辉，让自己能够照亮别人，我们自己就完全可以做得到。天生我，并不支配我，而是让我自己来决定，天又给了我抉择的依据，就在我自己身上，这就是天命予我的明德，人人都有此明德。所以，我自己就可以明自己之明德。

由此，我们就可以理解《尧典》中"克明俊德"四个字的大义。《尧典》首先记载帝尧有七德，然而帝尧之德从何而来？作为比较，大家可以想想，神拣选的先知有没有德？如果有，从哪儿来？当然是神给的。但《尧典》却说帝尧"克明俊德"，"克"的意思是能够，"俊德"就是《大学》所说的"明德"，也就是《中庸》所说的"天命之谓性"。帝尧何以有德，完全是他自己能够彰明、发育、扩充自己的明德。也就是说帝尧是自我抉择、自我成长的。帝舜同样如此，我们的圣人都是自明其德而成为圣人的。圣人给我们树立了典范，所以中国人普遍相信，人是可以自我成长的，我们之向善不是依靠服从外在的绝对权威。当然，在敬天的世界中，也根本不存在这样的权威。所以，不要指望别人给你引路，你的人生之道是在你自己身上。

说到这儿，我们可以读一章《论语》。有子曰："君子务本，本立而道生。孝悌也者，其为仁之本与。"我们前面一直在讲人生而有明德，那么这个明德是什么？天生人，具体的呈现就是父母生人，父母生其子女。对于子女来说，父母就在天中，父母就是子女的天地。当父母生下子女，子女内心就已有明德。这个明德是什么？就是爱、敬父母之情。这是人人都有的，自然而有的，用孟子的话说是"不学而知，不虑而能"的良知良能。你爱你的父母，我相信不用人教你，每个人都自然而然地爱。你敬你的父母，同样不需要别人教你。对此，可以有好几个论证，我们前面在讲孝的时候已经涉及了。人由父母而生这一事实就让每个人自然地有爱、敬父母之情，这就是人生而固有之"明德"。有子指出，这"明德"是仁之本，"仁"就是普遍地爱人、敬人，而亲亲就是人达到仁的状态之根。我们有亲亲之本，说明我们有"明德"；则我们必然明之，也即把对父母的爱敬之情扩充及于我们在生命历程中所遇到的每一个人，这就是"明明德"。有子说，这就是生命成长之道，也即成仁之道。其实，《中庸》也说的清清楚楚："率性之谓道"，循着你的性走，这就是人道。

所以，我们的圣贤已经指出，道就在我们的生命中。当初西方传教士进入中国，翻译他们的神典，遇到英文"the word"这个词，他们可能犯难了。最后他们用了中国的一个专有名词：道，来对译"话"。神典中的这个英文词，他们都翻译成道。其实，这么翻译是张冠李戴。神会说话，"the word"就是神说的话，人必须遵守，神教信众得按照神的话来做人、做事。这话出自神，所以有权威。可是有子说得清清楚楚，《中庸》说得清清楚楚，道不在外面的某个权威那里，就在自己身上。只要我们把握住爱敬父母之情，生命之道自然就生成了，就在你的脚下展开了。如此内生之道完全不是神教所说的外生之道。

因此，《论语·述而》记载孔子说："仁远乎哉？我欲仁，斯仁至矣。""仁"当然不远，因为仁就是"己欲立而立人，己欲达而达人"，以及"己所不欲，勿施于人"，或者我们可以概括为爱人、敬人。这看起来好像很远，但有一个最切近的入手处，那就是爱自己的父母、敬自己的父母。一个人只要做到了爱、敬父母，也就是敬人、爱人，也就是"仁"。那么请问，这样的仁远不远？当然不远，这样的"仁"在我生的那一刻就有，就在我身上。所以孔子说，只要我想，马上就有了，"斯仁至矣"。因为我自然地爱、敬父母，所以我是知道爱人、敬人之道的，因此关键的问题是我欲还是不欲。只要我欲，那我就立刻能够做到。比如我们敬一个人，需要花什么钱吗？不需要，只要你有一个笑脸，只要你稍微低一下头，或者走路时稍微停一下让别人先走，这就是敬人。所以你想要，你就可以有。

欲，想要，这当然是一个意志，由此而有一个抉择。所以，《论语·里仁》的第一章就讲到了"择"字："里仁为美。择不处仁，焉得知？"孔子首先说，一个人让自己处在仁的状态，这是美的。大家可以琢磨一下，孔子在这里为什么用了"美"这个字，而不是简单地用善这个字。接下来孔子说，这事由你自己抉择。孔子没有作先知状，命令你向善，进入仁的状态。相反，孔子说，你自己来选择吧。这个"择"字非常重要，连带着上面的"我欲"。当然，还有孔子对颜子说的："为仁由己，而由人乎？"当然是"由己"。

所有这些话语都透露出儒家的根本精神，中国文明的根本精神，或者说中国人的根本精神，那就是自主。"自"就是我自己，"主"就是自己来抉择。不是外面的某个人决定自己的人生，也不是外面的神决定自己的人生，而是自己决定自己的人生，这就是自主。

中国人敬天，所以挺立于天地之间。中国人认为，从来没有什么救世主，只有靠我们自己，中国人喜欢《国际歌》，恐怕就是因为喜欢这句话。神是靠不住的，其实也没有什么神可以比人更可靠。归根到底，有没有人格神，本身就是个问题，而人，尤其是自己，却是实实在在的。所以，我们靠自己。我们自己也是完全靠得住的，因为天生人，天命之谓性，人皆有明德。我们完全有抉择的基本能力，我们可以自己循道而行，不必依靠外在的什么权威，或者依靠外在的规则来约束。

因此对中国人而言，根本的问题不是约束，而是抉择；不是服从律法，而是自我成长。因为在中国文化里，人从一开始被肯定为自主的。西方人喜欢讨论自然状态，如果我们用这样的概念形容中国人在自然状态下的生命状态，那就是自主，完全可以自主。因为人可以自主，所以可以自觉，自觉到自己内在固有的明德。由此就可以有人生之道，"本立而道生"。有了这个道，循道而行就可以自立。循道而行，最重要的是不间断、不已、自强不息。诚之不已，就可以达到仁的境界，也可以达到贯通天人的境界。

不向他人求自由

上面我讲到了"四自"：自主，自觉，自立，自强。我想，这就是中国人的基本精神，即便在最普通的中国人身上也可以看到，中国文明的生命力也正在于此。相反，在一些念了西方书的所谓知识分子身上，这种"四自"反而消磨不彰了，比如那些整天嚷嚷法治的人，就压根儿否定人的自主、自觉，因为他们受了西方神教文明的影响。自主、自觉、自立、自强是西方人很难设想的，为什么？在西方文明中，人的生命之上总是有某种绝对的东西压着。比如在古希腊，就是城邦压在人上面，而城邦制度中包含了奴隶制；欧洲人信了基督教之后，生命之上则有唯一的、绝对的神压着，全知全能全善，你的一切都逃不出神的网罗，人被迫把自己的生命主要用于面对这个绝对权威，或者顺服，因而压抑，或者在重压之下反弹、反抗，谋求解放。但不管怎样，生命总是不够舒畅，充满紧张，不乏扭曲，经常拧着。我们看到，在神典中，先知总是充满怨恨，经常处在暴怒之中。

我们看奥古斯丁、路德的自传、回忆，他们时而在痛苦的挣扎中，时而在受启的狂喜之中，很难看到其生命的平和，也很难看到其舒畅。

但在中国人的观念中，人上面没有什么东西重压着，"唯天为大"，天只不过是比人大，并不对我们构成绝对高压、临在的权威。民受天地之中而生，人生而挺立于天地之间，儒家经典里经常出现一个词——"立"：孔子说自己"三十而立"，孔子说仁是"己欲立而立人"。"立"的最直观意思是挺立起来、站立起来，不要跪在地上、趴在地上，"大人"就是挺立起来的人，"小人"则是跪在地上、趴在地上的人。圣人叫你站立起来，你站立起来就会看到天地之间如此广阔，"鸢飞戾天，鱼跃于渊"，天是如此的浩渺，地是如此的博大，你想去哪儿都可以，你可以一直向上成长，你可以一直伸展你的生命。对中国人来说，不存在神的奴役或者主人的奴役，所以你根本就不用想如何顺服或者挣脱，如何求得解放，如何摆脱，总之，你不用跟外面的东西较劲。你应该思考的唯一问题是，你生而有明德，能不能把它扩充出来？你自己就是泉眼，能不能让它不断地流淌，变成大江大河？你自己就是火苗，能不能让它成为熊熊烈火？这些才是中国人面临的人生根本问题。

这样的人生是"顺"的。西方人的生命是"逆"的，因为其为了解决人的问题，绕到人之外，设定了一个神，反过来再由神来支配人，拯救人，这就是"逆"。人一旦被置于这一逆的结构之中，就不能不挣扎、较劲。中国人的生命则是顺的，因为道就在你自己的生命中，你生而爱敬你的父母，你把这爱敬之情推及于所有人即可。圣人之教立足于人，始终以人为中心展开，所以你要做的事情就是，顺着你内在固有之性而成长。一直往前走，自然就有了路。

所以，中国人常说天无绝人之路。没错，天是敞开的，我们自己的命运，自己完全可以把握，任何人和任何物都不足以构成我们前行的障碍。我希望大家能够明白这一点，因为今天我们经常听到有人抱怨，现在的社会有这样那样的不好，觉得很不自由。但是，如果我们自己真的挺立于天地之间，就可以反问自己：这些东西真的能限制住我吗？这条路走不通，还有其他路可以走啊，为什么一定要从这条路走？西方人通常都是死心眼，非要在一条路上走到头，对着一条路争取他所谓的自由。为什么？因为神指定的就只有一条路，真理只可能有一个。而他总倾向于认为有人挡他的路，所以他总是要拼命地反对，对抗。看起来很高尚，实际上是很可怜，自己把自己降格了。对中国人来说，天本来就没有通过其言给我们颁布一条所谓的绝对道理，相反，"本立而道生"，"道"生于我自己身上。如果是别人给你一条道，那你当然就只能有一条道。但在中国人看来，我就在天地之间，路要怎么走，由我自己来决定，不是别人给我指定一条路，我非走不可。我基于对自己生命的体认，给自己确定一条道。所以，没有人能决定你，也没有人能完全限制你，你的路该怎么走，完全可以由你自己来决定。

我们看一下孔子的生平，就能明白这一点。孔子生活的时代肯定不是有道之世，对此，孔子反复说明过。那孔子是如何面对这个时代的？孔子并没有拿自己的生命去跟谁抗争，给自己争取什么自由。孔子没有做这些事情，相反，孔子讲"我则异于是，无可无不可"。的确，"天下无道久矣，天将以夫子为木铎"，孔子决意行道于天下。但行道的"道"在哪儿？不是事先给定的，行道之道由孔子自己来定。所以，孔子说自己"用之则行，舍之则藏"。如果可以出仕为政，孔子就出仕为政；如果不能出仕为政，也可以退而兴办教育；如果实在不能兴办教育，也可以"孝乎惟孝，友于兄弟，施于有政，是亦为政"，每个人都有自己的家，不能行道于一国，总可以行道于自己家中，孝爱于自己的父母，悌爱于自己的兄弟，可以正夫妻，可以用心教养自己的子女。

所以，儒家士君子根本不向其他人求自由，因为我本来是自主的，自己的路自己完全可以走得出来。重要的是，你要走路。当然，儒家士君子要行道于天下、解决社会问题。但是解决社会问题也不是求人，"君子求诸己，小人求诸人"。君子反身求诸己，如果社会有问题，那我从自己身上开始解决，而不是要求别人去解决，要求政府来解决问题。在某些自以为有良知的知识分子身上，你经常会看到一种特别奇怪的想法：社会有问题，就呼吁政府来解决。这就类似于神教徒，一旦发现问题就祈祷上帝，要上帝来解决。这是奴隶意识。相反，儒家士君子碰到问题，则自己起而解决，这包括内自省，以及更进一步，看看自己能切近地做一些什么。这不是逃避，恰恰是主人的精神。社会有问题，那是我的问题，我自己来解决，这是主人的精神；而你呼吁政府制定法律、去解决别人的问题，这是奴隶的精神。

　　或许可以说，西方人是生而在不自由的环境中而始终追求自由的人，中国人则是生而自主，因而是自主、自觉、自立、自强的人，由此，两者有不同的世界观、不同的人生观。把自由挂在嘴上的人未必有自由，也未必是因为热爱自由。我希望大家对此有所辨析、做出判断，这样才能让自己的生命走上中正的成长之路，而不是人云亦云，或随波逐流。

第十讲　治理之道

上节课阐明了中国人的生命状态，可以用两个词来形容：自主和平等，其本在敬天的信仰。在天之中，人人平等；天也不是绝对的主权者，天让我们每个人是自主的，可以透过修身、行道，达到与"天地参"的境界。这就决定了中国社会的治理之道，从根本上有别于西方，这节课我们来探讨一下敬天的中国的治理之道。

所谓"治理之道"跟我们现在经常讨论的政治有非常密切的关系，但我思考再三，还是没有用政治这个词。政治这个词有非常强烈的西方背景，关注点在权力（power），基本暴力的强制，西方人治理其社会确实主要依靠权力。我们仔细思考就会看到，中国人理解的秩序之形成和维护机制，主要不是靠这个权力，所以政治这东西在中国其实是很稀薄的。不能说没有，但完全不像西方那样。"治理"这个词也许更准确一些，所以我用了"治理之道"这个概念。

当然大家都知道，过去一百多年中，中国人热衷于学习西方，尤其是其政治思想和制度。五四运动或者说新文化运动的口号就是"民主、科学"，知识分子特别希望请来西方的德先生、赛先生救中国。一方面，学习西方的科学，从而能够实现国家的富裕。在中国人的理解中，西方之所以拥有强大的工业和军事能力，就是因为其有科学，其实这个理解是有偏差的，后面一节课我们将进行讨论。另一方面，中国精英深切感受到，西方之所以能够欺凌中国，是因为其有强大的国家；其国家之所以强大，是因为实行一套特别的制度，先是将其概括为宪政，后来又将其概括为民主。所以，中国要强大，就得建立宪政制度或者民主制度。这种观念影响很大，产生了实际的政治后果。

从 80 年代开始，很多政治、学术精英又以为，法治在西方社会秩序塑造和维护过程中有重要意义，因而倡导学习西方的法治。于是，北航这么一个最初按照苏联模式建立起来的工科大学，前些年也办了法学院，我就在法学院打酱油。可是，我老跟法学院的人吵架，因为我总看不起人家的学问，说人家的学问其实没有那么重要，中国要形成良好秩序，主要不靠法治，人家肯定不爱听。

总之，经过 20 世纪的宣传，法治和西式民主似乎已经变成中国精英或者准精英心目中的宗教教条。但如果我们认真体会了前面课程的内容，恐怕就会对这个所谓教条有所保留。我今天就来颠覆一下大家的常识。我会分析指出，发源于西方的法治、民主，就其本身而言不一定是最好的；退一步说，即便民主、法治在西方也许可以塑造良好秩序，在中国却行不通，或者更准确地说，中国人不必把自己降格到依赖法治、民主这个层面去。

前些天，"一带一路"合作峰会结束。"一带一路"将会塑造一种新的世界秩序，我们必须要面对一个问题：对人类来说，优良的社会治理之道究竟是什么？西方人所实践的民主、法治这套办法是不是一条普遍的优良社会治理之道？今天中国人必须认真反思这个问题。纵观今日世界，也只有中国人有能力反思这个问题，其他国家的人基本丧失了这个意愿和能力：西方国家自己就在实践这套东西，但已陷入困境而难以自拔；一些非西方国家学了西方，还处在迷信状态，所以也没有能力反思。只有中国是独一无二的，有条件进行反思。同时，基于圣人之道，基于中国历史经验，中国人完全可以提出一套普遍的优良社会治理之道。这些就是我们展开以下分析的背景。

反思西式法治

首先我们来看看法治和民主究竟是什么，是依据什么建立起来的，其基本架构是什么。先来讨论、毋宁说反思一下法治。

我们前面讨论西方神教时反复讲到神造人，神能言，神颁布律法给人，这就可以解释，西方为什么走向法治这条路。西方人不得不走这条路，因为神造人之后，让人经历了一次堕落，从伊甸园中被赶出来，且带有原罪。这决定了人始终是黑暗的，不能自我治理，只能由外在的权威予以约束，这是"他治"。当然，人很幸运，外在的绝对权威已经在那儿了，那就是让人有原罪的神。神通过先知，以言辞对人颁布律法。因为出自神，这律法对人有绝对权威，并且事无巨细，全面地约束人、管制人、统治人。绝对地服从这律法，就成为人的首要义务。

这就是法治的原型。也就是说，西方走上法治，与其信仰一神教有极其密切的关系，可以说是直接的因果关系。福山把法治列为现代国家的三个基本要素，也明确地说，法治都诞生于宗教环境之中。但由此也可以看出，法治预设了一个绝对的主权者，也是立法者，其所管制的对象基本上没有自由选择的余地，只有服从。所以，法治出现的前提是人不能自治，被迫退而求其次，接受外在律法的绝对统治，这就是法治。

再来看西方现代政治哲学对法治的论述。这套思想其实是驱逐了人格神的神学，它把神赶跑了，回过头来又构造了一套政治神学，同样强调法律的绝对统治权威。在其义理中，起点是"自然状态"。在自然状态下，人是什么样子的？我们以霍布斯的学说为例予以说明。霍布斯说，在自然状态中，人是恶的。那么，一群性恶的人如何形成秩序？你们法家如果都是野狼，在荒原之上游荡，你们中间如何形成秩序？当然不可能依靠每个人自己，因为你们都是坏人。唯一的出路是找一个第三者。所以霍布斯设想，自然状态中的人们通过相互缔结契约，设立一个主权者，这个主权者垄断全部暴力，此暴力足以压倒任何一个人所拥有的暴力。这个第三者不能来自原来在自然状态中的人们中间，道理很简单，凭什么是他，而且他也是恶的，所以，他是第三者，其实就是神。设立了神一样的主权者后，共同体成员都不能再拥有和使用暴力，只有主权者可以拥有和使用暴力。也就是说，主权者拥有绝对的暴力。当然，主权者进行日常统治，不能单纯依靠暴力，而要靠法律。所以在霍布斯的义理中，主权者的第一个、也是最重要的权力是立法权，向这些本来处在自然状态下、相互伤害的人们颁布法律，以法律约束、管制他们。这里的基本逻辑跟神教是一样的，一个绝对权威，颁布律法，用律法约束共同体中全体成员。

　　所以，在西方，不管是早期的神教，还是现代的政治哲学，其义理在结构上是相同的：它们差不多都有共同的人性恶预设。人性恶的意思是，人没有心，只有肉体，其所追求的是肉体快乐，人生的过程就是增大肉体的快乐、减少肉体的痛苦。那么什么东西能增加肉体的快乐？占有物，物可以是权力、财力、美色，也可以包括荣誉，所有这些都能给其肉体带来快乐。生命就是持续地追求这种快乐，使之最大化。因为没有心，所以，为了使自己肉体快乐最大化，人为所欲为，包括毫不犹豫地伤害他人。这就是人性恶的基本含义。把一群这样的人交给你，你怎么办？你所要做的唯一事情就是约束他们、管住他们，把他们关到笼子里。怎么约束他们？完全不能指望其自我约束。要在这样的人中间形成秩序，只能从外面降临一个比这些人的身体更为强大的力量，把他们关在笼子里。所以，西方神教是要把每个人关到笼子里，让人在神的管教下成为驯服的奴仆。同样，自然状态中的人也都是野蛮的，要由主权者把他们关到笼子里。霍布斯说，人被关到笼子之后，就进入"文明"状态。让人文明的东西是绝对权威对人颁布的法律，法律让人文明，笼子让人走出野蛮状态。所以，不管是神教还是现代西方政治哲学中，都异乎寻常地重视法律对人的统治。

那么，这些用以管束人的神律或世俗法律，相对于人是内在的还是外在的？当然是外在的。法律相对于人来说是一个外在之物，如我们刚才做的比喻一样，你把人投到笼子里，这个笼子是物而不是人。所以我们可以这样说：法治是物对人的统治。为什么会走到这一步？很简单，因为西方人不相信人。他们认为，只要给人以自由意志，人一定会作恶。但人又本能地想有自由意志，所以最好的办法是把人关起来。法律所塑造和维护的秩序，我们可以用一个词来说——外生秩序，借助人以外的绝对力量反过来约束人。法治是以外在约束为主的秩序形态。

这样做，有用没用？肯定有用。看住每个人，把每个人捆绑起来，他们不再能做相互伤害的事，这当然有助于形成秩序。但同时，法治也有严重的弊端。那就是，人也不会做好事，因为人本来就被预设为恶的，人被捆绑住了。所以，在以法治为中心的神教教义或政治哲学中，根本没有人向上成长这个维度，具体而言，根本没有道德这个维度。为什么在法治框架里，道德不重要？因为两者的基础不一样。什么是道德？人何以有道德？什么样的行为可以称之为道德行为？一个道德行为一定是人自主选择的行为，也即孔子所说的"我欲仁"。我想这么做，我自主地爱我的父母，爱我的兄弟，爱我的邻居，我自己"见得思义"，这是道德行为。现在，你两只手被捆着，因而没有偷商场里的东西，这确实不错，但这不是道德行为。相反，我知道商场摆设的东西对我是有用，我失业了，没有钱买生活必需品，因而迫切需要它们，我的两手也是自由的，但我没有拿走商场的东西，不是因为害怕受到惩罚，而是"见利思义"，这才是道德行为。法治把这样的道德行为排除在外，为什么？因为其对人性的预设已经取消了道德。一个性恶之人能行善吗？神教和现代政治哲学都不谈道德，它们谈的都是服从。服从跟道德是完全无关的，尽管其可能有好的结果。

西方人鼓吹的法治否定道德，这一点，今天国内鼓吹法治的某些人倒是说得很清楚。这些人说，为了建设法治秩序，应该把中国人一直信仰的诸多传统道德抛弃掉；很多法学家说，孔子错了，孔子是中国建设法治秩序的最大障碍。这个问题比较复杂，今天没办法展开，但在这里可以非常清楚地看到，今天很多中国精英，因为喜欢法治、向往法治，而走上了否定道德这条路。我们稍微仔细分析一下法治的架构就会明白，这些看起来很极端的说法是有其内在的逻辑的——当然也是极为荒唐的。他们自己觉得很神圣的事业不断遭遇失败，也就很自然了。我敢说，他们也永远成功不了。

反思西式投票民主

接下来看民主。比较而言，民主在过去一百多年中是一个更加神圣的概念，很多人向往西式民主，即人民通过投票选择领导人的制度。然而，从政治学的角度看，这样的民主真是一个好东西吗？看起来似乎是，人民自己做选择，多好的，但如果略微深入地分析一下就会发现，不尽然，甚至不是。

对民主最简单的理解是，人民决定公共事务。一切民主理论都有一个基础，是"人民"。那我要问各位，人民是谁？人民住在哪儿？人民是怎么存在的？你什么时候见过人民？人民长的什么样子？按照西方人的义理，人民应该是所有人的同质化的整体，问题是，到哪里找这个"所有人整体"？这个所有人的整体能活动吗？这个整体是喜欢吃麻辣烫、还是喜欢撸串？我们恐怕不得不说，人民是一个神学概念，人民是行走在大地上的人格神，跟人格神一样虚幻。人民是没法活动的，这是一个纯粹的神学概念。西方人为什么有这个概念？因为西方人信一神教，信唯一真神。神在同一时间造出所有人，具有相同的品质，是完全同质的，好像富士康工厂生产的同一批次苹果手机。这样的人当然可以构成为人民，成为完全同质的整体，有共同的想法，有共同的意志，做同样的事情。上面跟大家讲过现代西方政治哲学，其关键环节是社会契约，这社会契约也是一个神话。必须所有人同时同意订立完全相同的契约，才有所谓社会契约。各位想一下，做到这一点的前提得多难，除非人是神造的，否则这是不可能的，所以社会契约论完全是个神话。

归根到底，作为整体的人民在现实中是不存在的。神教可以说得天花乱坠，但在现实中，人人终究都是父母生出来的，因而必定各不相同。比如分族群，或者按肤色，分为白人、黑人、棕色人种，或黄色人种，美国政治中的肤色政治、种族政治是至关重要的人群分界标准。还有阶级，有资产阶级、无产阶级，有中产阶级，等等。很多主张民主的人也喜欢拿中产阶级说事，他忘了，这与民主的基础，人民概念是相冲突的。现实中的人必然以群而分，那么民主政治怎么运作？只能是发现和服从多数意见，而多数的意见通常来说就是某个、某几个集团的意见，却被当成是人民整体的意见。可是这真的是人民的意见吗？有的时候，这个多数简直很勉强，比如去年（2016 年）英国脱欧公投，所有英国人可以就英国是否脱欧这件事表达自己的意见，最后统计投票结果是，"脱欧"支持率为 51.89%，"留欧"支持率占 48.11%，两者差距不到四个百分点；英国一共有 4649.9 万人登记参加此次公投，脱欧者只比留欧者多出了 175 万人，那么重大的事情就被决定了，这事情不是有点荒唐吗？

更重要的是，民主还有一个很大的毛病。实行民主制度，让所有人就一个公共事务表达意见，并据此决策。那么我们要问，足球流氓对于英国是否留在欧洲这个事情有没有可信的判断力？让足球流氓来判断英国是不是脱欧，这是不是世界上最大的笑话？古人就是据此而对民主产生怀疑的。苏格拉底举了个例子。你得了病找谁看？肯定去医院找医生，而不会去找路边摊煎饼的大妈。那现在，你为什么把国家最重大的事务交给摊煎饼的大妈们来决定？你的身体当然很重要，你爱护自己的身体，所以去看医生，国家的事情就不重要吗？比如脱欧这件事情，对每个英国人是不是很重要？

很重要，涉及千家万户的幸福与否。但现在，让这些贩夫走卒来决定如此重大的事情，他们对这个问题完全没有任何专业知识，他们中间很多人甚至根本不知道怎么过好三口人的日子，你让他们来决定国家大事！这是一个好制度吗？所以，对于西式民主制度，我们要问一个问题：让人民投票，真的是做到了"天下为公"吗？所谓的人民做出的决定真的符合人民的利益吗？事实上，人民投票当时爽，几年之后遭祸殃。

　　民主还有一个更可怕的地方，以台湾省为例。实行民主制度，大家投票选择，前提是形成几个政治集团，形成几个政党相互竞争，若没有这些就没有政治竞争，民众怎么投票啊？可是，怎么划分集团？民进党说，我们以省籍来划分，你们是外省人，我们是本省人。一开始，这个划分带来的麻烦还不是特别明显，但过了十几、二十年，一次又一次的选举投票、尤其是其中充满激情的宣传，让族群之间的裂痕越拉越大。最后民进党说，你们是中国人，我们是台湾人而非中国人，形成深度的族群撕裂，现在几乎已经无可挽回了，民进党已经把分裂当成自己的奋斗目标。不光台湾如此，民主在所有现代国家带来的最大危险正是国家的分裂。在美国，在欧洲，这一点都表现得极为清楚。

　　西方人向全世界推销民主，民主化的过程也经常充满暴力和灾难。苏联本来有十几个加盟共和国，民主化一来，分裂成十几个国家，俄罗斯奋斗了几百年辛辛苦苦积攒下来的一个统一政治体，一夜之间被打回原形。你会说，统一、分裂，对老百姓来说，无所谓。不，有所谓，干系甚大。苏联曾经建立了一个比较完整的工业体系，斯大林为了这个东西，让苏联人付出了巨大代价，但好赖搞成了，苏联人的生活水平也蛮不错的。但这套工业体系分布在整个苏联，苏联已解体，这套工业体系也完全瓦解了。结果是，各国经济都普遍陷入困境，人民生活水平急剧下降，而且，看不到再度提高的可能性，因为科学技术人员流失了，比如，我们学校就雇用了一些苏联的科研人员。乌克兰从苏联分出来，但其竞争性政治运作的结果是内部再度分裂，陷入无可挽救的困境之中。本来乌克兰是苏联工业最发达的加盟共和国，现在已经惨不忍睹。

南斯拉夫的民主化，则经过一番血战而四分五裂，死了几十万人。有一位学者，迈克尔曼写过一本书，《民主的阴暗面》，他回顾历史得出这么一个结论：民主化总是伴随着种族的纯洁化，其实就是种族清洗。

这就涉及民主制运作的条件问题。上面我虽然批评了民主制，但我无意否认，民主在有些地方确实是可行的。比如古希腊城邦，就几万人口的规模，完全可以施行民主制度；或者中世纪的日内瓦共和国，其信仰、族群都是同质的，投票民主的运作也没有问题。我们从经验上可以观察到，共同体规模较小，内部高度同质，则完全可以实行民主制度。那么反过来，如果共同体规模较大，尤其是内部比较多元，实行投票民主制的结果几乎必然是撕裂、分裂、冲突和战争。这就是民主制度的限度，并不是说投票民主制完全不可行，但其适用范围是非常有限的。

民主还有另一个条件，那就是帝国主义。你是不是觉得很吃惊？别急，我们看看历史。雅典民主制的辉煌时期，恰恰是其大搞帝国主义的时期；同样，英国的民主化改革起步于1830年，当时英国在全世界率先完成工业化，从而拥有了最为强大的帝国主义力量。实际上，如果我们仔细考察中国历史也会发现，北方游牧民族最初发家的时候，最有战斗力的时候，通常也实行民主制，历史学家将其称之为军事民主制。大家共同出去抢掠农业区，回来通过民主程序分配战利品。从这些事实就可以看出，民主归根到底是一种利益分配机制，而且一定是分配横财的机制，所以跟对外抢掠、跟帝国主义捆绑在一家。像中国这样的国家，长期以来，财富都是内生的，每家每户辛辛苦苦挣出来，怎么可能用民主的方式进行分配？

大约因为深知民主的适用范围有限，所以美国立宪者当初建立联邦时，根本没想建立民主国家。如果大家有兴趣，可以去看《联邦党人文集》，其中的篇章一次又一次、清清楚楚地告诉我们，美国立宪者想要建立的是共和制（republic）。按照我们现在的政治学理论，也算民主制，属于代议民主制。他们反对直接民主制，这本身也很有意义。他们很清楚，美国是一个大规模的政治共同体，内部也是多样的，不可能适用直接民主制。他们研究过历史，清楚地知道民主制的限度，所以设计宪法制度时，千方百计地限制民众意见发挥作用的空间。美国宪法中设立了参议院、总统、最高法院，这些都是美国人的政治发明，目的是什么？不是为了让人民有更多渠道发表意见；正好相反，是为了减少民众意见对政治的左右。他们知道，治国这个事儿不是农民、匠人、商人可以拎得清的，要让有德性、有理性的人来承担。所以美国宪法明确规定，参议员、总统、最高法院法官都不是民选的。但后来，20 世纪中期以来的美国人，我们不能说其居心叵测，但起码是健忘，遗忘了其"祖宗之法"，把自己国家轻率地称为民主国家，并把这样的民主当成神话向全世界推广。其结果是，冷战结束后的世界没有更多和平，相反到处是撕裂，碎片化。最可笑的是，连美国自己也进入碎片化阶段，相互竞争的各个集团已经坐不到一起了。现在完全可以想象美国的未来了，那就是解体，这只是个时间问题。

鉴于这些事实，我们今天完全有理由反思民主被神化以后所带来的恶果，回到中国，就更有理由反思了。

修身：作为治理之本

中国圣人所提供的优良社会治理之道是什么？中国治道是什么？

治理关乎人命，人命关天，所以我们还是要从天道开始思考。中国人敬天，而天不是主权者，因而也不是立法者。这一点，前面已反复讲过，天没有意志，天不言，所以天没有律法。同样，人世间的任何人也不能假天而命人，所以人世间也没有绝对权威。在天之下，所有人相互是平等的，中国人不会承认在自己之上有一个绝对权威。权威肯定有，我们"畏大人，畏天命，畏圣人之言"，但我们不会承认圣人是绝对的权威，半人半神。圣人绝对是人而不是神，也不是代神而言的人。圣人是修身立道做到了极致的人。孟子说得好："圣人，人伦之至也。"所以我们可以说，只要中国人还敬天，就不会想象一个神一般的人降临人世间。所以在中国，很难想象西方那样的立法者。由此，法律在中国永远不会有其在西方那样的绝对权威。没有这样的权威，你光靠法治有什么用？当然我们有法律，但绝不把法治当成第一位的。

同样，"人民"这样神话般的概念在我们的典籍中是没有的。因为中国人不虚妄，而充分肯定人人可见的基本事实：人皆为父母所生。所以，人各不同，且每个人生而在人伦之中，人是家的存在者。这样一来，你就不可能想象完全同质的作为"一"的人民。这就取消了民主的基础。

那么，中国社会是如何治理的？任何人，只要没有偏见都会承认，几千年来中国社会的治理是相当成功的，连那位曾经预言历史终结的福山，后来也扭扭捏捏地承认这一点。中国没有西式法治、没有西式民主，却有良好治理，其道何在？《中庸》第一句话说："天命之谓性，率性之谓道，修道之谓教"，这为我们展示了中国的治道。《大学》第一句话说："大学之道，在明明德，在亲民，在止于至善"，也为我们展示了中国治道。我们把这两篇重要文本的开头打通去看，就能明白圣贤心目中的治道，一言以蔽之，就是人的自治，个人的自主治理。

从《中庸》《大学》，当然还有《论语》，以及整个五经等典籍，我们都可以清楚地看到，圣贤思考的问题是天所生的相互平等的人的治理。大家要注意这个基本问题意识。西方人思考的起点是，人是神造的，所以人不能自治，只能他治，等待法律的统治；西方现代政治哲学的推理方式和结论，与此相同。中国圣贤思考的起点却是：人是天所生的，天命人以性，人人都有"明德"。这是我们的基本预设。由此必然得出一个重要的政治推论：人是可以自治的。既然如此，治理就应当从每个人自身开始，每个人都是基点、是原点、是起点。因此，中国治道的根本原理是：人人都是治理者，每个人都是自我治理者。道理很简单，没有什么东西在我之上扮演绝对的权威，我不是黑暗的，我没有原罪，我也非性恶，我自己有明德，因此完全可以推明自己固有之明德。所以第一，我有可能自治；第二，我也需要自治，因为没人有资格从外面管我，每个人必须自己管理自己；而且至关重要的是，每个人都可以自己管理自己，可以自主地治理自己，人有这个意愿，也有这个能力。这是圣人对人的基本看法，据此，中国社会治理的基点就是人人自治。我们不妨看看《大学》中那段脍炙人口的论述：

> 古之欲明明德于天下者，先治其国；欲治其国者，先齐其家；欲齐其家者，先修其身；欲修其身者，先正其心；欲正其心者，先诚其意；欲诚其意者，先致其知，致知在格物。物格而后知至，知至而后意诚，意诚而后心正，心正而后身修，身修而后家齐，家齐而后国治，国治而后天下平。自天子以至于庶人，壹是皆以修身为本。

这段话阐明了社会治理之大道，重点正在最后一句：人人皆以修身为本，修身就是自治己身，这就是最基础的自我治理。人人都可以自治，人人也应当自治。在政治秩序中，地位最高的是天子，我们是普普通通的庶民，我们在下面，但没关系，天子跟我们一样都要修身。天子不修身，就没有资格来领导我们。这是中国人的观念，在西方有所谓"君权神授"观念，教会代表神在某个人身上一拍说，你是神认可的，你来做英格兰国王，号令英格兰，于是大家都顺从，因为大家都敬畏神。在中国没有这回事，在中国人心目中，即便是天子，也要修身立道。由此有德有能，造福于老百姓，老百姓才敬仰你、服从你。如果你无德无能，对不起，我们对你没敬意；如果你胡作非为，对不起，我们就要革命，起来推翻你。所以你看，中国历史上发生了那么多次革命，而且圣人是肯定革命的。商汤、周武王这两位圣王就是革命者，而孔子赞美说："汤武革命，顺乎天而应乎人。"所以，这个世界上，只有中国人有革命观念。你去问问古希腊人、罗马人，他们哪里有革命观念啊。信仰基督教的人也从来没有革命观念。只有中国历史上有革命现象，因为中国人敬天，而在天之中，人人平等，权威来自德行，无德者就该走人。所以，陈胜吴广在黑夜之中揭竿而起，高呼"王侯将相宁有种乎！"这是平等的政治宣言。因为人人平等，所以有权者必须"以德配天"，周公非常清楚这一点。周人推翻了殷纣王，成为天下之王，但这个权力是从哪儿来的？周公指出，殷纣王无德，所以老天剥夺了其位置；周人有德，所以得到了这个位置。"皇天无亲，惟德是辅"，老天只认一个人的德，你有德，就坐在这个地方；没德，就趁早走人。这就是中国人的基本观念。

这个观念背后的基本观念是，每个人都要自己管好自己，每个人都无法指望别人把自己管住。等候别人来管你，中国人会觉得，这是犯贱。人生于天地之中，所以其生命顶天立地，其政治信念是我自己管自己。孔子讲大人、小人之别，就在这里。自己管不住自己的人叫小人，什么是大人？大人就是自觉、自主、自立、自强之人，每一个字前面都是"自"，都是自己管自己，堂堂正正立于天地之间。西方人靠外在的物来约束自己，其治道不是人道的；中国人的治道是人道的，因为中国人能够自主、自立、自觉、自强。这是中国社会治理之大本所在。

这样一来，在中国，秩序就是内生的，不是人之外某个绝对力量把大家笼罩起来、捆绑起来，把大家关到笼子里；也不是人中间有个绝对权威，"主权者"，他颁布法律，让我们中间有秩序；而是我们每个人自我约束、自我成长，然后形成了合作秩序。这一秩序的形成和维护有赖于每个人，当然有赖于天子，但也有赖于普通老百姓。所以，每个人都是主人，每个人都可以是治理的主体，每个人可以、也应当自我治理。

总起来说，中国人是世界上最会自治的，因为我们直接抓住了最基础的自治：个体的自我治理。这是西方人所不知道的。西方人也谈自治，但只能谈到社团的自治，这已经落入第二义了，而不是第一义。而且，西方人从根本上无法建立其自治的自治理论，因为它否定了人的明德。所以，他们所谓的自治，其实经常落入权力均势（balance of powers）之中。社会上有好多集团、组织，相互制衡，西方人讨论自治，就寄希望于如此，所以他们一谈自治，就跳到抗衡上去，一谈社会自治，就跳到对抗政府上去。然而，这些集团本身都是利己的，所以这种对抗、制衡最后能带来什么善的结果吗？中国人则确立了真正的自治，因为我们肯定了人人皆有明德，也就确立了自治之大本：人人皆可以自治。治理中国，你得明白这个基本原理，并且鼓励人们、引导人们自我治理，这是通往良好秩序的大道。

这个道理，今天仍然适用。不管是什么样的治理，包括国家治理、乃至于天下治理，基础仍然是个人的道德自觉，人人自修己身。用《大学》的话说，这是治理之"本"。

齐家：作为社会治理之底盘

前面我一口气说了四个自，简称"四自"，但大家千万不要误解，以为中国人的治理就是单独一个人的治理。因为圣人之教反复申明一个最基本的事实：

"身体发肤，受之父母"，每个人生而在人伦之中，生而在家中。由此就有了治理的第二个环节：齐家。

因为你身在家中，所以，只要你修身，就可以齐家，事情就是这么简单。你跟你的父母生而在紧密而稳定的人伦中，你跟你的兄弟姐妹生而在紧密而稳定的人伦中，你不修身，跟家人闹矛盾，社会秩序就会变坏。反过来，你若能自修己身，改变自己，爱敬父母、兄弟姐妹，家里矛盾是不是少了很多？由此，社会秩序是不是好了一些？大家知道舜是因为什么而被大家推举为帝尧的继承人的？因为其大孝之德。《尚书·舜典》说出了理由：“瞽子。父顽，母嚚，象傲，克谐，以孝烝烝，乂不格奸。”舜生活在一个不幸的家庭中，家里人好像精神都不正常，但舜却用自己的爱敬之情感化他们，让他们不至于成为奸恶之人。整个社会是不是因此就好了一些。大家推举舜为继位人，也就相当于确立了中国社会治理的一个基本原理：齐家是治理的基础环节。

这是大智慧，对我们今天是很有用处的。不要一下子就跳到全社会这个层面上去想问题，我们自己就在一个小社会中，而且完全可以治理好这个小社会。那就从这里开始，由此，我们每个人就成为治理者。在社会治理问题上，西方人走入了歧途，因为它习惯于一下子就跳到了人类全体、全社会这个层面上去思考，而这显然超出了个人的能力范围。面对全社会，你、我当然很渺小啊，完全无能无力，那怎么办呢？只好幻想一个全知全能的神降临，或者全知全能的主权者出现，说一句话，世界就变了。这当然是不切现实的。

当然，齐家仍然归本于修身。自治始终是基点。你不要指望你的父母先改变，你自己为什么不先改变呢？你想让你家里变好，很简单：你自己变好；你对你父母有各种不满，那你怎么让你的父母变好？看看舜是怎么做的，《大学》也说了：“为人子，止于孝。”你主动地用你的孝爱感动你的父母。你们想一想，父母会不会感动？一定会感动：这儿子以前从没这么好过，马上泪流满面，家庭就和谐了。秩序在人伦之中，但秩序的好坏取决于自己；要让人伦变好，自己首先要“尽伦”。这是孟子特别喜欢的一个词。自己把自己的人伦角色应该做的事情做好，人伦就可以变好。大家都听过“感应”这个词，我自己首先改变自己，这就是“感”；跟我相接触的自然会有所回应，这就是“应”。因为人同此心，心同此理。所以，中国人的治理之道始终是从每个人自治己身开始，很自然地就延伸、扩充到家人。

而且在家内，人与人之间都有深情厚谊。所以，家的治理，其机制要比国的治理丰富得多，我们可以用感情来感动家人，我们当然也可以讲道理，必要的时候也可以体罚，可以综合地使用各种办法。相反，有很多办法在国这个层面上是很难运用的，比如你总不能对着一个陌生人哭鼻子，但你的眼泪确实可以感动家人。家人之间相互有深情厚谊，相互有无私的关爱，这是家内治理的优势所在。

《大学》讲"家齐然后国治"，这道理很简单。可现在，很多人迷信西方思想，不愿接受，反而要破坏家，甚至认为家是社会治理的障碍。但不管你怎么努力，也改变不了一个基本事实：人首先是一个家的存在者，人最初跟父母生活在一个家里，未来自己也会成立一个家，同时仍在父母的家中，每个人的生命其实就寄存在家里。如果家中人伦、人际关系变好了，这社会就变好了。所以我们圣贤讲的治国之道特别易简，人人自治其家，家家情感深厚，这个社会即便没有到理想状态，起码也有基本秩序。圣贤讨论治国，总是落脚到齐家上。任何治理理论，不关心齐家，而直接讨论治国，都是好高骛远，最终也不可能达到目标。

当然会有诸多问题需要在家之外、需要通过政府来解决，但如果家不齐，比如社会上百分之三十的家不齐，社会一定是乱糟糟的。父母不和，会严重影响少年儿童的身心成长，从而引发犯罪；或者小两口总是闹着离婚，也会影响一群人。我们圣人发现了世界上最简单、低成本的社会治理之道：要让国家变好，首先让每家变好；而每家变好，不需要国家花多少资源，因为每家人自己会把自己治好。当然，国家要采取各种方式塑造良好风气，引导人们齐家，但齐家的主体终究是各家内之人。

如何齐家？《周易》有"家人"卦，其《彖辞》说："女正位乎内，男正位乎外，男女正，天地之大义也。家人有严君焉，父母之谓。父父，子子，兄兄，弟弟，夫夫，妇妇，而家道正。"你是个爸爸，就要做爸爸应该做的事；你是子女，那你就要做儿子、女儿应该做的事；同样，兄要做兄应该做的事，弟要做弟应该做的事。"夫夫妇妇"的含义一样，你是个丈夫，就赶紧挣钱，养活家人；你是主妇，当然得生孩子，教养孩子。每个人在家中各尽其义，"家道"就正了，也就可以有良好的社会秩序，所谓"正家而天下定矣"。社会中百分之八九十的家庭安定了，天下就安定了。

今天，如果我们期望有一个良好的社会秩序，还是要创造一种气氛，让大家"齐家"。这些年我们强调"家风"建设，这就对了。这些年发表的领导人的照片，有很多家庭生活照片，很温馨，也有重要的示范作用。当然从根本上说，我们首先要肯定家、保护家。人家美国基督教保守主义都以"家庭价值"作为首要价值，我们怎么就做不到？所以，要旗帜鲜明地反对个人主义。在思想文化领域中，尤其是在大众媒体中，绝不能放任各种贬低家、抹黑家、破坏家的观念泛滥。政府要把家庭价值体现在各种法律、政策中。《民法典》也把保护家庭列为第一位的价值；要清理那些不利于家的稳定的法律和政策，比如《婚姻法》中相关条款就需要修订，促使人们更为认真地对待婚姻、家庭。当然，政府也要采取各种措施，社会各界也要想办法，让青年人都结婚、成家、生孩子。有了家，人才能成长起来，才会自我治理。如果大量青年是光棍，这个社会恐怕很危险，更不要说良好秩序了。

宗族治理：作为国家治理的中间环节

家的规模很小，古人也就是五口之家、七口之家，父母带着几个未成年的孩子，古人寿命短，一般五口之家比较普遍。但我们生而在人伦中，人伦会沿着时间向上、向下延伸，自然也在横向上扩展，所以几个本有亲密血缘的家可以构成一个族，这就是人们常说的家族。这是很自然的社会组织原理，我们的圣人发现了这一点并予以强调，帝尧构建华夏共同体的第一步就是"以亲九族"，可见，中国人自古以来特别重视家族制度。汉代的《白虎通义》这么解释宗族的含义：

宗者，何谓也？宗，尊也，为先祖主也，宗人之所尊也。《礼》曰："宗人将有事，族人皆侍。"圣者所以必有宗，何也？所以长和睦也。大宗能率小宗；小宗能率群弟，通于有无，所以纪理族人者也。

族者何也？族者，凑也，聚也，谓恩爱相流凑也。生相亲爱，死相哀痛，有会聚之道，故谓之族，《尚书》曰："以亲九族。"

宗的意思是尊，一群人在一起生活，要形成和维护良好秩序，就需要有尊者，也即有权威。那么，一群有血缘关系的人在一起生活，权威靠什么？靠血缘的远近，是最省事的办法。所以，在宗族制度保存比较完好的地方，有"宗子"这个社会角色。什么叫宗子？嫡长系一脉相传下来的人就是宗子。宗子在血缘上是这一系中最为正统的，大家都尊重他。当然，宗族的治理不是只靠宗子，宗子只是依据自然血缘确定，但血缘上纯正并不意味着德行上优秀，这是两回事。宗族治理还是要靠有德有能的人。

什么叫族？聚集在一起的一群人，天然有深厚的情谊，这就是族。族这个字的最初意义就是"簇"，一簇一簇的，也就是一群一群。因为血缘上的关系，所以能做到活着的时候互亲互爱，死的时候有哀戚之情。并且，这群人还有会聚之道，能够经常聚集在一起。由此保持情感。家族可能有几十人，甚至数百人，由尊者领导、组织、管理，就是宗族。家族是自然的人群，宗族则是组织起来具有治理能力的家族。相比于家，宗族的资源更多，可以做很多事情，普通人所需要的公共品，宗族差不多都可以解决。所以，自古以来，宗族是中国社会治理的最重要单位。家是基础，宗族是沟通家、国的中间环节。

需要说明的是，宗族要稳定地维持其共同体，仅靠血缘以及由此而有的自然的情感是不够的，需要一系列的制度，以确保大家定期、经常会聚，从而凝聚情感、强化情感。上文所说的"有会聚之道"特别重要。你可以想象一下，你与表哥十年不见，十年后坐在一起就没有话说，恐怕也难有什么情感，因为没有经常走动，已经生疏了。所以，确保族人会聚，需要有些制度安排。这就是宗庙和祠堂制度。

各位到各地参观古村落，有没有认真看过祠堂、宗祠？祠堂制度是过去一千年间乡村最重要的公共场所，农村的组织主要依靠祠堂。你们可能会以为祠堂自古就有，没错，但只是古到宋代，之前是没有的。这之前当然有其他制度，但不叫祠堂。三代都有宗庙，不过，只有王、诸侯、大夫可以立宗庙，其他人可以作为同宗之人参加祭祀，但不能单独立庙。祠堂制度则适应了社会平民化的进程，到南宋才开始出现。当初也只是在局部地区流行，后来才广泛实施，而这跟宋代大儒的倡导有密切关系。各地普遍建立祠堂，也就是在元朝和明朝。我想说的是，祠堂制度并不是自然出现的，一族之人天然有情感，但有情感并不意味着他们建立祠堂。比如现在的北方农村，就比如我的老家陕西吧，一族之人当然也有情感，却没有祠堂。以前是有的，"文革"之前有，"文革"期间基本上被摧毁，"文革"结束后也没有重建。这是现代北方社会跟南方社会最大的不同之处。没有祠堂的结果是什么？是族人越来越疏远。那为什么没有重建祠堂，因为缺乏有文化的人。所以，祠堂的建立需要文化自觉、治理自觉。

祠堂最初建立，跟宋儒重建秩序的志向有关。宋儒生活在一个秩序崩解的时代。安史之乱后，原来以士族为中心的社会结构遭到严重破坏，一直走到五代，社会处在逐渐解体过程中。士族固然固化了阶层，但好赖社会还有人治理，士族解体，社会就没有人领导了。当然，唐代社会的解体还有另一个至关重要的因素：佛教广泛传播。佛教的基本教义是出家，这直接冲击中国社会治理的基本原理。当初韩愈上书皇帝，抨击朝廷大臣、整个社会疯狂崇拜佛教，还遭到贬谪，可见当时佛教有多流行。这两重因素导致社会解体，民众没有组织。宋儒的兴起，旨在重建秩序，重建秩序的关键是把人组织起来。今天中国面临的重要任务仍然是把人组织起来，因为人口经过大规模的流动和再配置，比如我，本来是陕西关中的农民之子，现在却生活在北京，那么现在我找谁去会聚？我在课堂上当然跟大家会聚，但出了学校，回到社区，邻居都是陌生人，没有自然的联系纽带。街道更不用说了，跟原来的村庄完全不同，所以，我这样的人也可以叫"北漂"，漂泊在北京，生命没有安顿。现代大城市里有很多犯罪活动，因为这是陌生人社会，你不认识我，我不认识你，所以我对你做坏事可以毫无顾忌。所以，城市需要重建会聚之道，让人会聚起来。宋儒之兴起，就是为了解决这个问题。现在很多人研究宋儒，恰恰忽视了这一点，高谈阔论什么哲学。儒家可从来不想做什么哲学家，儒学是要解决人的生命、生活和治理问题的。宋儒面对已经解体的社会，做了很多重建人们会聚之道的探索。最后发现，基于人们自然的情感——血缘情感而建立一套会聚制度是最顺利的，成本是最低的，所以他们就建立了祠堂制度，更准确地说是肯定了祠堂制度。在这方面，朱子的贡献是很大的。朱子《家礼》开篇即论述祠堂之制，他还专门解释说：

> 此章本合在《祭礼篇》，今以报本反始之心、尊祖敬宗之意，实有家名分之首，所以开业传世之本也，故特著此冠于篇端，使览者知所以先立乎其大者，而凡后篇所以周旋升降出入向背之曲折，亦有所据以考焉。然古之庙制不见于经，且今士庶人之贱，亦有所不得为者，故特以祠堂名之，而其制度亦多用俗礼云。

大家要明白，是先有祠堂然后宗族才得以巩固的，在这里，大家定期相聚，这就是"有会聚之道"。人只有会聚到一起，才会有情感，基层社会治理，情感是最重要的。祠堂的功能就是强化人们相亲相爱的情感。

由此可以看出，宗族治理不是光靠血缘就行的，还需要依靠文化自觉，这就需要士君子。很多现代人头脑简单，以为宗族治理就靠族长，所以文学作品里老是咒骂族长。其实，宗族治理是很复杂的事情，你想，管理几百号人，光靠血缘权威就能管用吗？不可能的，还得靠德能，而宗子、族长不一定有德能。现在电视连续剧《白鹿原》开播了，我以为，《白鹿原》是过去四十年最好的一部小说，一百五十年间中国社会的巨大变迁，通过一个村庄的变化表现出来了。在那个村庄，大家都知道，有一个人很重要，族长白嘉轩；但是，小说的灵魂人物却是朱先生。这个朱先生历史上实有其人，是儒学中的关学流派最后一个重要人物，蓝田牛兆濂，当地人称"牛才子"。关学的创始人是宋代大儒张载，人称横渠先生，从宋代开始，关学传承了一千年，到牛才子这个人差不多就到头了。你看看小说就知道，白嘉轩做出人生所有重要决策之前，都去请教朱先生。由此可见，宗族治理的基本结构，可见士君子在当时基层社会中所发挥的重要作用。可以说，没有读书人在村庄，村庄就不可能治理好。

当然，今天，要重建宋明时代的宗族制度，难度是很大的，毕竟，城市化极大地改变了人们的生存形态，现在几乎没有谁家是聚族而居的了。但是不是可以建设一些替代性宗族？我们要回到宗族的定义上，最重要的是，人们可以会聚，有情感，有休戚与共之情。那么，现代城市化社会中有没有这样的可能？我觉得还是有的，比如"社区"，社区能不能增加一些会聚场所，在其中，人们可以举办一些重要的节庆活动，从而相互了解，加深情感？不管怎么样，我们要在这方面努力。

治国：百代皆行汉政制

前面讲述了基层社会的治理之道，显然，社会治理不能停留在这一层次上，还有国家制度，有王，有政府。说到这儿，我就来精神了，中国人的国家构建、政治制度是世界上最成功的。有宪法为证，《宪法》第一句话是："中国是世界上最悠久的国家之一，中国各族人民共同创造了光辉灿烂的文化，具有光荣的革命传统。"《宪法》肯定了我们的悠久历史，而且是国家的历史，而不是宗教的历史，不是教会的历史。一定是好东西才会悠久，下面我们就来看看中国的政制传统。

三代我们就不说了，直接从秦汉国家制度说起吧，这个时候我们建立了皇权直接统治相互平等的国民的郡县制。前面已经提到，孔子、秦始皇、汉武帝三人前赴后继，缔造了一整套制度，当时主要是从平等的角度说的，现在换一个角度，从政治制度的角度来考察。

第一个是孔子，在封建制开始崩解之际，孔子删述六经，兴办教育，创立文教。就在孔子前后，各文明都有圣人出，创立专业教化机制，比如印度的佛教、波斯的祆教，苏格拉底、柏拉图的哲学也是，稍微后一些则有基督教、伊斯兰教。但孔子之教与之有根本区别：广义西方之教普遍教人信神，孔子之教则只是教人做人，成为好父母、好子女，也成为好国民。这个文教可以成为普遍的国家教化机制。

这个文教也养成士君子，他们是知识、道德上的先知先觉者，用今天的话说就是先进分子。这就为后世郡县制的运作提供了治理主体。同时，孔子、儒学也提供了改良郡县制的一系列道德、政治观念，比如"天视自我民视，天听自我民听"，"为政以德"，德礼政刑四者并用等。这又是文教与广义西方各种神教不同的地方，后者是要人出世的，通常是反世俗伦理、反政治的，文教却致力于改善提升既有伦理政治秩序。

第二个人物是秦始皇，他基于战国时代各国的制度创新，予以整齐化，把郡县制推行到全国。这是非常了不起的成就，这是人类历史上第一个"现代国家"。我是这么看的，有个美国学者跟我的看法相同，他就是福山。他写过一本书，他宣称，人类历史已经终结于西式自由民主。但这当然是黄粱一梦而已，历史没有终结，因为中国没有建立西式制度，却富强、复兴了。福山倒是个聪明人，他很快就自我调整，进入历史，研究人类政治的历史来了，写了一本《政治秩序的起源》，开篇就把秦朝看作世界历史上第一个现代国家。这当然不是随便说的。现代国家是相对于传统的封建制国家而言，比如在周代，周王只能统治诸侯、甚至连大夫都管不了多少，更不要说普通庶民了。秦朝却通过郡、县和亭、乡、里等基层组织，由官员直接统治相互平等的每个人。这就是现代国家。当然，中国的现代国家不是秦始皇一个人建立的，战国时代，现代国家的各种构成要素就已陆续出现，秦朝是集大成者。

但是，秦始皇迷信法家，单纯依靠暴力、刑罚实施统治，注定了行之不远。所以，秦虽然完成了郡县制之构建，却二世而亡。进入汉朝，大家都在反思这个问题，寻找办法解决其内在的问题。经过多次探索，儒者提出各种方案，董仲舒的方案最为切实可行，为汉武帝所采纳，实施了一系列制度变革，让郡县制合理化，最终稳定下来。

所以，塑造过去两千年制度的第三个或者第三组人物是汉武帝、董仲舒，他们以孔子之道驯化秦始皇之制，而成就了千秋大业。汉武帝时代建立了很多制度，直到今天，中国的基本制度都跟汉武帝时代高度相同或者相通。所以，汉武帝是历史上最伟大的人物之一。当然还有董仲舒，这两个思想和政治人物共同塑造了此后两千年中国的基本制度，下面我们就分析一下汉武帝所建立的制度。

第一个宪法制度是学校。汉武帝要进行改革，董仲舒提出了方案，由此而有了著名的《天人三策》，第一策中，董仲舒剖析了秦制的弊端，最后提出必须复古更化，进行全面改革。董仲舒提出，必须全面更换官员群体，所以董仲舒的第二策提出，政府要兴办学校：

> 夫万民之从利也，如水之走下，不以教化堤防之，不能止也。是故教化立而奸邪皆止者，其堤防完也；教化废而奸邪并出，刑罚不能胜者，其堤防坏也。古之王者明于此，是故南面而治天下，莫不以教化为大务。立大学以教于国，设庠序以化于邑，渐民以仁，摩民以谊，节民以礼，故其刑罚甚轻而禁不犯者，教化行而习俗美也。

塑造良好的政治秩序，关键是人。圣人说"为政在人"，没有人，制度有什么用？没有人，哪有制度？现在碰到社会问题，总有人呼吁赶紧制定法律，可是请问，这法律从哪儿来？从天上掉下来吗？还是要由人来制定。西方人总有一个预设，即法律可以从天上掉下来，就是神或者主权者来颁布，所以他们不讲"为政在人"。中国人根本不相信天上能掉馅饼、从天上能掉下法律，我们清楚地知道，法律只能由人制定，所以我们的圣人讲"为政在人"，想要社会秩序变好，就要从人身上下功夫，就要培养人才。对一个国家来说，最重要的事情是养成士君子，所以要兴办教育。孔子已经兴办了教育，私人兴办民间教育。汉武帝对中国文化做出了一项巨大贡献，那就是政府兴办学校。但这一制度最早起于地方，蜀郡郡守文翁在成都兴办公立学校，很成功，汉武帝把这个成功经验推广到全国，下令各郡县都兴学。后来董仲舒等人也建议，中央政府应设立学校，这就是太学。至此，中央政府、郡政府都兴办了学校，后来县政府也兴办了学校，主要教授《孝经》，县里的专职教师就是《孝经》师。

这是人类历史上最早的一套完整的公立教育体系。西方人什么时候才兴办公立教育体系的？19世纪，比中国人晚了两千年，这是中国文明比西方文明高级的地方。当然，西方的大学很早就有，但都是教会大学，牛津、剑桥、巴黎大学等西方最好、最早的大学，最初都是教会兴办的神学院，哈佛等美国高校最初也是神学院，培养神职人员，不能治国平天下。当然，他们也曾治过国，结果经常把国弄坏，因为他们所学的知识不是用来治国平天下的，而是要把人引到天国，要你放弃现世生活。只有汉武帝所建立的教育体系培养出来的士君子，完全为了治国平天下。孔子兴办的教育本来就是如此宗旨。有了这样的士君子，治国平天下，乃至于齐家，就有了合格的主体。因此，学校是中国最重要的政治制度。

第二个宪法制度是选贤与能制度，选举制度。学校培养出了士君子，士君子是要治国平天下的，那他们怎么进入政府？于是有了选举制度。过去两千年的选举制度大体上分成两个阶段，一个阶段是汉武帝时代初步建立的察举制度，所谓"举孝廉"，史书记载："元光元年冬十一月，初令郡国举孝、廉各一人。"分两部分，一部分是从低级官吏中选，看其是否"廉"，另一部分是从民间子弟中选，考察其是否"孝"。合乎标准的，众人推荐给郡守；郡守经过一番考察，觉得这孩子确实不错，就在每年到中央政府报送统计数据时带上这孩子；录取之后，可以做郎官，即皇帝的宿卫，经常在皇帝身边。皇帝就近观察，觉得这小伙子不错，派遣他做事，做好了，就可以得到皇上的信任，被委任为官员。这是汉代的选举制度。唐以后尤其是宋代以后则实行科举制度，考试、答卷子。这样的选举程序源源不断地把接受过很好教育的士君子送入政府。

第三个制度是"士人政府"。通过察举制度或者通过科举制度遴选出最优秀的士君子进入政府担任官员，就是"士大夫"，他们所组成的政府，我们称之为"士人政府"，这就是中国古代两千多年中政府的常态。确实有变态，偏离这个常态，但一般来说，总会很快会返回正道。这样的政府基本特征是什么？是接受过圣贤教育或者读过圣贤书、接受过最高程度教育的士大夫掌握权力。政治最顶点的位置上有个皇帝，皇帝之下就是宰相百官，他们是这个国家读书最好的人。

所以，从汉武帝中年开始，中国政府是世界上最好的政府，因为官员多数是这个国家读书最好的人。这是人类历史上教育程度最高的政府，我们现在未必能赶上那个时代。那个时候全部政府官员加起来只有几万人。当然也有混入其中的伪君子，因为当时的考察标准是孝，有的人就假装特别孝顺。但好在，人家是往孝顺方面做得过分，而没有偷鸡摸狗，也不靠发财挣钱，总之，整个社会有积极向上的精神。社会中最优秀的人通过察举或科举进入政府，在我看来，这是人类现在所知的最好政府。西方哲人其实也一直希望由有德性、有理性的人治理国家，柏拉图，联邦党人都是这么想的，中国则做到了。

　　这样的政府的最大好处是同时承担其教化和政治管理的职能。士大夫本来就是读圣贤书的人，所以他们担任官员，非常重视教化，比如宋明时代的官员就喜欢在其任职的地方兴办学校、书院；他们在施政过程中也随时教化老百姓，正史中都有"循吏传"，讲了很多此类故事。

　　当然，有同学会产生疑问：这不就是政教合一吗？没错，是啊，但这不仅没有问题，还是好制度。西方为什么强调政教分离？因为他们的教是一神教。一神教跟权力结合在一起，确实很可怕，它难以容忍其他教。但中国的教是什么？是人文之教，无非是教人以仁义礼智信；官员对民众进行教化，也就是教之以孝悌忠信，忠君爱国，不管你信什么教，都应该接受这方面的教化吧？这就是中国文明特别伟大的地方。政治和教化相辅相成，由此维持了大一统。

　　士人政府管理天下大事，有权力，自然有防止权力滥用的制度安排。现在有人一张嘴就说"中国古代是皇权专制"这种耳食之言。我们要尊重历史事实，不妨来看两个方面的权力制衡。

　　第一，士大夫对皇帝的制约。皇帝必须有，没有皇帝，就没有中国。你别吃惊，细听我道来：中国是一个超大规模的文明与政治共同体，内部非常多样，比如汉武帝时代有四五千万人，乾隆时代有三亿人，而且有各种种族，信各种宗教，把这些人聚集起来，没有皇上行不行？肯定不行。国家得有个中心，这几千万人、几亿人聚集在一起，一定要有中心，才能够保持天下为一家。这可是中国这么大的共同体具有强大凝聚力的关键。你去看世界上那些早早死翘翘的文明，其实就是因为没有皇帝，或者虽有皇帝却没有足够权威，结果就散摊子了。

　　但也绝不能让皇上一个人说了算，秦之所以到二世而亡，就是因为皇帝一个人说了算，为他办事的人不能参与决策。那你想想，你管理六千万人，就你一个人决策，不出问题才怪。汉武帝改变了这个局面。现在已经有几万读书最好的人，知道圣贤之道的人，通古今之变的人，进入了政府，他们与皇帝共同决定国家事务，肯定能避免很多错误，做出相对正确的决定。所以在当时的政治体制中，可以很明显地看到分权的安排，皇帝管大事，管原则，具体的立法、行政、司法工作都由士大夫来承担，集思广益。

我们在史书里可以非常清楚地看到士大夫共同参与决策的记录。有日常会议，也有特别会议，比如汉代召开了多次特别会议——盐铁会议，石渠阁会议，等等。以前者为例，汉武帝时代，为了讨伐匈奴，开办了很多官营的企业，实行盐铁官营。盐铁生意由国家经营，目的是增加财政收入。武帝去世以后，一方面是因为匈奴基本上被击溃，另一方面很多人感到民众负担有点沉重，霍光辅政时，昭帝下诏，每郡选一个人到中央政府，加上中央政府各部门的官员，集会于朝堂之上，一百多人开会，就国家大政方针进行了长达十几天的集中讨论。这个会议因为盐铁专营而引起的，所以桓宽根据档案编写了一本书，题为《盐铁论》。大家有兴趣可以去看一下。《盐铁论》跟一般的书不一样，分篇，每篇分别列举朝廷中负责财经事务的大夫与来自各地的"文学"，也即儒生之间的观点和辩论。大夫说，国家现在要用钱，我们不征税怎么能行？文学说，你光想着征收，想过老百姓怎么生活吗？辩论之后做出决策，有些专营政策被取消，减轻了普通民众的负担。这就是皇权和士大夫的分权。大体上，在传统士人政府中，原则上一切权力归皇帝，但日常权力由士大夫行使，国家在常态下是由士大夫管理、治理的。

第二，政府内部有监督制约机制，最重要的制度安排是监察权。秦始皇开始建立监察制度，丞相管理政府的全部事务，丞相下面有一个御史大夫，承担监察责任。这个制度一直延续下来，到汉唐还建立了另一个官职，专门负责监察皇帝，叫谏官。谏官跟御史不一样，御史是监察官员的，谏官是监察皇帝的，天天盯着皇帝看，一看皇帝上朝晚了，没准又爱上了某个妃子，纵欲过度，赶紧写一个奏折，呼吁皇帝作为一国之君，要重贤轻色。通常情况下，这种劝谏还是有一定作用的。你要碰到一个不讲道理的皇帝，那就没办法。但你也不能设想一种制度，把皇帝完全管住，天下没有这种制度，我们只能指望它在常态下发挥作用。美国总统特朗普现在胡来，你又能怎样？维护皇帝或者总统的权威，是政治稳定所必须的。

这样，我们会看到行政权和监察权这两种权力的相互制约；当然还有相对独立的司法权，各级官员都行使司法权，法律严格禁止其他官员干预一个官员审理案件，同时还有各种各样的复审制，县里审完了，要到郡里或者省里去复审，死刑重案要经过中央政府的"三司会审"，汉代的三法司是廷尉、御史中丞和司隶校尉，唐代是刑部尚书、御史大夫、大理寺卿，明清两代是刑部尚书、大理寺卿、都察院都御史。这还没有完，古代还有一个好制度，所有死刑犯最后要皇帝划勾，才能执行死刑。这些制度都有效地建立了权力，也有效地约束了权力。

所以，不要低估古人的政治智慧，不要说古代没有权力约束。只不过，中国人没有那么矫情，把制衡权力放在第一位。现代很多学者一说起权力，就立刻想到制约权力，我就觉得很奇怪，我们难道不是要让政府解决问题的吗？政府如果果真像你说的那么恶，那你干嘛要政府？其实，这种把制约权力放在第一位的观念，来自西方，有一个隐秘的根源，那就是教会对政府的嫉妒。历史上，教会一直想打垮政府。我们中国根本没有这个传统，为什么要跟着别人跑？

经过孔子、秦始皇、汉武帝前赴后继的努力，形成了皇权士大夫郡县制国家体制，这套体制是十分卓越的，此后两千年延续不辍。谭嗣同曾经说：两千之政，秦政也。我却愿意说：百代皆行汉政制，汉武帝结合了孔子与秦制。

旧制度，新活力

汉武帝所构造的政制具有顽强生命力，直到今天，其主干仍然活着，构成当代中国的基本制度。

首先是郡县制，只不过元朝把郡改成省，但基本架构没变。如果有人问你，今天中国的政治体制是什么，你就告诉他是郡县制。中国历史上存在的社会治理体制就两种，一个是夏商周三代之封建，一个是秦以后的郡县制。后面这种制度的根本原则是，国家权力统属于中央政府，中央政府设立省县等管理机构，委任地方官员，直接统治广土众民。这在两千年前是人类最先进的制度，直到今天，世界大多数国家还没有进化到这个程度，还在封建制中打转呢，比如，美国的制度其实是有很多封建制色彩的。

还有士人政府。我认为，中国共产党领导的政府就是升级进化版的士人政府，两者在结构上是相同的。比如士大夫和干部都是知识和道德上的先锋队，都强调在上者对在下者、士大夫或干部要对群众发挥楷模示范作用，都强调政府要承担教育群众的责任，都以民为本，关心生产，关心发展。只不过士大夫偏重于老百姓道德的发展，今天我们所追求的发展更为全面，都旨在建设一个美善社会，要大家向上走，老百姓是没有堕落的自由的。

还有监察制度。去年（2016 年）底，国家发文件，在北京、山西、浙江三省进行监察制度试点，三个省都要建立监察委员会，我估计明年或后年，中央层面会建立国家监察委员会，各地也都会建立监察委员会。这是我们国家政治体制改革的重要内容。这几十年来，一直有人呼吁进行政治体制改革，他们总觉得中国的体制有问题。毫无疑问是有问题的，所以必须要改革，关键的问题是往哪儿改。80 年代以来，以及往前追溯，自清末以来，无数人认为，中国政治体制改革的方向是中国采纳欧美制度，成为欧美式国家，比如建立三权分立制度：行政权、司法权、立法权之间分权制衡，其基础是民主，民主制度下的三权分立。前面已经讲过，民主是有其内在局限的，那么，三权分立有没有限度？我认为也是有的，只是这个问题比较复杂，不展开了。最起码在当代美国，三权分立让国家政治运作陷入停顿状态。国家各个领域有很多问题，而且问题很严重，但就是解决不了，为什么？因为三权分立。不同利益集团把持不同部门，各部门互不相让，僵持在那儿了。福山把这称之为"否决政治"，你否决我，我否决你。结果是，大家都做不成事情。美国人选川普，就是指望他解决美国面临的严重问题的，但现在你看，川普干成什么了？什么也没有。有人还赞美美国的制度约束了川普，听到这说法，我忍不住要笑。你这是站着说话不腰疼，你应该去问问美国人的感受，他们现在就想哭。

从建立监察制度可以看到中国当下政治体制改革的大方向，那就是，不再以外国作为范本，而是回向了历史，创造性发展中国自己的政治制度。可以说，随着监察制度的建立，我们跟西式国家制度已经分道扬镳了，由此开始了人类不同政治制度之间的真正竞争。西式政治制度在过去二百年、一百年已被严重神化，中国人也曾经迷信过，但毕竟我们有深厚的政治传统，所以还是走出自己的路，现在则对自己的路有了自觉、自信。这条路能不能走通？我充满信心，因为过去两千年，我们都走得好好的，实践出真知。过去两千年能走好，今天为什么走不通？这是我的信心来源。

当然，两个社会治理模式之间的竞争体现在方方面面，比如，现在大家比较关注选举制，民主制是一种选举制，察举、科举也是选举制，今天我们必须思考一个问题，这两个选举制度，哪个更好？现在已经可以看得非常清楚，西式选举制度面临很大困境，西方最近这几十年的选举把最贤能的人选出来了吗？是否把国家前百分之五的贤能选出来了？特朗普在美国能排在多少位？或者法国的马克龙，算得上法国最贤能群体中的一员吗？我对此是打问号的。川普上任以来干了什么？干成了什么？你们想象一下，他未来能干成什么？这都是问题。还有台湾省，蔡英文是不是台湾的贤能之人？选举没有选举贤能，没有解决问题的能力，那这个选举还有什么意义？

前头讲了这么多，不是要中国关起门来搞自己的东西，中国文化最卓越之处是开放，因为我们爱学习，因为孔夫子教我们好学。所以西方那些好的制度，我们必须学习。前面对法治提出了质疑，绝不意味着我反法治；对民主制度的内在缺失也做了一些分析，也绝不意味着我反民主。我只是指出其适用的限度，但在相应领域中完全可以加以恰当运用。比如交通法规，肯定要严格执行啊，在各个领域都要制定良好的公正的法律体系，这是毫无疑问的。民主选举制度也完全可以运用于恰当的范围内。前头展开批评的目的，主要是为了破除神话。破除了神话之后，我们就可以做到实事求是，那么最大的"实事"是什么，对中国这个悠久的国家来说，就是历史。人类文明的历史已有四五千年，我们中国在最成功的行列中，那我们就要尊重这个历史，从我们的历史出发，进行创造性发展、创造性转化，从而探寻最适合于中国的优良治理模式——只要我们找到，就有世界历史意义。我们的课程反复强调回到历史，正是为了今日的创制立法。

第十一讲　厚生

这节课我们将讨论中国的经济之道。

在这个领域，一百多年来，中国一直面临一个大麻烦，那就是自我怀疑。这一百多年来，一代又一代知识分子都怀疑，中国人没有科学的天赋，没有技术能力，因而不能实现现代化。哪怕到了今天，仍然有人怀疑中国的初步现代化是假的。不过，有这种想法的人越来越少了，但其中所涉及的重要问题，也就是中国何以在十九、二十世纪落后了，仍然值得我们去讨论。

大多数人还是能够感受到国家在过去几十年的巨大变化的。今天中国在经济上已经是世界第二，再过十年会超过美国。如果中国超过美国，那将是人类有史以来最伟大的一次变化，中国将因此真正确立世界第一的位置。古代我们一直就是，但当时的世界各个区域相互分隔，没有真正形成全球性领导国家，现在则不同。这意味着，再过十年、二十年，等你们到我这个年龄时，中国将是全球的领导者。那我们今天就必须认真思考一个问题：我们为什么成功了？具体到这一课，我们必须回答一个问题：中国为什么在经济上成功了？我们只有弄清这一点，才知道怎么引导别人发展，造福全世界。

对这个问题，有很多人会回答：因为我们开放了，学习了西方的技术。但这种解释面临一个很大的困难：80年代以来，与中国同步，很多国家有所谓的开放，但他们为什么没有像中国这样成功？比如说印度，其经济就是不如中国。50年代，印度甚至比中国要发达，人均GDP超过中国，但今天呢，中国的GDP是印度的5倍。为什么会出现这一结局？显然，用开放是不能完全解释的。那中国经济成功的原因究竟是什么？

　　所以，这节课，我们要回答这两个问题，一个是中国为什么落后了，也可以换一个说法，西方为什么经济发达了，另一个是中国为什么又成功了。在此之前，首先我们要肯定，人的生活依赖物质，民生依赖于物质资源的生产和分配。任何一个文明如果要维系——更不要说繁荣，就必须有高效率的物质生产体系。这是一个基础，没有这个基础，人都活不下来，更不要说文明的繁荣、扩展了。文明的发展从根本上来说是人的组织化程度不断提高的进程，由此人的心智不断发育，产生一系列结果，比如文化创造，精神生活不断提高；还有一条，物质生产能力不断提高。

　　这个逻辑也可以翻转过来：如果我们看到，一个文明的历史很悠久，并且规模是世界上最大的，那我们就可以推测，这个文明的物质生产能力是很强大的。前面我们反复提到：中国在历史上每一阶段都是世界上规模最大的单一共同体。也就是说，中国养活了最多的人口，并且这些人的生活水平即便不是世界上最好的，起码也是中上水平。在中国以外，很多文明则在历史过程中衰亡了，甚至消失了。由这一最简单事实我们可以推测，中国人的物质生产能力是非常强大的，只不过在过去两百多年中，经历了一次短暂的挫折，处在相对落后状态。很多人把这种暂时状态看成永久的，由此倒推说自古以来中国就不如人，这是很荒唐的，既不能准确地认识历史、解释历史，也无法解释今天的现实，更无法给我们走向未来指出正道。所以，这节课要做一番正本清源的工作。我的核心观点是，中国人的信仰、中国文化十分有利于物质生产和技术进步。

人伦与勤劳、储蓄偏好

还是先看信仰。中国以西各族群的普遍信仰是崇拜神，尤其是崇拜唯一真神；中国人的最大信仰是敬天。天的存在形态是什么？我们引用过孔子的话："天何言哉？四时行焉，百物生焉。"我们看到了"行""生"这两个字，尤其是这里的"生"字，对于我们理解中国人的生命态度，进而解释中国人的物质生产能力，至关重要。

中国文化是生的文化。《周易·系辞》有一句话："天地之大德曰生"，天生万物，天生人。天把你生下来，要你做什么？更具体地说，父母因为爱把你生下来，并且以爱把你养大，希望你做什么？希望你成人之后立刻自杀？当然不是，而是希望你生下去，充满生气，生机勃勃，生生不已。这就是中国人的生命意识。生，更好地生。圣人顺乎人情立教，就是"生生之教"。

中国人经常说到的几个词就能体现出这一点，比如"生产"，有两个意思：首先是生育，女同学都要经过"生产"这个环节，生孩子，成为妈妈。同时，"生产"也指物质的生产，比如农业生产、工业生产，等等。这是很奇妙的，人的生产和物的生产在中文里是同一个词，这个世界上最重要的两件事，中文用同一个词表达，我不知道在西语中是否也有类似现象。这两种生产当然也是紧密相关的，没有物质的生产，人的生产就是不可维持的。但人的生产也构成物的生产的目的，我们生产那些物干嘛？而中国人同时重视这两者。我觉得，"劳动"这个词不大好，好像我们的动就是为了让自己劳；生产这个词则非常好地体现了中国文化的精神，"生"字是中国文化的根本，让生产一词带上了生意。

正好，我们再说说"生意"。这个词现在很流行，我们会说某某某是个"生意人"，有同学也说自己以后要"做生意"。但大家有没有想过"生意"

两个字背后的宗教含义？其实，"生意"这个词与中国人的信仰紧密相关。宋明儒特别喜欢说天地之间就是一片生意，万物生生不已，生机勃勃，生意盎然，我们人也在其中生生不已。为了让人的生得以展开、持续，我们做"生意"，也即从事生产、交易活动。生意这个词很好地揭示这些努力的宗旨，那就是让生命得以延续，让我们所爱的人生得更好，所以，如果你做生意，就要让家里、让公司充满生机。

中国人的一生就是为了生生而不懈努力的过程，这可以分为三个阶段：

首先，我自己的生。我是父母所生，那我就一定要生下去，并且要生活得好。所以自杀是不道德的。"身体发肤，受之父母"，你的身体是父母之遗体，你有资格自杀吗？用西方的话语说，你有权利自杀吗？没有。相反，你要好好地生下去，要养生，让自己的生命充满生机。

其次，我还要接着生。人生最重要的事情是结婚生孩子，生养子女。为什么？很简单，你父母把你生了，你承接了父母的生命，那么你就应当生养子女，让你父母的生命得以延续下去，这是最大的孝，孟子说："不孝有三，无后为大。"通过生养子女，我们让天地之间充满生机；不生养子女，天地的生意就枯萎了，当然你自己的生命也就枯萎了。

最后，事死如事生。因为生养子女，我回想起我的父母之生养我，激发出更大的孝，更进一步我想象我的父母是其父母所生，由此不断上溯，而崇拜祖先、祭祀祖先，让死者得以继续生。因为我们的生，死者得以不死，人与鬼神打成一片，同在生生不已的生命之流中。

祖先、父母、我、子孙共同构成环环相扣的生命之流，每个人都在连绵不断的生命之流中，每个人短暂的、必死的生命可以不朽于这生命之流的绵延不绝中。所有这些人的生都需要必要的物质条件，于是我们吭哧吭哧地埋头干活。我们经常说中国人民勤劳勇敢。确实，环顾全世界，比中国人更勤劳的民族，还真没有。因为我们必须得勤劳啊，要养孩子，你不勤劳，行吗？孩子要上学，还要上好学校，你不勤劳，行吗？各位都要感谢你们勤劳的父母，想想他们为你们的成长付出了多少心血。中国的父母对孩子的付出绝对是全世界第一，因为这其中有信仰的成分。当然，我们还要奉养父母，父母给了我们生命，我们奉养年老的父母，难道不是情理中的事吗？所以《孝经》说："用天之道，分地之利，谨身节用，以养父母，此庶人之孝也。"当然，我们还要祭祀祖先，那是我们的生命之源，我们的生命之本，我们能忘本吗？当然不能。

你看，中国人的勤劳出自其信仰，敬天、孝亲、敬祖、养育子女，传承生命，我们为此而勤劳。因为我们不是为了自己一个人而活，我们为了一群人而活，而我心甘情愿，乐在其中。因为我与他们的生命是一体相连的，他们过得好就相当于我过得好，甚至他们过得好比我自己过得好更重要。比如，子女有一个好的未来，比我今天的物质享受重要得多。为了我的生命之流的延续，我愿意付出几倍、几十倍的努力。

反过来看信奉神教的民族，就不如我们勤劳。信神，总体上会让人的生命趋向于消极、懈怠，道理很简单，神教让人期待来世，所以对今世不重视。神是万能的，未来会给你一切，那干嘛勤劳？同时，神教倾向于破人伦，把人个体化，人只关心自个儿上天堂，也就不会为了人伦而勤劳。

在神教中，在北美占据主流的清教似乎有一点点特别，至少德国社会学家马克斯·韦伯是这样说的，他关于新教伦理有助于资本主义发育的观点影响极大，尤其是在中国。中国人了解韦伯是在20世纪八九十年代，当时大家都看到，西方经济很发达、中国经济很落后，韦伯用宗教信仰做出了解释，很多知识分子觉得，哇，这可找到根子上了，所以信之不疑，有些人甚至因此而发明什么有"教堂的市场经济"之类的时髦命题，并因此而皈依了基督教。这真是很可笑的事情，在中国，知识分子加入基督教经常都是为了世俗的目的。韦伯是怎么解释的呢？传统的一神教让人期待神的拯救，所以人比较懒惰，当然就不可能支持资本主义。韦伯说，基督教新教、主要是清教，却不一样。因为清教主张极端的预定论，也就是说，你能不能得救，完全是神预定的，跟你在现世干什么没任何关系，你以为买张赎罪券、做点善事就可以得到神的恩典？妄想！你唯一要做的就是信神。但是你怎么证明你信神的虔诚呢？你得尽自己的"天职"，这也是神预定的。就是说，有一个职业，你就努力去干，干到最好。比如，你是商人，你就勤劳、禁欲、节俭，拼命赚钱，挣了大把钱，说明你尽了天职，这就向神证明了你的虔诚。经过这样一番观念构造，清教徒就心安理得地拼命发财，这就是资本主义精神，资本主义就是这种精神推动下发展起来的。

韦伯的说法也许有一定道理，我们能够看到，清教徒确实是比较勤劳的。但是这种观念终究依托于神，不够亲切、难以长久。比如假如不信神，他们还会勤劳吗？实际上，大家今天到美国就可以看到，无数懒人在吃国家福利。并且更糟糕的是，清教徒的勤劳是非人道的，主要基于对完全不可知的神的敬畏，所以其勤劳带有强迫症意味，清教徒的精神总是分裂的，他们对工人十分残酷，因为要攒钱，钱越多，越能在神面前证明自己的虔诚。等老了以后，又十分慷慨，把钱都捐出来做善事。这里存在严重的断裂。中国的勤劳却是人道的，因而是悦乐的，看到自己的努力让子女得到良好的成长条件、父母得以安享晚年、兄弟姐妹无病无灾，对祖先的祭祀从无间断，怎能不乐？这样的乐就是勤劳的最好报偿。

经济发展除了勤劳，还需要资本，也就需要储蓄。中国人的人伦观念塑造了储蓄偏好。随着中国经济这一轮高速增长，现在全世界人民都知道了，中国人偏好储蓄。为什么呢？答案就在上面所讲中国人的人生观中。我们必须对孩子负责啊，必须对老人、对祖先负责，所以我们必须从自己挣的钱中留出相当部分，甚至是其中大部分预备着给家人用，自己反而省吃俭用。只有光棍，才会今朝有酒今朝醉，但凡成家立业的人都会储蓄，尽可能多地储蓄。这不管从哪个方面来说都是美德啊。我以前也算研究过经济学，主要是奥地利学派经济学，其中有一个非常重要的概念，时间偏好，意思是，对同一个东西、同一笔钱，当下消费所带来的满足大于留到将来消费所带来的满足。当下就消费，看得见摸得着，满足感是实实在在的；留到未来消费，则有一定风险。因此，人们通常倾向于当下消费。但如果大家都这样，就不可能有储蓄、有投资，也就不可能有文明的创造和积累。还好，总有人能够抑制当下消费的冲动，选择把一部分收入留到未来使用，这就是储蓄。这样的人冒了一定风险，理应获得奖励，利息就是由此而来的。但是，人伦观念却让中国人有一种反向的时间偏好，我们抑制自己消费的冲动而用于家人，我们为家人的未来而储蓄。纵观全世界，中国人的储蓄倾向最强。这说明，中国人的视野最为长远，绝不只管当下、只管自己，而是有长远考虑，有对子孙后代的关切。你们回家可以问问爸爸妈妈，是不是早就开始为你存钱了？由此形成的储蓄，当然会通过金融体系转换成投资。所以这几十年来，中国经济增长的重要驱动力量就是投资。对比各国数字，中国的投资异乎寻常的高，这是由中国人的高储蓄所支持的。

从理论上说，经济增长的动力只能是投入，主要是两种：第一种，人力投入，我们讲到了中国人的勤劳，后面还会讲到教育；第二种，资本投入，我们讲到了中国人的高储蓄。有了这些，中国经济高增长就有了基本保障。现在有些人，甚至有不少经济学家，竟然把中国人的高储蓄当成缺点，说应当采取措施鼓励消费。各位，消费还需要鼓励吗？谁不爱花钱？谁不会花钱？我想住一千平方米的大别墅呢，这用得着你鼓励吗？问题是，谁给我钱啊？根据家庭生活的经验就可以知道，会存钱、会投资的人才能发财，没听说过败家子、今朝有酒今朝醉的人可以发财的。而我们中国人的美德就在于，我们考虑得长远，为未来着想。因此我们储蓄，今天的钱变成对未来的投资，这些投资可以带来长远的收益，于是，我们的日子就越来越好。这些经济学家应当感激每月到银行存钱的大爷大妈，感谢省吃俭用的白领们、农民们，正是他们维持了中国的高储蓄、高投资。当然他们也应当感激中国文化，因为正是我们的生命观、我们的信仰让中国人有长远眼光，为未来打算，所以才有高储蓄、高投资。

同样，现在有一些人受神教观念影响，开始鄙视勤劳，比如有些人看到七八十岁的老人在干活，马上咋呼起来：真残忍，赶紧建立社会福利制度，让大家回家享福。这些人不理解，对中国人而言，生命的终极意义就在勤劳中。天行不已，人就应当勤劳不止，其中有生命的大乐趣，为孩子、为父母、为祖先而勤劳，这是人生最大的乐趣。否则，一个人为什么到这个世上来？我用自己的勤劳，构筑、维系了一个生命的共同体，在其中，生者与死者、长者与幼者、历史与未来、男人与女人相互关爱，相互惦念，共同生活，共同成长。今天有些人看不上这样的中国人，他们说，"世界那么大，我想出去看看"，满世界去潇洒，登珠穆朗玛峰，去瑞士游玩，看起来很潇洒，媒体还传播、赞美，真是无聊。其实，这样的赞美也会害了这些自以为潇洒的人，当你生命衰竭之时，你的世界就冰冷了，你的生命不会有意义。相反，儿孙满堂的人则可以在温暖的家中尽享人伦之乐。普通中国人个个都特别勤奋、努力干活，为了父母、子女，因而总是快乐的；相反，文青们都是郁闷的，因为他们没有养人之乐。

总之，中国人从事物质生产、交换的动力特别强大，因为我们每个人都为很多人活着；家人相互惦念，共同努力，每个人都加倍努力，每个人的身心投入数倍于非中国人。靠着这个驱动力量，中国人的物质生产能力就是世界第一的。

圣贤建立生产型政府

敬天、孝亲、敬祖的信仰让中国人普遍地勤劳、节俭，偏好储蓄，自己付出加倍的努力解决自己的生计，这是民生问题得以解决的基础。但民生问题的解决也离不开政府，人要生的好，首先需要安全保障；其次需要稳定的社会秩序，以便进行分工合作；再次需要基础设施；最后，有些人缺乏正常能力，无法自己解决生计，需要救助。凡此种种，都需要政府发挥作用。纵观人类历史，凡是经济发达的地方，一定都建立了国家，并且有效运作。无政府主义社会是不可能有经济发展的。不过，什么样的国家、什么样的政府最有利于民生？以我的认识，中国圣贤所建立的国家是最有利于民生的，我们的圣贤就是围绕着"生"建立国家的。

首先，大家可以看看《尚书·大禹谟》中大禹说的一段话。大家一般都认为夏朝是第一个王朝，那么，大禹建立的这个王朝的基本精神是什么呢？大禹说："德惟善政，政在养民。"这就是大禹之道，夏朝的国家精神。意思是，王者必须有德，而这个德必须体现为善政。你不能坐在书斋里空言道德，而必须让老百姓感受得到。那么，什么是善政？善政就是养民之政。政府怎么样养民？大禹说："水、火、金、木、土、谷，惟修；正德、利用、厚生，惟和。"这句话说得太好了：水、火、金、木、土是养民必须使用的资源，民众更要吃粮食——谷，所以，王者必须重视这些资源的开发利用。利用这些资源的目的是什么呢？厚生，上天给了民众以生命，王者法天而治，就应当让民众生活得好好的，人人健康、长寿，人口繁盛，这就是厚生。由此，可以达到和的状态，每个人各遂其生，各得其所。那么，王者怎么做到这一点呢？要正己之德。大禹的这段话道出了中国政府的基本宗旨，几千年来，中国政府就是这样做的。

当然，大禹能说出这段话，也是因为，他之前的历代圣王一直在这样做。我们共同学习一下《周易·系辞下》，其中一大段向我们解释了中国文明生发、演进的历程，其中涉及多位古代圣王之事迹。这些圣王对中国文明的贡献何在？今天，中国人何以仍追忆他们、纪念他们？比如清明节我们祭祀黄帝，有些地方祭祀炎帝，还有祭祀禹的，我们为什么要祭祀他们？是因为他们给我们创造了宗教，让我们信神吗？还是因为他们作为哲学家写出了哲学著作？都不是，而是因为，他们创造出了利用厚生的制度、器物，从而造福于天下民众。

首先有一个概论："天地之大德曰生，圣人之大宝曰位。何以守位？曰仁；何以聚人？曰财；理财、正辞、禁民为非曰义。"这里指出，天地之大德曰生，那么，设立政府的目的正是由政府提供某些服务，人们可以更好地生。生，则不能没有财，所以，王者是必须要"理财"，必须重视物质财富的生产和分配。这是一个大纲，很重要。接下来叙述历代圣王在利用厚生方面的努力。

这段经文从包牺氏讲起，也就是伏羲："古者包牺氏之王天下也，仰则观象于天，俯则观法于地，观鸟兽之文与地之宜，近取诸身，远取诸物，于是始作八卦，以通神明之德，以类万物之情。"伏羲画八卦，启中国人之蒙，我们从此走出蒙昧状态，开始认知世界，阴阳八卦是中国人认知世界的基本框架。由此就有能力创造出各种各样的器物、制度。伏羲自己就有技术上的创造发明："作结绳而为罔罟，以佃以渔，盖取诸离"，佃就是田，田猎，也即打猎。伏羲改进了渔猎工具，从而改善了人民的生活。

包牺氏之后是神农氏："包牺氏没，神农氏作，斫木为耜，揉木为耒，耒耨之利，以教天下……日中为市，致天下之民，聚天下之货，交易而退，各得其所。"神农氏创造了农业，又创造了商业集市。只有到了农耕时代，人们定居生活，且生产效率提高，才能有剩余，有剩余之后才可以交换，有商业交易活动。由此，人民的生活水平再度提高，并带来一次人口爆发。

神农氏殁，到了黄帝、尧舜时代，这是中国文明的爆发期。今天我们所熟悉的中国文明，与作为单一的政治共同体的中国，就诞生于尧舜时代，此时代文明的突破既有制度方面的，也有技术方面的。黄帝、尧舜首先做了什么？"黄帝、尧、舜垂衣裳而天下治"，他们制作了华夏衣冠。衣冠是礼乐文明的重要组成部分，而衣冠之制是从黄帝尧舜时代定型的。从此，中国人不仅穿衣服，而且穿出文明。

接下来是交通方式的大改进："刳木为舟，剡木为楫，舟楫之利，以济不通，致远以利天下"；当时的人们发明创造了船，用来进行远距离的运输。"服牛乘马，引重致远，以利天下"，这时候开始有了车，比较适合于短距离的运输。

有了以上农业、贸易、交通技术的改进，财富逐渐积累，社会分化，就有治安问题，不能不改进防御技术："重门击柝，以待暴客"，加固门户，设立了防御制度；"断木为杵，掘地为臼，臼杵之利，万民以济"，开始构筑城墙。这是很重要的公共工程，保护财富，间接地保护文明。"弦木为弧，剡木为矢，弧矢之利，以威天下"，弓箭技术得以改进，这是战争技术的一次突破，用弓箭可以远距离攻击敌人。

接下来，经文又叙述了三个领域的技术改进："上古穴居而野处，后世圣人易之以宫室，上栋下宇，以待风雨"；"古之葬者，厚衣之以薪，葬之中野，不封不树，丧期无数。后世圣人易之以棺椁"；"上古结绳而治，后世圣人易之以书契，百官以治，万民以察"。改进了宫室建造技术，制定了丧礼制度，发明了文字体系。尤其是后者，比如大幅度提高物质生产效率。

这段经文回顾了中国历史上最重要的圣人所做的事情，大家可以略微思考一下圣人在干什么？在中国人心目中，圣人之所以为圣人，完全是因为他利用厚生，有所创造发明，给人民带来了福利，尤其是给人民带来普遍的物质福利。除此之外，还有礼制、文字、衣冠等，但最重要的还是生产技术的进步。由此我们就能看出，中国文明从诞生起，就跟其他文明有巨大差异，可以概括为一句话：中国圣人建立了一个生产性国家。

下面我再引用《尚书·舜典》中一段记载，并分析一下中国历史上第一个政府的基本职能。帝舜建立了中国历史上第一个政府，他任命九位圣贤充当九个部门的负责人，我们从这个任命过程就可以看出中国人心目中的好政府是什么样的政府。帝舜建立的第一个政府构成后世中国政府的典范、模板，此后四千多年的中国历代政府基本都照着这个模板建立，尽管具体制度有一些变化。而且特别有意思的是，今日中国政府的基本框架与舜所建立的政府是一样的。从这一点就可以看出中国文明的连续性。

请大家注意帝舜的任命次序，从中可以看出在帝舜等圣贤心目中政府职能的轻重次序。舜任命的第一个人是禹，禹做司空，职责是"平水土"，有点类似于今天的自然资源部，负责管理和开发国土资源。所有的生产性活动，一切人的生活，都要在土地上展开。禹的工作很重要，他开辟、提供文明展开的舞台。这样的工作当然有助于生产性活动。今天，平水土仍然是政府的第一职能，和禹时代一样，仍然要"平水土"，使水土能为人所用。如果不经过平水土的工作，很多地方是没法住人的。

舜所任命的第二个人是周人的祖先弃。周人擅长农业，舜任命弃为"后稷"，主管农业生产的官员，负责在全国范围内推广粮种，辅导农民改进技术，提高产量。这完全是生产性职能。

所以，在舜所建立的中国第一个政府中，为生产活动提供条件以及为生产活动提供技术，构成其两个最优先的职能，由此能够看出中国人理想的政府形态是什么了。

之后是教化，舜任命商人的祖先契"敬敷五教"，负责教化。国防、治安问题也关乎人民之生死，帝舜任命皋陶专门负责治安和国防。

接下来是政府的第五个职能，帝舜任命垂为"共工"，管理"工"。今天有两个领域与此相关，第一是工业，那时候就有工业，制作陶器是不是工业？生产青铜器是不是工业？实际上，加工车、船都属于工业范畴。第二是工程，比如修筑城墙、兴修水利，这些需要专业技术，需要专业人才，还需要组织管理，故要有专人来负责，相当于现在的城乡建设部。

后面还有其他职能，我们暂且放下。概括中国古代政府或者一直到今天的中国政府，主要是三个职能：第一个职能是养民，第二个职能是教民，第三个职能是保民，前两者最重要。由此大家也可以更好地理解孔子的治国思想：

子适卫，冉有仆，子曰："庶矣哉！"冉有曰："既庶矣，又何加焉？"曰："富之。"曰："既富矣，又何加焉？"曰："教之。"

孔子周游列国，出鲁，首先到卫。在去卫的路上，冉有驾着车，看见卫国人口繁庶，孔子赞叹"庶矣哉"，人口繁庶，这就是国家的生机。所以，我们必须果断地终结一孩化计划生育政策，转而采取鼓励生育的政策。接下来就要让人民富裕起来，政府要养民。当然，儒家思想跟法家的区别在后一句话，法家确实求富强，儒家在"富"这一点上跟法家一样，只不过儒家不止于富，所以孔子又说"教之"。老百姓吃饱饭之后还要教化他们，让他们懂得仁义礼乐，从而文明地生活。各位，这就是我们今天最重要的工作，在富裕的基础上重建礼乐，不仅要吃饱，还要过得好；不仅要生，还要生得好。怎么做到？就要有文明、有礼乐，这就需要实施教化，需要文化建设。政府的职能其实主要就这两点，首先是养民，其次是教民。

根据我有限的阅读，这样的中国政府以及政府理念是世界上独一无二的，只有中国的圣人有这样的观念，世界上其他国家从来没有过这样的国家观念，即便到今天，西方那些国家和政府仍然不是这样的。

人类文明较早成熟于两河流域。在这个地方，人类诸多技术最早实现了突破，比如金属的使用、马拉两轮车的发明使用，货币、文字、城市在这些地方出现得比较早，距今可能有5500年了，这很了不起。这里的社会是有生产性活动的，这是必然的。如果社会没有生产性活动，就没有文明了。但是，这里的政府基本上是征服性的，统治阶级以征服作为自己的主要任务。

远西的古希腊社会与此类似。大家都知道，古希腊工商业文明很发达，但其政府主要以征服为其职能。在柏拉图《理想国》里讲得非常清楚，苏格拉底说，我们现在开始从言辞上建立一个城邦。那么，这个城邦何以诞生？有若干个匠人，他们是生产性的，但每人只会一种手艺，所以必须联合起来，进行交换，这样大家才能共同生存下去。为此目的，他们共同构建了城邦。城邦的规模不断扩大，逐渐发现，仅靠城邦现有的土地和资源，不足以养活城邦人口，所以必须征服邻邦，以占领他们的土地和资源。苏格拉底的言说在这里轻描淡写，可我却看得惊心动魄。各位，这就是西方人建立国家的基本逻辑，而且，几千年来都是如此。只不过柏拉图很狡猾，上一段苏格拉底本来说，要去征服别人的城邦，下一段突然笔调一转，苏格拉底说，我们的城邦需要保卫者。读到这一段，我始终没有明白他是怎么转过来的，但人家就这么生生转过来了，本来是要给城邦建立一支征服队伍，后面却称之为城邦守护者。当然，征服和保卫是一体之两面，你去征服别人，别人当然反过来征服你，所以你被迫保卫自己。

受此影响，在亚里士多德政治学中，关于政体的讨论就很有意思了。现在很多人特别喜欢民主制度，并希望建立民主制度，可大家真的了解什么叫民主制度吗？亚里士多德在其《政治学》中讨论了三种政体，君主制、贵族制、民主制。为什么会有这三种政体？很简单，社会中什么样的人占据国家的统治权，就决定着国家的政体：一个人占有国家权力，这是君主制；一群有钱人，占城邦人口的百分之五的有钱人统治城邦，这叫贵族制；反过来，如果剩下的百分之九十五的穷人把自己确立为统治者，这就叫民主制。既然国家是这么建立起来的，那么国家建立之后，其职能就是分配权力和利益。比如，城邦施行贵族制，一群富人统治城邦，那就通过国家权力增进富人的利益，剥削穷人，将其财富转移到富人口袋里。反过来，城邦实行民主制，穷人当家作主，那国家的各种财富，比如征服、掠夺来的资源，就主要归穷人。民主制就是大多数人占有国家资源并通过权力获得财富。不管是什么政体，城邦的主要职能是分配和再分配财富，而不是生产性的，城邦不会去平水土、播种百谷，促进生产活动，或者为每个人从事工业、农业，从事商业活动创造良好条件。罗马更是以征服作为国家的唯一大事，其繁荣是建立在掠夺基础上的。可以说，从中国往西，大多数共同体中的政府都是非生产性的。

至于神教文明就更不用说了。神教也建立过政府，那就是罗马教会，但这种政府一心一意地侍奉神，要人去神的国、去天堂，所以鄙视现世、今世。教会鄙视物质，奉行禁欲主义的生命观，教人逃避欲望。这样的神教观，从公元开始传遍整个地中海到欧洲，在神教支配下的中世纪欧洲，物质生活条件非常鄙陋，一直到公元十六七世纪，整个西方在物质生产方面基本乏善可陈。

相比较而言，在中国，政府从诞生的那一刻起就是生产性的，为生产活动创造条件。因为我们中国人敬天，天地之大德曰生；那么，政府顺天而生，法天而治，当然要"厚生"。若不厚生，要政府何用？这也是今天中国人的政府观，我们今天的中国政府也是一个厚生的政府，大家不妨自己分析一下。

古代中国作为世界工厂

前面我们讲到了有利于生产活动的两个因素：首先，中国人普遍勤劳，有储蓄的美德；其次，中国政府是生产性的。因此，自古以来，中国社会的物质生产能力都是比较强大的，民众生活在持续改进。关于这一点，我们可以从侧面予以评估，这就是人口的增长。我们一起来看一下过去 2500 年中国人口增长的大趋势。

从战国中期到秦统一时，人口大概是两千万。

到西汉末年，人口有六千万，上了一个很大的台阶。中间经历了五胡乱华的巨大破坏，但到盛唐时，人口到八千万。各位要知道，即便到今天，世界上人口过八千万的国家，也没多少个。

北宋末年，人口有 1.2 亿，这是中国人口第一次过亿。从此，中国人口始终以亿为单位。到明末，达到 2 亿。19 世纪中期，鸦片战争爆发时，人口到了 4.3 亿。

这样算下来，过去两千多年间，中国的人口增加了二十倍。这是一个伟大的成就，像中国这样，作为单一的政治共同体持续存在，且人口持续增长，恐怕全世界没有第二家。在漫长历史中，人口的增长是有过反复的，比如盛唐时有八千多万，安史之乱一下死了几千万，令人悲痛。但我们圣人所立之教是生生之教，人口用上两代、三代、四代人就可以恢复过来，而且，每一次都会比上一次的盛世更上一个台阶。

简言之，中国人口在持续增长，这是一个最基本的历史事实。那么，人口凭什么增长？当然是依靠经济的持续增长。道理很简单，人口增长是经济增长的结果，你首先得有能力养活这些人，这些人才可以存活。如果经济体系根本养活不起这么多人，怎么可能有人口增长？过去两千五百年间，中国人口从两千万增加到四亿多，背后一定有持续的经济增长作为支撑力量。

那么，中国持续的经济增长又是靠什么呢？显然，在这期间，中国的疆域并没有太大变化，秦汉时的疆域跟明朝的疆域差不多；后来清朝把蒙古、新疆、西藏纳入中国，但那些地区人口稀少，不足以影响人口统计数字。所以可以说，两千五百年间，中国条件较好的经济区面积没有太大变化。当然，可耕种的土地面积是有所增加的，这有多个因素，劳动力投入、技术进步，以及非常重要的贸易网络扩张。

一直以来，教科书告诉我们，中国古代的"四大发明"是让人自豪。但突然20世纪80年代以来，有一些知识分子因为反传统，对四大发明也有所怀疑，认为它对世界文明的意义没有那么大，我们讲四大发明其实是民族主义的自大情绪；欧洲没有中国的四大发明，也照样可以现代化。这种看法真的正确吗？如果我们仔细考察一下即可发现，四大发明对于我们所熟悉的现代世界之形成，的确产生了决定性影响，如果没有中国的四大发明，根本就不可能有后来欧洲的现代化。如果没有中国人最早发明的印刷术和造纸术大幅度降低知识传播的成本，在欧洲教会统治那种愚昧的环境中，怎么可能有知识的传播以及教育的普及？要知道，唐宋时代的中国是世界上识字率最高的地区，因为我们有造纸术和印刷术，家家户户都买得起书，甚至买得起消闲书，家家户户有能力置办书籍。这在古代是很了不起的。还有火药，其重要性不用说。农业地区文明此前一直遭受骑马的草原游牧民族的蹂躏，火枪出现以后，草原民族就退出历史舞台了，就这么简单。还有指南针，如果没有指南针，欧洲人怎么来到太平洋上？

这些技术传入欧洲后，对其形成现代社会具有决定意义。我们讨论现代世界的形成就得从中国讲起，而不是从欧洲讲起。那么，我们的这些技术突破是什么时候出现的？多数是汉唐宋盛世时代出现的。为什么在盛世？因为这时有教育的普及、技术的进步、生产能力的提升，所有这些是互动的、互相刺激的：要改进生活，必然对技术提出要求；经济增长、繁荣了，教育更普及了，则有能力进行技术发明的人越来越多。这是一个良性循环。所以，中国最重要的那些发明创造都在汉、唐、宋，而这恰恰是欧洲漫长的中世纪黑暗时代。日耳曼人冲垮了罗马帝国，基督教统治欧洲，那是一个文明大倒退的黑暗时代，完全没有技术进步。波斯、罗马帝国与中国在文明程度上算是旗鼓相当，但中世纪一千多年，西方大倒退、停滞，中国则在各方面遥遥领先。因此，我们的技术可以输送到欧洲。

中国也凭借这些技术，在全球经济体系中长期占据领先地位。远的不说，从宋代开始到明清，中国一直是"世界工厂"。十几年前我们开始讲中国是世界工厂，但其实这已经是第二次了。宋代中国就大量出口产品到海外，到了明清两代，更是不得了，所以在南海考古挖掘出沉船，里面都是瓷器，那都是工业品，那时候的欧洲人生产不了。

这样的世界工厂所生产出来的产品是中国人自己无法完全消费的，所以出口海外。我们这个世界工厂驱动了全球交易网络的形成和运转，这个交易网络也就是今天我们所讲的"海上丝绸之路"。汉唐两代的陆上丝绸之路的经济价值并不大，主要带动了东西方的文化交流。因为陆上运输成本太高，不适合运送普通工业品。海路开通，轮船则可以低成本地运输大宗货物，由此才有了经济意义特别重大的全球贸易网络：从宁波、泉州、广州出海南下，到南洋，过马六甲海峡，到印度，再到阿拉伯地区、到非洲，通过阿拉伯地区转口到地中海。这是中国人以自己的产品所构建的全球贸易体系。那个时候，欧洲人拼命买中国产品，但他们实在没有工业品可以出口到中国，怎么偿付？挖银子。银子也不是欧洲本地产的，而是殖民征服者在美洲发现、挖掘的。中国人把一船一船工业品运出去，隔若干个月把一船银子拉回来。这就塑造了一个全球经济循环体系，银子从美洲流到欧洲，从欧洲流到亚洲，进入中国；中国产品则流入印度、欧洲。所以，第一个全球化体系是所谓"白银体系"，中心是中国，因为中国是终极的生产者，也是国际货币的最终流入国。这跟今天颇为类似，今天，中国把一船一船的货物运到美国，美国没有什么东西往我们这儿出口，就给我们美元，结果，人民银行存了三四万亿美元的外汇储备。特朗普急了，要中国买美国的东西，中国人反问：你让我买什么呢？你所生产的东西，我们差不多都能生产，成本还比你低，质量未必比你差；有些东西，我们现在的水平略差一些，比如高科技的军事装备，可你不卖啊。其实，即便你卖那些东西，也不能抵消这么大的贸易顺差，因为中国是世界工厂。

所以，大家千万不要以为，中国自古以来经济落后。自古以来，中国经济都差不多是世界上最好的，我们今天的好不过是重拾过去的荣光而已。那问题就来了，为什么过去这一百多年中国变差了？解释这个问题之前还是向大家说明，这个差是相对而言的，相对于欧洲的这一次兴起，而我要说的是，欧洲的这次兴起带有很大偶然性，而绝非必然。

解释西方近世之兴起

现在很多人说起西方的发达，好像从四五千年前就预定了，从古希腊的商业、哲学，从基督教就预定了，这纯属过度想象。其实，欧洲在过去数百年的发达，是多种历史因素、因缘的巧合，最后凑在了英格兰——对，就是英格兰。我们思考问题、研究问题，第一步是要正确地界定问题，表述问题。关于中国在近世的落后，我们要思考的不是欧洲的兴起，而是英格兰的兴起。

西方在近世的发展，大约可以划分为两个阶段：第一个阶段，大约从1500 年到1830 年，这是补课阶段。罗马帝国崩溃后，欧洲文明出现了大倒退，1500 年以后开始补课。西欧列强确实征服了美洲，但他们也就是欺负美洲而已，因为美洲文明过于落后；西欧人也曾到亚欧大陆上的其他文明程度较高的地区。比如到中国，葡萄牙人到了中国沿海，只能恳请朝廷允许他们以澳门作为贸易站。一直到英国的马戛尔尼来中国，要求中国开放口岸，被乾隆帝拒绝，英国也无可奈何。当然这个时候也快到第二阶段了，从1830 年开始，此时发生了一件人类历史上最大的事件之一，那就是，英国率先完成第一次工业革命。由此，英国人拥有了"坚船利炮"，拥有了打败中国这样的历史性国家的能力。此后，欧美其他国家陆续完成工业化，这才有了所谓西方的兴起。这之前的西方对中国人来说没什么了不起的。

所以，千万别笼统地说欧洲文明比中国好，其实不是。我们要追究这一轮西方何以超过中国，其实就看英格兰足矣。18 世纪的法国人也羡慕英格兰，觉得自己是落后国家。我们讨论现代世界的兴起主要思考英格兰为什么会兴起。而英格兰的兴起以及广义的西方之兴起，是多种因素凑合在一起才发生的。

从中国人的角度看，我们首先要说，中学西渐是很重要的推动力量。随着蒙古人西征，汉唐宋三代中国人所发明的各种重要技术传入欧洲，引发欧洲经济社会发生了一次剧烈的变化。这发生在14 世纪以后，由此欧洲活过来了。没有中国技术，欧洲不大可能重新焕发出生命力。

接下来又有一波中国文化的西传，在明清之际，也就是17世纪时。西方传教士到中国，本来是要给中国人传播神，但到中国发现中国人不信神，也过得挺好。有些传教士成了中国文化崇拜者，把中国典籍翻译介绍给西方人，尤其是在巴黎，最为集中。这就有了启蒙运动。这是第二波中学西传。各位要知道，没有儒家思想，根本不可能有启蒙运动。因为启蒙就是要启神教之蒙，中国就是典范，伏尔泰等人就说，中国人不信神也很有道德，那干嘛还要信神啊？由此，西方人才敢于设想一个人不信神的世界，把神赶走仍然可有一个良好的社会秩序，甚至更好。在这之前1500年，欧洲人从来不会有这种想法。在中国思想传入巴黎以后，西方人才敢这样想，由此，欧洲走上一个新纪元。所以，没有中国技术、中国文化的西传，就不可能有后来欧洲的现代化。

在这个问题上，我们不必谦虚，过去一百多年我们所接受的世界历史叙事都是西方中心的叙事，在此叙事中中国文化的贡献被有意遮蔽，只是讲启蒙运动受古希腊、古罗马文明的影响。这东西离得太远了，看了几本古书，就能有那么大突破吗？现在有越来越多的文献清楚证明，西方17世纪的伟大思想家无不深受孔子的影响，夸奖一个人就是这人是法国的孔子、德国的孔子之类。所以，今天中国人要重写世界历史，我们不必夸大，只是如实地把中国文明对现代世界诞生所做的贡献呈现出来。

当然，这些思想、观念的影响，对于工业革命是间接的。接下来，我们更为具体地解释英格兰为什么会发生工业革命。原因很多，其中有一个非常重要，学界越来越多的人认为这个很重要。

前头讲到，西方政府历来是征服性政府，英格兰本身就是征服者建立的，而后又到处征服，征服威尔士，征服爱尔兰等，建立了"不列颠帝国"。然后就是跨洋征服美洲，占有了广阔的殖民地。美洲殖民地建立了由奴隶劳动的庄园制经济体系。现在很多人说起英国历史，就扯《大宪章》光荣革命，奢谈英国人的自由精神、宪政制度。可是，使用暴力掠夺黑人为奴隶，开辟黑人贸易航线，到美洲建立奴隶制庄园，恰恰是在光荣革命之后盛行起来的。面对西方，我们一定要注意其历史的两面性，注意其精神的内在分裂。

美洲的奴隶制庄园经济对于工业革命的爆发具有决定性意义。这种经济形态的显著特征有三个明显特征：第一，规模化，因为征服者消灭了土著，可以占领大片土地，建立规模极大的庄园。就以美国第一任总统华盛顿为例，他是奴隶主，我曾经计算过，他家的土地换算成中国的亩，约有三十万亩。第二，专业化，也即产业单一，黑人奴隶们只是种植烟草、甘蔗、棉花等经济作物；其余经济活动全然没有。规模化、专业化必然带来高效率。第三，商品化，如此大规模庄园专业生产出来的产品，必然用于出售，而且一般都是通过远距离贸易出售，即从美洲运输到欧洲。因此，奴隶制庄园经济与中国传统小农经济形态完全不同，自耕农的土地规模很小，多种经营，产品的很大一部分满足自己的需求。

征服美洲、建立奴隶制庄园，缔造了工业革命的动力和条件：第一，美洲大规模提供初级产品，让农民可以脱离土地，进入工业领域。第二，经营奴隶贸易、跨洋贸易的商人积累了大量资本，提供了工业革命所需要的原始资本积累。第三，美洲有巨量的消费品需求，奴隶也得穿衣服、得吃饭嘛，奴隶也得用各种家具。所有这些东西，本地奴隶是不生产的，需要宗主国生产，需要英格兰的企业满足美洲奴隶们的需求。而英格兰是个很小的地方，人口不多，必须拼命生产来满足庞大需求。在这种因素刺激下，英国企业开始改进机器，探索技术，以提高效率。第四，海外殖民战争对造船、火器创造了改进技术的巨大动力。

以上几个因素共同发挥作用，英国走上了工业革命这条路。当然，还有其他有利因素，比如英格兰的煤矿靠近其工业区。但根本的推动力量还是来自殖民征服及其所引发、造成的各种因素。而英国率先完成工业革命之后，其他欧美国家感受到压力，纷纷学习英国，也陆续完成工业革命。

欧洲国家本来就有征服的本性，现在有了工业化力量，对外征服的能力大幅度提高，就满世界征服、殖民。由此，七八个西方国家就统治了全世界。西方由此进入其巅峰状态。

当然，其他国家遭遇失败之后，也不能不学习英国、欧美，推进工业化。可以说，过去两百年的世界历史就是工业化扩展的历史，整个世界因此发生了极大变化，比如生产技术突破，人类的福利得到改善。就此而言，工业化确实是个好东西，这是英国人、西方文明对人类做出的非常伟大的贡献。但是，我们还是要说，英国工业革命的过程是非常残酷的，美洲人、美洲文明成了被牺牲的代价。而后，欧美列强又凭借工业化力量征服全世界。从这个意义上说，欧美的兴起、强盛是有"原罪"的，这也就注定了，其对全世界的统治是短命的。

破除西方兴起的神话

说到这儿，我们就可以破除几个关于西方兴起的神话了。

第一个神话是，西方是因为走资本主义道路才富强的。这大约是过去几十年流行起来的一个神话，以前我们一直宣说，资本主义要灭亡了。到20世纪80年代，打开国门，大家一看，资本主义国家人民的生活水平真高啊，于是，大家就觉得，资本主义是一种好制度，可以实现国家富强。这也是韦伯的《新教伦理与资本主义精神》流行起来的原因。

但我们已经看到了，其实西方兴起，西方真正拥有征服全世界的力量，主要靠工业化，并且也主要是靠工业化，改善了国内人民的生活，因为工业化大幅度提高了生产力水平。对此，我们中国人都有切身感受。中国的经验也证明了，不走资本主义的道路，同样可以实现国家的富强，因为我们走的是社会主义道路。相反，今天的美国似乎再次表明，资本主义未必有利于国富民强。所谓资本主义，当然是以资本为主义的，也即，整个体系的运转服务于资本收益最大化。那干什么事情可以实现资本收益的最大化？搞金融啊，钱生钱，收益最快、最大。所以，金融业是资本主义的老家。但这样的收益，跟广大人民群众没有任何关系。所以，资本主义发展的结果一定是贫富分化。所以，资本主义是不能让国家富强的。

第二个神话是，西方因为实行市场经济，所以实现了富强。这也是过去几十年极为流行的一个神话，经济学就是靠着这一条横行天下的。然而，事实并非如此。什么是市场经济？按照教科书里的标准，市场经济大约包括比较稳定的产权，众多市场主体，比较自由地进入，相互竞争。用这个标准来衡量，其实，传统中国的市场经济发育水平是非常高的，远高于工业化时期的西方。因为我们的小农户就是多种经营的小微企业，可以自由进入各个领域，相互竞争，我们在中国经常看到的情形是竞争过度，但中国并没有因此而实现工业化。

相反，英国和欧美其他国家，在工业化时代的经济政策，很多是与自由市场原则相反的，其中最为重要的是系统实施贸易保护政策。我们很多人有一个错误的印象，英国、西方一直实行自由贸易政策。错。英国只是在其完成工业化之后才实现自由贸易政策的，因为这个时候它对其他国家拥有了巨大竞争优势，它当然主张自由贸易了，它甚至用大炮轰开其他国家的大门，强迫人家自由贸易。但在工业化过程中，英国却实行严格的贸易保护政策，只可进口初级产品，禁止进口工业化产品，为的是保护英国国内的工业生产。美国同样如此，汉密尔顿在立国的时候就提出了这一构想，后来美国之所以爆发内战，就是因为北方要推进工业化，决心搞贸易保护，南方奴隶制庄园却依赖对英国的出口，主张自由贸易，结果双方打起来了，最终北方胜利，系统实行贸易保护政策，用了几十年时间，到1900年前后，美国完成工业化。所以，是自由市场推动了美国的富强吗？当然不是。

第三个神话是，自由或者宪政或者民主或者个人权利让西方国家富强了，总之是政治自由主义让西方国家兴起了。我们简单地看一下英国，为什么工业化革命首先发生在英国？因为英国政府的权力是西方最强大的。我们前面讲到了征服，没有强大的政府，你怎么对外征服？当年诺曼公爵彻底征服了英格兰，也就建立了欧洲最强大的王权，比如他要求所有骑士向他效忠。而在欧洲大陆，骑士只效忠于贵族，而不效忠国王，相比较而言，英国王权的统治能力最高。因此，英国也就在欧洲最早实现了法律的统一，这就是"普通法"。现在我们很多一说法治，就想到宪制政府权力，那你倒是先想一下，你这个法律的权威又是哪里来的？要么靠神，要么靠王权。神权保障的法治，确实很可能跟国王作对，但结果就是国家的解体。这种法治对人民有什么好处？英国则是靠王权树立法律的统一权威。总之，英国王权、英国政府在欧洲各国拥有最为强大的权力，由此才能对外征服，才能创造出工业革命的各种动力和条件。其实大家可以用常识来思考一下，工业化过程需要什么样的政府。工业化需要集中资源，需要建立很多基础设施，这些东西靠什么样的政府能搞成？当然是集权的政府。

当然，完成了工业化之后，可以适当地分权，搞点民主什么的。英国就是这样的。英国是在1830年开始进行民主化改革的，开放选举权，中产阶级逐渐地可以参加选举了。其实，所有西方国家的民主制度都是工业化完成之后才建立的。这里有个先后次序。先通过民主化来推进工业化，那是痴心妄想，工业化和民主化是不能兼容的。最近这些年，美国人忽悠第三世界国家搞民主化，这些国家没有一个能够发展起来，因为民主从来就不是实现发展、富强的机制，而是分钱的机制，你现在的问题是根本就没有钱，你搞民主化干嘛？

第四个神话是，西方是靠科学富强的。这里仍然有一个次序的问题。现在有很多人犯了归因谬误，说现代西方那么发达，主要是因为人家科学发达；西方科学发达，则是因为西方有柏拉图的哲学，有逻辑学，等等。其实，古希腊的科学算什么，比中国人差远了。一直到整个中世纪，西方的技术、生产能力都不如中国。但由于种种偶然因素而促成的工业革命带来一次生产技术的突破，改进技术的需求驱使人们理解技术背后的原理，这时候，古希腊哲学、西方神教所建立的世界两分的观念就有用了。

我们首先确定一点：欧美科学的发展是很晚的事情，要到 19 世纪工业革命热火朝天之后。这个时候，西方人的世界两分观念确实有助于其科学的发展。现象世界是变动的、不完美的，但人可以凭借理性认识这之上的另一个世界，这个世界可以用数学、几何学来表达，可以用牛顿力学来表达，牛顿力学是用言辞构造的另一个世界。在《理想国》中，苏格拉底说，让我们用言辞构造一个城邦，然后他构想了一个理想国。牛顿的工作跟苏格拉底的工作，在性质上是相同的，都是跳出现象世界，设想一些最基本的元素，以此构造出一个世界。比如，几何学中有点、线、面，那么请问现实世界中有几何学中那个点吗？其实没有。因为现实中的点总是有其体积的、有某种量的，但几何学把这些剥离了，成为一个没有量、纯粹的点。用柏拉图的哲学说，就是点的理念。线、面等都一样，牛顿所说的引力之类也都一样，存在于理念世界中。然后，科学家再用这些纯粹的基本元素造物，工业化生产就是这样进行的，尤其是化学最为清晰地体现了这一点。这样，科学创造出新的人造物，提供了众多可以改善人生福利的物，也就获得了发展的最大动力，人类也就投入越来越多的资源用于发展科学。归根到底，科学之所以得以发展，是因为其通过技术服务于生产。因此，科学不是富强的原因，而是结果。

中国实现富强的文化根源

西方人依托科学建造了众多人造物，从而拥有了巨大的物质力量。西方的政治传统是征服，因而当技术进步推动西方工业发展之后，西方人就急不可耐地把其工业成就用于军事活动，在全世界范围内展开了有史以来最大的武力征服，远远超过成吉思汗，这包括武装逼迫、侵略中国。中国以前也很发达，是天朝上国，但从没想过开着军舰征服其他国家。郑和下西洋，有那么强大的船队和武力，但其观念是"修文德以来之"。因此，当19世纪中后期西方人来到中国，不断以炮舰敲打中国之门，有道德的中国人实在无法理解。我不跟你做生意，你就拿大炮轰我，这是何道理？

经过一代人、两代人，中国终于明白了，跟西方人讲道理是没用的，出路只有一条：追求"富强"。洋务运动的目标就是追求富强，今天国家提出社会主义核心价值观，第一个也是"富强"，这个口号喊了一百五六十年了，为什么？西方人富强，并且毫不犹豫地使用武力征服你，你能怎么办？为了求生存，你也只能追求富强。这就是中国人在过去一百五十年所走过的路，一言以蔽之，求富强。

求富强，就要学西学，学科学，运用西方人所用的技术，制造机器，用机器制造各种器物，打造各种各样的人造物，概括言之，推动工业化。这是中国人过去一百五十年努力做的事情，为此，我们做了很多事情，不惜推倒自己原来的政教体系。比如20世纪初，中国人开始猛烈地反传统，毫不犹豫把自己实行了两千多年的科举制度废除了，把原来那套书院、学校体系也废除了，建立起一套全新的学校体系，专心学西方的科学和技术。我们北航之类的学校就是基于这样的观念而建立的。当初的八大院校都是干嘛的？多数是技术类院校，我们要救亡图存，就得造出坚船利炮，就得学西方的科学和技术，学会造物之术。

一旦中国人开始学习，进步就是世界上最快的。当今世界，除了欧美所谓发达国家以外，另一个实现现代化的地区就是儒家文化圈，日本、韩国、中国台湾、中国香港、新加坡，这些地方是继西方以后唯一实现现代化的区域，中国也初步实现现代化，再差一步就会成为世界经济总量第一的国家。这时候我们就要问一个问题：为什么儒家文化圈能实现富强？从环境方面看，广大非西方国家是差不多的，但儒家文化圈实现了富强，那一定是因为有一些内在的条件，历史的文化的内在优势，我提出三点，供大家参考。

第一，孔子之教。孔子之教是什么教？孔子教你信神吗？不是；孔子要你禁欲吗？没有。孔子只是让你学，《论语》的第一个字就是学，子曰："学而时习之，不亦乐乎？"孔子教你好好学习，天天向上。孔子无所不学，孔子也教你学一切东西。既然西方有科学技术，实现了富强，那我们为什么不学呢？当然要学。对儒家士君子来说，只要知道世界上有某种知识，就一定去学。这是儒家文化圈能够现代化的最重要的原因。

因为我们好学，所以，我们开放。你无法想象一个好学的人自我封闭。而且，中国的经济本来就是全球交易网络的中心，本来就是开放的。有人张嘴就说中国两千年封闭、思想垄断之类，这是睁着眼睛说瞎话。如果中国是封闭的、实行思想垄断，佛教能大规模传播吗？

因为好学、开放，所以中国人乐于求变。世界上唯一以变为经的文明是中国。《易经》讨论变，"穷则变，变则通，通则久"。如果一个中国人是顽固派，拒绝变化，那我告诉你他肯定没学好孔子之教，孔子教你"君子之中庸也，君子而时中"。世界都变了，你还守着你的老手艺，这是刻舟求剑，在我们的经典中，这是被耻笑的。所以，中国人从不拒绝变，从来不拒绝新知识。现在有些人说中国过去两千年陷入停滞状态，这也是睁着眼睛说瞎话。我们的国土扩大了两三倍，这不是变吗？你再想想过去一百多年来，中国变了多少回了？今天的中国人，差不多崇拜变。比如，老年人都拿着智能手机在玩，你到全世界都看不到这种情形。在中国，我今天倒是担心咱们的变未免过于匆忙了，创新未免太多了。

第二，中国人从来不拒绝物质的繁荣，因为我们没有禁欲主义。当然，儒家也不是纵欲主义的，儒家对物质欲望坚持中道：儒家士君子讲"节"，节制欲望。儒家士大夫治国则首先"富之"，给老百姓以更为丰裕的物质生活条件，其次才是"教之"。这跟全世界的神教教义都不一样。神教必然要人禁欲，但禁欲是极端的，长久不了，一定会摆到纵欲上的另一端去。儒家则坚守中道，所以，如果技术可以改善民众的生存条件，那儒家就热烈欢迎。历代圣王对我们文明的重大贡献，就是给大家提供了新技术，当然这是以中国方法提供的技术。但既然西方人的造物术也可以改善民众的生活条件，也即"厚生"，我们干嘛拒绝呢？所以现代中国各个时代的政府，都把学习、应用新技术以改善民众福利，提高民众的收入，作为自己工作的重点。在世界上大多数国家，政府是没有这种干劲的；在有些神教国家，神权甚至干脆拒绝新技术，因为它会削弱民众对神的信仰。但中国政府就没有这方面的担心，而是大大方方地干。

第三，中国人的心智可以兼容西方人的科学思维。前面我们反复讲过，中西文明不同，我们也讲过中西技术思维的不同。但我们又看到，在过去一个世纪，中国在科学进步方面非常快速，比如，杨振宁那一代人，差不多也就是中国人学习西方科学的第二代、最多是第三代，就有能力获得诺贝尔奖。中国氢弹的构型也是我们的土鳖科学家自己想出来的。现在中国在很多科学领域进步神速。我相信，很快，中国将是世界科学第一个大国。那么问题来了：为什么中国人这么厉害？

我们首先要承认，中国古代的技术和工业革命以来的技术是有重大差异的。大家还记得大禹用过的一个词"利用"。《周易·系辞》说得更清楚：子曰："夫易，何为者也？夫易开物成务，冒天下之道，如斯而已者也。"请大家注意这里的"开物"二字，大家想必马上联想到《天工开物》这本书，这本书体现了中国人的技术观。天生万物，各有其性，而"天地之性人为贵"，所以万物皆可为人所用。西方人鼓吹环保，说这个不能动，那个不能动，这是不知人、物之轻重。万物是人皆可利用的，只要顺乎天时、顺乎物之性即可。但是，物对人的用处未必是显而易见的，需要人用其天赋之灵"开"出来，这就好像你在山里捡到一块璞，要用刀切开、治理打磨，才有可能得到宝玉。中国人的技术就是沿着这个方向发展起来的，就着物本身，知其性，开其用。中药是最为典型的，在这里，物本身依然是那个物，相对保持其完整，人们做的事情就是将不同的物相搭配，这个也是从阴阳互感这样的心智模式引申而来的。

但西方的工业生产活动与此不同，其要旨是超越可见的物，构造关于物的理念，至于其具体方法则是破物，解析其到不可破的元素，再以之制造出新物，通常是本来没有的。这是现代科学的工作，被用于现代工业制造中。这个方法确实跟神教所讲神造万物与人的程序十分类似。中国人认为，人是人生的，生人的人也是完整的人；西方人却相信神造万物、造人。神当然不可能用物造物、用人造人，神一定是用某种细小至不可破的元素制造人的，所以《创世纪》一定要说，神是以其言辞造物的。西方现代科学差不多就是神教的世俗版本，科学家相信自己就是神，历史上很多西方科学家确有这种想法。由此发展出来的造物技术也就是神的造物术。由此大家就可以理解，为什么在历史上，神教对科学充满敌意，因为他们两个是同构的，只是目的不同。

以上我们说明了中西科学、技术的差异，但我们马上要说，我们的科学技术形态可以包容西方的科学技术。中国人敬天，天比神大，可以涵容一切神，但反过来，神却不能包住天，有独立之体的神怎么可能包住"无方无体"的天？由此，中国人的心最大，完全可以理解西方人之所思。比如，中国人相信世界只有一个，在时间维度上生生不已，世界就是一；西方人则把世界两分，世界是二。二是包含在一之中，如有必要，一可以破开，即为二；好比我手里拿着一个完整的苹果，我可以把它切开，一分为二。但反过来却做不到：苹果一旦切开为二，就不可能还原成作为一的苹果了。西方人以二为本，则再也不能有一，也完全无法理解一，甚至根本否定一，不认为有一。这就比较麻烦，所以你要让西方人理解中国的思维方式，那是很困难的。反过来，中国人学西方却顺畅得多。西方人的科学思维，中国人其实仔细观察、深思，就能明白，并且可以做得相当好。

　　总之，经过过去一百多年的努力，我们追赶上来。到今天，中国人建立了全世界最完整的工业体系。我有一个大胆的想法：中国是工业化的终结者。没错，工业化起步于英格兰，成熟于欧美，终结于中国。其他国家恐怕难以重复中国的工业化奇迹，全球工业生产体系正在围绕中国重新布局，中国是枢纽，包括美国在内的西方国家也得纳入中国的工业生产体系中。他们在上游占据一些位置，比如高技术、工业设计，其他国家在下游负责提供资源、劳动力，但枢纽是中国。这意味着人类过去五百年造物的历史，追求富强的历史，将终结于中国。福山当初兴冲冲地写《历史的终结》，要我说，不全错，但历史不是终结于欧美，而是终结于中国。福山现在完全晕菜了，没有终结到自己手上，反而终结在想象的敌人的手上。他曾经困惑过一阵子，但他的脑子比较灵活，后来又写了一本书说，中国是世界上最早的现代国家。从这里可以看出，中国文明是早熟，但早熟不是早衰，中国文明的生命力还很强盛，我们在工业化、科学领域的成就证明了这一点。更重要的，在新的技术革命中，在移动互联的新技术塑造社会经济体系的过程中，中国已初步占有先机，中国文明的前景十分美好。我是研究经学的，但对互联网产业的发展非常关心，并做过一点调研。前年（2015 年）冬天专门去鲁西、苏北的淘宝村看过，你如果没有亲眼看过，很难相信我所看到的东西。当然现在，越来越多的人都注意到了，中国人在互联网应用方面已远远超过美国。中国恐怕将是世界上第一个无现金国家，这是一个巨大的变化，将会重塑整个金融经济体系。以后世界建立这套金融体系要取法于中国。

　　中国不仅发展起来了，还有可能改造工业、生产、经济体系，使之更好地"厚生"，服务于人生。还是要回到前面刚刚讨论过的中国之一与西方之二的问题上。西方人以为，世界应该是两分的，并拼命地要冲到另一个世界去，为此拼命地构造人造的世界，并总是希望用这个人造世界的逻辑反过来支配人生的世界。在工业化过程中，这一点就已经清楚地表现出来，人工智能则让他们更为癫狂。他们总想在人脑中植入芯片之类的事情，他们相信这样的人才是高级版本的人。在这一点上，中国人绝不能跟着西方人乱跑，我们要守住一。世界就在这儿，我们要让万物与人各得其所，而不是相互替代。人造物固然有助于厚生，但决不能让其替代生命。不要幻想着升级人，人就是这样的，这样就挺好，当然要提升，但绝不是变成非人。人追逐物，导致人化物，固然是可悲的；同样，人追逐神，导致人化神，同样是可悲的，因为人也不再是人了。人唯一要做的事情，难道不就是成为人吗？任何时候，我们都需要坚持成为人，因为我们就是人。一切科学、技术、工业、人工智能等，都要服务于人生、人伦。中国文化靠着这一点，在过去几千年让各种技术、经济活动做到了最大限度地厚生，今天，我们再度居于世界生产中心位置上，同样应当坚持这一根本原则，在更大范围内"厚生"。中国人在当代负有一个责任：学习、消化西方的科学技术和生产体系，以中国文化加以驯化、改造、提升，使之更好地厚生。

第十二讲　天下

今天我们经常听到一句话：中国以前是闭关锁国的；相应的就有第二句话：我们必须开放，必须与世界接轨。然而，中国果真是闭关锁国的吗？中国与外部世界的关系究竟是什么样的？这节课我们就来对此做一点探讨。不过，世界这个词是现代的，中国人传统上说"天下"这个词。当古人说天下这个词，大体上有两个范围：一个是狭义的中国，因为中国是超大规模的而且内部是多样的，所以我们可以说，中国是一个天下型国家；另一个则是中国之外的广阔世界，伴随着中国的持续扩展，越来越广阔的世界进入中国人的视野，并与之发生各种各样的关系，中国人通过各种机制构造了一个以自己为中心的天下秩序。这节课我们就这些问题进行一些讨论。

中国的成长历程

这些年来，我们经常听到一个说法：中国应该与世界接轨。每次听到这话，我就会说，中国本身就是世界啊。中国规模如此之大，内部如此多样，本身不就是世界吗？至少是世界最重要的组织部分，所以，中国是什么样子，在很大程度上决定世界是什么样子的。当然在不同时代，中国的规模变化很大，有的时候很大，有的时候又收缩，总体趋势则是确定的。过去四千年的中国是在持续扩展之中的，最终成为今天我们所生活的这个超大规模的文明与政治共同体。下面简略地讲一讲作为天下的中国成长的历程。

最初，尧舜以及禹所建立的夏，在黄河中游的南北两岸，面积估算有几十万平方公里。现在看来不大，但各位想一下，当时世界上能达到这么大规模的国家其实是没有的，所以我们说过中国从一开始就是这个世界上最大的国家，在此后几乎每一个时代也都是。更可怕的是，中国还一直在成长。

到商和西周，中国有一次扩展。夏主要是在黄河的中游，商人是从东方来的，把东方一些族群带入中国。接下来是周人兴起于陕西的西部，周人最初的盟友在自己的西边，包括西南，大约以今天的宝鸡为枢纽向西、向西南延伸。这样，周人把西部带入中国。周人还向南扩展，《诗经》里有《周南》《召南》就表明，文王之政向南扩展，把汉水流域包括在其中。所以周的疆域相比于夏商，就有比较明显的扩大，这是中国的第一次较大规模扩展。

三代中国的面积已经足够庞大了，所以内部非常复杂。《左传》记载："禹合诸侯于涂山，执玉帛者万国，今其存者无数十焉。"那个时候的诸侯，规模很小，大概相当于现在的村庄、乡镇。他们各有自己的神灵信仰、生活习惯，但已经结为一个国家。后来，这些诸侯之间相互兼并，到周初天下大概有一千八百个诸侯，每个诸侯国的范围大概不到现在一个县，相当于现在几个乡镇。可见当时的天下，邦国依然繁多，而且大家一定要注意，其民族属性是非常复杂的。对此，史书给我们留下了很多记载，《左传》记载，"昔武王克商，成王定之，选建明德，以藩屏周"。周王分封诸侯，其中封给鲁国"殷民六族"，封给康叔所在的卫国"殷民七族"，封给唐叔"怀姓九宗"，这就是后来的晋国的底子，其民族成分最为复杂。晋南这一块是平原，大约是尧舜禹时代就有的华夏人，往北、往东则是山区，每个山谷里就住着一支狄人，白狄、赤狄，等等。这里所说的"怀姓九宗"大约就是狄人，至少是半游牧民族。在周代的天下，诸夏各国当然是中心，但四周的蛮夷戎狄也被纳入其中。这体现在爵位上，戎狄蛮夷多数是"子"爵。比如楚人，当初是南蛮，就是子爵。跟晋国共处的那些狄人也都是子爵。现在山西有个地方就叫"戎子"。同样在豫西山区，离洛阳很近，山谷中也分布着诸多戎狄之族，他们都是子爵。很有意思的，周王、晋公和戎狄的通婚非常频繁。春秋五霸之一的晋文公的母亲就是狄人，他是华夏族和戎狄的混血儿。后来周王曾娶过西戎之女，周平王的妈妈似乎就是西戎人。周室东迁后，则与豫西的戎狄发生关系：周惠王的儿子叔带曾联合戎狄共同攻击其异母兄周襄王；周襄王又娶了个狄女为后，联合狄人攻击郑国；再后来，周襄王的后妈、叔带的妈妈联合狄人攻入洛邑。那个时代，戎狄跟华夏之间的关系非常紧密。

可见，当时天下的族群是非常复杂而多样的，周代的诸侯有公、侯、伯、子、男五等爵位之别。一般来说，侯是周王室的近亲，比如鲁侯、晋侯、卫侯都是王室的近亲，鲁侯始封君是周公之子伯禽。伯就疏远一点，比如秦被周平王封为伯。子就更为疏远，经常是蛮夷戎狄。男的统治区域很小。由此就能看出天下之多元。但只有多元是没有天下的，还得有"一体"，这个一体就是周王，以及周王所承载的礼乐文明。正是借助这套多元一体的治理架构，周才维系了一个广阔的天下。

到春秋战国时代，这个局面逐渐被打破。首先，诸侯之间相互兼并，根据上面所引用的《左传》统计，春秋晚期就剩下几十家诸侯；到战国后期，逐渐形成七八个国家。这七八个国家彼此竞争，就分别向外扩展，向四边拓展。比如，赵国把自己的疆域扩展到呼和浩特往北的阴山山脉上，所以我们今天在阴山山脉上还可以看到赵长城遗迹。燕国把自己的范围一直拓展到朝鲜半岛上，楚国把自己的范围拓展到了长江下游，到战国时代晚期，整个长江流域都属于楚国，像刘邦这些人属于今天的江苏北部，但也都属于楚人。楚人还向南扩展到了今天的昆明，所以华夏最早在昆明的统治者其实是楚人。楚人又把自己的统治向西延伸到了"巴"这个地方，从而整个西南都在楚人的影响范围之内。

这样一来，中国的疆域大大扩展了。战国时代对于后来中国的疆域起了一个奠定性作用，各国分别扩展，秦人扫灭六国，捡了个大便宜，把战国时代各国拓展所得的疆域收纳为一体。所以秦统一时，中国的疆域相对于三代有一个巨大的飞跃，达到四五百万平方公里左右。并且秦将其统一地郡县化。可以说秦确定了今天中国中东部、也就是后来中原王朝的规模和范围。

随着中国成为郡县化的政治体，我们给自己制造了一个强大的外患，即分布在中国北方和西方的草原游牧民族。三代时，华、夷是混居在一起的。战国时代，各国建立起更加紧密的统治秩序，并不断扩展自己的统治范围，逐渐把生活在诸夏各国中间的戎狄挤压出中国，他们逐渐迁移到中国的周边，主要是西部和北部，在那里成为游牧民族。在这里，我要跟大家特别强调一个历史演变的基本逻辑：游牧民族是很晚才出现的一类族群，因为游牧其实是效率最低的一种生产形态，农业人口溢出到生态极为脆弱的草原上，才有了游牧民族。匈奴是第一个威胁中原的北方游牧民族，而匈奴作为政治体的形成差不多是与秦的统一同步进行的。一边是秦统一各国，另一边匈奴也在统一草原，草原上形成了第一个统一的政治体。所以，秦统一中国之后干的第一件事就是派蒙恬率领几十万大军到北方屯边。《史记·蒙恬列传》说："秦已并天下，乃使蒙恬将三十万众北逐戎狄，收河南。筑长城，因地形，用制险塞，起临洮，至辽东，延袤万余里。于是渡河，据阳山，逶蛇而北。暴师于外十余年，居上郡。是时蒙恬威振匈奴。"可是，在周代从来就没听说过这种事儿，当然那时也有北方民族的骚扰，但规模没有这么大。

所以，北方草原民族和中原王朝的政治演进是同步的，双方处在紧密互动关系中，两千多年一直如此。而且通常是中原王朝强大，反而有游牧国家兴起。道理不难想见：赵国把长城修到阴山上去了，游牧民族怎么反应？他们不能提高自己的政治组织化水平，来对抗中原。所以从匈奴以后，北方草原上周期性出现游牧民族的政治体，大体上跟强大的中原王朝相伴随。秦汉有匈奴的兴起，隋唐有突厥的兴起，到了宋代则有契丹、金、蒙元的兴起，明代则有满清的兴起，两者总是同步兴起的，并变成中国所面临的最大的政治威胁。于是过去两千年间，中原王朝的最大外患都是来自北方草原。

我们也会发现，凡是在北方草原上称霸的族群一定会占领西域，也就是今天的新疆。首先占领北疆，然后通过天山的几条峡谷，或者绕道吐鲁番，进入新疆南部。如果其力量足够强大，还可以更进一步通过青海、进入青藏高原。这就构成环绕中原大半圈的西北周边，外国人称之为"内部亚洲"也即"内亚"，但从中国的立场上可以称为"中国弧地带"。这一大片地区都适合游牧，本来就可以连成一体；对于有政治野心的北方游牧民族，占领西域，可以对中原施加更大压力。

总体上，战国以来的中国历史就是中原王朝与草原游牧民族互动的历史，互动形态无非有二：贸易或者战争。游牧社会最大的问题是资源畸形，只有畜牧产品，一些生活必需品高度匮乏，在经济上不能自我维持，必须依靠与其他族群，主要是中原汉人的交易，比如通过贸易得到粮食、金属，等等。当然，贵族想过奢华生活，更得靠中原的奢侈品，比如丝绸只有中原有。同样，中原人也需要游牧民族的产品，因为中国人已把所有平地开垦种植粮食了，斜坡地也耕种了，没有地方养殖大型牲畜，为了获得牲畜，不能不和北方游牧民族交易。所以，双方必然展开贸易，互惠贸易是中原和周边这些民族关系的主体。长城沿线的各个关口当然是有军事用途的，但其实更多的用于经济目的，是两种生产方式进行货物交易的场所。但游牧经济是非常脆弱的，一旦北方气候持续变冷，游牧民族就会南下掠夺。通常情况下是零散的，一旦中原王朝反击，游牧民族就被迫组织起来，这时候就一定会占领西域，钳制中国，对中国形成一个半包围圈。

面对北方民族的入侵，一般来说，中原王朝首先采取和亲政策。为什么？因为和北方民族作战，成本高而收益小。游牧民族骑着马，移动速度很快，通常采取骚扰、掠夺等方式，突然出现在一个城市、乡村，抢掠之后迅速逃逸。等你征召起大队士兵，他们早就没影了。你也不知道他们下一步抢掠哪个地方，你又不可能在每个边境城市都部署重兵，成本太高了。所以一般来说，面对游牧民族的骚扰，中原王朝一般采取守势，因为两边的成本收益算式是不同的。中原王朝倾向于被动地防御，包括修筑长城。实在不胜其烦，干脆采取和亲政策。但一般来说，北方民族的道德观念和中原人不同，所以你跟他虽然结成亲家了，照样来抢劫。如果游牧民族的骚扰规模比较大，中原王朝就被迫组织大规模的反击，但总要进行较长时间的筹备，主要是解决马匹的问题。这是个大问题，战争中，马匹的消耗是很快的。《史记》记载，卫青、霍去病二人征伐匈奴，"两军之出塞，塞阅官及私马凡十四万匹，而复入塞者不满三万匹"。所以，面对匈奴，汉高祖、高后、汉文帝蒙受了那么大屈辱，也只能忍着。一直到汉武帝时代，才能发起全面反击，中间经过了整整七十年。实际上，彻底击破匈奴要到汉宣帝时代，已经是大汉立国一百多年以后了。唐朝也是，一直到武则天时代，才真正击破突厥。宋代则始终没有击破外敌，反而被北方政权打破了。面对游牧民族，在冷兵器时代，其快速移动的骑兵让中原军队处在劣势。中原王朝真正击溃草原民族只有两次，一次是汉朝击溃匈奴，一次是唐朝击溃突厥，后来则没有这样的胜利了。

草原民族被中原王朝击溃，一定沿着草原继续往西逃窜，这必然对整个亚欧大陆形成强大的冲击波，比如匈奴人被汉朝击溃之后，其残部一路往西逃跑，把整个中亚、西亚冲个稀巴烂。突厥也是如此。中国以这样的方式影响着世界，即便在古代，整个世界也在互动格局中，而绝非各自孤立。

　　回头来说宋朝，宋朝未能击破草原民族，反而被草原民族攻灭，蒙古人建立了元朝；后来，明朝又被东北民族联合草原民族消灭，建立清朝。也就是说，在秦汉以来两千年中，前一千年，汉唐两次击溃北方草原民族，后一千年却反过来了，中原王朝两次被草原民族击破。为什么会这样？这是中国历史上最大的问题之一，值得我们深入思考。原因大概在于北方的持续衰落，至于北方衰落的原因也是多样的，比如气候变化，北方草原民族兴起通常都与气候长期趋于干冷同步，他们没法生活，只能南下。而汉唐之间，他们多次南下，对北方经济文化造成了较大破坏，迫使北方大量人口向南迁徙；而且，大家仔细想一下，有能力迁徙的一定是精英家族，这样，北方的元气就不断流失，经济文化发展的动力就减弱了。相反，南方逐渐发展起来。从宋代开始，人才就主要从南方出，经济中心也转移到南方。这就会给国家造成战略上的困境：要打仗，就得从南方筹措物资，后勤补给线太长，战争成本太高，抵抗的力量就趋于下降。而且，南方人主导的政府，大概也没有抵抗的坚定决心。结果，宋朝、明朝两次被北方草原民族征服。

　　每次中原王朝被征服，都会造成文明的严重倒退。人口死亡、经济衰退是自然的，政治制度也会趋于野蛮化。比如儒家主张"君使臣以礼，臣事君以忠"，君臣地位不同，但都有尊严。蒙元和满清皇帝则把大臣视为奴才。清宫剧中，满人大臣对皇帝自称"奴才"，这就是政治退化，总体上，蒙元和清朝的政府都趋于专制化。而满清离我们今天最近，所以很多人把满清的变态当成传统中国的常态。希望各位记住，满清的政治状态绝不是中国的常态。

　　但是"祸兮福之所倚"，北方民族虽然在政治上比较专制，他们却解决了困扰中国的大问题，那就是他们自己：自商周以来，中原始终面临北方民族的入侵威胁，但现在，他们自己就是统治者。他们凭借其特殊的政治和地理优势，逐渐把中国弧地带，也就是今天的内蒙古、新疆、西藏，都纳入中国政治版图之中，这就是我们今天的国家版图的底子。所以，我们看中国历史，不能只盯着中原王朝，北方草原民族也是中国的基本组成部分，这两部分在亚欧大陆东部相对封闭的空间内持续互动了几千年，就在最近几百年，终于在政治上融合为一体，而元朝、清朝两个王朝对此做出了巨大贡献。中国演进的历史真是应了《易传》所说的"一阴一阳之谓道"。中国在地理上、政治上都是"一阴一阳之谓道"。

　　这里引出一个问题，美国学者鼓吹所谓"新清史"，他们说，清朝是满清，不是中国的王朝。这种说法显然出于无知，再加上别有用心。北方民族之所以能够打败中原王朝，一个重要原因就是在长期的南北互动过程中，其文明在持续进化，其政治组织水平有明显提高，比如辽的政治就接近于中原王朝。清朝也一样，我去年（2016年）国庆假期到东北，参访辽宁的赫图阿拉城，那是努尔哈赤所建、满洲人的第一座王城。城里有关公庙、有书院，努尔哈赤让自己的王子学习圣人之教。满人确实信奉萨满教，一直到慈禧太后，都在宫里举行萨满教的祭祀仪式，可这并不妨碍他读圣贤书。所以，满人在没入关之前就已经中国化了。进入北京、统治中原之后，满人贵族更加深刻地体会到，还得用中国文化来治理天下，所以清朝皇帝们比明朝的皇帝们还好学，至少就这一点而言，他们是很合格的儒生，清朝皇室对皇子的教育也是历代皇室中最为成功的。这些皇帝甚至因此染上一个坏毛病，总想当儒学大师。自古以来的皇帝都知道政、教分工的道理，我安心做皇帝，学术的事情归儒家士人，这就形成了政统与道统也即学统的分立。清朝中间几个皇帝则是例外，他们自己很好学，学问也确实很好，于是就组织儒学大臣编纂了好多本经书的注解，既当皇帝，又当"师儒"，把政统、道统合一。这个事情对国家是好还是坏，另说，但起码表明，清朝皇帝是真正的中国人，其整个观念系统都是儒家的。大约因为有这样的观念底子，所以到了清朝的最后时刻，隆裕太后和皇室权贵做出了明智抉择，学习古圣先王，主动逊位，叫人写了份《清帝逊位诏书》，把天下的统治大权和平交给袁世凯领导的"中华民国"。这里还真是体现了天下为公的中国政治精神。

总之，中国漫长的成长史有三个关键节点：第一，尧舜平章百姓，协和万邦，缔造华夏，这是一个天下型国家，同时造就了作为一个世界体系的天下秩序；第二，战国与秦把尧舜禹时代的天下变成为一个郡县国家，又拓展出更大的天下；第三，清朝又把秦汉时代的天下整合成为中国，中国进入更大的天下。可见，中国四五千年历史呈现出两千年的长周期趋势，今天我们正站在历史新篇章的开端：立足于广大而坚实的中国，经营更为广大的天下，即覆盖整个地球的世界。

中国与外部交往的通道

中国虽然很大，是一个天下型国家，但中国也确实是活动在一个更大范围的天下之中的，与外部世界有十分广泛的交往，并在复杂的交往过程中成长。自古以来，中国人当然知道，除了我们自己的群体之外，还有一个更大的世界；而且，中国跟这个外部世界始终是有联系的，所以中国始终是在世界之中的，并且是这个世界演变的重要驱动性力量。我们以中国与世界联系的通道为线索，对此做一些简单介绍。

中国位于世界岛东端，所谓世界岛就是指亚欧大陆，16世纪以前的世界史就是世界岛的历史，世界岛上聚集了最主要、最发达的古代文明，两河流域文明、古希腊文明、古埃及文明、罗马文明、欧洲文明、印度文明、俄罗斯文明，以及中国文明，都在世界岛上。中国居于世界岛的东端，所以中国的对外文化交流是与西方之间开展的，所以前面我们反复使用一个词"中国以西"，在古代就相当于中国以外的所有文明。因此，中西的分析框架是适用于今天、也适用于古代的。大体上，中国这个国家自诞生时起，与外部世界的联络主要有三条通道，后面两条大家都知道，构成了现在的

"一带一路"。还有一条通道，最早，在这两个之前存在，即北方草原通道。

这条通道从中西亚北部向东，穿过南俄草原，从里海、咸海以北，到达蒙古高原，再向南即可到达中国的西北、北方，沿路基本上是草原。刚才讲过，北方民族被中国人击溃后，通常沿着草原一路朝西跑，可见这是一条成本最低的通道。在战国之前，草原上没有游牧民族的政治组织，只是零零散散地生活一些牧人，倒是适合于成为文明交流的通道。因此，早期中国和外部世界的联络就是通过草原通道。中国文明中至关重要的一些器物是通过草原通道从两河流域传进中国的，比如马拉两轮车、麦类作物都是从两河流域，通过这条通道传到中国的。中国文明早期的发展是离不开外部世界对我们的文明输入的。帝舜任命的第一位管理种植业的官员是周人的祖先弃，《诗经·周颂·思文》解释了其理由：

> 思文后稷，克配彼天。立我烝民，莫匪尔极。贻我来牟，帝命率育。
>
> 无此疆尔界，陈常于时夏。

中国人自己培育出来的粮食作物，在南方主要是水稻，在北方主要是黍也即糜子，它有黏性，以及粟也即谷子，就是我们现在还吃的小米。来牟则是麦类作物，人工栽培最早出现在两河流域。"贻""来"这两个字就暗示，这类作物是从外面输入的，周人很清楚这一点。他们正好生活在西部，较早得到麦类种子，其产量比黍、粟要高，营养价值更大，所以帝舜命弃将其推广到华夏各地，并特别嘱咐其不要有所保留。

最有意思的是贝，三代以贝作货币，而且价值很高。人们曾经想当然地以为，这些贝出自东方，因为咱们的东边就是大海啊。可出乎所有人的意料，20世纪80年代以来的考古逐渐让我们弄清，其实，三代所用的贝是从印度洋来的。因为考古出土的贝并不生存于太平洋，东海、南海中都没有，但是印度洋有。很显然，它来自印度洋。那它是怎么来的？恐怕就是从草原通道传进来的，因此比较珍稀，才异乎寻常地珍贵。来源如此遥远，你没法扩大生产，这就能保证其数量相对稳定，币值比较稳定，这才有条件作货币。

中西文明交流第二个阶段的通道，是汉武帝时代所开拓的陆上丝绸之路，由此，中原王朝与西域各国逐渐交往，形成了"西域天下秩序"。但大家要知道，丝绸之路对中国的经济价值并不大。道理很简单，陆路运输的成本非常高，直到今天都是如此。汉朝打通西域的道路，并不是为了经济目的，而是为了军事、战略的需要。要击破匈奴，就必须切断匈奴的膀臂，控制西域，张骞出使西域各国，正是为了这个目的。当然，一旦西域打通，自然会有经济功能，尽管成本高，那就运送高价值货物吧。所以，中国那个时代主要输出丝绸，又轻，价值又高。

相比较而言，西方通过这条通道传入中国的东西倒是比较多，比如多种植物，苜蓿、葡萄、胡萝卜这些物种都是沿着丝绸之路传入中国的。所谓中国民乐器中有很多带有"胡"字的乐器，比如秦腔的主要伴奏乐器是板胡、二胡，京剧的主要伴奏乐器是京胡，其原型恐怕都是从西域传进来的。但丝绸之路上传入中国最为重要的东西，还是中国以西的各种神教，它们对中国文明演进历程发生了较大作用。我怀疑，汉代比较流行的西王母崇拜大概就是沿着丝绸之路传来的。佛教是沿着丝绸之路传到中国的，这个大家都知道；波斯的祆教，基督教的一支——景教，也是在唐代通过丝绸之路传入中国的。这些神教传入中国，极大地改变了中国人的精神生活世界。比如从此之后，中国人开始有人格化神灵的观念，相应地也就有了天堂、地狱之类的观念，在这之前则是没有的。

中国与外部世界交流的第三条通道则是海上丝绸之路。中外交通史上有一件很有象征意义的事件，显示中西交流的通道将从陆上转移到海上，这就是东晋和尚法显的西行与返回。法显从长安出发，走陆上丝绸之路西行，经过中亚到印度。他从北向南穿越整个印度，到达印度南部。返回时便没有走陆路而改走海路，先到斯里兰卡，经过马六甲海峡。最后他乘坐的船漂到青州长广郡，也即山东即墨。这是极具象征意义的事件，因为后来陆上丝绸之路逐渐中断，中国与世界岛的联络主要就是转到了海上。

为什么会转到海上？仅从中国的角度看，一个根本原因是安史之乱以后，北方遭到严重破坏，逐渐衰落。大家要知道，在汉朝，河北这个地方是文化最发达的，董仲舒就是今天的河北人；当时的河间献王搜集的典籍可以跟中央政府相媲美。现在河间市境内还有个地方叫诗经村，就是当初毛公传授诗经之学的地方，据说那个地方老一辈的农民还会背《诗经》。北朝时，北方民族占领河北，但当地士族仍能坚守中国文化，最后同化了胡人。但安史之乱对北方的破坏非常严重。安禄山是粟特人，来自中亚。他所统辖的军队中上层将领也多为中亚人，史思明之类都是。他们烧杀抢掠，对北方造成了巨大破坏。现在很多人赞扬唐朝的文化开放，对此我持保留意见。安史之乱说明，开放不能是无限度的，圣人立中国就已经确立了基本原则：多元而又一体。如果没有一体，多元必然带来灾难。我们必须认真反思唐朝的民族、宗教、文化政策，这一政策是严重失败的。经过安史之乱，北方彻底衰败，中国的经济文化中心转移到南方，那就没有必要走陆上丝绸之路了。同时，同样是由于北方的衰败，中唐以来，中原王朝失去了对西域的控制，陆上丝绸之路也就中断了。

中国很大，北方衰落了，并不意味着中国就衰落了。其实，中国经济更发达了，但重心转移到了东南，尤其是沿海，这是安史之乱给中国带来的最大变化。随着经济中心转移，文化中心也转移了，最有文化的人都迁移到东南，今天中国的基本格局就是那个时候形成的。今天中国文化保存最好的地区是东南沿海地区，相反像我的老家陕西，像河北、河南都属于没文化的地区，这个格局和周秦汉唐时代整个掉换过来了。在宋代，江西的文化最发达，为什么？因为北方移民迁徙到了这个地方。到南宋，福建的文化开始发达起来，因为移民从江西进入福建了。从两宋儒学的地理分布的变化，也能看到这种转移的大势：北宋早期的儒者还在北方，关学、洛学很发达，但二程的弟子就以南方人居多，到南宋就更不用说了。

北方人迁徙到东南沿海之后，很自然地通过海洋谋生，所以，世界海洋秩序的兴起，中国是一个重要驱动力量。不是欧洲人带来了世界海洋秩序，而是中国人首先推动了海洋秩序的形成。中国人口的分布向东南倾斜，最聪明的人、最有能力的人现在都在东南沿海，而东南沿海基本上都是七山两水一分田，可耕种的土地很少。怎么生活？必须靠工商业，必须靠贸易。跟谁做贸易？向北方，道路崎岖，于是他们出洋做生意。所以，东南沿海的中国人很自然到海洋中讨生活，由此推动形成了海洋贸易，并日益繁荣。于是，中国人与欧亚大陆中部各民族的交往就改而走海路。唐代就有大量阿拉伯人居住在泉州、广州等地。正是中国东南沿海民众和阿拉伯人开创了世界海洋秩序。伊斯兰教也是首先通过海路传入中国的，当然到元代，伊斯兰教也通过陆路传播到中国西北。而从宋朝开始，与中国交往的邻国也大多来自海上，这就形成了"东亚天下秩序"。

由此一路发展，才有了郑和下西洋。郑和下西洋具有非常伟大的历史意义，我上学的时候听学者们以西方为标准批评郑和，说人家西方人到处征服，建立殖民地，结果带来了富强，郑和却没有做这些，导致中国落后。这种议论真是荒唐，是非颠倒！好像征服、殖民是多高尚的事情！但我们中国人向来不干这种无耻的事儿。郑和没有建立殖民地，这是我们中国人应当引以为自豪的事情。西方人以暴力征服美洲、非洲、东南亚，建立殖民地，掳掠奴隶，这是无耻的、野蛮的，他们的发达是有"原罪"的。近代西方人可以说是"海上匈奴"，他们的行为方式与草原游牧民族非常类似，快速移动，快进快出，以劫掠人口和财产为主。郑和下西洋却不是这样的，与人为善，尊重他者。这样，东南亚，乃至于印度洋沿岸一些民族、国家派遣使节到中国。

后来郑和停止下西洋，为什么？这个问题比较复杂，暂时放下。但我们要说的是，郑和下西洋仍有重大历史意义，因为它打通了中国人出海的通路，中国人知道了海洋世界很广阔，纷纷下南洋了。所以，我们今天在东南亚很多国家会看到大量华人，那就是郑和下西洋以后陆续出海的。

这样，中国人的天下再一次扩展，形成了"印太天下秩序"，打通了太平洋、印度洋。与中国密切交往的民族、国家也多分布在海上，比如朝鲜、日本、琉球、东南亚各国等。这个天下秩序与汉唐完全不同，汉唐是以西域为中心的，现在则以海洋为中心。

郑和下西洋主要在明成祖年间，1405 ~ 1433 年，印太天下秩序在这之后逐渐形成。又过了大半个世纪，欧洲人才开始下大西洋。所以，葡萄牙人、荷兰人、西班牙人其实是搭了中国人创建的世界贸易网络的便车。大家一定要知道，世界海洋秩序最早的创造者是中国人、阿拉伯人、印度人。西欧是搭便车者，最初也一点都不重要，只是在征服了美洲之后，因为发现了白银，才具有较大购买力。当然，由此，覆盖全球的世界贸易网络也就比较完整地建立起来，世界第一次实现了一体化。而在这个世界经济体系中，中国是主角，我们前面已经说过，中国是世界工厂。所以我们可以说，在最早的全球化体系中，中国是主导者。大家一定要放弃一个曾经广为流传的说法，鸦片战争以前的中国是闭关锁国的。

到这里，大家也可以看出，今天中国的"一带一路"其实就是把我们历史上对外交往的三条通道综合在一起，丝绸之路经济带就是张骞最早开通的陆上丝绸之路，海上丝绸之路就是郑和开通的海洋通道，我们向中亚、俄罗斯也部分经过古代的北方草原通道。从这里也能看出，一个国家有悠久历史，是多么美妙的一件事，我们今天所干的事情，先人们早就替我们探过路，今天我们要感念自己的祖先，也应该更加努力地把事情做好，让先人探出的路越来越平坦、宽阔。

平天下之道

上面我们讲到中国在两个空间尺度中与他者打交道的历史。站在今天来回望，一个是在中国内部，也就是与"蛮夷戎狄"的交往，后来这些蛮夷戎狄陆续融入中国；另一个则是与外部的民族或国家，它们今天是独立的国家，比如朝鲜、越南、日本、东南亚各国等。在古代，它们都归入天下范畴，王者、儒家也有一整套与之交往的原则、政策，按照《大学》的说法就是"平天下"之道，下面我们通过解读典籍的几段记载、论述，对这一观念及其制度略做介绍。

华夏统一国家建立，就很自然地出现了华夏与蛮夷戎狄的区别，比如，楚人在很长时间中就在华夏国家以外，一直到春秋中后期才逐渐中国化。可他们距离华夏中心地带很近，所以双方就有很紧密的关系，怎么对待楚人，也就成为一件令三代王者头疼的事情，比如舜、禹就碰上了楚人的骚扰。《尚书·大禹谟》记载帝舜对禹说："咨，禹！惟时有苗弗率，汝徂征。"有苗就是楚人，楚人骚扰，帝舜命令禹带兵前去讨伐。

禹就召集诸侯，并在阵前誓师："济济有众，咸听朕命：蠢兹有苗，昏迷不恭，侮慢自贤，反道败德，君子在野，小人在位，民弃不保，天降之咎。肆予以尔众士，奉辞伐罪。尔尚一乃心力，其克有勋。"舜、禹的做法就构成了应对蛮夷戎狄的第一种方案，那就是武力讨伐。这个策略看起来比较直接，你骚扰我，我就揍你。实际上，根据《舜典》的记载，舜本人就驾崩于讨伐三苗的途中，说明楚人还是很有实力的。

禹出征也碰到了这个问题："三旬，苗民逆命。"但禹统兵打了三十天，没有打败楚人。这个时候，益就向禹提出了一个建议："惟德动天，无远弗届。满招损，谦受益，时乃天道。帝初于历山，往于田，日号泣于旻天于父母，负罪引慝祗载，见瞽叟，夔夔斋栗，瞽亦允若。至诚感神，矧兹有苗。"益是秦人的祖先，他的意思是说，对一个人或一个群体，首先还是要以德感化，当年舜就感化了他的父亲，人也可以感化神，那楚人也应该可以被我们所感化。禹采取了益的建议，"班师振旅。帝乃诞敷文德，舞干羽于两阶。七旬，有苗格"。

这个事情怎么理解？主要涉及"文德"这两个字的意思。宋明儒倾向于把这两个字理解为心性意义上的道德，我觉得很不准确。我们前面已经提到过，这个词的重点其实是"文"，也就是人文。"文德"相当于我们今天所说的"文明"，首先体现为发达的物质文明。当时，相对于蛮夷戎狄，华夏国家的政治组织化水平高出很多，经济发展水平也就高出很多，朝廷的礼乐仪节也就文明很多，这就是华夏的文德。它体现了软实力，而以硬实力为基础。益的建议是，我们应当充分地向楚人展示我们的经济优势、文化优势，用来吸引楚人，甚至用来威慑楚人。

这一做法确实是有效的。所以后来历朝中原王朝都会向蛮夷戎狄或周边国家展示华夏礼仪之化美、物质文明之繁盛。比如，张骞打通西域，西域各国使节到长安，汉武帝就举行了盛大的仪式，充分展示华夏的物产之丰富、礼仪之优美。一些文人学者批评汉武帝好大喜功，恰恰说明文人缺乏政治智慧。这种文明展示是有战略价值的，让他们羡慕，也让他们恐惧，他们就不敢有二心，或者不敢骚扰侵犯，从而保障国家安全。现代各国其实也仍然采取这种做法，各国为什么要争相办奥运会？还不是为了展示国家实力，赢得他人的尊重，也威慑与自己关系紧张的邻国？古代中国在这方面也是有本钱的，因为我们的经济文化相对于周边各族群确实先进很多，我们可以用自己这方面的优势来吸引、也捎带着威慑蛮夷戎狄。这样，他们就会琢磨，别招惹中国，与中国交好，反而可以得到丰厚的物质赏赐。

我们再来看《国语·周语上》的一段记载，故事发生在西周后期。周人兴起于西北，与戎狄的关系很密切，当然也很复杂。周穆王准备征犬戎，有一位公卿祭公谋父劝他："不可。先王耀德不观兵。夫兵戢而时动，动则威；观则玩，玩则无震。是故周文公之《颂》曰：'载戢干戈，载櫜弓矢。我求懿德，肆于时夏，允王保之。'先王之于民也，懋正其德而厚其性，阜其财求而利其器用，明利害之乡，以文修之，使务利而避害，怀德而畏威，故能保世以滋大。"这是整部《国语》的第一章，可见其非常重要。《国语》这部书相传是左丘明所编，收录西周、春秋早中期的一些贤人君子的言语，为什么把这一章列在全书之首？大约就是因为，当时华夏各诸侯面临的最大问题正是对待蛮夷戎狄，这里借祭公谋父之口说出了古代君子应对的基本策略。

祭公谋父的意思大概是，先王崇尚文德，而不喜欢炫耀武力。在这里需要强调的是先王并不是不用武力，实际上，周文王兴起过程中有所谓"四征"，进行了四次用兵、征讨，从而奠定了周人的王业基础。没有这四征，就没有文王。所以，圣王并不是不用兵，而是不炫耀武力，不优先使用暴力，不随意使用武力。后来有些儒生的理解就存在较大偏差，变成了和平主义者，这就很傻很天真。比如汉代大儒董仲舒就不喜欢汉武帝对匈奴用兵，而是建议继续坚持原来的和亲政策，班固在《汉书·匈奴传》中尖锐地批评董仲舒："察仲舒之论，考诸行事，乃知其未合于当时，而有阙于后世也。"但当然，圣王也不是军国主义者，圣王关心人民的成长，所以不打仗最好，努力发展经济，改善人民生活。但是"兵戢而时动"，一定要建设一支强大的军队，一定保持相对于他国的战略优势，一旦有必要，则一战取胜。手里拿着最粗的棒子，跟人好好讲道理，这就是圣王。手里没有打狗棍，你就没有资格做圣王，甚至成为亡国之君，像宋徽宗那样的皇帝，那是千古罪人。

我们再来看《论语·季氏》中孔子的一段论述，这个大家可能比较熟悉。孔子的两个弟子子路和冉有辅佐当时控制鲁国政治的季氏，准备攻打鲁国的一个小附庸颛臾，孔子对两位弟子讲了一通道理：

　　丘也闻：有国有家者不患寡而患不均，不患贫而患不安。盖均无贫，和无寡，安无倾。夫如是，故远人不服，则修文德以来之，既来之，则安之。今由与求也相夫子，远人不服而不能来也，邦分崩离析而不能守也，而谋动干戈于邦内。吾恐季孙之忧不在颛臾，而在萧墙之内也。

　　在孔子看来，治理国家和处理对外关系，应该遵循同样的原理，那就是要把人当作人来对待。当然，人还是有区别的，那就是远、近之别，本国人是近的，外人是远的，但他们都是人，都向往美好生活。因此，治理国家，首先应当解决好本国的问题，主要是实现均平，这当然不是平均主义，而是让每个人各得其所，但也不能有赤贫者，要尽可能做到人人都有基本的体面、尊严。国内如果做到了这一点，远人就会自愿前来归附。他们前来，当然应当好好安排；他们不来，也不要勉强。你用武力征服远人，最终也得不到好结果。一个国家，重要的是做好自己的事情，尤其是要重视均平问题。

　　然后咱们跳到明朝，看看明太祖的政治理念。现在有些人，包括我的一些好朋友，普遍喜欢宋朝，据此极力贬低明朝，我认为大可不必。明太祖是非常伟大的人物，纵观中国历史，论得国之正，立国之正大光明，当然以中华人民共和国为第一，推翻帝国主义，推动社会平等；其次是明太祖，驱逐鞑虏，恢复中华；然后是汉高祖。而且，明太祖所确立的对外政策也算是对此前几千年中国历代持续探索的一次总结。我们首先来看洪武元年的一份诏令。他在南京登基，召诰天下，颁诏给安南王，也就是今天的越南王，其中比较系统地说明了中国王者对待周边民族、国家的立场：

　　昔帝王之治天下，凡日月所照，无有远近，一视同仁。故中国尊安，四方得所，非有意于臣服之也。自元政失纲，天下兵争者十有七年，四方遐远，信好不通。朕肇基江左，扫群雄、定华夏，臣民推戴，已主中国，建国号曰大明，改元洪武。顷者克平元都，疆宇大同，已承正统，方与远迩，相安于无事，以共享太平之福。惟尔四夷君长酋帅等，遐远未闻，故兹诏示，想宜知悉。

　　这里面最重要的就是"共享太平之福"这句话，说得非常好。王者无意征服别人，而愿与天下所有民族、国家共享太平之福。为此，明太祖还确定了一份不征之国的名单："海外蛮夷之国，有为患于中国者，不可不讨；不为中国患者，不可辄自兴兵。古人有言，地广非久安之计，民劳乃易乱之源。如隋炀帝妄兴师旅，征讨琉球，杀害夷人，焚其宫室，俘虏男女数千人。得其地不足以供给，得其民不足以使令，徒慕虚名，自弊中土。载诸史册，为后世讥。朕以海外诸蛮夷小国，阻山越海，僻在一隅，彼不为中国患者，朕决不伐之。惟西北胡戎，世为中国患，不可不谨备之耳。"这段话收录在《明太祖宝训》之中，为其子孙所遵守，变成了明朝的宪法。它体现了王者的世界政治情怀：中国是大国，但自我克制，不对小国随意用兵。后来郑和下西洋，也确实遵照这一精神，与沿途各国和平交往，共享太平之福。

　　上面主要是从理念角度讨论的，历代政府也依据这些理念建立一套制度、采取一系列措施，塑造和维护"天下秩序"。我们前面提到过过去两千多年，陆续形成了西域天下秩序、东亚天下秩序、印太天下秩序，贯穿其中的精神是相同的，大体上都是"修文德以来之"，"共享太平之福"。具体的形态则是，中国与这些民族、国家开展"朝贡贸易"，实际上就是以国家为主体的贸易，而在双方的贸易中，中国奉行"厚往薄来"原则，给的多，取的少，因为毕竟我们的经济文化更为发达。由此，中国文明对周边民族、国家产生了潜移默化的影响。

　　在这样的密切互动之中，中国文教也向周边扩展，但我们必须知道，不是中国人主动向外传教，《礼记·曲礼》中的一句话很好地概括了我们对外教化的基本态度："礼闻来学，不闻往教。"这其实是孔子文教的基本精神，孔子什么时候向人传过教，孔子什么时候满大街上拉人信奉自己的教义？从来没有过。相反，就像《论语》第一章所说"有朋自远方来"，好学青年自己前来学习。同样，中国也从来不向周边民族、国家传教，而是他们自己看到中国的文明先进，主动前来学习。朝鲜人最积极，所以，朝鲜的儒家化程度最好。其次是越南，越南有几百座孔庙。日本人也几度前来中国学习，不过日本人还是有岛民心态，没有认真学习，所以终究还是处在中华文化圈的边缘上。东南亚各国也深受中国文明影响，有些国王就是从中国跑过去的。

可以说，整个东亚都是在中国影响之下逐渐文明化的，既受惠于我们的物质文明，也受惠于我们的文教。这就形成了一个以中国为中心的天下秩序，由此我们可以看到中国文明的普遍性。我们的信仰、价值、思想、制度扎根于我们的历史，但又可以超乎我们的国家，而支持一种普遍的文明与政治秩序，即天下秩序。

中国沦为半殖民地

几千年中，中国本身就是一个天下型国家，又维持了一个更为广大的天下秩序。但到了19世纪后期开始，中国经历了一次翻天覆地的变化：以中国为中心的天下秩序解体了，中国被拖入西方主导的世界体系中，沦为半殖民地。这就是李鸿章所说的三千年未有之大变局。

郑和下西洋构造了印太天下秩序，大半个世纪之后，欧洲人开始大航海，加入印太贸易圈，挖到了第一桶金；当然，西欧国家主要还是向西发力，征服了整个美洲。西方由此逐渐兴起，但是，我们前面也说了，其实，在这之后很长时间，西方国家是在补课。换一个说法，在1500年到1830

年间，世界上并不是西方一家独大，全球其实存在多个区域性世界秩序的竞争。

中国自己就有一个天下秩序，并趋于繁荣。郑和下西洋之后，中国经济的世界化程度逐渐加深，然后进入一次大繁荣，康乾盛世的确是中国古代的巅峰。现在很多人因为我们过去一百多年的落后，反过来觉得我们的历史一团漆黑，包括否定古代的盛世，认为那都是言过其实。我想，我们看历史，一定要历史地看，也即不能用今天的标准看古代。你不能用今天的标准衡量康乾盛世，你得用古代技术约束下的经济社会标准看康乾盛世。那的确就是一个盛世：第一，人口大爆炸，这个大家都知道，康乾时代人口连续上了几个台阶，从一亿到两亿到三亿，这在古代是非常了不起的成就，它说明经济有较大幅度增长。第二，中国弧地带在政治上纳入中国，一举解决了困扰中国两千多年的大问题。这一事件还有重大世界历史意义：草原游牧民族由此彻底退出了历史舞台。解决这个问题靠的是什么？靠国家强大的财政和军事能力。

与中国同时，亚欧大陆上，其他国家也在大发展：奥斯曼帝国走向繁荣，控制了整个亚欧大陆中央部位。俄罗斯帝国兴起，成为世界政治舞台的重要力量。莫卧儿帝国统治印度，也大大提升了印度的政治发育水平。

所以，不要把1500年以后的世界历史看成西方兴起的历史，我们不能盲目地接受西方人以西方为中心书写的世界历史。历史事实是，在这三百年间，中国等非西方国家在这三百年间同样在经济、政治等方面有一个大发展。这几个国家、帝国的规模都很大，并对周边有巨大影响，都构造了自己的区域性世界体系。西欧列强构建了自己的区域性世界体系，它以大西洋为中心，横跨西欧、美洲。因此，1500～1830年间，全球形成了多个区域性世界体系相互竞争的格局，西方体系只是其中之一。

事后来看，西方的兴起势头确实比较猛，它有两样东西比较独特：第一个，强政府。过去一百多年中很多人告诉我们，西方之所以强大，是因为其保障自由、人权。然而，这是西方强大以后才有的价值和制度。西方在兴起过程中，其政府相对于中国拥有更强能力。给大家举一个数字，在鸦片战争前后，英国政府所能动员的资源可以占到其当年 GDP 的一半以上，也就是说，只要其政府愿意，可以把当年 GDP 的一半投入战争。那个时代的大清国所能动员的资源占 GDP 的比例是多少呢？只有 2% 到 3%，与英国相差十几、二十倍。所以，当时的大清虽然 GDP 是全世界第一，但政府动员不出来足够战争能力。西方之强，首先强在其政府拥有强大的动员能力。

西方兴起的第二个因素是强大的教会组织。基督教会是高度组织化的，尤其是在欧洲北部地区进行宗教改革。由于罗马教会丧失了很多底盘，痛定思痛，进行改革，建立了若干军事化性质的对外传教组织，向欧洲以外传教。比如，耶稣会等传教组织派遣传教士不远万里到中国传教，你要知道，如此传教的成本是非常高昂的。现在买一张到欧洲的机票得多少钱？那时候坐船的成本恐怕比现在买机票还贵。但没关系，教会这个大组织有钱，因而可以源源不断地派人来传教，给他们发工资，让他们在中国生活，而且还能维持不错的生活水平。教会是西方向外扩张的重要组织依托。西方人向外拓展，或者是教会先到，然后商人跟着来，或者商人先到，然后教会跟着来。这两伙人欺负别人，遇到当地人反抗，西方的军舰就来了。在中国人和西方发生关系的历史中，商人、教士和军舰经常是纠缠在一起，所以你们去看《南京条约》《望厦条约》，大清和西方人所签订的条约也即我们所说的不平等条约中，总有一条，允许他们的教士传教。当然，通常划定一个地区让其传教，但很多时候，这些教士不老实，越界传教，可能遭到地方官或地方士绅阻拦，西方国家的军队就出动了。所以，19 世纪至 20 世纪初，西方人在中国的一切传教和商业活动总是以大炮为后盾的，人家把大炮架在你家门口然后说，咱们谈一下宗教信仰自由、言论自由、自由贸易问题吧。

西方靠着这两样东西兴起，站在中国角度来看，西方的兴起就有很大问题，直白地说就是不道德。西方是靠殖民主义、帝国主义兴起的，对外进行征服，或者是用武力，或者是用武力所挟持的宗教。通过这两种方式，西方所取得的最重要的成果是全面征服、占有了美洲，从而获得了进一步发展的立足点。在此过程中，印第安人基本上灭绝，其文明也被毁灭。一个洲的人口、文明被毁灭，然后被完全替换，这在人类历史上是空前的。

征服带来经济社会等各方面的全面、深刻变化，西方各国得以陆续完成了工业革命，建立了强大的工业体系。我们前面以1830年作为世界历史的一个分界线，就是因为这个时候，英国率先完成了工业化。工业体系是可以直接支撑起强大的军事体系的，有了这东西，西方人马上将其用于殖民征服。靠着坚船利炮，他们进入中国。他们来了，他们开炮了，他们胜利了，你只能跟人家签订不平等条约，听人家的话。

结果就是，中国所领导的天下秩序崩解了，这大约发生于19世纪后期。其中最为重要的事件是甲午战争，中国失败，日本占领朝鲜；战后，逼迫中国签订《马关条约》，割走了台湾、琉球；在这之前，法国占领了越南，英国、荷兰等国陆续控制东南亚各国。天下秩序瓦解，中国再也不是一个世界体系的领导者了。

实际上，中国可谓连降三级：不仅不再是天下秩序的领导者了，甚至也不能做一个拥有主权的正常国家，而是被纳入西方列强主导的支配性世界体系之中，沦为半殖民地国家。所以说，1840年对于中国来说确实是一个根本转折点。

过去几十年，其实过去一百多年来吧，一直有一些人头脑糊涂，看不清西方列强的真实面目。西方列强是有几副面孔的，第一副面孔是强国，毕竟我们被人家打败了。它还有另一副面孔，那就是经济繁荣，各种基础设施先进，人民生活水平高。这两者加在一起就是"富强"。在有些人心目中，西方列强还有另一副面孔，各方面都是"文明"。一旦你形成这样的看法，那就会认为，西方列强侵略我们、殖民主义统治我们，对我们是好事啊，由此，我们可以接受人家先进的文明。我上大学那会儿就有知识分子说，中国的现代化之所以进展缓慢，就是因为西方殖民我们的时间太短了，应该请英国、美国再殖民统治我们三百年。当时不少青年是赞成这个说法的。

这种看法当然是极端荒谬的。西方确实看起来很繁荣、似乎也很文明，但这一切是怎么来的？通过征服。主要是通过征服美洲；通过征服所积累的资源实现了工业化之后，又征服更广阔的地区。由此，西方列强建立了一个覆盖全球、以自己为中心的世界经济与政治体系，自己居于中心，通过各种机制，掠夺边缘地带的资源和利益，集中到自己国家，维持其经济繁荣、生活现代化，乃至于政治上的文明。这就好像奴隶主通过掠夺奴隶、贵族通过掠夺农奴维持了自己高贵、文雅的生活。我们看任何问题要有成本概念，天下没有免费的午餐；看到任何好东西，我们都要问一句：谁在支付成本？我们作为半殖民地，当然还有殖民地民族，支付了西方列强维持其先进、文明形象的成本，他们的文明是以我们的屈辱为代价的。

那么请问，在这样的世界体系中，我们有可能富强起来，变得像他们那样先进、文明吗？完全不可能。这个体系是西方列强构建的，他们居于中心进行控制，完全服务于他们的利益。相反，中国等世界上大多数民族、国家被置于边缘位置，遭受压迫、剥削。我们被人家持续抽血，你拿什么现代化？不要说别的，就说最为直观的一点：自《南京条约》以来，中国被迫签订了一系列不平等条约，向各国支付所谓的战争赔款，总数达到大约十亿两白银。这是什么概念？1900年前后，清政府每年的财政收入大约是一亿两，十亿赔款相当于晚清十年的财政收入！清政府整天就忙着还款了，哪里还有余力进行现代化建设？

更不要说，西方列强还建立了一整套机制，把中国经济"外围化"，也即把中国经济纳入西方主导的分工体系中，为其配套服务，这带来了一个灾难性后果：中国本来是世界工厂，但 19 世纪中后期经历了一次严重的"去工业化"，原有的手工业体系基本上崩溃了，很多人因此失去了生计，陷入贫困状态。去工业化的结果是产业结构退化，退到生产和出口初级产品，比如农牧产品，结果就是民众的收益下降。总之，19 世纪中期以来，中国逐渐被纳入西方主导的分工体系，人民经历了一次严重的贫困化过程。大家去各地旅游，参观古代民居，你会发现大多数保存较好的古代民居是兴建于 19 世纪中期以前的，那之后很少。实际上，统计数据表明，1900 年中国人的生活水平是不如 1700 年的，出现了绝对下降。

所以，西方对中国究竟意味着什么？我们要认真思考，尤其是站在自己的立场上来思考，站在全国人民的立场来思考。确实，因为西方的到来，我们有了上海这座看起来很现代的大城市，沿海、沿江也兴起了一些现代都市，但是，与此形成鲜明对比，广大内地、广大农村出现了绝对贫困化，这些现代城市其实就是西方列强汲取中国人民气血的通道。从中国角度看，西方列强主导的世界体系是绝对不公正的，在这个体系里面，我们是不可能实现现代化的。

在这个体系里面，我们的文化也遭到史无前例的冲击。过去一百多年我们经历的文化危机是三千年以来所未有的。佛教传入中国，对中国影响也很大，但佛教并没有伴随坚船利炮。西方的宗教、思想、学术则伴随着坚船利炮前来的，因而更有冲击力。人家在物质上比你发达很多，不由得你不信人家的宗教、价值、思想、学术、生活方式。同时，西方各国政府，尤其是美国政府，基于其传教的狂热，积极对外传播自己的价值，这也是佛教传入中国时从来没有过的。所以，欧美文化渗透的幅度恐怕远远超过当年的佛教。我们在政治上沦为半殖民地，在文化上同样沦为半殖民地——从现在来看，这个半殖民地化的程度甚至更深。

总之，1840 年以来，中国逐渐沦为半殖民地，中国文明也就陷入史无前例的危机之中。但是毕竟，我们的国家是超大规模的，我们的文明有悠久生命力，所以我们还是奋力抗争，最终扛住了，没有沦为殖民地。相比于印度，我们要幸运得多。

中国在世界体系中的奋斗

西方列强把中国纳入其所主导的世界体系之中，但中国人并不接受这一命运，而是起而反抗。这一点宪法序言的历史叙事有很好的概括。我建议大家好好读一读我们的宪法序言，第一段的第一句话是"中国是世界上历史最悠久的国家之一"，这是我们在前面已经提讲过的事实。那么在这个悠久历史中，中国人在干什么？接下来一句话是这样说的："中国各族人民共同创造了光辉灿烂的文化，具有光荣的革命传统。"我们在几千年历史中创造文化，进行革命，后者跟我们说过的平等价值有关。然而，1840 年以后，中国历史发生了一次根本转折："一八四〇年以后，封建的中国逐渐变成半殖民地、半封建的国家。"在这种处境下，中国人民怎么办？序言说："中国人民为国家独立、民族解放和民主自由进行了前仆后继的英勇奋斗。"过去一百多年间，中国人在各个领域进行了无数努力，但归根到底就是这几个目标。

为国家独立、民族解放而奋斗就是反抗帝国主义。帝国主义把我们变成半殖民地，让我们处在被支配地位，并采取各种手段汲取我们的资源，也不允许我们发展，不给我们的文化以生存的机会。所以，反抗帝国主义是现代中国的第一位历史任务，我觉得这是一块试金石，我们可以用这块试金石来测试现代历史上的所有个人、团体、思想、制度，你反抗帝国主义，就是进步力量，就是复兴中国文明的力量；你跟帝国主义苟且，甚至配合帝国主义，那就是反动力量，就是毁灭中国文明的力量。

说到这儿，我想特别说说义和团。因为过去几十年来，骂义和团似乎成为一种时髦，有些标榜自由主义、个人主义、自由市场的知识分子用

"义和团"来形容他们所讨厌的人和观念，"义和团"成了愚昧、非理性、狂热的民族主义的代名词。但是，我们设身处地地想一下，山东、河北的农民为什么积极参加义和团？前面我们说过，1840 年以来，中国经济逐渐被"外围化"，原有的经济结构崩溃，很多人失去生计，必然陷入绝望景地。西方传教士又凭借其帝国主义特权，在乡村疯狂传教，基层士绅充满了文化失败感。北方农村的士绅和农民都觉得洋鬼子是坏人，通过理论分析我们也可以确认，他们的感觉是对的。于是他们起来反抗。但他们缺乏先进武器装备，只能依靠新兴宗教或者民间巫教来组织。看起来确实很愚昧、疯狂，但他们至少走上了反抗帝国主义的道路。这就标志着中国人民在政治上、文化上反抗帝国主义的初步觉醒。

实际上，当初批评义和团的很多文人到了"一战"期间及以后，也纷纷觉醒了。比如梁启超就曾经批判过义和团，因为最初他把西方想象成为现代化的天堂。可是"一战"的惨状让他明白了西方文化其实很野蛮。巴黎和会更加猛烈地冲击了知识分子和青年学生，他们终于认识到西方列强是帝国主义，中国必须反抗帝国主义。正是这样的认识推动一部分先进知识分子转向了苏俄，最终建立了中国共产党，而中国共产党二大把反帝作为自己的根本任务。后来中国共产党参与国民党改组，国民党也把反帝作为自己的根本任务。这是中国现代历史的一次大转折，中国人终于找准了自己真正的敌人。最终经过长期努力，中国共产党建立中华人民共和国，废除了西方列强在华一切特权，也废止了一切不平等条约，实现了国家独立、民族解放。这是中国文明走向复兴的第一步。

但帝国主义仍然包围着中国，亡我之心不死，这话听起来可能非常刺耳，但却是千真万确的事实，比如美国人一直从军事上包围中国，限制中国高科技的发展。中国必须实现工业化，拥有自己的"坚船利炮"。理解中华人民共和国历史，我认为一定要以工业化为基本线索。中国共产党信奉马克思主义，唯物史观是马克思主义的重要组成部分，把生产力作为历史进步的动力。半殖民地的惨痛历史也让中国共产党认识到，没有强大的军事能力就不能维护国家独立，而强大的军事能力来自工业生产能力。所以，中国共产党大概是这个世界上最坚定地追求工业化目标的政党。过去七十年来，中国在政治、经济、文化、教育等领域的几乎所有努力，都是为了集中一切资源，推进工业化。

比如，农村先是实行耕者有其田的政策，把地主的土地分配给农民；几年之后，转而搞起农业集体化运动；80年代以后，又变成土地集体所有、农户承包经营。那么请问这么变来变去，目的是什么？只有一个目的，为工业化积累原始资本。因为中国不可能借助对外征服积累资本，那就只能进行内部积累，当然就是向农村进行积累，转移到城市推进工业化。

又比如，中国的对外政策，最初采取一边倒，倒向苏联。因为，在美国主导的世界体系中，中国不可能得到工业化所需的技术、资本。倒向苏联，尤其是在中国以几十万将士的血肉之躯赢得抗美援朝战争胜利之后，苏联慷慨地支持中国建立重工业体系。但后来，苏联想控制中国，中苏两党走向决裂。中间十年，中国试图独立地推动工业化，但显然此路不通。于是，1969年，党内高层做出了与美国和解的决策。正好当时美国也陷入内外困境，急于摆脱，双方又有共同的敌人——苏联。于是，中美逐渐走近，最终，中国加入了美国主导的资本主义世界体系，从中获得了工业化所必需的资本、技术，以及特别重要的东西——市场。这样，在五六十年代重工业化的基础上，大幅度扩展，实现了比较完整的工业化。

这样，差不多在四五年前，中国的制造业就是全世界第一了，超过了美国，更不要说日本、德国。我们的工业生产门类也是全世界最齐全的，而在大部分的工业门类中，我们的产量都是世界第一，尤其是钢铁产量，有人开玩笑说，世界第一钢铁大国是中国，第二是河北，第三是唐山。回顾一下历史，这是个让人带泪的玩笑啊，当年我们有过大炼钢铁运动，后来因此出现了大饥荒。那么当时为什么那样搞？就是因为我们知道钢铁对于一个处在世界边缘地位的国家来说是多么重要。应该说，回顾大半个世纪的历史，为了工业化，中国人民付出了惨痛的代价，两三代人做出了牺牲。但现在看来，这些牺牲终于换来了巨大的回报，我们实现了工业化。要知道，这个世界上只有很少国家实现了工业化，而实现了工业化就可以跻身强国之列。以现在中国的工业体系，我们不惧世界上任何国家，包括美国。从工业化的角度来看，我们基本上实现了"富"的目标，老百姓的生活有很大改善；也初步实现了"强"的目标，我们在军事上强大起来了。

同时，依靠强大的工业基础，中国在新经济领域也占得先机，新经济包括万物互联、智能化、新能源及服务于这些的新基础设施。我们在工业革命中落后了几百年，但我们在这一轮新经济浪潮中一点都不落后，甚至在诸多领域中已经领先。

到今天，我们可以说，中国在世界体系中的地位已经发生了根本性转变，完全摆脱了依附、边缘地位，成为一个拥有完全主权的独立国家，凭借超大规模工业化国家的身份，部分地成为发挥一定领导作用的国家。至此，我们就完全有条件展开复兴中国文明或实现中华民族伟大复兴的事业了。

后序　中国之道

经过艰苦卓绝的奋斗，我们这个国家实现了独立自主，完成了工业化，并在面向未来的新经济建设中占得先机，在现代世界体系翻了身，并开始影响、塑造世界，世界历史开启了一个新时期，我称之为"世界历史的中国时刻"。

2012年，我刚进入北航，参与组织一次会议，我提议把"世界历史的中国时刻"作为会议的主题，意思是说，人类历史已经进入中国改变、塑造世界的时期。很多人不赞成这个说法，认为中国没这么大的影响。但我想过去五年的历史证明了我的判断是大体准确的，今天，能够改变世界的力量就是中国。当然美国也可以改变世界，只不过在相反方向上，让世界变得更坏。相反，能让世界变好的力量就是中国。这个局面还在持续。我们这一代剩下的时间，或者你们这一代的最好时光，就将在世界历史的中国时刻之中。

世界历史的中国时刻的基本含义就是，世界因为中国而改变。过去十年中，这一趋势是很明显的。原来的世界格局是西方列强基于海洋控制全世界。中国复兴打破了这个格局，进而塑造新的格局。整个世界因为中国的兴起而不能不进行深刻、全面的调整。所以我们看到，相关国家烦躁不安了，因为他们得调整啊，很痛苦。比如美国提出"亚太再平衡"战略，为什么要再平衡？美国要平衡谁？不就是平衡中国日益增长的力量吗？日本也在闹腾，原因很简单，本来它是东亚领导者，现在中国要替代它，当然很难受。但是，这种闹腾终究成不了气候，历史大趋势是不可阻挡的，中国终究要重塑世界新秩序。

所以，今天我们必须认真地思考一个问题：中国将塑造什么样的新秩序。为此，我们必须正确地认识我们自己。我开设这门课的目的就是与大家一起，重新、正确地认识我们的文明。重点是弄清楚，我们在过去几千年间做对了什么事情。过去一百多年间，我们总是检讨自己错在哪儿了，这是必要的，我们毕竟失败了嘛；但今天，我们却必须认真地总结我们成功在哪儿，过去七十年我们为什么成功了，过去五千年我们为什么是成功的。因为到了这个阶段，我们自己的路必须自己来走，整个世界也等待中国拿出一个更好的方向和方案。所以，我们在前面的课程中，以中国的宗教、价值为中心，对各方面的制度、政策进行了比较完整的分析，目的就在于阐明我们的文明、国家"可大可久之道"。我相信，这个道是可以让我们完整地复兴自己的文明，更可以让人类重塑更好的世界秩序。

那么，中国文明的哪些价值、制度可以让中国变得更好、让世界变得更好？根据前面的课程，我们尝试对中国之道做如下总结、概括。

敬天与文教

中国之道第一条是我们的信仰、宗教，即敬天与文教。

人类的宗教可以粗略地划分为两大类型：中国型和广义西方类型。后者以崇拜人格化神灵为中心。其实人类原始的巫教也可以划入这一类型，就像我们在《国语·楚语下》所记观射父的描述中所看到的，"古者"之时，巫觋主要靠聆听神言管理人间事务。

由这一阶段向前演进，中西之间出现了宗教的第一次大分流：西方走向了主神统领众神的多神教体系，比如古罗马宗教；中国则走向了天统摄众神的格局。西方人所崇拜的主神仍然是人格神，中国人所敬的天却脱去了人格性，这在人类宗教史上是有突破意义的。

后来又有孔子、耶稣基督、穆罕默德等圣人出，中西宗教出现了第二次大分流：西方从主神统摄的多神教，走向了一神教，唯一真神消灭了众神，这是一个非常大的变化，但这个唯一的造物主神同样保留了人格性，其言说的能力更强了，可以对人颁布成套的律法。一神教广泛传播，成为世界上最重要的宗教。孔子却不然，创立了人文之教，完全脱出了神灵崇拜。当然，孔子仍保留古典时代的敬天，所以，孔子之教的完整表述是以敬天为本的文教；我们还可以再加上孝亲，谓之以敬天孝亲为本的文教。

略加对比就可以发现，敬天、文教更为高明，也正是这个充满了冲突的世界所需要的。

当今世界的根本紧张、冲突主要起源于众神之争。每个唯一真神都宣称自己是唯一真神，事实却是世人崇拜有多个唯一真神。而每个唯一真神只保护信仰他的那些人，其结果是，不同唯一真神的信众之间陷入分裂，比任何族群之间的分裂都深刻而严重，这就是唯一真神信仰最为悖谬之处。唯一真神是以万众合一作为理据而降临人世的，承诺全世界所有人都归于一神。然而这种信仰却造成这个世界不可挽救的分裂，比如，基督教与伊斯兰教之间的紧张，基督教内部新教与天主教的紧张、伊斯兰教内部逊尼派与什叶派之间的紧张、印度教与伊斯兰教之间的紧张，等等。最麻烦的是，我们看不到这些神教自己缓解这种紧张的任何可能性。这就是神教带给这个世界的大麻烦。

中国人敬天，唯天为大，天遍覆无外；天生万物，万物皆在天之中，天生人，人也在天之中。同时，天之中也有各种神灵，包括我们人死后所成之鬼，圣贤死后所成之神明。所以，天含摄万物、人、鬼、神，这些皆在天之中，当然包括唯一真神。过去两千多年中，西方人发明的各种各样的神教先后都传入中国，包括三大一神教，他们在西方打得不可开交，在中国却能基本上和平相处。根本原因就在于，中国人所敬的天完全能够接受这些神。天是一个没有边界的舞台，每个神都可以找个位置，何必相争？这就是中国文化最伟大的地方，天含摄多元的神。中国文明的根本在于敬天，中国精神的根底是敬天，但天不像唯一真神那样独断，没有消灭诸神，而是容纳众神，统摄众神，诸神统于天。由此，信仰不同神灵的人也就可以相对和平地共同生活在一起。唯有敬天可以塑造和维护真正普遍的人类合作秩序。

同样地，孔子所创之文教可以塑造普遍的政治秩序。

过去几千年中，中国人的宗教生活形态是"一个文教，多种神教，诸神教统于文教"。这里的"一个文教"就是王者所行之教，在三代是以敬天为中心的礼乐之教，在孔子之后是以六经为中心之文教。三代之礼乐就是文，孔子所删著之六经也是文，所以，不管是孔子之前还是孔子之后，中国社会主宰性的、主导性的教化体系是"文教"，而不是中国以西常见的神教。周公之教是什么？就是一套礼乐之教，所以孔子讲"郁郁乎文哉，吾从周"。至于孔子之教那就更为清楚，打开《论语》，第一个字是"学"，孔子说，我不管你信什么神，你现在首先要学，学做一个人。这是最普遍的教化之道，对吧？任何人，只要你自认为是个人，那你都应当学习做人，孔子所讲的全部的道理就是要人学做人。这样的文教是可以普及于所有人的，可以穿透所有神教，从而成为普遍的教化机制。

中国以西的各种神教在历史上陆陆续续传入中国，所以这个世界上没有比中国在宗教上更宽容的文明和国家了，您愿意信什么神，就去信好了，没人拦着你。但有两点请你注意：第一，要敬父母，这是人类社会组织的根基。第二，要敬王者，这是人类政治秩序的根基。孔子文教坚持这两点，儒家士大夫据此与各种外来神教做斗争。当初佛教传入中国，带来了一个原始教义："沙门不拜王者、不拜父母"，和尚自以为得道，见了皇帝不下跪，见了父母也不下跪，严重冲击人伦政治秩序。儒家士大夫并不反对佛教传播，但要求佛教放弃这两条教义。经过两三百年思想和政治斗争，出家人最终妥协，拜皇帝、拜父母，从而实现了与人伦政治秩序的兼容，由此形成了中国佛教。这样的中国化的佛教成为中国文化的有机组成部分，并且由中国广泛传播到世界各地。反而是中国赋予了佛教以生命力。

今天，我们国家最为根本的宗教政策就是宗教中国化。中国化的要义是什么？我理解就是文教的两条基本准则：首先，任何宗教都要接纳其他宗教，不能迷信自我唯一；其次，任何宗教都要与现实的人伦政治秩序兼容，而不能站在其对立面。我认为，这个原则是所有国家都会接受的，因为这是维护人间秩序所必需的。实际上，早期现代欧洲政治哲学家倡导宗教宽容，实行政教分离，就是这个用意，只不过因为其不知道敬天、不知道文教，因而不够彻底。

也就是说，人类如果想要彻底化解诸神的战争，真正走向普遍的合作秩序，各种神教恐怕都要中国化，都要走向敬天并接受文教。这两者并不会妨碍你的神灵崇拜，因为天或者人文都不是人格神，不与神教直接冲突。这两者毋宁是对人类维持生存、维持普遍秩序至关重要的原则。接受了两条原则，各种神教徒仍然可以崇拜其神灵，但由此可以承认其他神灵的存在，并正面对待人伦政治秩序。由此，每种神教都可以更为稳健地存在、发展，并与其他神教和平共处。

仁作为普遍价值

中国之道第二条是我们的普遍价值：仁。

过去几十年来，美式价值观支配全世界，以其自由、平等为中心，尤其重视自由。但这一价值扎根于西方文明，内生于神教及其社会结构中，确可谓之西方特色的根本价值，对此我们前面已有过分析。西方人之所以把自由当作基本价值，是因为他们处在两种自由焦虑之中，一种是面对神的绝对权威的焦虑，一种是面临奴隶制的焦虑。所以在他们的语境中，追求自由也没有错。问题是，一旦自由成为"主义"，必然陷入对外部的持续不断的斗争中。因为人生活在人中间，总有某种约束，而自由意识让人把这种必要的约束同样当成不自由，然后就去斗争。这样的斗争将没完没了。同样，在这里我们也看到，西方人总是认为他人、世界在压迫自己，因而其所谓平等，也就是争取他人的承认。

西方人也以博爱为基本价值，但其博爱是基于神命的，这就带来一个大麻烦：如果我不信基督教，怎么博爱？而且，信众间的博爱完全可能转化为对异教徒的仇恨。还有，神为了让人博爱，要人节制甚至放弃对家人之爱，博爱也就陷入自相矛盾之中。所以，博爱听起来很好，却难以普遍。

归根到底，美国人传播的自由、平等、博爱等价值都只能说是西方的地方性价值，扎根于其特定的历史、宗教，无法成为普世价值。"仁"却足以成为人类的普遍价值。

《中庸》的一句话比较完整地解释了仁的含义："仁者，人也，亲亲为大。"郑玄解释说："人也，读如相人偶之'人'，以人意相存问之言。"这里有两层含义：第一，人与人是相互平等的，因为每个人都是人，且只是人，既不是物，也不是神；第二，因此，我们应当把所有人当作与自己相等的人来对待，具体来说，就是要互爱、互敬。其本体论依据是我们已经论述过的，天生所有人，所有人是相互平等的，那就平等相处。

接下来一句话则指明了仁的自然、普遍基础，那就是我们讲过的亲亲为本。人人都是父母所生，因而天然就有爱、敬父母之情，这就是仁的本。"本立而道生"，有了这个本，人都可以走上普遍的爱人、敬人。这就是博爱，但这个博爱不需要从外面灌输，人人内在地本有，因而实际上大体上都能做到，最多只是需要启发一下，自觉一下，发展一下。

同时，仁作为普世价值，本身也是中道的、平衡的。仁有两个维度。消极的维度是"恕"，即"己所不欲，勿施于人"，自己不愿别人怎样对待你，主要指伤害，那你就不要那样对待别人。积极的维度是："己欲立而立人，己欲达而达人"，自己有挺立、发展的愿望，别人是人，同样有这样的愿望，那就尽己所能，协助他人自主地挺立、发展。上述两个维度可简化为"爱人""敬人"。这两者相互支持，缺一不可。孔子所说的仁爱相当于西方人基于基督教所形成的"博爱"，尽管两者也有重大区别。敬人则是西方文化所欠缺的。杜维明先生回忆说，2001年参加联合国文明对话时，德国神学家孔汉思曾提出将基督教的"己所欲，施于人"作为人类在文明对话中的基本共识。杜维明则指出，"己所不欲，勿施于人"更适合作为文明对话的基础。这句话表面看是一个消极语言，背后却蕴含着积极的因素，这就是了解他人、尊重他人、承认他人、互相学习、互相参照的精神，由此出发，文化沟通、文明对话就成为真实可能的。也就是说，仁给人画了一道线，即便自己认为一个东西十分美好，也不可强加于人，而应让别人自主地选择。作为普适价值的仁内置了自我节制，拒绝价值的强加，由此才能保证人的普遍自主和平等。

总之，西式普世价值以自由为中心，所谓自由就是免于他人的强制，实际上是逃避他人，因而人与人之间终究是相互疏离的，最终将没有秩序可言。即便有秩序，也不过是相互进行利益交换的商业秩序而已，一切人际关系，婚姻、家庭也被理解为商业关系。以仁为普遍价值，则可以做到"连而不相及也，动而不相害也"，人与人之间形成有情意的合作性秩序，也即圣贤所说的"以天下为一家"。我们已经提出共建人类命运共同体，作为人类追求的目标，其价值基础就是仁，基于这一价值，人与人不仅做生意，而且有情意，这才是人所期待的美善的生活，也是值得人过的生活。

一元政府

中国之道第三条是政治上的一元政府。

　　我们中国人一直敬王者、敬皇帝，并且认为应当由王者定于一，所有权力归王者。对于这个事实，很多现代学者痛心疾首，给其贴上"王权主义""专制主义"之类的标签。要我说，这种人在政治学上是没入门的，我们仔细地想一想，把我们的这种制度放在人类所能找到的最高统治者的几种可能性中做一个对比，恐怕就会明白，"普天之下，莫非王土，率土之滨，莫非王臣"，真的是最好的制度。

　　首先我们来看，相对于教权或神权分割王权，王者定于一好在哪里。在西方历史上，一直存在强大而独立的教权，最典型的就是基督教与王权的抗衡。基督教徒们组成了教会，教会是独立于王权的、而且是高度建制化的，内部有官僚科层制，可以征税，就是什一税，对信徒有多种惩罚方式。这样的教会就相当于一个政府，名义是管理人的灵魂，但因为灵魂可以支配肉体，所以这个灵魂政府的权力实际上非常大。这个神权政府与世俗王权政府相抗衡，从而形成了二元政府分立的格局。罗马教会甚至曾经凌驾于世俗政府之上。那么我们要问，这样的状态好吗？

　　我认为不好。首先来看第一种情形，神权政府凌驾于世俗政府，它全面管理社会，问题是，它能做到"全面"吗？显然不能，因为，神教的根本教义是教人出世，所以大家想一下，一个神权政府会关心经济发展吗？肯定不会，因为这是属于此世的事务；它会积极地为男女青年缔结婚姻创造有利条件吗？肯定也不会，因为它本身是禁欲的。这样的政府所提供的公共品是高度残缺的，不可能成为一个好政府。再来看第二种情形，分权。现在有很多人一谈政治，马上就讲到分权，好像我们设立政府就是为了分权，从中我们可以看到权力恐惧症。然而，分权的结果是什么？那就是没有一个权力会对老百姓承担最终责任，比如神权政府与世俗政府并立，谁会对老百姓承担最终责任？一个都不会，两家肯定相互推诿。再者，从经济学的角度看，两个政府的成本高还是一个政府的成本高？你作为一个老百姓，同时供奉两个政府，你愿意吗？从管理学的角度看，就一个事情，由两个人管理或者由一个人管，哪一种安排的效率更高？这不是显而易见的吗？

说到这儿，我们其实也已经涉及现代西方政治理论特别重视的所谓三权分立问题。我认真研读过《联邦党人文集》，我不认为三权分立、制衡是个好制度。书里面说得很好，但在现实中，掌握权力的人既没有充分德性，也没有充分理性，所以，权力分立并相互制衡的结果是权力破碎化，权力破碎化的结果是效率低下，且无人对人民承担最终责任。你的制度设计意图是指望几个部门相互监督，但在现实中的表现是相互推诿。那么美国为什么搞这个制度？而且看起来在很长时间内运作得似乎不错？那是因为，美国的条件真的是太"例外"了。美国人经常讲"美国例外论"，当然是说它的价值、制度是多少高尚的，其他文明、国家都赶不上。但这种所谓的例外其实是以其条件的例外为基础的，美国一家孤处在美洲，周边没有强国；它的自然条件也极为优越，印第安人被消灭了，殖民者或者后来的移民几乎可以随便占有土地。其实，有这两个优越条件，美国就不需要一个负责任的、强有力的政府。实际上，美国有没有政府都不要紧。所以，美国人信奉个人主义，普遍厌恶大政府。

但很显然，其他地方根本没有美国式优越条件，也就没有资格建立美式政治制度。西欧国家其实也没有美国式的分权制度，它们的条件根本不允许。那么中国呢？更是没有这个条件。最基本的一点，四周强敌环伺，没有一个强政府、有效率的政府，你根本活不下来。

因此，在人类文明最早发育、也是人类文明中心的欧亚大陆上，中国式政治制度才具有普遍性，那就是定于一。只不过很多地方没有做到，而中国由于这样那样的条件做到了，所以在文明竞争中处于优势。一元政府的首要含义是，没有神权分割王权，王者最大。这个一元政府是世俗的，因而必然以厚生为其中心任务，为改善人民在现世的生活而努力。这是一元政府的第一个好处。

一元政府的第二个好处是有政治责任感。神教文明的基本政治原理是"君权神授"，教会代表神授予王者以权力，因此王要对神负责，那么他怎么对待老百姓，其实并不重要。中国人敬天，而天不言，因此，王者的权威不可能来自天的明文授予。天心只能通过民心来体现，所以，王者权威其实是来自于人民的认可，天则接受人民的认可。王者必须全心全意地为人民服务，才能"得民心"，也才能保有自己的统治权。这样的政府一定是"服务型政府"。

一元政府的第三个好处是，有效地维护国家在政治上的统一。因为王者是纯粹政治性的，不管你信什么宗教，你是什么民族，你是什么肤色，只要你承认王的权威，服从王的法律和命令，王就接纳你成为国民。相反，神权政府一定是以信仰作为标准的，拒绝信仰其他神灵者。由此我们就看到，欧洲、乃至于整个广义西方的政治体规模都比较小，即便偶尔形成大帝国，也经常被宗教的分裂所撕裂。中国却成长为超大规模政治共同体，并且明显地是多宗教、多民族国家，就是因为王者无外，王道荡荡，可以接纳任何人。

一元政府的第四个好处是，拒绝西式分权结构，强调权力的统一性，从而具有较高效率。古代，权力统出于皇权，今天，中国共产党是统一的领导者。当然，在这统一的最高权力之后会有职能部门的详尽分工，比如汉代有九卿制，明清有六部制，若干职能部门各司其职。这个一元政府的好处在于，政治的运作是有效率的。

一元政府的第五个好处是"选贤与能"。一元政府有政治责任意识，推动政府不断改进制度、提高效率，其中最为重要的是发现优良治理者，这就要说到中国的选举制度，也就是察举制、科举制。这是开放的选举制度，从普天之下的读书人中遴选最优秀者，担任官员，所谓"选贤与能"。这样的官员是有政治责任感的，当然也有能力。相反，我们看到，西方政治做不到"选贤与能"。它确实有选举，大众投票式选举，这种制度被很多人羡慕。但我们仔细想一想，通过这种程序，果真能够遴选出贤与能吗？如果不能，那你再花哨也没用。因为归根到底，只有当贤与能掌握和运用权力，政府才有可能造福于老百姓。

中国人发明并试验了数千年的一元政府，在中国应当始终坚持的，在今日世界也是很有普遍意义的。分析今天世界上大多数国家的社会问题、经济问题、宗教问题、民族问题，最后就可以发现，唯一的解决方案就是建立一个强有力的世俗政府。比如，大量第三世界国家独立了，却未能发展起来，原因就在于它陷入"强社会、弱政府"的结构性困境之中，看起来这个国家是分权的、也有社会自治，其实是权力的碎片化，人民根本没有被组织起来，也就无法有效利用各种资源，当然也就无法实现发展。其实，当代西方发达国家的政治困境也是权力相互推诿、否决政治，比如美国，其实各个党派、各个部门早就认识到了问题的严重性，但就是解决不了各个党派之间、各个部门之间相互推诿、相互阻挠。美国人一直以其三权分立而自豪，但现在，美国正困于三权分立，未来很有可能亡于三权分立。

厚生主义

中国之道第四条是经济上的厚生主义。

国家是人组成的，人要生存，就得吃饭、穿衣，当然人还想发财致富，那就必须从事生产、进行交换，这就是构成我们今天所说的经济。但不同人群，在不同条件约束下，或者根据自己的信仰作出不同选择，就会形成不同的经济社会体制。大体上，人类经济社会体制可以划分为两个基本类型，西方的主要是资本主义，中国主要是厚生主义。

所谓资本主义，就是以资本收益最大化为宗旨的经济体系；所谓厚生主义，就是以厚生为宗旨的经济体系，生有生活和生育两个主要含义，所以厚生也有两层含义：第一，人民普遍改善生活，第二，人民多多生育。

关于这两种经济体制演变，上古的历史我们就不说了，直接从罗马帝国和秦汉国家说起，其经济体制经历了相反的演变进程。秦汉之前的战国时代，在封建制解体的基础上，资本主义曾经颇为发达，尤其是在东方各国，出现了一些富可敌国的大商人，甚至试图用自己的财富攫取权力。但是，秦国在商鞅的主持下采取了比较系统的重农抑商政策，抑制了商人势力的膨胀。西汉立国之后，取消了这些限制措施，资本主义再度繁荣。但汉武帝基于儒家理论，对资本主义进行了一次全面打击，最终比较稳定地确立了厚生主义。

罗马帝国的演进方向则与此相反。最初，罗马的土地分配也是比较平均的，以自耕农为主要经济活动主体。但罗马持续对外征服，占领大片土地，最初是广泛分配给所有公民，但自耕农还要当兵，顾不上耕种，就出售给别人；或者因为借债，还不上钱，被人兼并。再后来，贵族直接占有大片被征服的土地。总之，土地逐渐集中到极少数人手里。另外，征服又造就了源源不断的奴隶供应。这两个因素结合起来，罗马贵族就逐渐建立了奴隶制庄园，庄园的规模比较大，进行专业化生产，效率高，严重地挤压了自耕农的生存空间。最后，罗马经济奴隶制化，而规模化、专业化的奴隶制庄园的经营必然是商品化的，进行远距离贸易。这种奴隶制经济其实就是典型的资本主义经营方式。

大家不要觉得奇怪，资本主义经济的基础一定是人支配人的奴隶制。我再给大家举一个现代的例子，即美国南方的黑人奴隶制庄园，它同样是非常典型的资本主义企业，它还是当时英国所维护的全球自由贸易体系的重要组成部分。从这个角度看，美国人倒真是罗马帝国的正统嫡传。实际上，美国当代资本主义的运作还来自大量并且源源不断供应的"准奴隶"。第一类是没有完全公民权的移民，你在美国可以就业，但没有完全公民权，那雇主就可以强制剥削你。第二类是大量非法越境进入美国的劳工，美国号称是法治国家，也拥有强大的国家暴力机器，完全有能力禁止非法越境，但为什么不做？因为非法劳工是可以任意加以强制的廉价劳动力，雇主可以最大限度地带榨取其剩余价值。还有第三类准奴隶，那就是监狱关押的大量犯人，最近这些年，美国监狱关押犯人在两百万以上，按人口计算的比例是全世界最高的，而且大部分监狱是私营企业，犯人就是强制劳动的廉价劳动力。正是奴隶与准奴隶的大量存在，让美国成为资本主义的黄金家园。

　　至于中国的厚生主义，大概有这么几个构成要素：第一，经济活动主体以家户为主，而不是大规模企业经营，所以经济活动主体是小微企业；第二，政府的产业政策是重农抑商，因而经济活动以农业生产为中心，当然今天是以工业生产为中心的，抑制商业，尤其是抑制金融业；第三，政府深入介入经济过程中，对经济活动实施全面监管，并直接经营某些关系国计民生的产业，比如盐铁专卖，今天关系国计民生的行业普遍由国有企业经营。实施所有这些政策的目的是，抑制大企业的畸形发育，防止资本过分集中，给普通人留下生存空间。因此，厚生主义是有政治前提的，那就是需要一个有道德责任感的强政府，动态地监控经济过程，随时进行必要的调整。

　　反过来，资本主义也相应地有这么几个构成性要素：第一，经济活动主体倾向于规模化，并逐渐形成垄断，这样才能实现规模经济，获取垄断利润，很显然，垄断利润最有利于资本收益最大化；第二，没有产业政策，资本自然地向商业，尤其是向金融业集中，因为，钱生钱的效率最高，因而资本主义的商业、金融业都高度发达；第三，政府通常采取自由—帝国主义政策，也即在内部放任资本做大，对外则持续以武力进行扩张，因为资本收益最大化的逻辑要求其必须对外扩张。这种政府是服务于资本的，也就是说，它是有产者政府即资产阶级国家。

　　那么，我们怎么评价这两种经济体系？这就看你站在谁的立场上了：

如果你站在有产者立场上，那资本主义当然好了。所以今天很多中国富人热衷于移民到美国，有的是合法的，有的是非法的。这很好理解，因为美国确实是资本主义的黄金家园，你有钱到美国确实可以过上随心所欲的生活，在中国当然没有这么自由自在。但是，如果你站在普通民众的立场上，那当然是厚生主义好，因为厚生主义的关注点是广大人民群众的生活改善。古代政府讲民本，今天党和政府讲为人民服务，体现了相同的政治价值观：把普通民众的福利改善放在第一位。

当然，站在今天，回望历史，我们还可以给出一个更加客观的整体性评价：以文明、国家的可大可久来评价，很显然，厚生主义更好。中国的中原王朝的疆域与西欧中欧是差不多的，但历史上，中国的人口要远远超过西欧中欧。到了现代，美国的疆域跟中国在一个量级上，自然条件也比中国更为优越，科学技术又比中国发达得多，但是，美国的人口远少于中国。这说明，美国资本主义的资源、财富分配是存在巨大扭曲的，经济效率没有有效地转化为厚生效率，经济体系存在比较严重的空转，最终也必然在文明竞争中处在劣势。归根到底，文明的竞争是人的竞争。

所以，我对中美竞争的未来走势是非常乐观的。美国是西方的最后大国、强国，西方文明中心持续向西、向北转移，从最早的两河流域，转移到地中海沿岸，再转移到西欧，然后跨过大西洋到北美。我们可以把这一过程理解为资本主义的扩张过程，扩张是资本主义的内在趋势。在美国，资本主义得到最为自由的发展环境，美国的建国者完全是财产贵族，这在人类历史上恐怕是独一无二的。因而，美国政府从一开始就完全是财产贵族的政府，全心全意地为资本服务。再加上其优越的条件，资本主义在美国发育到了其最为完美的状态，美国人的生活相对于全世界也有过最为明显的优势，因此资本主义的力量在美国得到了最为充分的展示。但是，特朗普的上台就标志着，资本主义最宏伟的大厦现在已经从内部锈蚀、腐烂了，距离垮塌恐怕已经不远了。一个比较重要的原因在于，资本收益最大化的宗旨驱使其必须持续扩张，但冷战结束之后，美国资本已经覆盖了全球，到现在已无处扩张了。事实上，随着中国的兴起，美国资本将被迫收缩，这就完全违背了资本主义的基本逻辑；资本主义必然内爆，表现为各种社会、政治矛盾、冲突的持续加剧，特朗普的兴起就是表征。最终的结果可想而知。

中国当代的社会主义市场经济体制，我认为就是厚生主义的现代版本，其根本原理就是以生产为中心，以普遍地改善人民的生活为宗旨，因此，厚生主义是一种内生性发展模式。所以，我们的发展不依赖对外扩张，而是向内深耕。这就意味着我们的经济发展是可持续的。当然，任何经济发展都会伴随着贫富分化，这就需要政府动态地采取控制措施，很幸运，我们的政治是有明确的道德自觉，马克思主义加上儒家，无产阶级意识加上民本，有这两重理论、价值的加持，中国共产党为人民服务的精神是深入骨髓的，因而始终比较自觉地控制资本，确保经济活动始终服务于改善人民群众的生活。据此我们可以相信，中国经济发展是可持续的，我们的好日子还在后头。

可以说，中美之间的竞争是人类解决生计问题的两条路线之间的终极性竞争，这一竞争的结果将对人类产生重大影响，这将决定世界上的穷人有没有希望，人类能不能从整体上摆脱贫困。西方列强支配全世界已有一两百年了，可是除了他们自己一直保持发达地位，还有几个国家走向了富裕？中国是十分明显的例外了，一下子就解决了十几亿人的问题，数量超过整个西方发达国家的总和，但中国恰恰明确反对资本主义。那么，哪条道路能让非西方的、后发的、贫穷落后的国家实现发展？答案不言自明，而这也就意味着人类将逐渐走向新的世界秩序。

天下秩序

中国之道第五条是天下秩序。

西方主导建立的世界秩序是帝国主义秩序。西方的帝国主义是根深蒂固的，当然在不同时代有不同表现，共同点都是肆无忌惮地使用暴力，征服他人，抢夺其土地，奴役其人民。罗马帝国是如此，西班牙人、葡萄牙人，以及后来的英国人、法国人，也是如此。进入 19 世纪以后，帝国主义力量更加强大了，英国率先完成工业化，欧美其他国家也陆续完成工业化，工业生产体系赋予西方列强相对于中国这样的历史性国家以绝对的技术、军事、产业优势，他们满世界进行征服，掀起了帝国主义瓜分世界的狂潮，最终，全世界几乎所有地方都处在帝国主义控制之下，中国也沦为半殖民地。

借助帝国主义力量，西方列强也用资本主义覆盖了全世界，资本主义—帝国主义世界秩序的根本特征就是世界的两极分化。列宁、斯大林都明确指出整个世界划分为压迫民族和被压迫民族、剥削民族和被剥削民族。广阔的亚非拉被变成资本主义的外围地带，居于中心的西方列强利用各种机制吸血，维持自己的繁荣，塑造其文明形象，居于边缘的世界大多数国家则长期处在贫穷落后状态，甚至比前现代时期还要贫困。西方列强用各种手段把这些国家锁定在依附状态，使之永远不能实现自主发展，永远处在贫困落后的状态，过去一百多年间，没有几个非西方国家进入发达状态，大约只有东亚儒家文化圈是个显著的例外。这样的世界体系显然是不公正的。

帝国主义在当代是以美国为首领的。美国这个国家很特别，它总以为自己是天下第一大好人，实际上他所做的几乎所有事情都是反动的、罪恶的。帝国主义世界体系本来是西欧列强建立和维护的，第一次世界大战已将其打得摇摇欲坠了，尤其是苏俄革命让这个体系崩塌了一角。在这种情况下，被压迫民族已经有机会改变自己的命运了，比如中国本来可以收回德国帝国主义在中国攫取的非法权益。可是这个时候，资本主义的护法者美国在欧亚大陆登陆了，拯救了帝国主义。美国人说得很好听，要建立自由主义世界秩序，然而美国人所理解的自由主义就是资本主义，而资本主义跟帝国主义是兄弟一家亲。因此，"一战"后美国人登上世界舞台，根本没有废除帝国主义，而是从英国人手中接过了帝国主义的领导权。因此在巴黎和会上，美国人没有为中国人主持公道，而是把德国的权益转让给日本，并迫使中国人接受。所以说实在话，我很不理解很多中国知识分子对美国的媚态，美国人领导世界后上演的第一幕戏就是出卖中国。这充分显示了美国这个国家的本性，资本主义是渗透在美国人的血液中的，它所谓自由主义就是为资本谋求最大利益。其实美国从来没有掩饰过这一点，比如过去几十年的新自由主义就把自由主义等同于资本主义。于是我们看到，美国在全世界支持的所谓自由政权几乎全部是有产阶级的政权，几乎都是压迫贫苦农民的政权，几乎都是最腐败的政权，比如在中国，它就支持了蒋介石政权。

　　当然，在20世纪的大半个世纪，美国并不是一家独霸。现在我们有很多人以为，整个20世纪就是美国世纪，这是不对的。20世纪的大部分时间，都有一个苏联与美国相抗衡，苏联构建了另一个世界体系，反抗帝国主义，并明确表示要消灭资本主义，建设社会主义。这个纲领对广大的殖民地、半殖民地人民是很有号召力的。所以在20世纪中期，苏联阵营的力量还是很大的。中国也正是通过苏俄了解了马克思主义，建立共产党，反抗帝国主义，最终实现了国家的独立自主，又通过社会主义制度推进工业化，在这个过程中得到了苏联的大力援助。苏联、中国完成工业化的历史事实已经证明，非西方国家，也即非帝国主义国家要实现发展、完成工业化，只能走社会主义道路。

但是，苏联这个老大哥缺乏政治智慧，大约也是受西方文化影响，骨子里是有帝国主义精神的，苏联想控制中国，中国人当然不干，于是中苏两党分裂，社会主义阵营也就崩塌了一大半。后来苏联自己又胡搞，向外扩张，入侵阿富汗，支持越南，投入大量资源在军事上，而没有老老实实去改善人民群众的生活，最终自己覆亡。其实，美国人对苏联的突然崩溃也是很吃惊的，但美国人还是很好地抓住了这个机会，宣布苏联是被自己打败的，是资本主义、美式政治制度打败了社会主义制度。全世界人差不多都信了这套说法，这样冷战结束以后，美国不仅在事实上控制了全世界，也在精神上控制了全世界。大家都觉得，美式价值观、美式资本主义、美式政治制度是真理。美国人自己也兴冲冲地要终结历史，狂热地推销自己的意识形态。美帝国主义和英法等老牌帝国主义的最大区别就在于，它有意识形态狂热。

但是，世界还是很幸运的，那就是，这个世界上还有中国。20 世纪 70 年代末以来，中国有很多人也曾经被美国人忽悠得晕菜了，想走美国的路，包括中国共产党内有不少人也有这种想法。但是，中国共产党核心领导层还是非常坚定的，尤其是邓小平同志，经历过大风大浪，头脑非常清醒。邓小平给我们确定了基本路线：一心一意发展经济，坚定地实行改革开放政策，但绝不走美式道路，坚持社会主义道路。现在想想，这个政治决断是何等的伟大光荣正确。如果中国在 20 世纪八九十年代像有些人设想的那样改走资本主义道路，结果会怎么样？中国能够工业化吗？中国还能保持政治统一吗？现在想想，真是后怕。

慢慢地，全世界都发现事情有点不大对头：美国人说历史已经终结了，自由主义、市场经济是万应灵丹，可是冷战后转向走美式道路的国家并没有几个发展起来。相反，中国明确拒绝美式道路，反而发展起来了，迅速超过了过去一百多年来的一系列强国，按照购买力平价计算的 GDP 已经超过了美国。还有更让人震惊的事情，美国自己也遇到大麻烦了，贫富分化扩大，严重金融危机，内部种族、阶层撕裂，最后，特朗普这么一个不靠谱的人竟然能当上这个灯塔国的总统。

于是，越来越多的人谈论美国的衰落，这是毫无疑问的。不仅它的势力相对衰落了，它的威望同样衰落了。相反，中国的地位在上升，世界人民对中国也抱有越来越大的期望，整个世界也就逐渐进入我所说的"中国时刻"。中国注定了要担负起领导这个世界的责任，我们注定了要塑造新的世界秩序。你到了这个位置就不能不如此。但很显然，我们不可能走帝国主义道路，我们的文明里还真没有这样的基因；我们的经济政治制度也决定了我们不可能走这条路，你在国内拒绝资本主义，哪有什么动力到世界上搞帝国主义？所以，我们塑造新世界秩序也不可能靠武力、靠强制，而一定是靠道德上的引领、经济政治上的示范，或许就是《尧典》所说的"协和万邦"。

那么，这个新世界秩序是什么样子的？这就要看我们的初心，我们的制度。我们的文明传统是以民为本，厚生主义；我们接受了马列主义这样的现代意识形态，反对资本主义，反对帝国主义，为劳动人民谋福利。这两个价值观其实是相通的，必然共同推动我们塑造一个能够造福于绝大多数人的体系，这个体系必须有助于改善中下层人民的生活。很显然，这将是一个厚生主义的世界体系，它将以生产为中心，而不是以金融为中心。现在美国人所维护的世界经济体系就是以华尔街为中心，结果导致世界的不公平，也导致美国内部分频分化趋于严重。因此，中国所塑造的新世界秩序，从经济角度看，将是以生产为中心，把全世界国家组织成为一个合理的分工体系，每个国家都可以从中受益。

相应地，在文化上、政治上，中国也将奉行"礼闻来学、不闻往教"的原则。这个原则背后的精神是尊重他人，让他人自主地选择，如果他觉得中国价值、中国制度好，那就主动地学习。由此，中国价值、中国制度逐渐世界化，普遍的人类合作秩序的范围日益扩展，也就可能逐渐形成一个新天下秩序。它是有情意的人类普遍合作秩序，也就是"天下为一家"，归根到底它是以仁为本的。

当然，中国文明的复兴、新天下世界的构建都将是一个颇为漫长的历史过程，在此过程中免不了紧张、冲突，甚至可能发生局部战争，毕竟资本主义—帝国主义绝不可能自动退场。但历史大势，浩浩荡荡。中国凭借自己深厚的文化底蕴，吸纳西方的政治、技术、经济精华，在过去一两百年间艰苦探索，取得突出成绩，已让国人普遍具有了坚定的文明自信，也给人类示范了可取、可信的前行方向。可以确信：人类历史的新时代已经开始了，我们以上对中国之道的阐发，只是这个新时代的一篇小小序言而已。

进阶阅读书目

本书以课堂讲稿为底本，力求通俗易懂；故诸多重要、且不同于常识之论点，只作阐述而无论证；其中大量引用经史典籍片段，亦无暇作详尽解释。读者若有兴趣和需要，可进一步参阅笔者以下著述：

《尧舜之道：中国文明的起源》（中国文联出版社 2016）：结合考古发现，以社会科学方法，逐句详尽解读《尚书》的《尧典》《舜典》《皋陶谟》《益稷》四篇，揭示中国文明与政治共同体诞生之过程；

《原治道：〈尚书〉典谟义疏》（商务印书馆 2019 年）：对《尚书》的《尧典》《舜典》《皋陶谟》《益稷》四篇进行义理分析，阐明中国思想、政治之核心概念和命题；

《论语大义浅说》（国际文化出版公司 2016 年）：以君子养成与行道天下为中心，全面疏解《论语》大义；

《孝经大义》（中国文联出版社 2017 年）：以社会科学方法，逐句详尽解读《孝经》，尤其是通过中西宗教对比，发掘其以孝了死生之大义；

《世界历史的中国时刻》（海南出版社 2019 年）：简述世界历史演进大势，阐明中国重塑世界秩序之道；

《可大可久：中国政治文明史》（华龄出版社 2021 年）：始于尧舜禹，终于当代，历述中国四千余年政治文明演进历史，揭明中国可大可久之道。